高职高专项目化实训系列教材

财经岗位基本技能与实训

主编 赵 杰 林迎春 杨荣华

经济科学出版社

图书在版编目（CIP）数据

财经岗位基本技能与实训/赵杰，林迎春，杨荣华主编．
—北京：经济科学出版社，2012.1
ISBN 978－7－5141－1422－5

Ⅰ.①财… Ⅱ.①赵…②林…③杨… Ⅲ.①会计－高等职业教育－教材．Ⅳ.①F23

中国版本图书馆 CIP 数据核字（2011）第 269361 号

责任编辑：周胜婷　张　萌
责任校对：郑淑艳
技术编辑：王世伟

财经岗位基本技能与实训
主编　赵　杰　林迎春　杨荣华
经济科学出版社出版、发行　新华书店经销
社址：北京市海淀区阜成路甲 28 号　邮编：100142
总编部电话：88191217　发行电话：88191104
网址：www.esp.com.cn
电子邮件：esp@esp.com.cn
北京中石油彩色印刷有限责任公司
787×1092　16 开　19.75 印张　410000 字
2012 年 1 月第 1 版　2012 年 1 月第 1 次印刷
ISBN 978－7－5141－1422－5　定价：36.00 元
（图书出现印装问题，本社负责调换）
（版权所有　翻印必究）

辽宁金融职业学院教材
编审委员会

主　任　郑永海

副主任　李厚戬

委　员（以姓氏笔画为序）

　　　　　白玉刚　孙德才　时武略

　　　　　张翠珍　夏利光　詹耀华

编写说明

近几年，我国高等职业教育有了很大的发展，出台了一系列的政策措施。温家宝总理以《大力发展中国特色的职业教育》为题的重要讲话和《国务院关于大力发展职业教育的决定》的颁布实施，都无疑给中国的职业教育发展注入了前所未有的活力，特别是《关于全面提高高等职业教育教学质量的若干意见》为高等职业教育的教学质量又提出了更高的要求，并加强了对示范专业的建设、精品课程的建设和师范院校的建设等。"十一五"期间在教材建设方面提出了重点建设好3 000种左右国家规范教材的建议，并要求与行业企业共同开发紧密结合生产实际的实训教材。为此，我们组织了一批从事职业理论和实践工作多年的教师、学者，联系专业实际、行业特色，编写了一套职教系列教材。这本《财经岗位基本技能与实训》是我们推出的系列教材的其中之一，是由长期从事财经岗位基本技能教学工作的教师和实际工作者共同编写的，经过审查推向社会的一部适合高等职业教育、成人教育的教科书。

完善高等职业教育教材体系、推动职业教育发展，是我们编写这套系列教材的宗旨，敬请广大读者在使用中批评指正。

辽宁金融职业学院教材审批委员会
2011年8月

前　言

　　按照高职高专人才培养目标的要求，针对高职高专的培养对象，结合财经和管理类专业对相关财经岗位基本技能的要求，遵循"理论知识够用、重在技能和动手能力培养"的原则，我们编写了这本《财经岗位基本技能与实训》教材。

　　本教材明确了三个定位：一是学科性质定位，珠算、点钞、小键盘技能及假币的鉴别及处理技术是高职高专财经和管理类专业的基础技能，因此，必须打牢夯实；二是教学目标定位，本书突出了珠算基本算法、点钞基本技能及小键盘技能的培养；三是学科内容定位，针对财经岗位基本技能的要求，更注重了实用性。本教材具有以下特色：

　　1. 项目导向、任务驱动。以实际的财经岗位技能作为项目，以完成项目的典型工作过程（环节、方法、步骤）作为任务，以任务引领知识、技能和方法，让学生在完成工作任务中学习知识，训练技能，获得实现目标所需要的职业能力。

　　2. 内容适用、突出能力。根据高职毕业生就业岗位的实际情况，以财经岗位的各种技能为主线，以介绍财经岗位各种技能和操作步骤为主要内容，围绕职业能力培养，注重内容的实用性和针对性，突出了教材的易读、易理解、易操作性。其结构清楚、图文并茂、深入浅出、可读性较强，便于学生预习和自学，并能培养锻炼和提高学生的自学能力、理解能力和实际动手操作能力，体现职业教育课程的本质特征。

　　3. 实例引入、学做合一。每个项目以实例展开并贯穿于整个项目之中，打破高职高专教学长期以来理论与实践二元分离的局面，以任务为核心，增加了实训内容，便于在做中学、学中做，学做合一，实现理论与实践一体化教学。

　　本教材由赵杰、林迎春、杨荣华担任主编，由张红玲、邓丽娜担任副主编，尤婷婷参编。全书共分八个项目，赵杰编写项目一；赵杰、范小荣编写项目二（任务一、任务三、任务五）；林迎春编写项目三、项目五、项目六；杨荣华编写项目二（任务四）、项目七；张红玲编写项目二（任务二）；邓丽娜编写项目四；尤婷婷编写项目八。全书由赵杰负责拟定编写大纲及总纂。

　　本书在编写过程中参考和借鉴了一些专家和学者的研究成果，在此一并表示感谢。由于编者水平所限，书中如有不足之处敬请读者批评指正，以便修订时改进。

编者

2011 年 12 月

目 录

项目一　财经岗位数字书写技能 1

【任务一】数字书写的重要性 1
【任务二】中文大写数字的书写 1
【任务三】阿拉伯数字书写 4

项目二　珠算技能 15

【任务一】珠算基础知识 15
【任务二】珠算加减法 35
【任务三】珠算乘法 67
【任务四】珠算除法 108
【任务五】珠算式脑算技能 142

项目三　电子计算器操作技能 166

【任务一】电子计算器简介 166
【任务二】计算器操作知识与指法 170
【任务三】计算器计算账表和传票 175

项目四　现金业务操作技能 194

【任务一】现金收付业务的有关规定 194
【任务二】现金收款业务的操作流程 199
【任务三】现金付款业务的操作流程 202
【任务四】真假人民币鉴别与防伪知识 203

项目五　票币计算技能 ·· 220

【任务一】票币整点业务 ·· 220
【任务二】票币兑换业务 ·· 222
【任务三】票币计算技能 ·· 223

项目六　点钞技能 ·· 235

【任务一】点钞的基本知识 ·· 235
【任务二】手工点钞技术 ·· 237
【任务三】钞票的平摊整理和扎把 ·· 245
【任务四】手工工具清点硬币技术 ·· 251
【任务五】机器点钞技术 ·· 254

项目七　利息计算技能 ·· 261

【任务一】利息计算的基本常识 ·· 261
【任务二】利息计算方法 ·· 262
【任务三】珠算计息 ·· 267

项目八　会计资料的整理技能 ·· 281

【任务一】会计凭证的整理与归档 ·· 281
【任务二】会计账簿的整理与归档 ·· 285
【任务三】财务报告及其他会计资料的整理与归档 ······································ 286

附录1　中国珠算大事记 ·· 288
附录2　全国珠算技术等级鉴定标准（试行）说明 ······································ 293
附录3　全国珠算技术等级鉴定标准（试行）实施办法 ······························ 295
附录4　全国珠算技术等级鉴定工作规程 ·· 297
附录5　珠算技术等级鉴定标准 ·· 300

参考文献 ·· 303

项目一　财经岗位数字书写技能

【知识目标】掌握中文大写数字及阿拉伯数字书写的有关规定；掌握财经岗位工作中数字书写规范运用。

【技能目标】能正确填写各种有价单证；能每分钟规范化书写100个阿拉伯数字。

【任务一】数字书写的重要性

数字书写是计算工作的重要组成部分，同时也是经济工作者，特别是财会、计统和企管工作人员的一项基本技能，因此，数字书写的正确与否将直接影响工作效率的准确度。

银行是金融企业、是国民经济的综合部门，担负全社会总会计、总出纳的任务。银行每日处理千百万笔业务，办理大量的资金收付工作，所有这些工作，都有一个计算问题，这就说明银行工作和计算的关系十分密切，离开了计算银行工作就寸步难行，而数字书写，则是计算工作不可分割的一部分。

数字是计算的前提，一切计算的过程和结果都要通过数字表示和反映，也就是说任何一次计算都是通过数字符号作为载体传递计算信息的，没有数字，计算就无法进行。而且数字书写正确与否是计算工作得出正确结果的前提，是一切计算结果的保证，它直接影响计算资料的准确性和反映情况的真实性。因此，要认真地练好数字书写，使其字体写得正确、整齐、清晰、流畅、大方。

目前，财会工作中常用的数字有两种：一种是中文大写数字，主要用于填写需要防止涂改的信用凭证、支票等有价单据；另一种是阿拉伯数字书写，主要用于凭证、账簿、报表的书写。

【任务二】中文大写数字的书写

一、中文大写数字

中文大写与读数一致，是由数字和数位词组成的。

数字有：零、壹、贰、叁、肆、伍、陆、柒、捌、玖。

数位词：拾、佰、仟、万、亿、角、分、元等。

中文大写数字的特点是，笔画多，写起来费时又费事，但不易涂改。主要用于填写需要防止涂改的各种凭证和经济合同。如收据、借据、发货票、支票、汇票、合同书等。

二、中文大写数字书写的有关规定

第一，大写金额货币前须冠货币或实物的名称，紧接着写上数字，数字间不能留空位。

有固定格式的重要单证，大写金额栏一般都印有"人民币"字样，数字应紧接在"人民币"后面书写。大写金额栏没有印好"人民币"字样的，应加填"人民币"三字。若为外币须冠外币名称，如美元、欧元、日元等。如￥58.16写作人民币伍拾捌元壹角陆分。

第二，"整"字的用法。

整数收尾，数字末尾以下没有角分时，要写一个"整"字收尾。有角分时，不能再写"整"字。"整"字笔画较多，在书写数字时，常常将"整"字写"正"字。在中文大写金额数字的书写方面这两个字的作用是一样的。如￥480.00写作人民币肆佰捌拾元整（正）。

第三，有关"零"字的用法。

数字中有"0"时，中文大写金额应怎样写？这要看"0"所在的位置，中文大写应按照汉语语言规律、金额数字构成和防止涂改的要求进行书写，具体如下：

1. 数字中间有"0"时，中文大写金额要写"零"字。如￥308.79中文大写金额应写为人民币叁佰零捌元柒角玖分。

2. 数字中间有连续几个"0"时，中文大写金额可以只写一个"零"字，读时也只读一个零。如：￥40 008.56中文大写为人民币肆万零捌元伍角陆分。

3. 数字金额角位是"0"，而分位不是"0"时，中文大写金额元字后面应写"零"字，如：￥79.06中文大写为人民币柒拾玖元零陆分。

4. 数字万位或元位是"0"，或者数字中间连续有几个"0"，万位、元位也是"0"，但是千位、角位不是"0"时，中文大写金额可以写一个"零"字，也可以不写"零"字。如：￥32 560.24中文大写为人民币叁万贰仟伍佰陆拾元贰角肆分，或者大写为人民币叁万贰仟伍佰陆拾元零贰角肆分；又如：￥6 907 321.00中文大写为人民币陆佰玖拾万柒仟叁佰贰拾壹元整，或者大写为人民币陆佰玖拾万零柒仟叁佰贰拾壹元整。

第四，有关"壹"字的用法。

关于壹拾几的"壹"字，在书写中文大写金额数字时不能遗漏。平时口语习惯说"拾几"、"拾几万"，但"拾"字在中文大写时只代表数位，不是数字。根据中文大写要求每笔金额必须由数字和数位两要素组成，将"壹"字去掉就意味着带有"壹"字这笔金额出现错误。如￥18.00正确书写为人民币壹拾捌元整。如果丢掉壹字只写拾捌元整，这是不正确的，很容易被涂改，再如：￥150 000正确书写为人民币壹拾伍万元整。

第五，大写数字不能漏写或错写，一笔金额无论写错一个或几个字，都不能在原来的数字上更改，必须重新填写。

第六，关于票据的出票日期的填写，票据的出票日期必须使用中文大写。

为了防止变造票据的出票日期，在填写月、日时，月为壹、贰和壹拾的，日为壹至玖和壹拾、贰拾、叁拾的，应在其前加"零"；日为拾壹至拾玖的，应在其前加"壹"。如2月16日，应写成零贰月壹拾陆日；又如10月9日，应写成零壹拾月零玖日。

三、中文小写数字

数字有：〇、一、二、三、四、五、六、七、八、九。数位词有：个、十、百、千、万、亿等。中文小写数字特点是，笔画较少，便于书写，但易于篡改。多用于无须用防止篡改的文字，如计划总结、请示报告等。

四、大写金额写法举例

表1-1　　　　　　　　　正确写法和错误写法对照

金额	正确写法	错误写法	错误原因
¥500.00	人民币伍佰元整	人民币：伍佰元整	"人民币"后多加了一个冒号
¥7 360.30	人民币柒仟叁佰陆拾元零叁角	人民币柒仟叁佰陆拾零元叁角	"零"字用法不对
¥13 004.00	人民币壹万叁仟零肆元整	人民币壹万叁仟另肆元整	将"零"字错写成"另"字
¥180 500.00	人民币壹拾捌万零伍佰元整	人民币拾捌万伍佰元整	漏写"壹"字和"零"字
¥15.06	人民币壹拾伍元零陆分	人民币拾伍元陆分	漏写"壹"字和"零"字
¥60 072 000.00	人民币陆仟零柒万贰仟元整	人民币陆仟万零柒万贰仟元整	多写一个"万"字
¥8 500 000.07	人民币捌佰伍拾万元零柒分	人民币捌佰伍拾万零柒分	漏写"元"字
日期：1月30日	零壹月零叁拾日	壹月叁拾日	漏写两个"零"字

五、审查结算凭证应注意的几点问题

中字大写金额数字,各企业及银行主要在日常业务填写凭证时使用。尤其各企业开户单位向银行提交的各种结算凭证及支票,是银行为国民经济各部门各单位办理资金划拨、现金存取的重要依据,也是记录经济业务和明确经济责任的书面证明。因此,银行在审查各种结算凭证时,在大、小写金额数字方面,还需注意以下几个问题:

1. 中文大写金额数字,规定不得自造简化字。
2. 必须按照正确的书写要求认真填写有关凭证,银行要认真审查。
3. 票据出票日期使用小写填写的、大写日期未按要求规范填写的,银行不受理。
4. 填写票据和结算凭证时,必须做到标准化、规范化、要素齐全、数字正确、字迹清楚、不错漏、不潦草,防止涂改。

【任务三】阿拉伯数字书写

阿拉伯数字是印度人创造的。八世纪传入阿拉伯后又传到欧洲,因此,习惯称"阿拉伯数字"。由于它笔画简单、字数少,不用数位词就可以表示大小不同的数字,人们乐于使用它,很快传遍了世界各地,后来人们称阿拉伯数字为"公用数字",于公元13~14世纪传入中国。

一、阿拉伯数字书写的有关规定

(一)书写与数位相结合

写数时,每一个数字都要占有一个位置,每一个位置表示各种不同的单位。数字所在位置表示的单位,称为"数位"。数位按个、十、百、千、万的顺序,是由小到大、从右到左排列的,但写数和读数的习惯顺序,都是由大到小、从左到右的。我国的数位排列如下:

数位	万万万位	千万万位	百万万位	十万万位	万万位	千万位	百万位	十万位	万位	千位	百位	十位	个位	十分位	百分位	千分位	万分位	十万分位	百万分位
读法	兆	千亿	百亿	十亿	亿	千万	百万	十万	万	千	百	十	个	分	厘	毫	丝	忽	微

阿拉伯数字在书写时,是与数位结合在一起的。书写的顺序是由高位到低位,从左到右依次写出各位数字。

例如:贰佰叁拾壹应写为231。

(二)采用三位分节制

使用分节号能够较容易地辨认数的数位,有利于数字的书写、阅读和计算工作。

数的整数部分,采用国际通用的"三位分节制",从个位向左每三位数用分节号","分开。例如:

千万位	百万位	十万位	万位	千位	百位	十位	个位
2	4,	0	3	0,	0	0	0

带小数点的数,应将小数点记在个位与十分位之间的下方。

千位	百位	十位	个位	十分位	百分位
2,	4	0	7.	8	7

一般账表凭证的金额栏印有分位格,元位前每三位印一粗线代表分节号,元位与角位之间的粗线则代表小数点,记数时不要再另加分节号或小数点。

(三)关于人民币符号"￥"的使用

在填制凭证时,小写金额前一般均冠以人民币符号"￥","￥"是拼音文字"YUAN"元的缩写,"￥"既代表了人民币的币制,又表示了人民币"元"的单位。所以小写金额前填写"￥"以后,数字后就不要再写"元"了,例如:￥8 200.05就已经表示了人民币捌仟贰佰元零伍分。书写时在"￥"与数字之间,不能有空位,以防止金额数字被人涂改。

在登记账簿、编制报表时,不能使用"￥"符号,因为账簿、报表上,一般情况下,不存在金额数字被涂改而造成损失的情况。在账簿或报表上如果使用"￥"符号,反而会增加错误的可能性。

二、账表凭证上的书写要求

在有金额分位格的账表凭证上,主要是在账簿上,阿拉伯数字的书写,结合记账规则的需要,有其特定的要求。

(一)规范化写法

阿拉伯数字的规范化写法见图1-1。

(二)书写要求

1. 数字书写是自上而下,先左后右,要一个一个认真书写。书写时,弯笔要柔软,直笔要有劲,字迹要清晰,位次要整齐,数字之间不能连笔。

2. 数字要有一定的向右倾斜度,与底边构成的倾斜角为55度~60度,字形要一致,

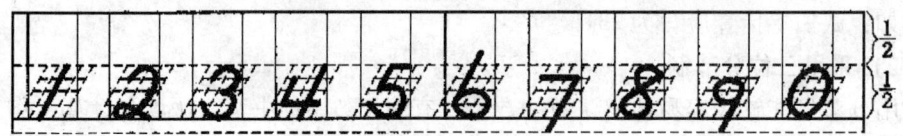

图1-1

流利美观。

3. 高度以账表格的1/2为准。

4. 除"7"和"9"上低下半格的1/4,下伸次行上半格的1/4外,其他数字都要靠在底线上;"6"字竖上伸至上半格的1/4处;"0"字不要有缺口,更不能带尾巴;"4"字顶即不封口。

5. 从最高位起,以后各格必须写完,没有数字用"0"添位。如人民币叁仟贰佰元整,应写成:

万万	千万	百万	十万	万	千	百	十	元	角	分
					3	2	0	0	0	0

6. 书写阿拉伯数字时,要特别注意分清小数点和分节号的写法。分节号手写时用逗号",",如同"八"字的左撇;小数点手写时用一个圆点".",如同八字的右捺,两者不能混淆。小数点向右点,分节号向左撇,小数点右无论有多少位都不准用分节号。

三、会计科目及摘要书写要求

会计科目是对会计核算对象的具体内容进行科学分类的项目,设置会计科目是会计核算的专门方法之一。按照会计科目提供信息的详细程度分类,它分为"总分类科目"和"明细分类科目"。在会计工作中,当经济业务发生时,要按照会计科目填制"记账凭证"和开设并登记账簿。不论是填制记账凭证和登记账簿,都应对该项经济业务的事由说明清楚,即"摘要"。在使用会计科目和填写摘要时,要遵循以下原则和要求:

1. 填制记账凭证和登记账簿时,必须用碳素笔或钢笔认真书写,不得使用圆珠笔、铅笔和纯蓝色墨水;一般使用楷书或行书书写,不得使用草书书写;文字书写的宽窄与长短比例要匀称，字形要完全一致，不能满格书写；文字上方要向右倾斜，文字的中心线与水平线的交角以 60 度为宜；文字的长度占所记录表格的 1/2 为宜，以备留有改错的空间。同时也是为了保持账面美观。

2. "会计科目"应按"会计制度"规定的名称、内容和要求填写，要用全称；凡有明细分类科目者，必须填齐；不能只用科目代号；科目之间的对应关系必须清楚。

3. 会计凭证中有关经济业务内容的摘要必须真实。在填写"摘要"时，既要简明，又要全面、清楚，应以说明问题为主。一般来说：写物要有品名、数量、单价；写事要有过程；银行结算凭证要注明支票号码、去向；送存款项，要注明现金、支票、汇票等。遇有冲转业务，不能只写冲转，应写明冲转某年、某月、某日、某项业务和凭证号码，也不能只写对方账户。要求"摘要"能够正确、完整地反映经济活动和资金变化的来龙去脉，切忌含糊不清。

4. 账簿上的"摘要栏"，应依据记账凭证上的"摘要"填写，其简明程度，以能从账簿上看出经济业务的基本内容为限。不能过于详细以致栏内书写不开，有失账面整洁，也不能过于简单以至于看不出经济业务的基本情况，遇有查询还得查阅会计凭证，更不能画点或空白不填。

5. 记账凭证和账簿上所填写的文字也和数字一样，不准随意涂改、刀刮、纸贴、药水洗、橡皮擦。填写错误需要更正时，应将错误的文字用红色墨水单线注销，另填正确的文字，并加盖经手人的印章。

四、账簿上更正书写错误的方法

在填写单据、登记账簿时，必须用碳素笔和钢笔认真书写，除复写的以外，不许用圆珠笔或铅笔。复写时保证最后一页也清晰可认。这就要求学生要勤学苦练，掌握好基本功，增强认真负责的态度，专心细致，防止产生差错。如果不慎发生书写错误，应按正确的方法进行更正，不得随意涂改、刮擦、挖补，更不能用药水消字。

对于会计凭证、账簿记录中所发生的错误应视不同情况按照规定的方法加以更正。

（一）在记账凭证中出现书写错误

如果是尚未入账，应当重新填制；如果已经记账，但尚未进行年度结账时，可以用红字填写一张与原内容相同的记账凭证，同时再用蓝字重新填制一张正确的记账凭证，不能撕掉重填。如果会计科目没有错误，只是金额错误，也可以将正确数字与错误数字之间的差额，另编制一张调整的记账凭证，调增金额用蓝字，调减金额用红字；如果已经进行了年度结账，即以前年度记账凭证有错误的，应当用蓝字填制一张更正的记账凭证。

（二）在结账前发现账簿记录有文字或数字错误，而记账凭证没有错误

这种情况可以采用划线更正方法。更正时，先在错误的文字或数字上划一条红线，将其全部冲销，然后，在错误文字或数字上方的空白处，用蓝色或黑色墨水笔填写上正确数字，予以更正。并由经手人在更正处盖章，已明确责任。需要注意的是，在划红线注销时，要把错误数字全部划去，不可只划去其中一部分，划销的部分要保持原有数字清晰可辨，以便审查和明确责任。订正错误数字的式样如表 1-2 所示。

表 1-2

不正确订正法　　　　　　　　　正确订正法

3	2	4	5	1
3	2	4	5	6
4	0	3	5	8
4	0	5	3	8
	2	7	8	6
	2	9	8	6

3	2	4	5	1
3	2	4	5	6
4	0	3	5	8
4	0	5	3	8
	2	7	8	6
	2	9	8	6

（三）在原始凭证中出现书写错误

这种情况不能用划线订正方法更正，需要重新填写。收据、支票等由于书写错误的原始凭证，不能毁掉，而是在其上注明"作废"字样，并与重新写好的凭证订在一起保存好，以便备查。

产生错误的原因虽然很多，但主要是业务不够熟悉、计算不够准确、精神不够集中、填写不够认真所致。如果仔细审查业务，计算功夫过硬，全神贯注地书写数码，差错能够杜绝。

【实训】

一、指出下列各大写数字金额在书写上的正误（认为正确的在括号内画"√"符号，错误在括号内画"×"符号）。

壶（　）式（　）参（　）肆（　）伍（　）陆（　）染（　）
扒（　）攻（　）十（　）零（　）伯（　）仟（　）万（　）
亿（　）元（　）整（　）兆（　）

二、用汉字大写书写下列金额：

1. ￥6 985.00
2. ￥154 670.20
3. ￥9 007 048.23
4. ￥610 528 013.07
5. ￥860 023 217.00
6. ￥3 926.08
7. ￥548 210.00

8. ￥160 000.80

9. ￥2 400 000.57

10. ￥750 000 039.00

【项目小结】　数字书写是计算工作的重要组成部分，同时也是经济工作者，特别是财会、计统和企管工作人员的一项基本技能，因此，数字书写的正确与否将直接影响工作效率的准确度。数字书写分三种：一是中文大写；二是中文小写；三是阿拉伯数字。中文大写主要用于填写需要防止涂改的各种有价单证；中文小写多用于无须用防止篡改的文字，如计划总结、请示报告等；阿拉伯数字主要用在填写单据、登记凭证和账簿时使用。

【技能训练】

一、数码字练习题

（一）把下列各数写成大写数码字（数字中间连续多"0"用一个"零"字）。

1. ￥24 675　　　　应写成：

2. ￥382 607　　　　应写成：

3. ￥6 000 846　　　　应写成：

4. ￥5 128 723　　　　应写成：

5. ￥875 689 430　　　　应写成：

6. ￥48 325　　　　应写成：

7. ￥243 804　　　　应写成：

8. ￥8 000 412　　　　应写成：

9. ￥6 243 216　　　　应写成：

10. ￥454 821 760　　　　应写成：

（二）将下面大写金额用小写金额表示（小写前的人民币用"￥"表示，"角""分"用"0"补齐）。

1. 人民币陆百肆拾捌元五角贰分

2. 人民币伍拾元整

3. 人民币壹拾元整

4. 人民币捌万元整

5. 人民币壹拾亿元整

6. 人民币肆元整

7. 人民币伍元伍角

8. 人民币柒角贰分

9. 人民币玖角捌分

10. 人民币捌分

（三）将下列小写金额用大写金额表示。

1. ￥26.96　　　　人民币
2. ￥47.00　　　　人民币
3. ￥10.00　　　　人民币
4. ￥5 007.00　　　人民币
5. ￥3 000.00　　　人民币
6. ￥800 001.26　　人民币
7. ￥6 200.10　　　人民币
8. ￥0.63　　　　人民币
9. ￥0.09　　　　人民币
10. ￥6 000 000 000.00　人民币

二、错误数字订正练习题

（一）下列数字前面是正确的，后面是错误的，请用划线订正法订正错误数字。

1. 64.27　　　　64.37
2. 786.34　　　786.54
3. 9 764.21　　　9 764.31
4. 43 216　　　　43 215
5. 76 342.67　　　76 342.87
6. 438.67　　　　468.67
7. 865 432　　　865 443
8. 9 876.54　　　9 876.24
9. 126.27　　　　126.63
10. 7 643.29　　　8 643.29

（二）指出下列各大写数字及数位词在书写上的正确与错误（认为正确的在括号内打"√"，错误的在字旁括号内写上正确的字）。

壶（　）贰（　）参（　）肆（　）五（　）陆（　）柒（　）柴（　）
染（　）捌（　）玖（　）玫（　）拾（　）零（　）伯（　）佰（　）
千（　）仟（　）壹（　）万（　）亿（　）乙（　）角（　）元（　）
伍（　）

三、数码字练习

（一）阿拉伯数码字书写练习。

请按标准阿拉伯数字字体练习。

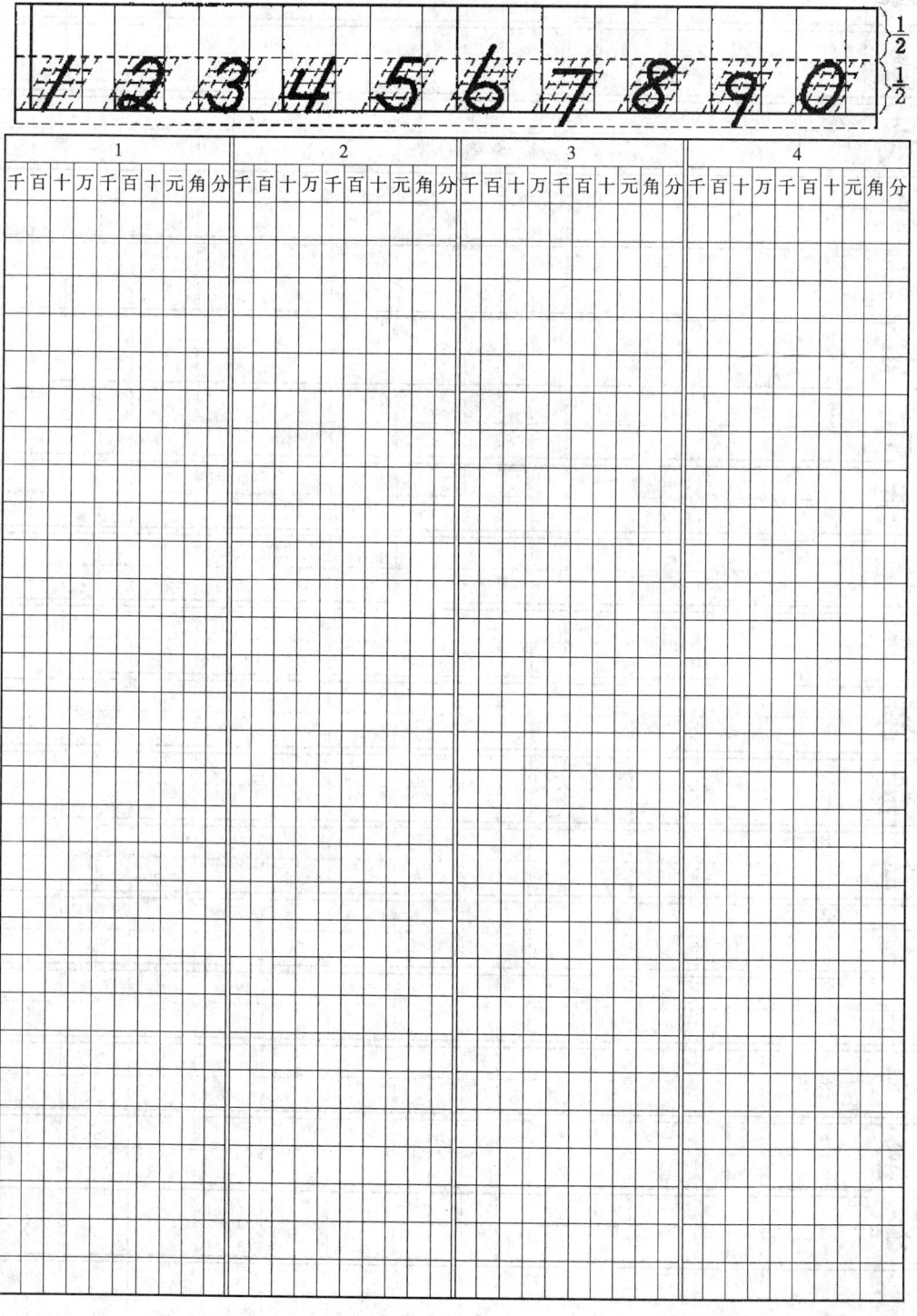

（二）汉字大写数字书写练习。

零
壹
贰
叁
肆
伍
陆
柒
捌
玖
拾
佰
仟
万
亿
元
角
分
整

四、会计科目和摘要的书写训练题

（一）示范。

资料：某企业2010年5月初发生下列业务：

1. 2日厂部李华出差借差旅费200元，现金支付。

2. 2日从银行提取现金1 000元备用。

3. 2日接银行通知：风华公司汇来前欠货款9 000元，已入账。

4. 3日银行存款支付厂部办公费600元。

5. 3日以存款支付光华厂货款5 000元。

将上述业务编制简化记账凭证如下：

| 2010年 || 凭证字号 | 摘要 | 会计科目 | 借方金额 | 贷方金额 |
月	日					
5	2	现付字1	李华借支差旅费	其他应收款	200.00	
				现金		200.00
	2	银付字1	提现金备用	现金	1 000.00	
				银行存款		1 000.00
	2	银收字1	收到风华	银行存款	9 000.00	
				应收账款		9 000.00
	3	银付字2	支付厂部办公费	管理费用	600.00	
				银行存款		600.00
		银付字3	支付前欠光华厂货款	应付账款	5 000.00	
				银行存款		5 000.00

（二）练习。

资料：立新工厂2010年12月发生下列业务：

1. 5日，收到投资人100 000元投资存入银行。

2. 9日，从工商银行取得一项为期五年的长期借款500 000元。

3. 11日，从银行提取现金2 000元备用。

4. 18日，从某单位购甲材料30 000元，验收入库，货款未付。

5. 20日，以现金2 500元直接用于支付上述材料的运输及装卸费用。

6. 26日，用银行存款偿还所欠某供货单位材料款30 000元。

7. 27日，向A公司销售库存商品价款60 000元，A公司以转账支票支付部分货款40 000元，余款暂欠。

8. 30日，董事会决议向投资者分配股利80 000元。

9. 31日，将现金30 000元存入银行。

10. 31日，职工刘林出差预借差旅费5 000元，以现金付款。

要求：请写出上述业务所使用的会计科目和每一项业务的摘要、金额，填入简化记账凭证中。

2010年		凭证字号	摘要	会计科目	明细科目	借方金额	贷方金额
月	日						

项目二　珠算技能

【知识目标】了解珠算相关基础知识，掌握珠算基本拨珠指法，熟练掌握珠算加、减、乘、除四则运算方法，适度应用珠算脑算方法。

【技能目标】能够在规定时间内参加珠算等级鉴定考试，并取得相应的珠算等级证书。

【任务一】珠算基础知识

珠算，是以算盘为工具，以数学原理为依据，用手指拨动算珠对数值进行加、减、乘、除等计算的一门计算技术。

算盘具有构造简单、使用便利、经济耐用、运算迅速、携带方便等优点。长期以来作为我国劳动人民所喜爱的计算工具，有着广泛的社会基础。有人把珠算和"指南针、火药、造纸、印刷术"四大发明相提并论，称为我国的第五大发明。

一、珠算的起源与发展

（一）珠算的起源

我国珠算的算理是在古代"筹算"、"游珠算盘"的基础上逐步演变而来的，距今已有上千的发展历史。

我国古代在没有创造算盘以前，由于社会生产力发展十分落后，人们用手指、小石子、结绳等计数，后来出现筹算。筹算的工具叫做算筹，又叫筹、策、算子等。它一般是用竹子做成圆形或方形，形状像筷子的小杆子。计算和运算时，把算筹拼排成数码。数码的排列有纵式和横式两种。

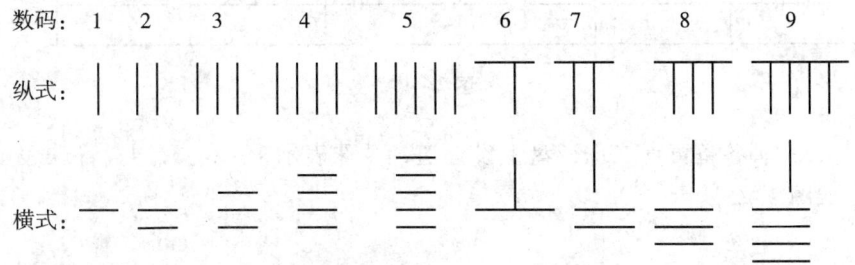

纵横两式相间拼成多位数，用以作加、减、乘、除、开方等计算，其中从6开始发生了变化，或者以一直筹为5，或者以一横筹为5，另加一直或一横筹表示6。算筹"满6以上，5在上方"，规定上面的"一横"或"一直"代表5。算盘以梁上一珠当5，6～9兼用上珠和下珠记数，继承了这种筹算记数法，从而为我国珠算的特点"五升十进"奠定了基础。

根据史料推断，筹算在春秋时代（公元前770～476年）就已通行使用，在古代流传达2 000年之久。它对我国古代的数学发展作出了卓越的贡献。

使用算筹进行数字计算，需要一边计算，一边用筹排数码，运算速度慢；同时由于算筹较长，计数时占地多，不利于工作。随着社会生产和交换活动的发展，筹算逐渐不能适应生产和交换的需要。因此，劳动人民在长期的实践中，又创造了新的计算工具——珠算盘，来代替传统的算筹。

1976年3月，在陕西省岐山县凤雏村发掘出西周王朝早期宫室遗址中，发现了90粒陶丸，分青黄二色，其中青者20粒，黄者70粒。陶丸呈浑圆形，直径约1.5厘米～2厘米。考古学家认为，这是西周时代作为计算用的算珠。

我国东汉末年徐岳写的《数术记遗》，是第一部记载"珠算"的书。书中记载了十四种计算工具，其中"太乙算"、"两仪算"、"三才算"、"九宫算"、"了知算"和"珠算"均用珠记数。但那时的算盘是用不同颜色的算珠在刻出槽的木板上进行计算的，这种算盘，一般被称为"游珠算盘"。它们是否有柱贯珠，珠算研究者的认识还没有统一。日本数学家三上义夫博士在《中国数学的特色》一书中，对《数术记遗》中提到的各种算法、算器，提出了说明和想象图：

太乙算，如图2-1所示，一轴贯一珠，以一珠置盘上9道中任何一道，即表示1～9之数，珠有不入9道内时，空位即表示零。

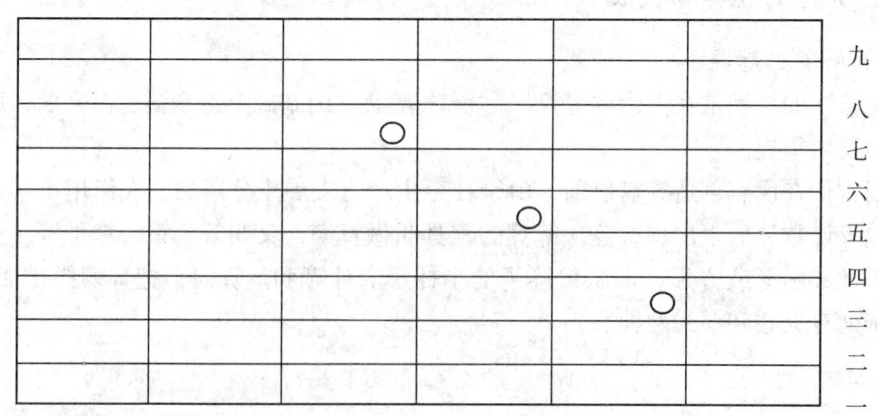

图2-1

两仪算，一轴各备黄青二珠，盘上设五道，黄珠表示1、2、3、4，青珠表示5、6、7、8、9。如图2-2所示。

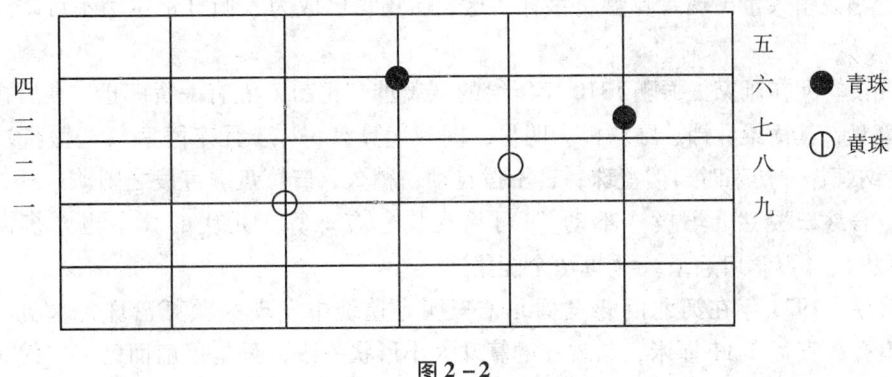

图 2-2

三才算,如图 2-3 所示,横设三道,三道中置青珠表示 9、6、3,置黄珠表示 8、5、2,置白珠表示 7、4、1。

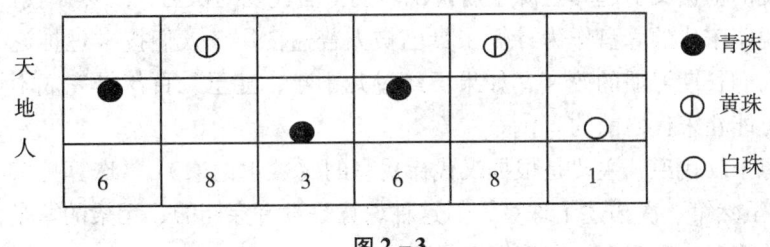

图 2-3

许莼舫在《中国算术故事》中对珠算板的想象如图 2-4 所示。

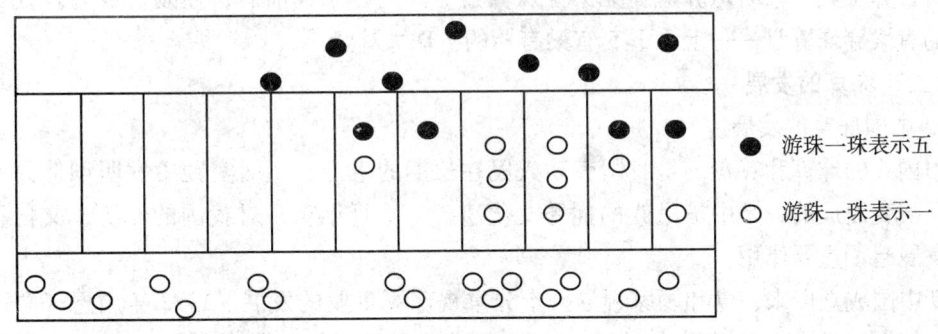

图 2-4

从结构上看,现代算盘显然是从这些古算盘综合而来的,但珠算究竟起源于何年代?是由何人发明的呢?对此至今学者们仍各执一词,总结起来,大致有明代说、元代说、宋代说、唐代说和汉代说。

明代说。著名民间珠算大师程大位(安徽休宁人,公元 1533~1606 年)著有《算法统宗》一书,全面阐述了珠算理论和以算盘为工具进行运算的方法,标志着珠算技术进入了比较成熟的阶段。清初著名天文学家梅文鼎(1632~1721 年)在《古算器考》中说:"今用珠盘起于何时,曰古书散变无明据,然以愚度之,亦起于明初耳。"此外,明代的笔记小说中大量出现"算盘"字样，这说明算盘已成为人们日常生活不可缺少的计算工具。

元代说。元初画家王振鹏1310年所绘的《乾坤一担图》上有一货郎担，在后担内插有一把算盘，其横梁、档、穿珠极为明显，同现代算盘一样。元末陶宗仪《辍耕录》中载："凡纳婢仆，初来时曰擂盘珠，言不拨自动；稍久，曰算盘珠言拨之则动；既久，日佛顶珠，言终曰凝然，虽拨亦不动。"可见元代已有珠算。元代的算书也颇多，计有《丁巨算法》、《算学启蒙录》、《算法全能集》。

宋代说。1921年在河北巨鹿发掘北宋三明寺遗址中发现一颗算盘珠，木质、扁圆形、中有孔，直径2.11厘米，与现在的算珠大小形状一致，只是稍扁而已。宋代大画家张择端所绘制的巨幅绢画《清明上河图》，其左端"赵太丞家"医寓内柜台上放置一形似算盘的东西，据我国珠算专家学者考证，认为是架"十五档穿档珠算盘"。因此，现代算盘在宋代就已产生，并开始进入寻常百姓家了。

由宋代说的证据又引起算盘源于唐代说。主张唐代说的认为，既然宋代已有珠算盘，且能入画，说明宋代的算盘作为计算工具已被人普遍使用，人们按常理推论一次大的社会变革或是人们长期习惯的改变，如果不经过几十年，甚至几百年是完成不了的。因此算盘的产生可能在宋代之前的唐代。

珠算起源于汉代说，主要是根据汉代徐岳写的《数术记遗》："珠算控带四时，经纬三才。"该书虽然第一次描述了珠算，但这种珠算是没有穿档的、无梁的算盘，我们称为珠算板或游珠算盘，和现今的穿档算盘是不同的。

综上所述，珠算是由筹算演变而来的，大约产生于汉代，在实践中不断改进着算法，改革着计算工具——游珠算盘及无梁穿珠算盘。大约在宋代前后，便发展成为现代这种形式的有梁穿珠算盘——上2下5有梁有档的7珠大算盘。

（二）珠算的发展

1. 中国珠算的发展。

中国式的珠算和算盘，是我国劳动人民在长期的生产、生活实践中发明创造并不断改进、演变而成的，是中华民族的优秀文化遗产。千百年来，对我国的经济、文化和科技的发展起了重要作用。

新中国成立以来，党和国家领导人十分重视珠算事业的发展。1972年周恩来总理在接见美籍物理学家李政道博士时说："要告诉下面不要把算盘丢掉，猴子吃桃子最危险。"1979年，薄一波同志为《珠算》杂志题词"算盘是我国的传统计算工具。1 000多年来，在金融贸易和人民生活等方面起了重要作用。用算盘和用电子计算机并不矛盾。现在还应充分发挥算盘的功能，为我国的经济建设事业服务"。1979年10月31日至11月6日，在秦皇岛市，中国珠算协会在第一次全国会员代表大会上宣告正式成立。中国珠协的成立，标志着我国珠算事业翻开了新的一页，进入了一个崭新的阶段，随后各省、市、自治区珠协也相继建立了起来。

中国珠协自成立以来，编辑了《珠算》杂志，组织专门委员会开展学术研究、教学研讨、推广普及、算具改革和鉴定比赛工作，并于1984年4月在全国试行了《全国珠算技术等级鉴定标准》。1985年，财政部〔1985〕财会字第60号文件同意将该标准作为考核会计人员珠算水平的"国家标准"，并从1986年7月1日起在全国范围内开始执行。这对于提高全国会计人员、各经济专业人员珠算技能和业务素质，提高经济效益具有重要意义。

1986年，在程大位逝世380周年之际，中国珠协为纪念这位对珠算发展具有重大贡献的数学家，出版了他的重要珠算著作《算法统宗》缩编本，这是新中国成立以来出版的第一部珠算古籍。中国珠协还积极参加国际性珠算会议，与外国进行学术交流，对算具进行改革，推行了中小型算盘和多档式小算盘。宋熙华同志研制的实用性多功能有理数算盘，使我国珠算持续1 000多年来的算术数运算，进入了有理数运算领域，被誉为我国珠算第三代新型算具。

近年来，全国各地、县、珠算组织也都相继成立，全国性、地区性的珠算大赛此起彼伏，还和台湾进行海峡两岸珠算交流和比赛，计算水平有了大幅度的提高。珠算普及工作得到顺利开展，如在小学开设了珠算课，在财经类院校、职业技术学校开设珠算课，开设专门的培训班等，这对于我国珠算技术水平的提高，起了很大的促进作用。

2. 国外珠算发展。

中国珠算技术在明代传入日本、朝鲜及东南亚诸国，对这些国家的经济起到了很大的促进作用。今天，甚至在西欧、美国、墨西哥以及南太平洋的汤加王国，也都将珠算当做"新文化"引进利用。

日本虽然是世界电子工业非常发达的国家，但对珠算也非常重视，不但成立了珠算协会、学会、协议会等十多个组织，而且在全国范围内办有5万多所珠算补习班。他们把每年8月8日定为"珠算节"，每年举行全国性的珠算比赛，每年有百多万人考取珠算证书。可以说珠算在日本得到了广泛的应用。

美国虽然是世界电子计算机的发明国，但他们把珠算当做新文化引进，美国派人到日本学习珠算，并且还邀请日本珠算专家教学，成立了"美国珠算教育中心"。美国纽约市弗兰克林大学教师莫逊先生，在《教育时代》上发表了一篇论文，他总结说："即使是电子计算机时代仍还需要基础教育的数学知识，而算盘在其漫长的历史中，证明了它的基础概念是会永久持续下去的。"美国一些教育家从经验中认识到"使用计算器，只要一按电钮，不会九九也能得出来，但是这在初等教育中是不适宜的，而毋宁说是明显有害的"。所以，在美国小学阶段禁止使用计算器的呼声极为强烈。美国有50多所大学开设了珠算课，珠算普及到整个美国，他们的决心是赶上或超过日本。

总之，珠算已成世界上"共通的算数语言"，世界产生了"珠算热"，珠算已编入了世界词汇。1996年在我国召开了世界珠算大会，我国的珠算事业正蒸蒸日上，兴旺发达，走向世界。我国是珠算发明国，有"珠算故乡"之称，因此，我们要更加努力学习好珠算，弘扬这一文化遗产，使珠算发展名列世界之首。

二、珠算的特点功能和电算器的关系

（一）珠算的特点

珠算作为一种"计算技术"，在其发生发展过程中，逐渐形成了自身的特点和规律。主要表现在：

1. 置数形象化。珠算记数的符号是算珠，算珠的聚集形成"珠码"。这种实物表数的方法属于几何体记数，具有形象直观的特点。运算中珠动数出，手动目睹，珠码形成图像，运算过程中数的发展变化真切而形象，易于理解。

2. 示数二元化。珠算置数可以由靠梁珠和靠框珠两方面来表示，即可以表示正数，又可以表示负数。比如靠梁算珠为873，靠框的算珠就读127。加零凑整或凑整减零，和数、差数一目了然。这种二元示数为算盘所独有，其他计算工具都没有这种功能。因此，珠算可应用补数原理与二元示数结合，形成独特的计算体系和快速的计算技巧。

3. 运算集聚化。珠算计算是用算珠的聚散活动来表示。加减计算形象直观，拨入为"加"拨去为"减"。与笔算相比，节省脑力。就一个数组来说，各数既有独立的档位，又是一个数组群体。运算中，不仅可单一逐位计算，而且可以进行整体数群计算。这种逐位计算和按群体计算相结合的方法，构成了珠算集聚化的特点。

4. 算法科学化。珠算以算盘为工具，它具有横向运算、五升十进、顺序计算、群体计算等特点。其算盘的数轴结构和十进制的数位原则，使运算档次分明，数字形义一致，数的组合和分解，聚散结合，完全符合数学原理。在计算程序步骤、方法和技巧上，珠算和心算相结合，具体数字和抽象数字相结合，形象思维和逻辑思维相结合，加减乘除自有规律，自成体系，方法科学合理。

（二）珠算的功能

珠算作为一种工具算，无论在算理、算法、算具等方面都有其独特的功能。主要表现在：

1. 计算功能。在经济工作的商品购销、经济核算、经营决策活动中，都要进行数字运算。哪里有经营业务活动，哪里就有数字计算、数量分析和数据处理等工作，这些方面都可应用珠算。珠算在我国作为计算工具运用非常广泛。

2. 教育功能。珠算不仅有科学的计算功能，而且具有独特的教育功能。特别是在教学过程中，它能加深人们对数的概念的理解，在四则运算中，对于数的组合和分解及其运算原理，给人以直观的启示。美国加利福尼亚大学教授列奥·利加德博士在考察珠算的功能后，得出的结论："珠算对于数的诱导和十进制记数取位法，井然一致，所以相信它作为教具是最合适的。在这个基础上，当然可以认为它对数学教育能起到重要作用。"

3. 启智功能。打算盘是同时用手、用眼、用脑的一种立体思维活动。手指拨动算珠，视觉传递信息，既受中枢神经支配，反过来其感觉信息的传递，又将促进脑手之间联系网络的发达，促进脑机能的增强和脑智能的发展。把珠算引入心算后，使大脑呈现出珠算映像，一方面可以促进大脑的发达，智力的提高；另一方面可以锻炼人的注意力和毅力。一般来说，打算盘快的人，其感受能力和反应能力都比较强；会心算的人有刻苦勤奋、做事专注、毅力较强、思维敏捷等特点。

(三) 珠算盘和电算器的关系

世界已进入电子时代，人类的计算工具在不断地变革。有的计算工具已被新的所代替，有的在一定历史阶段，各具所长，并行使用。是存在还是被淘汰，这不是以人的主观意志所决定的，而是在于它本身是否有存在的价值。历史上筹算和珠算并行使用一个较长的时期，筹算被淘汰。珠算又和电算器并行存在，两者比较各有所长，各有所用，实践证明，用算盘和用电算器并不矛盾。电算器精巧玲珑，按键操作容易掌握，乘除计算对初学者来说计算快速准确；珠算盘结构简单，造价低廉，档位多，容量大，不用电，不失灵，加减计算快速方便。在经济活动和各种数字计算中，加减计算约占80%。何况，它的功能不只限于计算一项。因此，珠算在现实生活中有着广泛的用武之地。珠算盘和电算器，犹如交通工具中自行车和汽车的关系，它们相辅相成，并行不悖，长期并存，在国家经济建设和人们生活中各自发挥应有的作用。

三、算盘的种类、构造和记数

(一) 算盘的种类、构造

算盘是中国古代劳动人民创造的一种计算工具。它设计合理、构造简单、直观耐用、是财务核算工具之一。我国常见的算盘种类有三种：一种是上2下5的圆珠大算盘（见图2-5）；一种是上1下4的菱珠小算盘（见图2-6）；还有一种是菱珠或圆形的中型算盘，这种算盘是在圆形7珠大算盘的基础上改进而来的，算珠上1下4，比圆形7珠算盘缩短了档距，减少了算珠，增加了档位，有的装有清盘装置及垫脚，它克服了圆形7珠大算盘的缺点，是我国华北及西南地区普遍使用的一种算盘（见图2-7）。各种算盘结构基本相同，均由框、梁、档、珠、点五部分组成。

图2-5

财经岗位基本技能与实训

图 2-6

图 2-7

框是指算盘四周的边框，或叫"边"，有上、下、左、右之分。

梁是指框中间的横木，又称"横梁"、"中梁"，它将算珠分为上下两部分。

档是指通过梁贯穿着算珠的一根根小圆柱。

珠即算珠，有上、下之分。梁上面的珠叫上珠，每颗当5；梁下面的珠叫下珠，每颗当1。

点是指梁上的小黑点也叫定位点，是用来定位和分节记数的（见图2-6）。

三种算盘种类如图（见图2-5、图2-6、图2-7）。

算盘上框、梁、档是静止的，是算盘的基本框架，它分别起着固定、支承、滑道的作用；珠是动态变化的，起记数运算作用。

（二）算盘的记数法

算盘是以档表示数位，以算珠表示数码，即上、下珠靠梁多少，表示记数多少，以离梁算珠表示零。

算盘上的档位与笔写的数位一致，高位在左，低位在右，从右向左每移一档数字扩大十倍，从左向右每移一档数值缩小十倍。在算盘上选定个位档以后向左依次为十位、百位、千位、万位……向右分别为十分位，百分位，千分位……某档下珠满五，需换用上珠表示，称为"五升"；某档算珠满十，需换用左档一颗下珠表示，称为"十进"。这种上下珠记数和进位方法称为"五升十进制"记数法。珠算就是通过上、下珠对横梁的集聚和离散来进行置数、计算及反映结果的。

22

我国目前数码记数的方法,是采用国际通用"三位分节法",即对任意一个数在其整数部分,从个位向左边数,每隔3位分成1节,节间用分节号","隔开。有小数部分,小数点后面数字不分节。所以算盘计数时在横梁上也按3位分节,分节号用记位点表示,在算盘上选定某一记位点为个位点时,每向左边移动3位,分别为千位、百万位……这样便于看数、记数。例:8 706 021.53(见图2-8),从高位到低位依次拨珠靠梁,遇零空档,不需拨珠。

图 2-8

四、学习珠算的基本功

人们从事某种较为复杂的活动,先要对理论知识有所认识,然后才能掌握技能、获得熟练的技巧。技能是在懂得了有关知识的基础上发生的动作,熟练技巧则是在已形成的技能基础上,经过反复练习而产生的,即所谓"熟能生巧"。学习珠算的全过程就是在掌握算理、算法的基础上,练习看数、拨珠、定位、写数……综合为统一的技巧。

（一）看数、置数和写数

打算盘是一种思维综合运动。打算盘对眼、脑、手必须有机配合。先是眼静看数,再反映到脑,脑再支配手去拨珠,这就要求看数既准又快,看一遍就能记住,力争做到眼看和手动并进。计算的正确与迅速同正确看数有直接关系,如果看数慢、看错数、看漏数,就会影响手指拨珠的正确性和速度。一般开始时从左到右分节看数,熟练后要达到过目不忘,边看边打,才能节省时间,保持操作的连续性。

置数,是指把应计算的预定数拨入算盘。为提高计算效率,就要求我们熟记算盘的记数法,练成看数不停,拨珠不断的本领。计算完毕后,写数一环也很重要,尤其是小数点要点准、避免计算正确、书写错误,一定要盯盘写得数。

（二）握笔与清盘

为了提高计算速度,应养成握笔拨珠的习惯,以便于随时书写答数,省去拿、放笔的时间。握笔方法通常有以下三种方法:一种是中无指握笔法（见图2-9左图）;一种是中、无、小指三指握笔法（见图2-9右图）;还有一种是小指和无名指同时握笔法（见图2-10）。这几种握笔法笔尖一端露在夹笔的手指之间,笔杆上端伸出虎口。

上述握笔方法,菱珠小算盘（见图2-6）可取第一种和第二种握笔法（见图2-9）,这两种方法较适合菱珠小算盘,原因是在右手指分工中,大拇指和食指负责

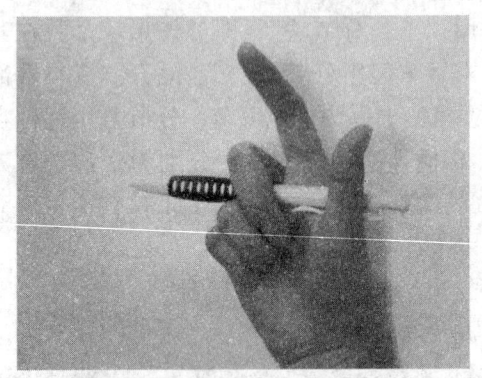 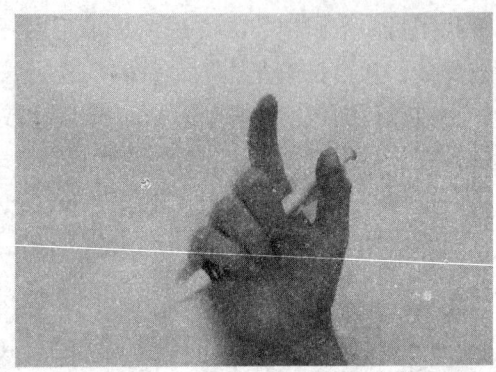

图 2-9

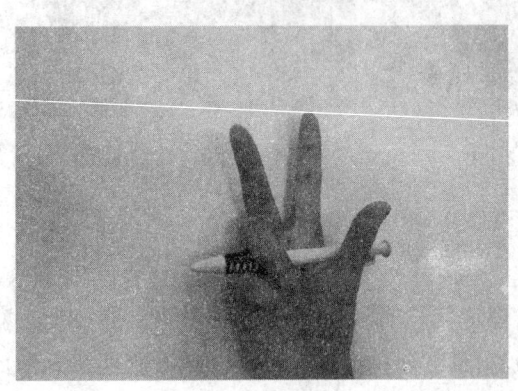 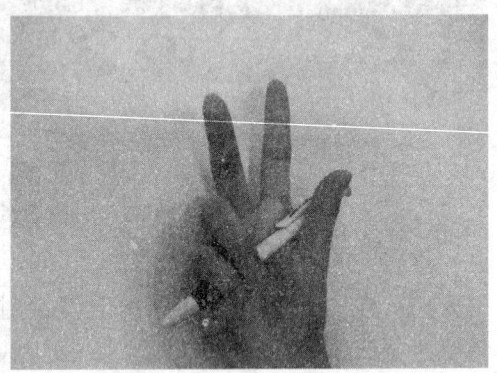

图 2-10

拨珠入盘，不受握笔的束缚，可运用自如；中型菱珠或圆形的算盘可取（见图 2-10）握笔法，这样可以保证三指拨珠灵活不受限制。

清盘是指在每次运算之前，要使所有算珠都离梁靠框，使盘面变为空盘，这个过程叫清盘。清盘的方法因所使用的算盘不同而有所不同。有清盘器的算盘，可直接利用清盘器清盘；无清盘器的算盘，其清盘方法是，将拇指和食指合拢，拇指在梁下，食指在梁上，顺着算盘自身的横梁由右向左迅速移动，利用手指对靠近横梁两旁算珠的推弹力，使算珠离梁靠框（见图 2-21）。

（三）打算盘的姿势

打算盘姿势正确与否直接影响运算速度与准确程度。打算盘时，全身心都参与工作，需要全身各部分协调配合。一般要求，身要正、腰要直、两腿自然分开、肘关节抬起、小臂同桌面平行、食指立在算珠上、头稍低、眼向下、要求视线落在算盘下边与练习题交界处、运算时靠翻动眼皮看数拨珠不要摇头、眼睛距离算盘一尺远、胸距桌边一拳为宜、肘部摆幅不宜过大、算盘放在离桌沿里侧 10~15 厘米的位置、精力要高度集中。

使用菱珠小算盘时可将计算资料放在算盘下边，边打边看，左手移盘，将打完这笔数字用算盘压住，眼睛快速看下一行数值，依次运算，借以加快速度，提高运算质量。使用中型算盘时可将计算资料压在算盘下边，左手移动算题，右手拨珠，边打边看，依次运算。

（四）学习珠算的要点

珠算是一门应用技术。学习珠算知识，若是不懂算法，不掌握熟练的操作技巧，等于纸上谈兵。因此，要在懂得算法的基础上，强化操作过程，使之产生珠算技能，把握计算技巧。

1. 珠算技能与技巧。

技能是在懂得了理论知识基础上发生的动作；技巧则是在已形成的技能基础上，经过反复练习而产生的，即所谓"熟能生巧"。珠算学习的全过程必须经过眼、手、脑的协调配合、统一、一致的动作过程。

珠算是以稳、准、快为标准衡量一个学生的珠算技术水平的。这就要求学生有扎实的基本功。

2. 珠算的基本功。

（1）练三功。

所谓练三功就是指学习珠算的基本功。其含义如下：一练眼，看数清；二练指，拨珠灵；三练脑，心算精。或者是过五关。其内容是一笔清、一眼成、一口清、一手清和一盘清。所谓一笔清是不允许写第二次；一眼成是指不允许看第二眼；一盘清是指不打第二遍。

（2）坚持五要五不要。

为了使珠算水平达到既快又准的程度，就必须在大练基本功的前提下，遵循以下五点要求，防止出现五种偏差。

五要如下：

① 要选择最合理的运算程序；
② 要事先确定计算结果的精确度；
③ 要结合数字特点选用简捷算法；
④ 要验算计算结果；
⑤ 要把数码字写得正确、整齐、清楚。

五不要如下：

① 不要三天打鱼，两天晒网；
② 不要用错误的指法拨珠；
③ 不要用手在算题上指数；
④ 不要计算时忘记持笔；
⑤ 不要写数时忘记写分节号。

五、珠算基本指法

珠算是用手指拨动算珠进行运算的，拨珠的方法叫指法。

珠算指法是整个珠算基础知识中关键环节，指法正确与否将直接影响拨珠的速度与准确性，影响加减法的学习，影响计算水平的提高。因此，指法学习很重要，打比方说就像盖楼房打地基一样,一定要打得牢固、坚实。这就要求学生在学习指法中,要认真、刻苦、反复练习,过好指法关,为下一步学习珠算加减法打好基础。拨珠指法有"三指拨珠法"和"两指拨珠法",这两种方法均使用右手拨珠,下面分别介绍。

(一) 上一下四菱珠小算盘拨珠指法

菱珠小算盘拨珠用拇指和食指,即两指拨珠法,分两类:

1. 单指单拨。

单指单拨就是在同一档上用拇指或食指拨动上珠或下珠靠梁或离梁的指法。

(1) 拇指:拇指拨下珠靠梁,在双指联拨时兼拨下珠离梁。例:1＋3、2＋2、0＋2 等。

(2) 食指:食指拨下珠离梁,上珠靠梁和离梁。例:2－2、3＋5、3－1、2＋5、6－5、7－5 等。

2. 双指联拨。

双指联拨就是在一档或前后档用拇指和食指同时拨动算珠靠梁或离梁的指法。双指联拨重在两指联合完成的拨珠动作。

(1) 本档联拨指法。

① 双合:用拇指拨本档下珠、食指拨本档上珠同时靠梁。用于不进位加 6、7、8、9,如:1＋6、2＋7、1＋8、0＋9 等(见图 2－11)。

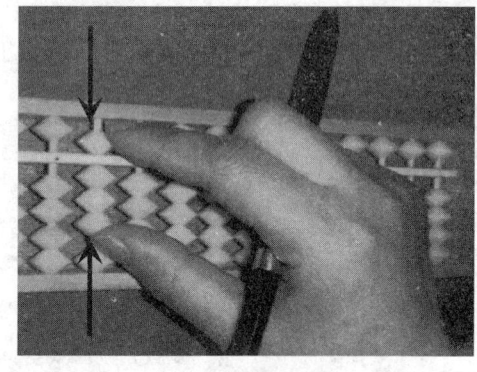
图 2－11

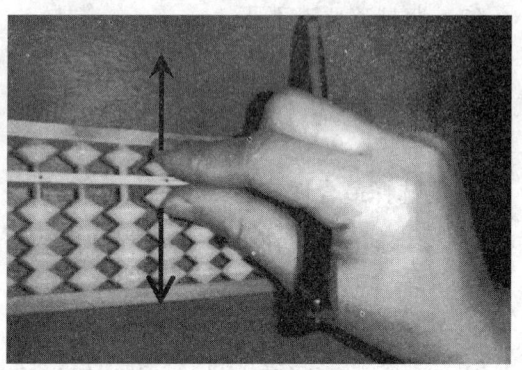
图 2－12

② 双分:用拇指拨本档下珠、食指拨本档上珠同时离梁。用于不退位的减 6、7、8、9,如 9－8、7－6、8－7 等(见图 2－12)。

③ 双上:用拇指拨本档下珠靠梁、同时食指拨本档上珠离梁。如 5－2、5－3、5－2、5－1 等(见图 2－13)。

④ 双下:用拇指拨本档下珠离梁、同时食指拨本档上珠靠梁。如:2＋1、2＋2、2＋3、2＋2 等(见图 2－14)。

以上是双上、双下指法必须注意双指同时配合动作,双上指法双指同时向上拨,双下指法是双指同时向下拨。

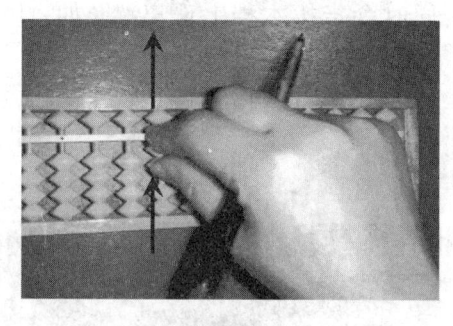

图 2-13

图 2-14

(2) 前后档联拨指法。

① 扭进：用食指拨本档下珠离梁、同时拇指拨前档下珠靠梁，用于本档满十需要进位的加法，如：6+9、7+8、2+7、9+6等（见图2-15）。

② 扭退：用食指拨前档下珠离梁，同时拇指拨本档下珠靠梁。用于本档不足减需要在前档借位的减法，如：15-9、11-8、10-7等（见图2-16）。

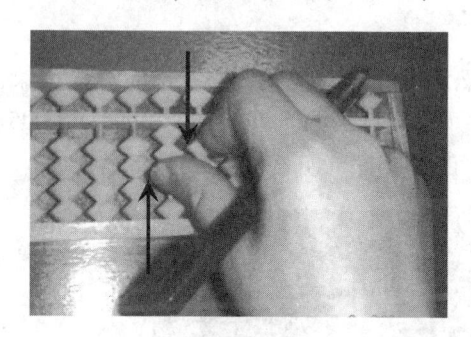

图 2-15

图 2-16

③ 前后合：拇指拨前档下珠、食指拨本档上珠同时靠梁，如：10+15、2+25、12+25等（见图2-17）。

④ 前后分：拇指拨前档下珠、食指拨本档上珠同时离梁，如：28-15、39-25、25-35等（见图2-18）。

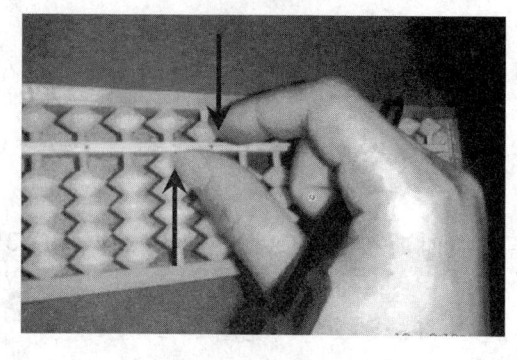

图 2-17

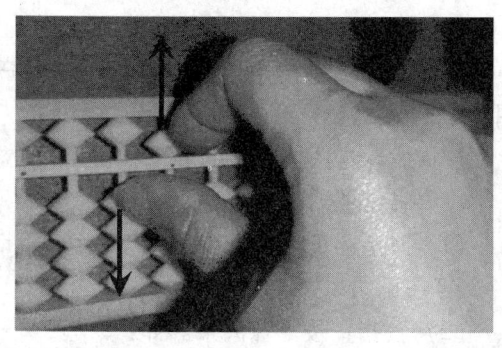

图 2-18

⑤前后上拨：用拇指拨前档下珠靠梁、同时食指拨本档上珠离梁，如：16＋5、15＋15、18＋25等（见图2－19）。

⑥前后下拨：用拇指拨前档下珠离梁、同时食指拨本档上珠靠梁，如：12－5、22－15、30－25等（见图2－20）。

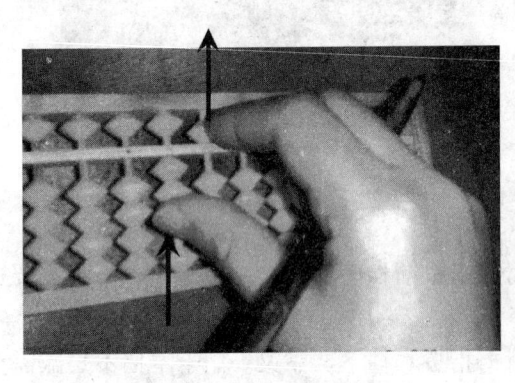

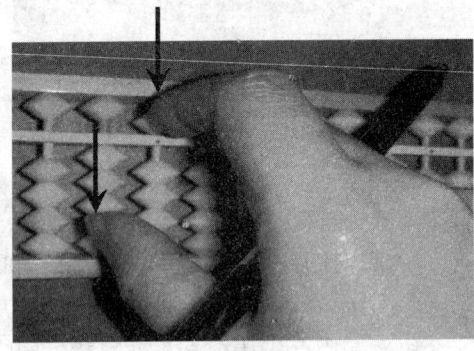

图2－19　　　　　　　　　图2－20

(3) 涉及两档以上的拨珠方法。

连冲：将食指靠在梁上边缘，拇指靠在梁下边缘，两指尖偏左，沿着算盘横梁由右向左向前冲档，使上、下珠同时离梁、靠框。如：9 999＋1、76＋22、2 995＋5 005。当两数相加且两数是互补关系时，用连冲指法，既快又准（见图2－21）。

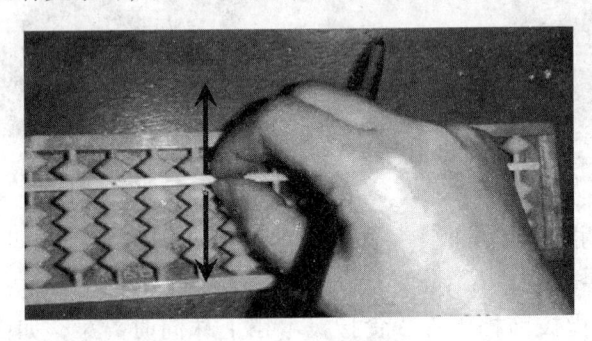

图2－21

（二）中型算盘三指拨珠指法

三指拨珠法是指用拇指、食指、中指三个手指拨珠，无名指和小指屈向掌心（见图2－22）。

三指拨珠指法按手指的分工和相互配合，又分为单指单拨、双指联拨和三指联拨。

1. 单指单拨。

(1) 拇指：拨下珠靠梁，在双指、三指联拨时兼拨下珠离梁，如：1＋2、0＋3、0＋2等（见图2－23）。

(2) 食指：拨下珠离梁。如：2－3、2－2、2－1、3－2等（见图2－24）。

(3) 中指：拨上珠靠梁、离梁。如：＋5、－5等（见图2－25、图2－26）。

图 2 – 22

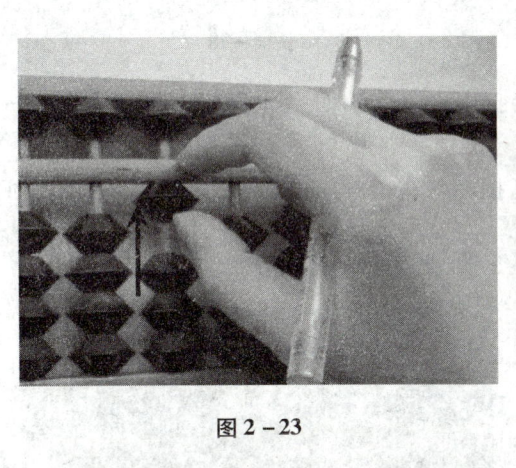

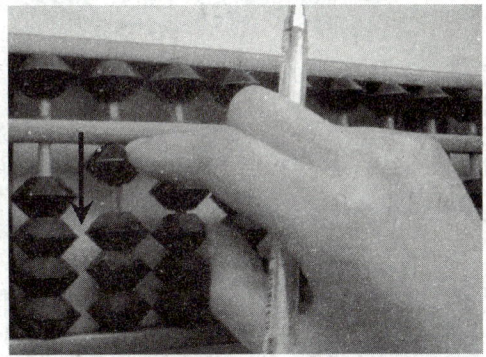

图 2 – 23

图 2 – 24

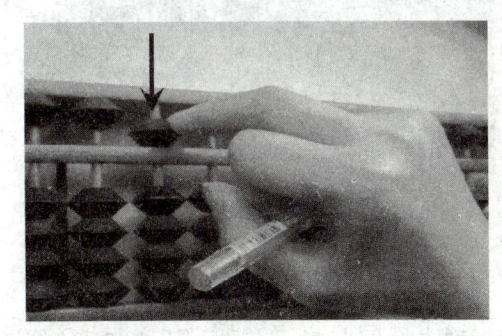

图 2 – 25

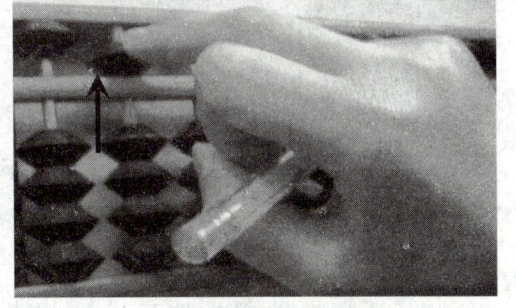

图 2 – 26

2. 双指联拨。

（1）拇指与中指联拨。

拇指、中指联拨是指两个手指同时进行拨珠。

① 本档联拨指法：

1）双合：即本档上、下珠同时靠梁，用拇指拨下珠、中指拨上珠同时靠梁，如：1＋6、2＋7、1＋8、3＋6等（见图2－27）。

2）双分：即本档上、下珠同时离梁，用拇指拨下珠、中指拨上珠同时离梁，如：9－7、8－6、9－8、7－6、6－6等（见图2－28）。

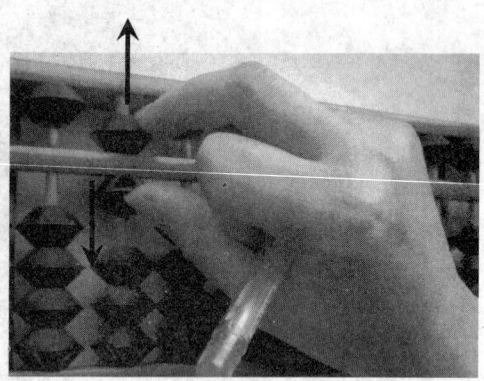

图2－27　　　　　　　　　　　图2－28

3）双上：用拇指拨下珠靠梁，同时中指拨上珠离梁，如：5－2、5－3、5－2、5－1等（见图2－29）。

4）双下：用拇指拨下珠离梁，同时中指拨上珠靠梁，如：2＋1、2＋2、2＋3、2＋2等（见图2－30）。

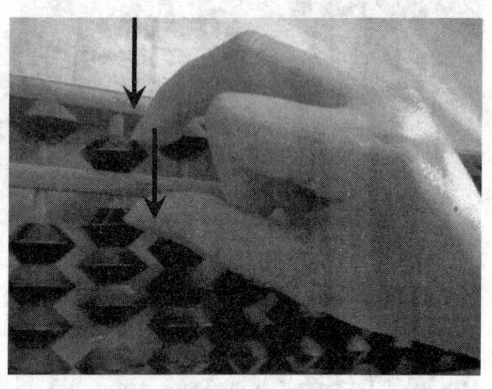

图2－29　　　　　　　　　　　图2－30

② 前后档联拨指法。

1）前后合拨：拇指拨前档下珠、中指拨本档上珠同时靠梁，如：10＋15、2＋25、12＋25等（见图2－31）。

2）前后分拨：拇指拨前档下珠、中指拨本档上珠同时离梁，如：28－15、39－25、25－35等（见图2－32）。

3）前后上拨：用拇指拨前档下珠靠梁，同时中指拨本档上珠离梁，如：6＋5、15＋15、18＋25等（见图2－33）。

图 2-31　　　　　　　　　　　图 2-32

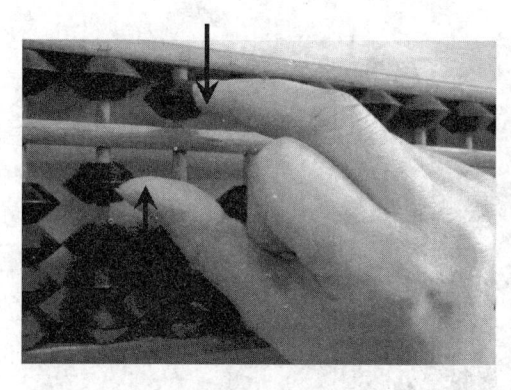

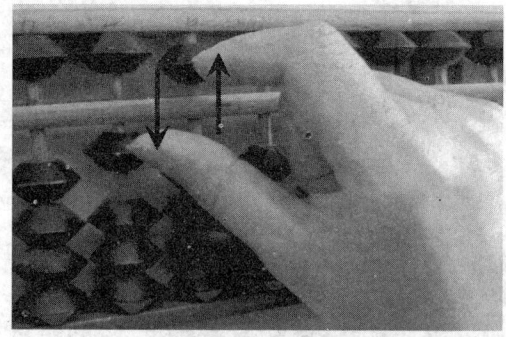

4）前后下拨：用拇指拨前档下珠离梁，同时中指拨本档上珠靠梁，如：12-5、22-15、30-25 等（见图 2-34）。

图 2-33　　　　　　　　　　　图 2-34

(2) 食指与中指联拨。

当下珠与上珠全部拨珠时可用食、中两指联拨。

① 本档联拨指法。

1）双分：本档上下珠全部离梁，即食指拨下珠、中指拨上珠同时离梁，如：6-6、7-7、8-8、9-9 等（见图 2-35）。

2）双下：本档上珠靠梁同时全部下珠离梁，即食指拨全部下珠离梁、同时中指拨上珠靠梁，如：2+3、3+2、1+2、2+1 等（见图 2-36）。

② 前后档联拨指法。

1）前后分拨：前档下珠和本档上珠离梁，即食指拨前档下珠、中指拨本档上珠同时全部离梁，如：15-15、25-25、35-35 等（见图 2-37）。

2）前后下拨：前档下珠全部离梁本档上珠靠梁，即在食指拨前档下珠全部离梁的同时、中指拨本档上珠靠梁，如：10-5、20-35、30-15 等（见图 2-38）。

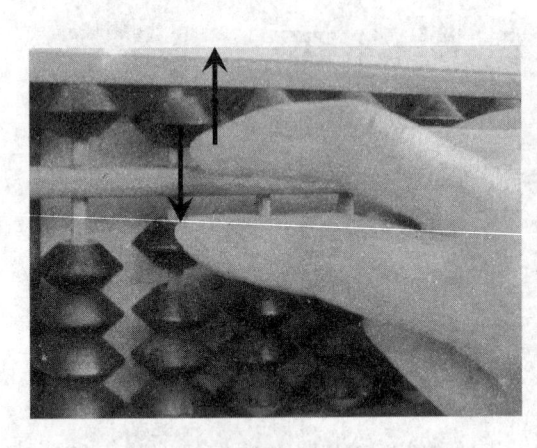

图 2-35 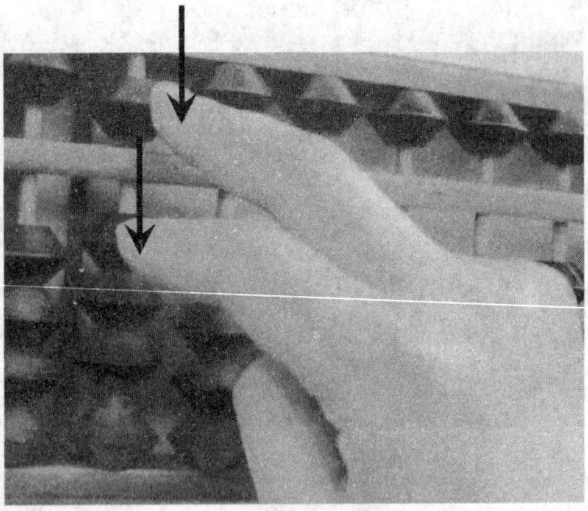　　　　　　　　　　　图 2-36

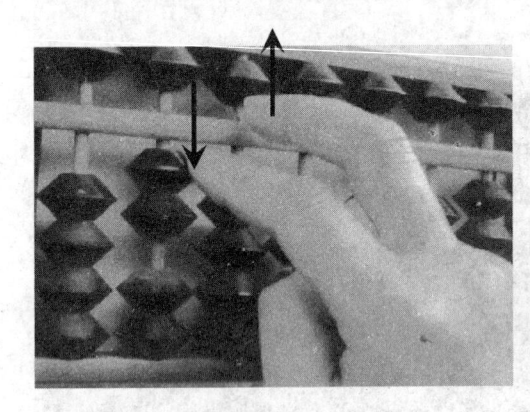

图 2-37 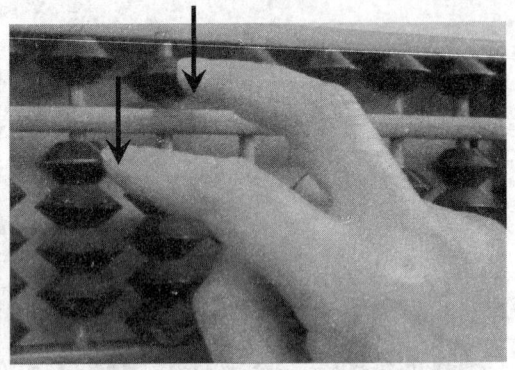　　　　　　　　　　　图 2-38

（3）拇、食两指联拨。

① 扭进（同菱珠小算盘拨珠指法，见图 2-15）。

② 扭退（同菱珠小算盘拨珠指法，见图 2-16）。

3. 三指联拨。

三指联拨是指拇指、食指和中指同时进行拨珠的指法。

（1）三指进：指拇指拨前档下珠靠梁的同时、中指与食指拨本档上下珠同时离梁，如：拨 6+2、17+3 等（见图 2-39）。

（2）三指退：指食指拨前档下珠离梁的同时、中指与拇指拨本档上下珠同时靠梁，如：10-2、11-3 等（见图 2-40）。

以上是拨珠指法，在进行两指和三指联拨时应注意掌握：

第一，单指单拨是联拨的基础，必须严格按照三指分工指法进行联拨。

第二，联拨要自然顺畅，不要勉为其难。例：9+4 虽然可用三指联拨，但也可以分别为一次单指单拨和一次两指联拨，否则，弄巧成拙。

图 2-39　　　　　　　　　　　　　　图 2-40

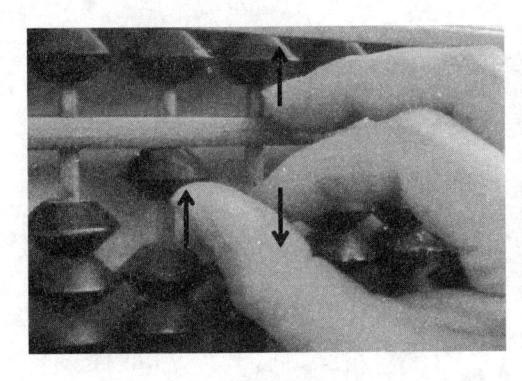

（三）双手拨珠法

为了提高珠算拨珠的速度和计算效率，在上述三指拨珠和双指联拨指法的基础上，有人使用双手拨珠法。即用左手和右手分工协作同时完成某一置数的拨珠动作。目前进行乘除计算时应用较多。例如算盘上连加三次 625。

1. 加 625：左手用食指和中指在百位档拨一颗下珠和一颗上珠同时靠梁，同时右手用拇指和食指（中指）在十位拨入两颗下珠和个位拨入一颗上珠靠梁。盘上存数为 625。

2. 加 625：右手用拇指和食指（中指）在百位上拨上一颗下珠靠梁，拨一颗上珠离梁，同时左手用食指在千位上拨一颗下珠靠梁，右手在十位上拨两颗下珠靠梁，右手用食指（中指）在个位上拨一颗上珠离梁，同时左手用食指和中指在十位上拨一颗上珠靠梁和四珠下珠离梁。盘上答数为 1 250。

3. 加 625：左手用食指和中指在百位上拨一颗下珠和一颗上珠靠梁，同时右手用拇指和食指（中指）在十位上拨两颗下珠和个位拨一颗上珠靠梁，盘上答数为 1 875。

双手拨珠法在加、减、乘、除各种运算中均可使用。如加法运算中左右手分工协作，同时左手用食指拨加一个进位数；减法运算中左右手可分工协作同时拨去一个借位数；乘法运算中左右手分工协作同时拨加一个乘积；除法运算中可左手拨商数，右手拨减乘积数等。

熟练、正确地掌握和运用科学的拨珠方法，是提高珠算准确率和速度的关键，因此，学习指法应注意以下问题：

1. 要按照单指单拨、双指联拨或三指联拨指法反复练习，能用联拨指法不要用单拨指法，该单拨就单拨，该联拨就联拨，使其运用自如、顺手，切忌随意性。

2. 拨珠要稳、准、快、轻。稳就是一次拨对，无毁盘或毁珠现象，拨珠正确、稳定；准是计算准确无误；快就是拨珠敏捷灵活，运算迅速；轻指拨珠动作流利、轻巧、灵活。练习指法时要以准为主，准中求快，练中提高。

3. 手指与盘面的角度、高度要适度，拨珠干净利落，力度均匀适当。

4. 指法练习要按拨珠规律进行大量练习，养成良好的拨珠习惯，减少拨珠次数，提高运算速度。

【实训】

一、名词解释。

1. 单指单拨
2. 双指联拨
3. 三指联拨
4. 清盘
5. 扭进、扭退指法

二、指出下列各题的拨珠指法。

1. 2 + 2
2. 3 + 5
3. 4 + 1
4. 2 + 7
5. 3 + 35
6. 16 + 5
7. 23 + 8
8. 4 + 3
9. 4 − 1
10. 8 − 5
11. 5 − 2
12. 9 − 6
13. 25 − 15
14. 10 − 5
15. 21 − 9
16. 269 + 7 631

三、指法练习：以下指法每天练 10 遍。

指法操表（用 10 个档练习）

大节名称	每档加减数	指　　法
第一节 拇指上，食指下	1. +（−）1111111111 2. +（−）2222222222 3. +（−）3333333333 4. +（−）4444444444	单指单拨 用拇指拨下珠靠梁、用食指（中指）拨下珠离梁
第二节 食指上下	+（−）5555555555	用食指（中指）拨上珠靠梁、用食指（中指）拨上珠离梁
第三节 双合、双分	1. +（−）6666666666 2. +（−）7777777777 3. +（−）8888888888 4. +（−）9999999999	加用拇指食指（中指）同时合上、下珠靠梁、减用拇指食指（中指）同时分上，下珠离梁
第四节 双上、双下	1. +5555555555 2. −1111111111 3. +3333333333 4. −4444444444 5. +2222222222 6. −3333333333	用食指（中指）下拨 5，再用拇指食指（中指）双上拨珠，依次拨珠；再用拇指食指（中指）双下拨珠，注意双指配合动作

续表

大节名称	每档加减数	指法
第五节 扭进、扭退	1. +11111111111 2. +99999999999 3. −66666666666 3. +77777777777 4. −88888888888	扭进：用拇指拨1，再用食指拨本档算珠离梁、同时用拇指拨前档下珠靠梁 扭退：用食指拨前档算珠离梁、同时用拇指拨本档下珠靠梁
第六节 前后合、分	1. +15151515151515151515 2. −15151515151515151515 3. +25252525252525252525 4. −15151515151515151515	合：拇指拨前档下珠、食指（中指）拨本档上珠5两指同时合梁 分：拇指拨前档下珠、食指（中指）拨本档上珠5两指同时离梁
第七节 前后上、下	1. +5555555555 2. +5555555555 3. −5555555555 4. 15151515151515151515 5. −15151515151515151515	上：拇指拨前档下珠靠梁、食指（中指）拨本档上珠5离梁，两指同时上拨 分：拇指拨前档下珠离梁、食指（中指）拨本档上珠5靠梁，两指同时下拨

【任务二】珠算加减法

珠算加减法是珠算其他运算的基础。珠算乘法表现为若干积数相叠加的总合，而除法则是减法的倍数表现，所以，乘除法的基础是加减法。在实际工作中，加减算占所有计算量的绝大部分，应用范围非常广泛，实用价值也最大。用珠算计算加减法，比笔算、电子计算器都要准确、迅速，最能显示珠算的优点。因此，珠算加减法犹如万丈高楼的基础，越扎实就越牢固，在熟练掌握加减算的方法之后才有利于今后乘除的运算。

一、珠算加减法的概述

（一）学习珠算加减法的基本规则

1. 珠算加法的基本原则。

求两数之和的运算方法叫加法。相加的结果叫"和"即：被加数＋加数＝和。
珠算加法应该遵守以下三条基本规则：

（1）加数和加数的位置可以互换。例如：

3+5=8　　5+3=8

（2）应将被加数与加数的数位对齐，相同数位的数字才能相加，如千位对千位，百位对百位，十位对十位等。小数也必须将被加数与加数的小数点对齐，然后相加。例如：

```
        2 683              97 064.94
       + 476              + 4 114.02
       ─────              ──────────
        3 159             101 178.96
```

（3）应从高位数到低位数的顺序相加。这与笔算的运算顺序刚好相反，待熟练掌握了运算方法后还可以来回运算。

2. 珠算减法的基本原则。

从已知的一个数中减去另一个数或另几个数的计算方法叫做减法。相减的结果叫"差"。即：被减数 - 减数 = 差。

珠算减法应该遵守以下三条基本规则：

（1）被减数和减数的位置不可以互换。

（2）应将被减数和减数的位数对齐，相同数位的数字才能相减。小数减法也必须将被减数和减数的小数点对齐，然后相减。例如：

```
        2 683              97 064.94
       - 476              - 4 114.02
       ─────              ──────────
        2 213              92 950.92
```

（3）应从高位数到低位数的顺序相减。

（二）学习珠算加减法的基本功

珠算加减法也是珠算乘法与除法的基础。因此珠算初学者必须掌握好加减法的基本功，基本功的扎实程度直接影响到今后珠算学习和练习的准确度和速度。以便为今后的学习打下一个良好的基础。

1. 握盘。

我们以菱珠小算盘为例：首先将要打的练习题放在桌上，题的正面对准自己的胸部，用左手握住算盘左边约四五档的上下边框，拇指握住算盘的下框，食指、中指、无名指、小指握住算盘的上框，食指和中指尽可能靠近清盘器，可随时清盘，握盘时不要将手指弯曲于算盘的底部，以防触碰到算盘珠或使算盘不平稳，握住算盘后将算盘放于练习题的上面。

在做珠算练习时一般都将数字按三位一节，用分节符","分隔，分节符与算盘上的计位点对应来定位和读数。数字中的分节符要与算盘上的计位点结合起来练习，例如：3 695 014 728，其中3、5、4、8与算盘上的计位点对应，即在计位点所在的档位上，6、0、7为"点后数"，9、1、2为"点后数"。一般尽量将练习题个位上的数字与算盘上事先确定的个位的计位点对齐，以便防止移盘时串位。

2. 移盘。

进行竖式加减法计算时，为了防止加错行，经常会打一行看一行，这样就需要移盘。

因此，在运算开始时，将算盘放于练习题的上方，露出第一行的数字，左手握盘，右手夹笔拨珠，将第一行的数字准确无误地置于算盘的相应的位置上。然后左手移动算盘将第二行数字露出来，左手握盘，右手夹笔拨珠，将第二行数字准确无误地在算盘的相应的位置加上（或减去）……依此类推，一直将所有的数字打完。

二、珠算口诀加减法

传统的珠算加减法的口诀，从古至今广为流传，为珠算的初学者提供了方便。珠算加减法的口诀是根据算盘的档位、位数、五升和十进的特点经过多年的积累科学地总结和概括出来的一套合理的拨珠动作要领。珠算加减法的口诀初见于明代吴敬的《九章详注比类算法大全》一书并逐渐改进而趋于完善，是我国劳动人民勤劳、智慧的结晶。

对于珠算加减法的初学者来说可在正确掌握了加减法的运算口诀之后按照口诀的拨珠动作要领来进行运算。待熟练掌握后，也可不用口诀直接用算盘运算出结果。

（一）珠算口诀加法

1. 珠算加法口诀。

珠算加法口诀共26句，分为直接加、满五加、共十加、破五进十加四大类。其中：直接加、满五加属于不进位加法的运算口诀，即：两个数相加的和小于10，在算盘上本档的上珠和下珠都够用；进十加、破五进十加则属于进位加法的运算口诀，即：两个数相加的和大于10，需要向前一档进位。具体的加法口诀见表2-1。

表2-1　　　　　　　　　　珠算加法口诀

口诀类别	珠算加法口诀	三指拨珠指法要领	二指拨珠指法要领
一、直接加（九句）	一上一	拇指单拨靠梁	用拇指单拨靠梁
	二上二		
	三上三		
	四上四		
	五上五	用中指单拨靠梁	用食指单拨靠梁
	六上六	拇指和中指联拨靠梁	用拇指和食指联拨靠梁
	七上七		
	八上八		
	九上九		
二、满五加（四句）	一下五去四	用中指拨上珠靠梁，同时用食指拨下珠离梁（自上而下拨珠）	用食指拨上珠靠梁，同时用拇指拨下珠离梁（自上而下拨珠）
	二下五去三		
	三下五去二		
	四下五去一		

续表

口诀类别	珠算加法口诀	三指拨珠指法要领	二指拨珠指法要领
三、进十加：（九句）	一去九进一	用中、食指联拨上、下珠离梁，再用拇指拨前档一颗下珠靠梁	先用拇、食指联拨上珠和下珠离梁，再用拇指拨前档一颗下珠靠梁
	二去八进一		
	三去七进一		
	四去六进一		
	五去五进一	用中指拨上珠离梁，同时用拇指拨前档一颗下珠靠梁	用食指拨下珠离梁，同时用拇指拨前档一颗下珠靠梁
	六去四进一	用中指拨下珠离梁，同时用拇指拨前档一颗下珠靠梁	用食指拨下珠离梁，同时用拇指拨前档一颗下珠靠梁
	七去三进一		
	八去二进一		
	九去一进一		
四、破五进十加：（四句）	六上一去五进一	用拇指拨下珠靠梁，同时用中指拨上珠离梁，再用拇指拨前档一颗下珠靠梁	先用拇指拨下珠靠梁，同时用食指拨上珠离梁，再用拇指拨前档一颗下珠靠梁
	七上二去五进一		
	八上三去五进一		
	九上四去五进一		

2. 珠算口诀加法的具体运算。

加法口诀中的第一个字表示加数，第二个字表示的是拨珠的动作。"上"表示的是拨珠靠梁；"下"表示的是拨上珠靠梁；"去"表示的是把靠梁的珠拨去；"进一"表示的是向前一档拨入一颗下珠。

（1）直接加：指两个数相加时，将上珠或下珠或上下珠同时拨入本档。

例如：2+2=4，算盘上已经有表示2的两颗珠，现要加2，直接在已有两颗珠的本档拨两颗下珠靠梁即可，即"二上二"，此时算盘显示的和数4。

（2）满五加：指两个数相加后，和数等于或大于5，小于10。本档的下珠不够使用，必须使用上珠（一颗上珠表示5），同时将多加的数从下珠中拨去。

例如：3+3=6，算盘上已经有表示3的四颗珠，现要加3，而此时两数的和已经满5，本档的下珠不够使用（下珠有5颗珠的算盘不能用底珠），就要拨一颗上珠靠梁，同时再去掉多余的两颗下珠，即"三下五去二"，算盘上显示的和数为6。

（3）进十加：指两个数相加后，和数等于或大于10，要向前一档进1，同时从本档上的被加数中拨去与加数相加为10的数（即加数的补数）。

例如：7+4=11，算盘上已经有表示7的三颗珠（一颗上珠，两颗下珠），现要加4，此时本档的上下珠都不够用（上珠有2颗珠的算盘不能用顶珠），应向前档进1表示10，要在本档上拨去多加的数（实际上是多加了6，即一颗上珠，一颗下珠），同时在前一档拨入一颗下珠，即"四去六进一"，算盘上显示的和数为11。

(4) 破五进十加：指两个数相加时，本档上的被加数是等于或大于 5 的数，而加数也是等于或大于 5 的数，则两数相加之和必等于或大于 10，因此就需将加数中的 5 与被加数中的 5 合并成为 10，向前档进 1，同时将加数中超过 5 的部分拨在本档上。

例如：5 + 8 = 13，算盘上已有表示 5 的一颗上珠，现要加 8，本档珠显然不够用，将加数 8 分为 5 + 3 两部分，够 5 的部分与被加数中的 5 合并成为 10 向前档进 1，余下的 3 拨入本档，即拨去本档一颗上珠，拨入三颗下珠，同时在前档拨入一颗下珠，即"八上三去五进一"。

3. 例题详解。

【例 1】254 781 + 3 695 = 258.476

步骤：

（1）算盘上选好个位档，拨上被加数 254 781。见图 2 - 41。

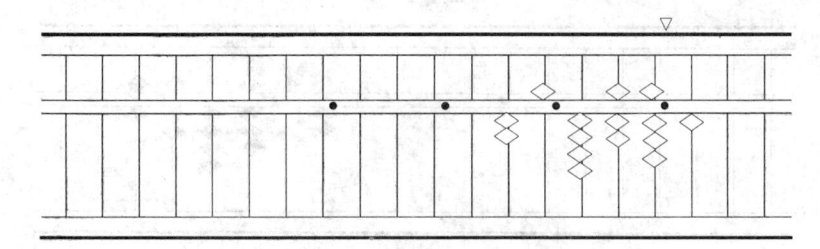

图 2 - 41

（2）加数四位档上的 3 与被加数四位档上的 4 相加（三下五去二）。见图 2 - 42。

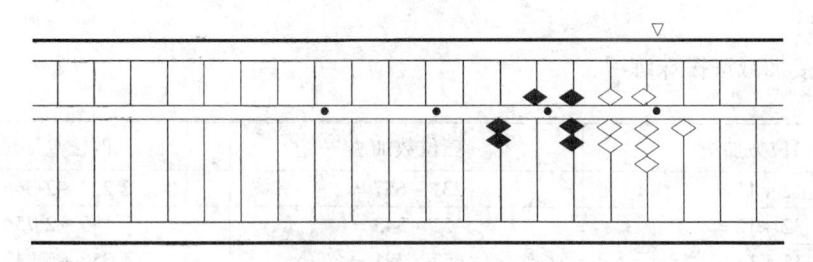

图 2 - 42

（3）将加数三位档上的 6 对准被加数三位档上的 7，相加（六上一去五进一）。见图 2 - 43。

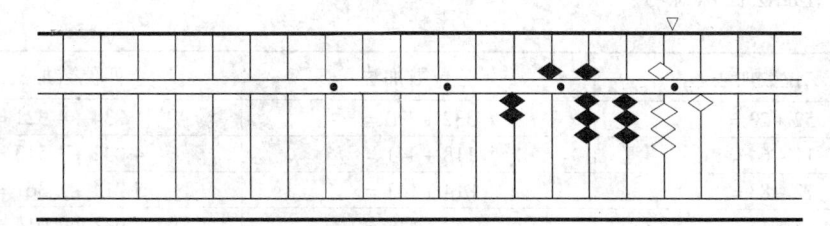

图 2 - 43

（4）将加数的二位档上的 9 对准被加数二位档上的 8，相加（九去一进一）。见图 2-44。

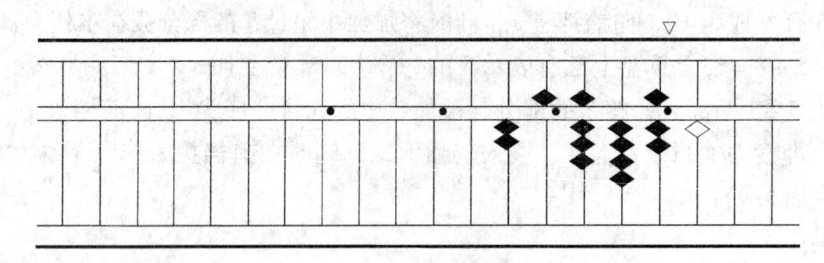

图 2-44

（5）最后以加数个位档上的 5 对准被加数个位档上的 1，相加（五上五）。见图 2-45。

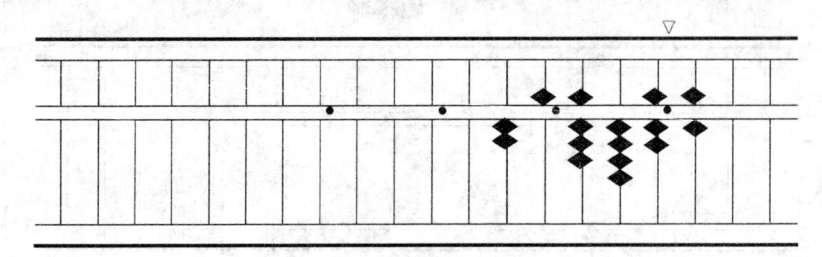

图 2-45

则算盘上最终显示的结果和为 258 476。

【实训】

1. 直接加减法拨珠练习：

二位数加法	三位数加法	四位数加法
12 + 11 =	231 + 657 =	2 222 + 2 566 =
32 + 12 =	451 + 543 =	7 145 + 2 754 =
15 + 14 +	657 + 321 =	4 056 + 5 942 =
61 + 38 =	813 + +175 =	1 360 + 7 536 =
56 + 43 =	670 + 129 =	2 386 + 1 503 =

2. 满五加法拨珠练习：

二位数加法	三位数加法	四位数加法
52 + 23 =	332 + 223 =	1 234 + 4 321 =
11 + 64 =	118 + 441 =	4 042 + 1 513 =
12 + 83 =	814 + 141 =	5 214 + 1 361 =
74 + 14 =	143 + 412 =	3 941 + 2 014 =
33 + 22 =	723 + 232 =	6 143 + 2 412 =

3. 进十加法拨珠练习：

二位数加法	三位数加法	四位数加法
68 + 57 =	816 + 795 =	9 983 + 8 329 =
88 + 23 =	727 + 859 =	7 896 + 4 854 =
54 + 56 =	253 + 859 =	2 371 + 8 839 =
99 + 62 =	876 + 894 =	1 625 + 7 585 =
16 + 94 =	436 + 774 =	4 174 + 6 936 =

4. 破五进十加法拨珠练习：

二位数加法	三位数加法	四位数加法
55 + 56 =	768 + 686 =	6 548 + 6 666 =
96 + 38 =	879 + 465 =	7 878 + 6 767 =
77 + 67 =	571 + 963 =	1 758 + 4 676 =
65 + 88 =	878 + 674 =	5 346 + 9 945 =
47 + 47 =	975 + 648 =	5 667 + 8 477 =

5. 加法综合练习：

567	387	1 890	8 913	24 679
803	763	8 094	4 569	13 838
345	285	5 341	1 646	31 595
182	132	4 896	5 701	86 214
485	980	7 675	3 642	97 106
996	568	1 003	6 005	55 792
724	826	3 467	2 587	42 321
687	443	2 370	9 908	68 443
103	659	6 498	7 544	79 057

（二）珠算口诀减法

1. 珠算减法口诀。

珠算减法口诀也有26句，为珠算加法口诀的逆运算。共分为直减法、破五减、退十减和退十满五减四大类。其中，直减法、破五减属于不退位减法，即本档的被减数在减去减数的过程中够减，不用向前档借1；退十减和退十满五减则属于退位减法，即本档的被减数在减去减数的过程中不够减，必须向前档借1当10才够减。具体的减法口诀见表2-2。

表 2-2　　　　　　　　　　　　　珠算减法口诀

口诀类别	珠算减法口诀	三指拨珠指法要领	二指拨珠指法要领
一、直接减：（九句）	一去一	食指单拨离梁	用食指单拨离梁
	二去二		
	三去三		
	四去四		
	五去五	用中指单拨离梁	用食指单拨离梁
	六去六	食指和中指联拨离梁	用拇指和食指联拨离梁
	七去七		
	八去八		
	九去九		
二、破五减：（四句）	一上四去五	用拇指拨下珠靠梁，同时用中指拨上珠离梁（自下而上拨珠）	用拇指拨下珠靠梁，同时用食指拨上珠离梁（自下而上拨珠）
	二上三去五		
	三上二去五		
	四上一去五		
三、退十减：（九句）	一退一还九	用食指在前一档拨一颗下珠离梁，用拇指、中指在本档拨上、下珠离梁	用食指在前一档拨一颗下珠离梁，用拇指、食指在本档拨上、下珠离梁
	二退一还八		
	三退一还七		
	四退一还六		
	五退一还五	用食指在前一档拨一颗下珠离梁，同时中指在本档拨上珠靠梁	用拇指在前一档拨一颗下珠离梁，并用食指在本档拨上珠靠梁
	六退一还四	用中指拨前档一颗下珠离梁，并用拇指拨本档一颗下珠靠梁	用食指拨下珠离梁，同时用拇指拨前档一颗下珠靠梁
	七退一还三		
	八退一还二		
	九退一还一		
四、退十满五减：（四句）	六退一还五去一	用食指拨前档一颗下珠离梁，并用中指拨本档上珠离梁，同时用食指拨下珠离梁	用食指拨前档一下珠离梁，并用食指拨本档一上珠靠梁，用拇指拨下珠离梁
	七退一还五去二		
	八退一还五去三		
	九退一还五去四		

2. 珠算口诀减法的具体运算。

减法口诀中的第一个字表示减数，第二个字表示的是拨珠的动作。"退一"表示的是从前档借一颗下珠；"上"表示的是拨下珠靠梁；"去"表示的是把梁的珠拨去；"还"表示的拨入本档上。

（1）直接减：指两个数相减时，只要将上珠或下珠直接拨去，或将上、下珠同时拨去，以从被减数中减去减数。

例如：4－3，算盘上已经有表示4的四颗珠，现要减1，直接在已有四颗珠的本档拨一颗下珠离梁即可，即"一去一"，此时算盘显示的差为3。

（2）破五减：指两个数相减时，本档的被减数虽然够减但下珠不够使用，必须要拨去上珠（一个上珠表示5），同时将多拨去的数用下珠补上。

例如，6－4＝2，算盘上已经有表示6的两颗珠，现要减4，而此时本档的下珠不够使用（下珠有5颗珠的算盘不能用底珠），就要拨一颗上珠离梁，同时将减5后多余的数用下珠补上，即"四上一去五"，算盘上显示的差为2。

（3）退十减：指两个数相减时，本档的被减数不够减去减数，要向前一档借一当十，把差数加在本档上。

例如：13－4＝9，算盘上已有表示13的四颗珠，现要减4，此时个位档只有3，不够减，必须从前档借1表示10，同时将多减的数（实际上是多减了6）拨还在个位档上，即"四退一还六"，算盘上显示的差为9。

（4）退十满五减：指两个数相减时，本档不够减，向前档借1当十相减后所差的数与本档的被减数相加，等于或大于5，要拨下一颗上珠，同时要将多加的数从下珠中拨去。

例如：13－7＝5，算盘上已有表示12的三颗下珠，现要减7，此时个位档是2不够减7，要从前一档借1当10，减去7后还余3再与原来个位档的2相加为5，则拨一颗上珠靠梁，则拨一颗上珠靠梁，同时拨两颗下珠离梁，即："七退一还五去二"，算盘上显示的差为5。

3. 例题详解。

【例2】7 428－493＝6 935

步骤：

（1）在算盘上选好个位档，然后将被减数拨到算盘上。见图2－46。

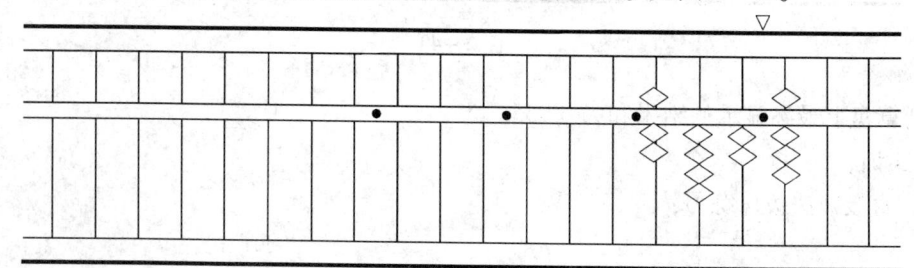

图2－46

（2）减数三位档上的 4 对准被减数的三档位上的 4 相减（四去四）。见图 2-47。

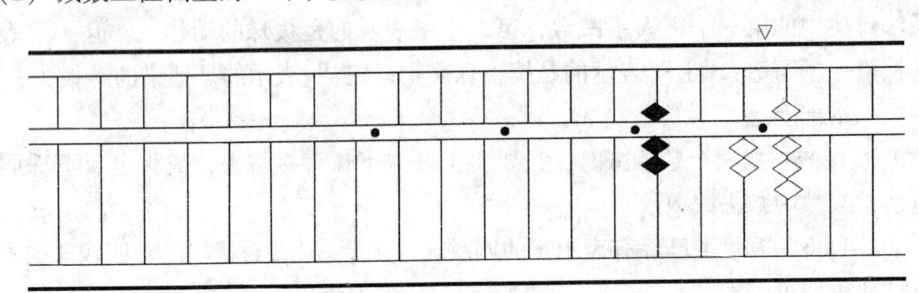

图 2-47

（3）以减数二位档上的 9 对准被减数的二位档上的 2 相减，本档不够减，向前档（三位档）借 1，但前档为空档，则继续向前档（四位档）借 1，三位档应有 10，但二位档还向它借 1，所以三位档还 9，即（一退一还九，九退一还一）。见图 2-48。

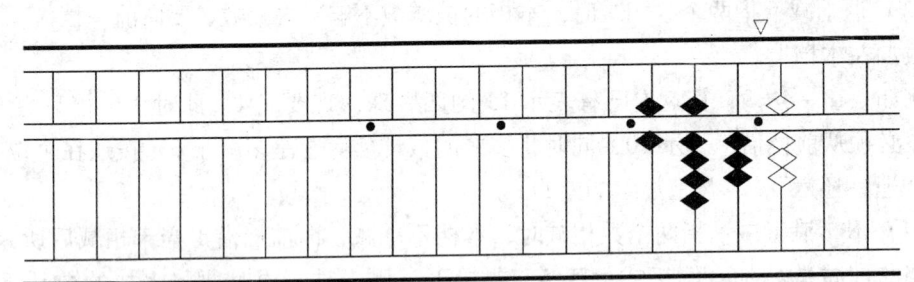

图 2-48

（4）个位上的 3 对准被除数个位档上的 8 相减（三去三）。见图 2-49。

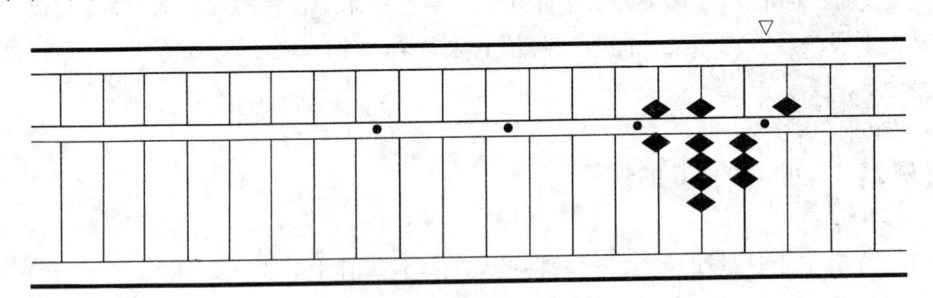

图 2-49

则算盘上最终显示的结果和为 6 935。

【实训】

1. 直接减法拨珠练习：

二位数减法	三位数减法	四位数减法
23 - 11 =	796 - 521 =	8 458 - 2 253 =
49 - 43 =	345 - 125 =	4 565 - 2 510 =
69 - 18 =	436 - 315 =	6 899 - 1 347 =
77 - 25 =	853 - 601 =	9 999 - 7 546 =
98 - 36 =	973 - 212 =	7 684 - 2 512 =

2. 破五减法拨珠练习：

二位数减法	三位数减法	四位数减法
35 - 11 =	658 - 434 =	8 586 - 4 243 =
56 - 43 =	956 - 303 =	4 578 - 3 334 =
76 - 44 =	867 - 423 =	3 956 - 1 344 =
85 - 32 =	769 - 346 =	6 597 - 2 173 =
96 - 53 =	589 - 145 =	5 678 - 2 434 =

3. 退十减法拨珠练习：

二位数减法	三位数减法	四位数减法
50 - 44 =	468 - 399 =	8 111 - 4 879 =
78 - 69 =	295 - 389 =	7 563 - 2 878 =
31 - 17 =	756 - 495 =	6 873 - 1 929 =
25 - 17 =	631 - 495 =	3 266 - 1 477 =
90 - 36 =	527 - 238 =	4 201 - 2 512 =

4. 退十满五减法拨珠练习：

二位数减法	三位数减法	四位数减法
43 - 27 =	737 - 288 =	3.123 - 2.667 =
74 - 58 =	243 - 197 =	5.234 - 1.679 =
84 - 69 =	433 - 146 =	2.044 - 1.478 =
63 - 37 =	744 - 467 =	8.613 - 6.367 =
91 - 76 =	331 - 148 =	7.123 - 4.678 =

三、珠算无诀加减法

珠算无诀加减法是根据算盘的二元示数，五升和十进的特点利用凑五和补十的原理进行的一种方法。

（一）几个基本概念

1. 二元示数：在算盘上当拨珠靠梁表示一个数时，靠框的算珠同时也表示出一个数来，这种现象在珠算中被称为二元示数。

二元示数为算盘所特有的功能，是任何其他计算工具都不具备的。

2. 内珠：靠梁算珠为内珠。

3. 外珠：离梁算珠为外珠。

例如：如图2-50中，当拨珠靠梁表示528时（白珠），靠框的算珠（黑珠）则也可直接表示出471这个数。

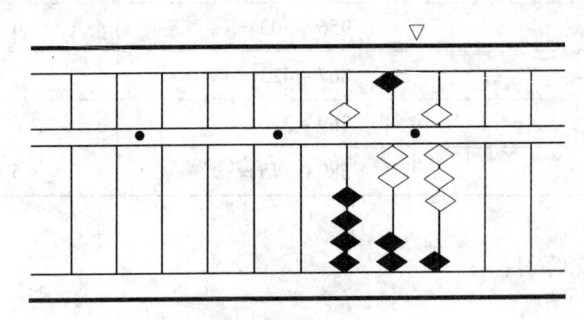

图2-50

4. 凑数：如果两数之和等于5，则这个数互为凑数。10以内的共有3和2，4和1两对。

5. 补数：如果两数之和等于10^n（n为整数），则这两个数互为补数。10以内的补数有5对，1和9，2和8，3和7，4和6，5和5。而大于10的补数则有无数对。在珠算基本加减法中所涉及的补数基本上是10以内的数。

在上1下4的算盘上，每档算珠都只有9个，因此，当看一个多位数的补数的时候，只要末位外珠多看一个，就可以使其与内珠表示的多位数互补。如图2-17中内珠为528，外珠471+1=472，而528+472=1 000，所以528与472互补。

（二）珠算无诀加法

1. 本位直加法。

本位直加法是在原数上要加多少就直接加多少，但必须位数对齐。这种方法与口诀加法相似，无须动及"无升"和"十进"，其基本的运算方法是：加看外珠，够加直加。

【例1】87 654 321 + 12 345 687 = 99 999 999

（1）选好个位档，逐档拨入87 654 321。见图2-51。

（2）将加数对准各自的档位逐位相加即得出结果99 999 999。见图2-52。

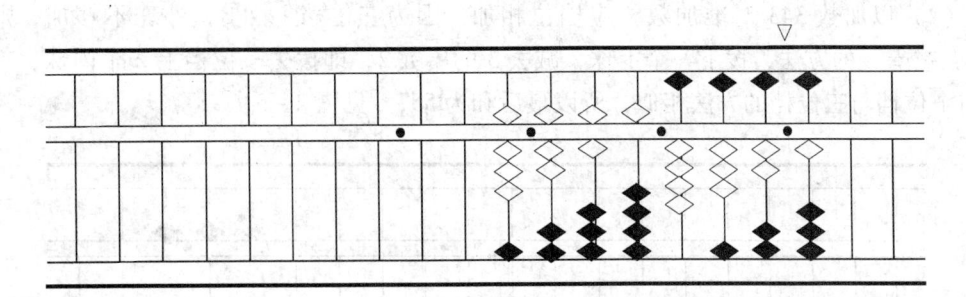

图 2-51

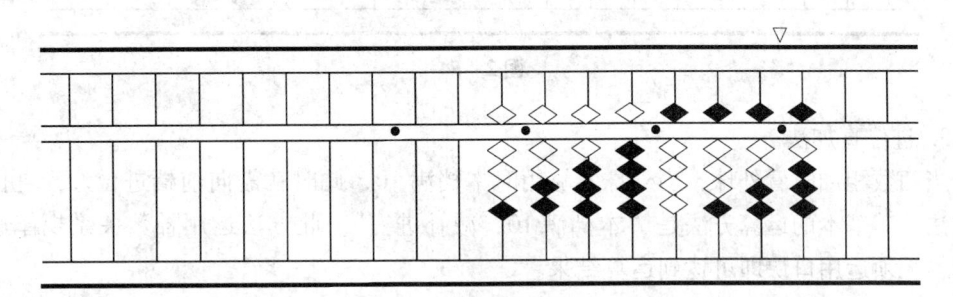

图 2-52

2. 本位凑五加法。

如果两数相加不满 10 而大于或等于五，但外珠下珠不够加，这时就需动用上珠，这种方法叫本位凑五加法。其基本的运算方法是"加看外珠，加五减凑"。涉及本位凑五加的有以下几种情况：

加 1 = 加 5 减 4 （4 + 1）

加 2 = 加 5 减 3 （3 + 2、4 + 2）

加 3 = 加 5 减 2 （2 + 3、3 + 3、4 + 3）

加 4 = 加 5 减 1 （1 + 4、2 + 4、3 + 4、4 + 4）

【例 2】214 + 343 = 557

步骤：

(1) 选好个位档，将被加数 214 按顺序拨入算盘内。见图 2-53。

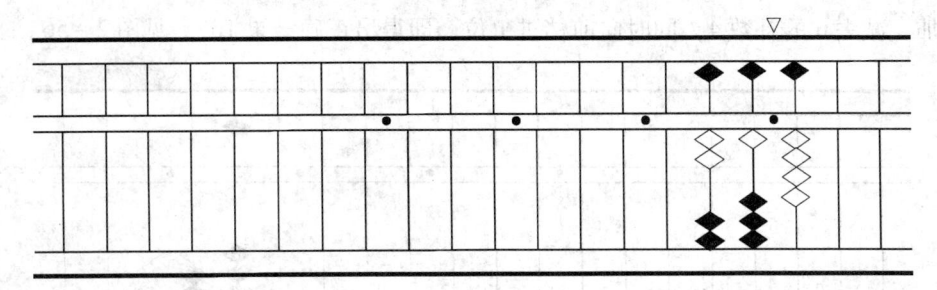

图 2-53

47

（2）以加数 343 对准加数相应档位相加，因为三位档上加 3，外珠不够加，则用"加五减凑"的方法，拨下一个上珠，减去 3 的凑数 2，即拨去三位档上 2 个内珠，二位档与个位档与三位档的方法相似，所以最后和为 557。见图 2-54。

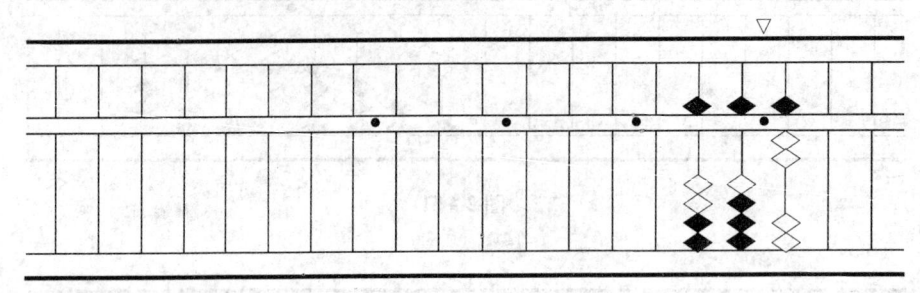

图 2-54

3. 进位直加法。

当两数相加时看外珠，当外珠不够用时本档满 10，此时就需向前档进位，为进位直接加法。其基本的运算方法是"本档满 10，减补进一"。此方法运用补数关系规律进行计算，无须运用口诀即可达到运算结果。

【例 3】 79 + 86 = 165

步骤：

（1）选好个位档，将被加数 79 按顺序拨入算盘内。见图 2-55。

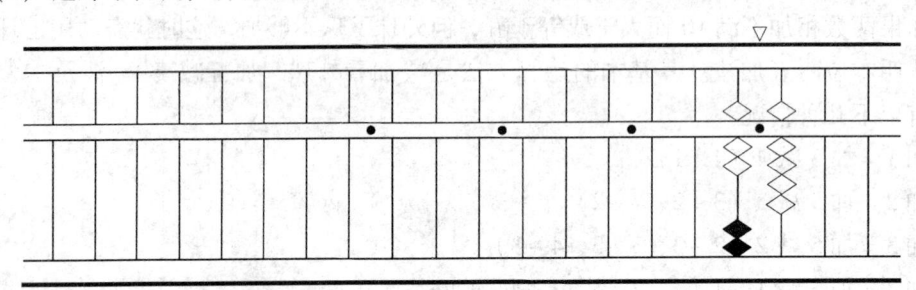

图 2-55

（2）将加数 86 对准各相应的档位与被加数相加，二位档上加 8 外珠不够加，且本档满 10，则用进位直接加法，减去 8 的补数 2，同时向前档进 1 位；个位档上的 6 同样外珠不够加，减去 6 的补数 4，同时向前档进 1 位。即得出正确结果 165。见图 2-56。

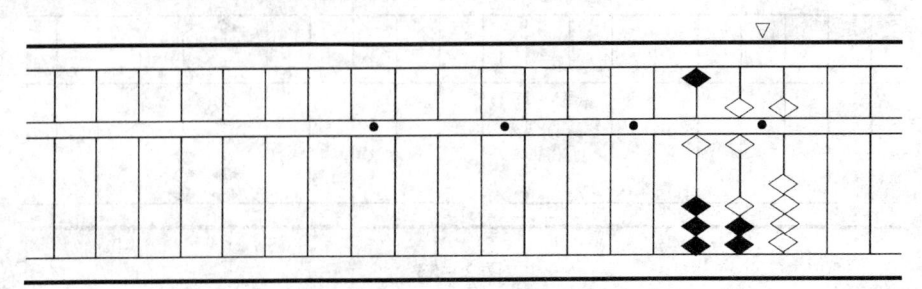

图 2-56

4. 进位凑五加法。

当两数相加时，外珠不够用，本档满10，在减补时内下珠仍然不够减，这时就需要动用上珠凑五减。其要领是"减补看外下，减补（本位加五减补数的凑数）进一"。

【例4】56 + 86 = 142

步骤：

（1）选好个位档，将被加数56按顺序拨入算盘内。见图2-57。

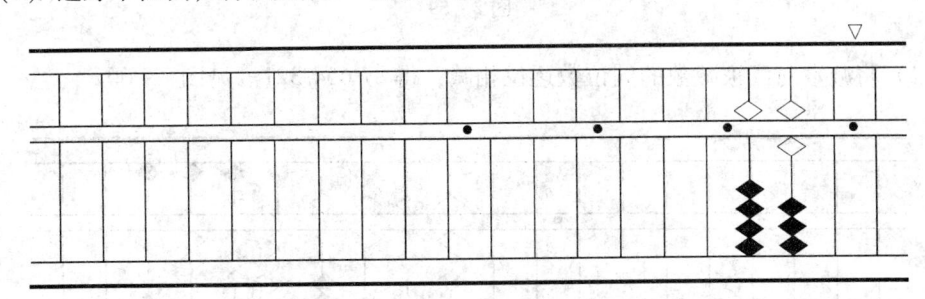

图2-57

（2）将加数86对准各相应档位与加数相加，二位档上加8外珠不够加且本档满10向前档进1，同时本档需要减8的补数2，而内下珠没有2仍然不够减，则需要减5再加上2的凑数3；个位档上加6，外珠不够加且本档满10向前档进1，在本档减6的补数4，内下珠不够减，需要减5再加上4的凑数1。见图2-58。

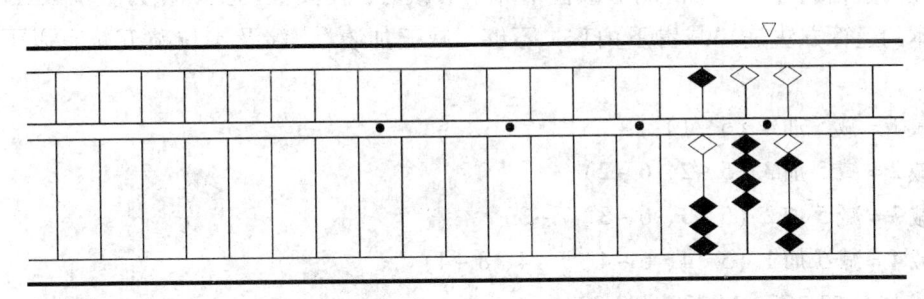

图2-58

（三）珠算无诀减法

1. 本位直减法。

本位直减法是指在被减数上减多少，无须动及"五升"和"十退位"，对准数位相减，其基本的运算方法是"减看内珠，够减直减"。

【例5】99 999 999 - 12 345 678 = 87 654 321

步骤：

（1）选好个位档，将被减数拨入盘中，见图2-59。

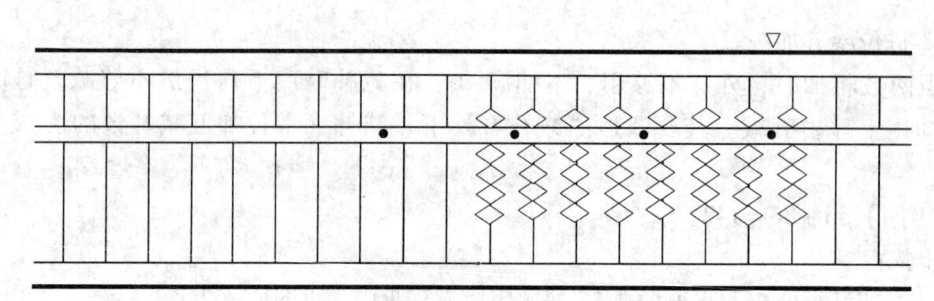

图 2-59

（2）将减数对准被减数的同位数逐位相减，得 87 654 321。见图 2-60。

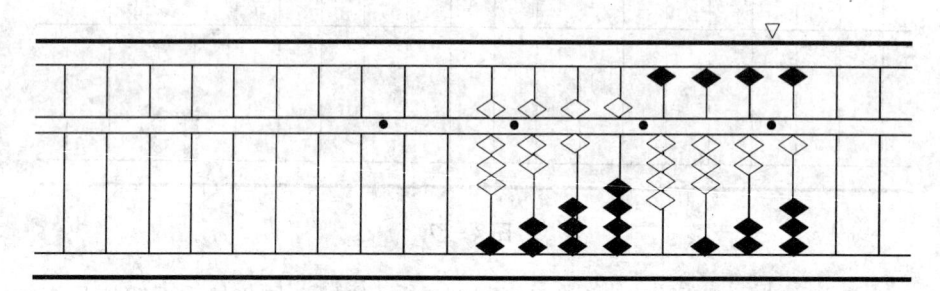

图 2-60

2. 本位破五减法。

在两数相减时，本档内珠够减但下珠不够减时，需要拨动上珠，为本位破五减法。其基本的运算方法是"减看下内珠，不够，减五加凑"。涉及本位破五减有以下几种情况：

减 1 = 减 5 加 4（5-1）

减 2 = 减 5 加 3（5-2、6-2）

减 3 = 减 5 加 2（5-3、6-3、7-3）

减 4 = 减 5 加 1（5-4、6-4、7-4、8-4）

【例 6】58 765 - 34 432 = 24 333

步骤：

（1）选好个位档，将被减数依序拨入盘中。见图 2-61。

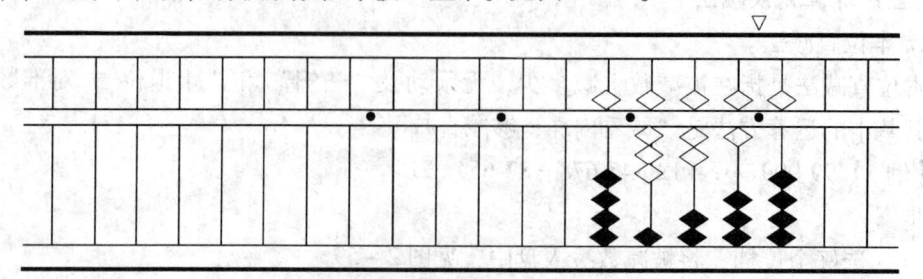

图 2-61

（2）以减数 34 432 对准被减数相应的档位运用"减五加凑"的方法运算，即得出正确结果 24 333。见图 2-62。

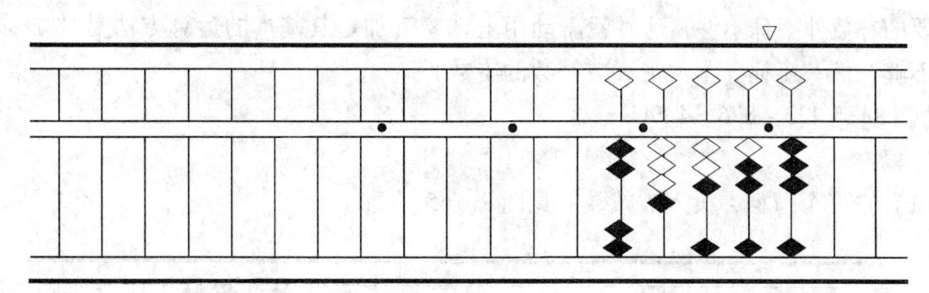

图 2-62

3. 退位直减法。

当两数相减而相应档位上的被减数不够减，应从前档借 1，再减去减数。其基本的运算方法是"本档不够，借 1 加补"。

【例 7】336 - 59 = 277

步骤：

（1）选好个位档，拨入被减数。见图 2-63。

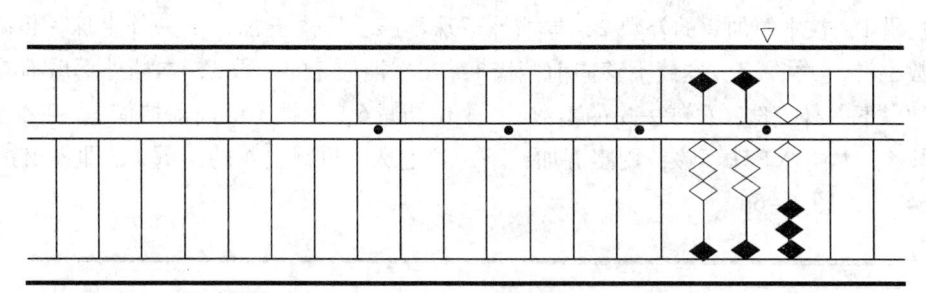

图 2-63

（2）从被减数中减去减数 59，二位档上减 5，内珠不够减，向前档借 1，在本档加上 5 的补数 5，个位档上减 9，内珠不够减，向前档借 1，在本档加上 9 的补数 1。即得出正确结果 277。见图 3-24。

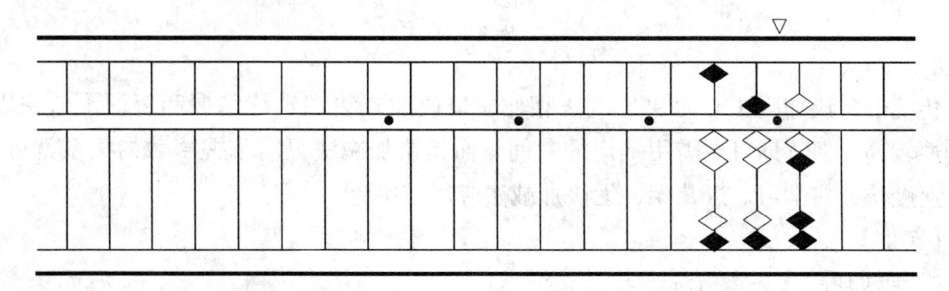

图 2-64

4. 退位凑五减法。

当两数相减时，本档位上的被减数不够减，需向前档借1，在本档上加补，而加补时所要的补数外下珠不够，这时就需动用上珠凑五加。其基本的运算方法是"加看下内珠，不够，借一还补（本位加五减补数的凑数）"。

【例8】5 423 – 876 = 4 547

步骤：

（1）选好个位档，拨入被减数。见图2–65。

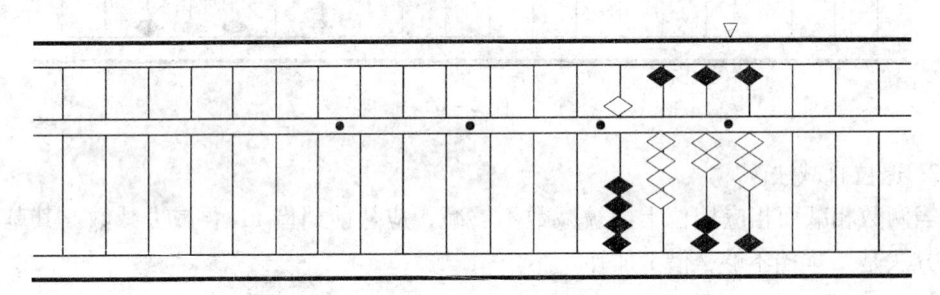

图2–65

（2）将减数中各档位与被减数的相应各档位对准依次相减，三位档减8，本档不够向前档借1，在本档加8的补数2，本档外下珠不够，用凑五加，下一外上珠，再减去2的凑数3；二位档减7，本档不够向前档借1，在本档加7的补数3，本档外下珠不够，用凑五加，下一外上珠，再减去3的凑数2；个位档减6，本档不够向前档借1，在本档加6的补数4，本档外下珠不够，用凑五加，下一外上珠，再减去4的凑数1，即得出正确结果4 547。见图2–66。

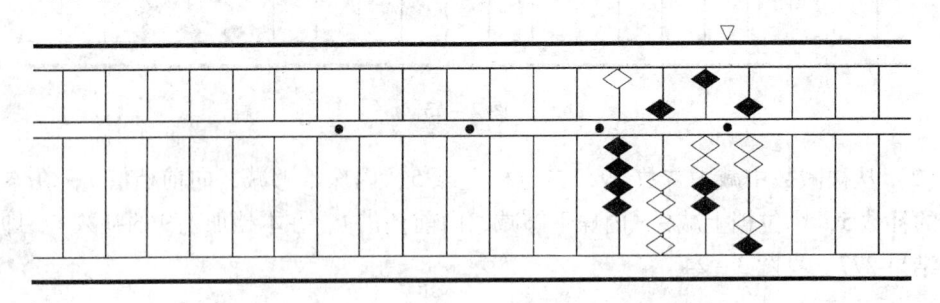

图2–66

传统的口诀加减法与无诀加减法相比，口诀加减法在熟练掌握和背诵了口诀以后，准确性较高，但背诵口诀需用一定的时间。而无诀加减法只需掌握凑数的关系就可以运算，速度快，易学习。近几年，无诀加减法应用较广泛。

【实训】

1. 无诀加减法基本指法练习。

（1）本位直加法与本位直减法。

1. 321 + 123 =   7. 433 – 231 =

2. 516 + 452 =

3. 657 + 331 =

4. 1 432 + 2 562 =

5. 3 527 + 1 321 =

6. 2 025 + 1 964 =

8. 879 – 768 =

9. 947 – 626 =

10. 4 973 – 2 251 =

11. 8 899 – 5 678 =

12. 7 936 – 1 525 =

（2）本位凑五加法与本位破五减法。

1. 432 + 243 =

2. 433 + 344 =

3. 324 + 341 =

4. 4 213 + 4 342 =

5. 3 244 + 3 412 =

6. 4 324 + 1 243 =

7. 567 – 433 =

8. 857 – 423 =

9. 678 – 444 =

10. 6 565 – 3 321 =

11. 7 765 – 4 342 =

12. 8 576 – 4 132 =

（3）进位直加法与退位直减法。

1. 488 + 689 =

2. 345 + 895 =

3. 973 + 137 =

4. 9 368 + 1 742 =

5. 7 429 + 4 783 =

6. 6 586 + 3 599 =

7. 823 – 85 =

8. 7 513 – 933 =

9. 6 334 – 455 =

10. 16 343 – 8 955 =

11. 28 251 – 9 264 =

12. 35 570 – 6 896 =

（4）进位凑五加法与退位凑五减法。

1. 768 + 686 =

2. 576 + 867 =

3. 688 + 666 =

4. 5 567 + 8 776 =

5. 6 875 + 8 679 =

6. 7 655 + 6 867 =

7. 644 – 78 =

8. 324 – 69 =

9. 8 334 – 688 =

10. 23 443 – 8 966 =

11. 14 353 – 6 777 =

12. 43 433 – 7 986 =

2. 常数连加减练习。

（1）九九连加减。

在 1 的基础上连加 9 遍 1，和数为 10；在 2 的基础上连加 9 遍 2，和数为 20；……在 9 的基础上连加 9 遍 9，和数为 90。

从和数 10 中连减 9 遍 1，差为 1；从和数 20 中连减 9 遍 2；差为 2；……从和数 90 中连减 9 遍 9，差为 9。

（2）125 连加 16 遍得 2 000，再从 2 000 中连减 16 遍 125，差为 0。

（3）715 连加 10 遍得 7 150，再从 7 150 中连减 10 遍 715，差为 0。

（4）823 连加 15 遍得 12 345，再从 12 345 中连减 15 遍 823，差为 0。

（5）16 875 连加 10 遍得 168 750，再从 168 750 中连减 10 遍，差为 0。

（6）加减打百子。

加百子是从 1 开始，即 1 + 2 + 3 + … + 100 = 5 050，一般要求在 1 分 20 秒内完成。加百子中的部分得数见下表：

加到的数	10	20	24	36	44	55	66	77	89	95	100
和 数	55	210	300	666	990	1 540	2 211	3 003	4 005	4 560	5 050

检查加百子加到某位数和的公式是：【n(n+1)÷2】

减百子是在算盘上拨上 5 050，从 1 减起，即 5 050 - 1 - 3 - … - 100 = 0。减百子的部分得数见下表：

减到的数	10	25	35	50	60	70	80	90	100
差 数	4 995	4 725	4 420	3 775	3 220	2 565	1 810	955	0

检查减百子减到某位数差的公式是：5 050 -【n(n+1)÷2】

四、简捷加减法

本节主要是在上一节的基础上讲解珠算加减法的速算方法，以达到提高珠算加减法运算速度的目的。怎样才能提高珠算加减法的运算速度呢？提高运算速度须通过减少拨珠次数与注意运算过程中的动作衔接两方面来解决。为了减少拨珠次数提高运算速度，人们根据算题的不同情况研究出许多加减运算方法，如穿梭法、一目三行加减法、一目五行加减法……，我们主要针对穿梭法、一目二行加减法、一目三行加减法、一目三行抵消法、一目五行弃双九法、倒减法的计算法则及适用情况加以讲解。

（一）穿梭法

在进行多位数加减法时，第一笔从高位向低位计算，第二笔从低位向高位计算，第三笔再从高位向低位计算……，这样来回运算的方法称为穿梭法。穿梭法可以通过减少找位、移动手腕的时间，来提高运算速度。

【例1】

	计算步骤：
5 217	第一笔数从 4 位开始布入首位数；
152 706	第二笔数从个位开始布入；
6 742	第三笔数从 4 位开始布入首位数；
3 071	第四笔数从个位开始布入。

【例2】

	计算步骤：
385 206	第一笔数从6位开始布入首位数；
-9 417	第二笔数从个位开始减数；
6 532	第三笔数从4位开始布入首位数；
4 370	第四笔数从各位开始布入。

【例3】

	计算步骤：移动算盘露出一行数字，
5 829	从4位开始布入首位数；
350	第二笔数从个位开始布入；
4 637	第三笔数从4位开始布入首位数；
30 782	第四笔数从个位开始布入；
436	第五笔数从3位开始布入首位数；
6 897	第六笔数从个位开始布入；
378	第七笔数从3位开始布入首位数；
3 410	第八笔数从个位开始布入；
851	第九笔数从3位开始布入首位数。

（二）一目多行加减法

一目多行加减法是利用口算将一定行数的相同数位的结果计算出来，然后一次拨入算盘上。在一目多行加减法的运算中，可以有二行、三行、五行，我们重点讲解二行和三行。

1. 一目二行加减法。

一目二行加减法是在计算两笔数之和时，将两笔数从高位向低位，竖看二行，逐位用心算求同数位上两个数之和，并拨入算盘中对应档上的计算方法。

【例4】

	计算步骤：
5 217	首位数从6位档布入二行数之和1；
152 796	从5位档布入二行数之和5；
	从4位档布入二行数之和7；
	从3位挡布入二行数之和9；
	从3位档布入二行数之和10；
	从2位档布入二行数之和13。

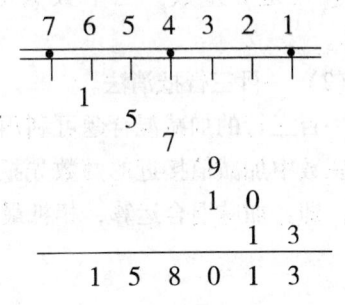

【例5】

```
    495 217
  - 152 798
```

计算步骤：
首位数从6位档布入二行数之和3；
从5位档布入二行数之和4；
从4位档布入二行数之和3；
从3位档布入二行数之和 -5；
从2位档布入二行数之和 -8；
从1位档布入二行数之和 -1。

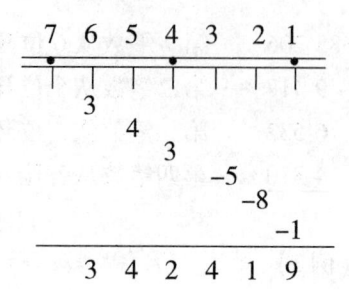

```
 7 6 5 4 3 2 1
     3
       4
         3
          -5
            -8
              -1
 ─────────────
 3 4 2 4 1 9
```

2. 一目三行加减法。

一目三行加减法是在计算三笔数之和时，将三笔数从高位向低位，竖看三行，逐位用心算求同数位上三个数之和，并拨入算盘中对应档上的计算方法。

（1）一目三行纯加法。

【例6】

```
  50 697
    285
    427
```

计算步骤：
首位数从5位档布入三行数之和5；
4位档三行和为0不用布数，
从4位档布入3位档三行数之和12；
从3位档布入2位档三行数之和19；
从2位档布入1位档三行数之和19。

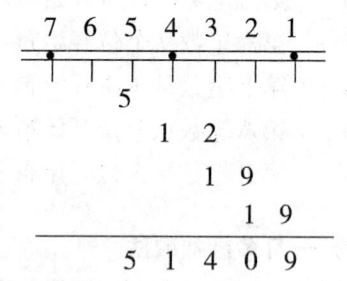

```
 7 6 5 4 3 2 1
     5
       1 2
         1 9
           1 9
 ─────────────
   5 1 4 0 9
```

三笔数相加有一定规律，认识它的规律，有助于提高计算速度。其规律有三种：

① 一种是凑十：三数相加，其中两数之和为10，先加另凑10的数再加另一个数。如 4 + 9 + 6 可 10 + 9 = 19。

② 二是相同数：三个数相同，可用一个数乘3；两个数相同，可用这两个数乘2再加另一个数。

③ 三是等差数：三个数为等差数，中间数乘3。如 3 + 6 + 9，可用6乘3等于18。

（2）一目三行抵消法。

一目三行的加减混合题可利用抵消法进行计算。一目三行抵消法的计算规则是：将纵向三数中加减值接近的两数先抵消，再与另一个数相加减，其值为正相加，其值为负即减。即：加减混合运算，相抵最方便，抵正往上加，抵负往下减。

【例7】

```
    50 433
   -   215
   ─────────
     4 721
```

计算步骤：

首位数从5位档布入三行数之和5；
从4位档布入三行数之和4；
从3位档布入三行数抵消后的得数9；
从2位档布入三行数抵消后的得数4；
从1位档布入三行数抵消后的得数-1。

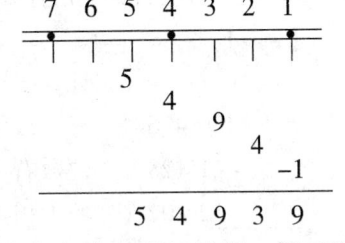

```
7 6 5 4 3 2 1
●       ●   ●
        5
          4
            9
          4
           -1
  ─────────────
      5 4 9 3 9
```

无论是一目二行加减法，还是一目三行加减法都可以结合穿梭法进行计算，但要注意从低位向高位计算时应先看好正负号再进行计算，否则计算到高位发现是带减号的题，就会出现浪费时间，从而影响运算速度。

(3) 一目三行弃九法。

一目三行弃九法也称消九法，是一种提前进位的计算方法，它的计算规则是：高位算起，前位加一；中位弃九，超九加余，欠九减差；末位弃十，超十加余，欠十减差。

① 计算原理。

在要相加的三行数的首位多加一，然后在每一位舍弃九，最后一位舍弃十，即：

$$+1\,000\,000$$
$$-\underline{999\,9910}$$
$$0$$

具体方法是：首位多加一，每位舍弃9，末位要弃10，这种实加虚减的方法，因每位都减去九或十，从而减少了脑记忆负担，便于心算。

这种方法可以用在纯加法、加减混合运算中，在加减混合运算中，若是有一个减数，要将减数用"退一加补"的方法加以变形后用纯加法的运算方法加以运算，只是可以省去提前"进一"，因为它于"退一加补"时的"退一"相抵消；若是有两个减数，也可按上述思路解题；加减混合运算利用此方法运算比较麻烦，因此一目三行弃九法适用于纯加法。

② 用一目三行弃九法计算纯加法。

【例8】

```
    56 709
       285
   ─────────
     4 271
```

计算步骤：

首位数右一档满九，因此首位加一从5位档布入；
4位档弃九余1从4位档布入；
3位档弃九余2从3位档布入；
2位档弃九余6从2位档布入；
末位弃十余5从1位档布入。

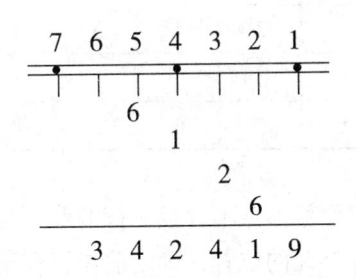

```
7 6 5 4 3 2 1
●       ●   ●
        6
          1
            2
              6
  ─────────────
      3 4 2 4 1 9
```

以上是纯加法的一目三行弃九法，前位加1后，该位之右至末位前的各位满九或超九的弃九后将余数拨入算盘所对应的档位上，不满九的与九差几减几；末位满十或超十

57

的弃十后将余数拨入算盘，不满十的与十差几减几。

③ 用一目三行弃九法计算加减混合题。

【例9】

```
    130 496
  - 61 128
  ─────────
     52 802
```

计算步骤：

将 –61 128 变形为 138 872，首位数右 1 档满 9，首位加 1 与变形的 1 相抵消，因此从 6 位档布入 1；

5 位档弃 9 余 2 从 5 位档布入；

4 位档弃 9 遇 1 从 4 位档布入；

3 位档弃 9 余 11 从 4 位档布入；

2 位档弃 9 余 7 从 2 位档布入；

末位弃 10 余 0。

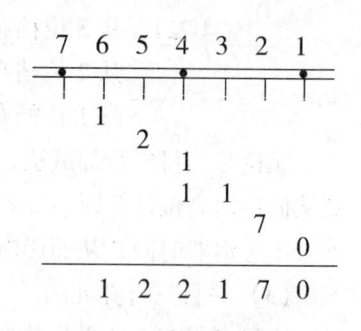

```
  7 6 5 4 3 2 1
  • | | • | | • |
      1
        2
        1
        1 1
            7
              0
    1 2 2 1 7 0
```

在加减混合题中，运用一目三行弃九法必须将减数变形后再进行计算，比较容易出现错误，脑记忆负担较重，因此在加减混合运算题过程中可以采用纯加法用弃九法，有减数的采用一目三行抵消法，两种方法交替应用比较简捷。

练习一目三行弃九法时，可先集中练"一目三行弃九"心算，等到比较熟练后再上盘练习。注意为了"弃九"，"弃十"做得快，要记两个数码、三个数码成 9、10 的组合，在计算过程中，尽量将三行数对照这些组合拼折，求出弃 9，弃 10 的余数（9 的组合见表 2 – 3，10 的组合见表 2 – 4）。

表 2 – 3

两个数码成 9 的组合				三个数码成 9 的组合						
1	2	3	4	1	1	1	1	2	2	3
				1	2	3	4	2	3	3
8	7	6	5	7	6	5	4	5	4	3

表 2 – 4

两个数码成 10 的组合					三个数码成 10 的组合						
1	2	3	4	5	1	1	1	2	2	3	4
					1	2	3	2	3	3	4
9	8	7	6	5	8	7	6	5	6	5	4	2

遇有位数参差不齐且三行的和不足九时，可根据不同情况选择三行的和满九或超九作为开始弃九的位置，确定前位，在前位之前的数用直加法计算，再用一目三行弃九法计算。

【实训】

珠算技术等级鉴定模拟练习题（一）

加　减　算　　　　　普通四级限时 10 分钟

（一）	（二）	（三）	（四）	（五）
87 204	947	8 964	598 672	76 492
498 743	564	875	406	857
2 509	36 128	6 958	15 743	-392
157	3 576	807	-295	9 201
381	7 309	9 514	9 508	-1 068
4 935	9 518	7 031	-8 039	756 840
7 012	267	4 126	496	-75 936
196	3 074	904	-1 034	305
362	913	812	6 702	284
6 238	40 186	239 768	-817	-7 193
615	836 042	523	3 721	461
46 568	284	603 259	925 038	968
429	709	10 324	671	402 187
9 703	632 985	39 147	824	-5 203
710 589	5 402	705	-41 351	4 135

（六）	（七）	（八）	（九）	（十）
76 489	5 194	39 754	568 109	68 145
295	3 671	382	6 912	-7 316
6 028	529 306	5 706	210 594	4 057
753	235	293	-9 051	-308
3 715	681 923	4 129	306	579
4 083	214	674	-7 418	-8 402
841	406	2 187	634	395
6 213	2 647	716	-425	583
974 082	185	765	803	-9 721
635	48 763	620 518	-749	4 107
86 516	579	943	24 687	695
209	7 098	4 638	7 491	926 804
970 341	30 472	501 792	8 536	96 132
172	5 896	48 003	73 028	-274
9 504	769	5 809	-237	821 063

珠算技术等级鉴定模拟练习题（二）

加　减　算　　　　　　普通四级限时 10 分钟

（一）	（二）	（三）	（四）	（五）
439	91 467	5 396	314 807	806 427
825	936	52 083	342	-869
12 984	8 764	847	-4 931	217 654
273	5 209	98 271	8 205	583
507	32 095	869	396	-79 468
6 157	4 512	2 475	-758	2 093
264	801	718	60 251	7 142
3 068	3 179	4 027	791	-205
395	5 806	378	548	13 074
819 702	648	315 069	-2 604	-391
6 479	380	9 105	582 637	7 034
953 076	247 513	421	953	-615
6 248	784	5 398	-7 806	5 936
18 053	572 308	630 942	6 917	601
1 740	672	164	-19 052	8 253

（六）	（七）	（八）	（九）	（十）
967	4 257	9 605	8 594	572 643
709 528	895	708 159	435	362
4 936	76 134	84 306	52 168	-23 804
8 093	241	783	-742	968
274	397	3 457	329 804	59 086
416	8 653	294	6 051	-8 609
4 105	608	5 901	-201 687	135
615 239	2 136	564	724	-9 128
561	492	48 012	-5 318	504
37 258	3 951	319 874	194	7 619
547	504 679	2 067	-931	9 124
2 806	9 706	672	6 073	-481
93 148	4 057	236	976	321 570
701	182	2 318	83 029	-937
8 032	386 218	951	-6 507	7 504

珠算技术等级鉴定模拟练习题（三）

加 减 算　　　　普通四级限时 10 分钟

（一）	（二）	（三）	（四）	（五）
24 906	4 659	862	832 475	804 296
2 649	892	435	-7 450	-2 749
4 157	5 938	7 319	25 183	924
573	3 276	583	-93 016	-7 041
2 689	40 592	972	594	3 157
938	603	764	968	-41 865
6 172	9 158	24 397	-5 761	709 632
203	536	6 087	3 095	359
8 309	2 671	2 709	-623	-803
530	103 408	19 536	314	735
901 758	805	984	261	1 628
841	287 491	101 028	170 842	563
510 724	716	6 543	-8 607	-21 039
687	47 321	548 106	2 054	8 704
31 645	704	5 021	789	516

（六）	（七）	（八）	（九）	（十）
968	531 024	965	57 213	318 509
20 517	90 475	841	-3 902	627
684	903	801 526	718 295	-34 761
34 092	1 456	437	548	6 893
8 953	2 709	512 096	685 902	260 518
3 165	631	70 985	614	-31 972
742	5 086	432	463	4 107
906	863	3 094	-41 596	-9 042
4 083	214 351	62 105	821	5 824
258	798	8 719	4 037	607
420 375	4 652	672	-509	-582
674	817	4 067	7 024	409
1 951	3 749	7 253	-837	9 543
186 729	627	348	3 187	-835
7 103	59 802	8 931	-6 913	176

珠算技术等级鉴定模拟练习题（四）

加 减 算　　　　　　普通四级限时10分钟

（一）	（二）	（三）	（四）	（五）
6 928	938	348	49 706	78 642
872	32 815	4 586	-3 912	-759
4 183	206	471	82 501	684
391	1 309	6 287	4 127	425
407 137	406	872	-8 506	643
20 965	2 814	4 783	913 268	-7 381
5 032	378	394	704	628
384	7 592	59 102	-216 057	9 501
1 856	746 019	6 035	429	495 012
147	5 896	691	953	-4 196
53 904	149	270 581	-4 381	910 305
6 035	254 716	619	635	723
769	603	401 973	-783	-82 037
275 801	5 704	92 605	654	6 358
649	87 532	5 032	987	-1 907

（六）	（七）	（八）	（九）	（十）
45 726	80 394	74 809	391	917 028
251 971	7 839	2 693	90 162	-85 104
506	52 607	806	287	9 042
412	7 014	4 281	-80 321	425
9 617	179	405	704 839	-6 109
371	904	371	765	386
603	3 359	5 908	-512 043	577 032
8 298	6 803	3 092	605	-47 961
3 429	726	821	5 346	306
4 083	138 612	7 259	-6 539	534
8 309	159	617	894	-3 859
736	461	64 753	-7 138	4 123
52 974	204 568	395 614	207	5 201
475 081	5 872	402	-1 452	-857
605	245	513 867	8 976	978

珠算技术等级鉴定模拟练习题（五）

加 减 算　　　　普通四级限时10分钟

（一）	（二）	（三）	（四）	（五）
7 163	265	5 947	60 249	341
415	3 406	537	-4 962	90 736
4 190	379	2 906	785 019	8 267
538	208	382	-148	-1 726
9 285	697 014	1 768	720 915	205
467	5 419	623	647	-3 981
5 741	2 396	3 087	-54 231	659
86 032	675 867	14 325	9 086	1 658
903 281	54 601	618	523	-4 072
378	81 217	741 062	-1 078	201 439
79 012	453	184	362	-835
293	201	489 057	8 039	749
602 569	9 738	365	374	-20 654
5 704	8 392	20 196	7 158	813
648	508	9 024	-563	809 567

（六）	（七）	（八）	（九）	（十）
267	834	9 652	290 453	685 079
394	5 148	326	-629	413
9 034	9 725	429	4 396	-70 936
5 704	26 071	2 918	-38 807	392
2 185	865	6 027	783 012	2 167
638	637	305	6 218	-564
81 375	1 809	984	902	824 091
726	581	701	1 894	853
4 012	590 469	3 198	-705	-62 504
729	357	840 719	46 257	318
205	6 473	5 046	86	-8 137
506 193	291 432	80 723	-3 571	6 095
83 657	284	516	153	-5 814
8 491	9 016	478 251	-7 614	792
901 864	20 163	64 375	945	2 407

珠算技术等级鉴定模拟练习题（一）

加减算　　　　普通一级限时10分钟

（一）	（二）	（三）	（四）	（五）
8 372	53 186	3 027 514	691 507	94 012 756
615 807	6 394	18 027	90 425 713	-7 109 384
615 807	389 435	91 406 852	-7 854	397 248
5 086 341	6 105 827	230 698	48 065	-5 697
92 743 029	80 542 913	2 435	-7 051 296	60 572
1 913	914 258	7 805 714	58 460 321	28 134
804 278	53 460 729	61 973	-6 819 403	1 925
65 913 824	8 634	524 308	38 675	9 586 407
20 174	1 657 981	52 832 067	7 068	-612 098
8 139 495	96 282	9 246	-203 796	73 589 126
5 937	92 543 067	43 759	2 956 457	-308 742
942 658	29 835	5 390 462	1 892	80 192 879
80 297 163	5 736	413 584	39 145	-4 513 879
36 579	8 601 275	78 962 341	-426 318	5 682
7 564 932	497 128	6 759	81 409 273	47 905

（六）	（七）	（八）	（九）	（十）
40 186.35	6 017.48	85.27	827 034.16	542.73
751.86	85.23	504.91	-4 107.25	917 604.58
67.02	901 432.75	62 139.04	38 920.74	-8 015.26
3 025.49	50 928.67	907 241.36	-623.58	37.24
806 974.52	740.51	5 096.18	69.37	-42 178.06
52.74	9 054.36	39 472.65	215.62	835 410.67
2 408.67	713 693.08	975.41	51.04	-13 246.08
650 193.28	42.94	2 610.84	-51 097.86	961.95
860.91	51 406.27	720 351.49	9 403.75	-34.76
93 741.05	169.58	48.03	802 934.61	2 085.69
29.36	8 231.45	603.76	-70 193.84	490 817.23
1 690.83	470 816.92	94 086.15	28.75	726.01
782 354.19	58.74	2 937.56	-864.39	64 072.84
432.71	34 682.96	72.83	963 750.48	-6 984.75
35 819.24	879.05	846 519.32	4 386.17	19.48

珠算技术等级鉴定模拟练习题（二）

加 减 算　　　　普通一级限时 10 分钟

（一）	（二）	（三）	（四）	（五）
32 514 829	4 107.926	24 879	48 051	70 928
740 613	928.753	5 302 965	7 634	5 814 603
62 978	20 359.278	8 571	37 962 528	-295 347
13 065	610.435	46 753	-413 196	41 952 076
4 627 184	4.582	973 204	5 736 259	-6 814
9 367	76.349	94 761 532	804 372	42 569
49 038 296	8 365.194	87 426	68 075 403	-6 439 175
7 945 671	32.601	5 789	-9 765	7 231
4 252	97 548.063	3 659 148	80 947	-928 417
856 903	3.718	538 064	-2 593 428	83 182 794
6 473 736	681.976	42 071 651	36 074	3 645
561 736	9.253	7 416 387	7 815	-2 065 458
7 845	5 896.374	820 463	-51 204 387	57 826
32 594	34 160.752	5 279	816 296	370 184
91 203 813	84.107	61 762 396	-7 458 149	36 147 509

（六）	（七）	（八）	（九）	（十）
570 319.84	38 472.05	4 273.08	397.28	28.36
46 928.07	2 639.84	36.94	51 263.17	3 147.02
651.32	51.42	65 428.76	48.96	642 359.18
74.95	847.39	718 345.21	-6 072.35	-96 431.57
1 703.28	501 263.97	562.37	724 536.04	702.45
308 247.63	79 308.56	6 094.52	3 729.53	5 216.91
95.46	6 584.93	65.41	-910.62	-38.29
430.71	213 975.64	784.69	63.49	-50 873.67
25 162.54	750.71	237 903.75	30 184.28	192.78
893 016.27	26.37	59 420.16	-215 673.04	-419 065.31
9 754.08	132.85	617.36	-452.96	-60.94
823.16	7 294.02	683 734.95	-67 398.15	387.06
47 231.63	64 089.57	29.47	9 237.57	8 792.85
3 978.52	14.94	9 268.08	168 706.92	974 156.13
96.21	430 167.48	41 302.97	51.43	37 205.28

珠算技术等级鉴定模拟练习题（三）

加 减 算　　　　　　　　　普通一级限时 10 分钟

(一)	(二)	(三)	(四)	(五)
82 045	2 941 305	93 518	8 715 906	4 093 612
2 497 381	420 836	652 831	9 243	-7 089
1 507	7 049	7 926	37 594 182	65 209 473
56 918 723	18 321	4 265 179	-628 037	48 257
249 836	93 286 573	38 106 492	45 691	-13 754 391
6 154	6 402 857	719 634	8 374	5 406
580 249	59 694	1 097	-9 431 765	-291 764
74 105 698	1 768	28 654	750 218	5 847 158
3 654 062	376 289	9 740 382	64 509	320 569
26 917	28 590 426	65 932 105	-12 916 793	-61 823
87 069 305	3 097	543 719	8 375	4 056
376 416	42 805	69 473	-8 079 146	-28 945 371
53 278	10 267 943	10 286 091	547 982	892 545
2 691	7 804 268	4 157 264	41 290 361	6 089 752
1 736 529	395 462	9 728	-61 074	32 104

(六)	(七)	(八)	(九)	(十)
875 031.96	643.08	56 082.43	5 429.39	37.51
64 892.03	28 316.47	76.82	-48.12	831 206.47
316.52	4 835.29	493.76	78 154.01	-5 291.73
75.49	730 168.52	207 941.65	-207.49	683.24
1 603.81	402.73	3 527.04	86.57	-42 750.19
350 248.27	74.61	239.58	185 724.64	42.85
97.35	57 298.76	49 603.21	-69 083.72	9 314.56
420.78	693 721.48	850 162.37	576.35	-653.47
29 164.64	93.85	38.94	-4 190.28	910 589.78
750 912.86	5 680.14	5 280.12	24.07	-61 964.82
6 745.09	516 946.03	418 359.46	31 687.92	52.39
981.37	9 837.26	864.61	465 768.19	836.07
45 063.78	27 052.94	2 567.08	213.26	14 678.20
3 397.52	549.32	39 423.56	-6 472.81	2 549.36
80.21	15.06	93.87	793 160.74	-390 317.58

【任务三】珠算乘法

乘法是求一个数若干倍数的方法，即同一个数连续相加的简捷算法。珠算乘法则是运用算盘进行乘法计算。珠算界把乘法中的被乘数称为"实数"，乘数称为"法数"。根据乘法的交换律 a×b=b×a，被乘数与乘数位置互换，其积不变，这样可以便于珠算乘法运算。珠算乘法种类很多，一般可分为以下几类：

1. 按适用范围可分为基本乘法和简捷乘法；
2. 按置积档位可分为隔位乘法和不隔位乘法；
3. 按是否置因数可分为置数乘法和不置数乘法（空盘乘法）；
4. 按被乘数的运算顺序可分为前乘法和后乘法。后乘法又可分为：破头乘、留头乘、掉尾乘等。

一、乘法口诀

珠算乘法是用口诀指导拨珠运算的，乘法口诀是根据1~9九个数字分别与这九个数字相乘编制的81句口诀中，按小数在前，大数在后的36句称"小九九口诀"；按大数在前，小数在后的36句称为"逆九九口诀"；因数相同的9句称为"平九九口诀"；合计81句口诀称为"大九九口诀"即乘法口诀。它是乘法的一套完整口诀，运用"大九九口诀"运算不用颠倒被乘数和乘数的顺序，从而避免由于因数总变换而产生的错误。

乘法口诀表中，前两个中文数码字分别表示乘数和被乘数，后两个阿拉伯数字表示积的十位数和个位数。在"大九九口诀"表中凡是两因数相乘都有其两位数，只不过是乘积有效数字有两位的，也有一位的，但都要以两位看待。乘积是一位有效数字的有两种情况，一种是十位数是"0"，如：一八08；另一种是个位数是零，如：四五20。在珠算运算中，"0"很有意义，珠算是以空档表示"0"，因此，无论上述哪种情况"0"都要占位，以便于适应珠算拨珠时充分要求，可避免在运算中加错档。

在读法上，"大九九口诀"一律作四句读，如，"四八32"，读作"四八三二"，不读成"小九九口诀"的四八三十二；又如二四得8，在"大九九口诀"中读二四〇八，将"得"字换成"零"字，再如五八40，读五八四〇将"十"字换成"零"字。

在进行乘法运算时，应采用"大九九口诀"，"大九九口诀"不颠倒乘数与被乘数的顺序，口诀读起来比较逆口，因此，在学习中要加强训练，不仅要熟记，而且要达到"读因知积，见因拨积"的熟练程度。

表 2-5　　　　　　　　　　大九九口诀

乘积 乘数＼被乘数	一	二	三	四	五	六	七	八	九
一	一一 01	一二 02	一三 03	一四 04	一五 05	一六 06	一七 07	一八 08	一九 09
二	二一 02	二二 04	二三 06	二四 08	二五 10	二六 12	二七 14	二八 16	二九 18
三	三一 03	三二 06	三三 09	三四 12	三五 15	三六 18	三七 21	三八 24	三九 27
四	四一 04	四二 08	四三 12	四四 16	四五 20	四六 24	四七 28	四八 32	四九 36
五	五一 05	五二 10	五三 15	五四 20	五五 25	五六 30	五七 35	五八 40	五九 45
六	六一 06	六二 12	六三 18	六四 24	六五 30	六六 36	六七 42	六八 48	六九 54
七	七一 07	七二 14	七三 21	七四 28	七五 35	七六 42	七七 49	七八 56	七九 63
八	八一 08	八二 16	八三 24	八四 32	八五 40	八六 48	八七 56	八八 64	八九 72
九	九一 09	九二 18	九三 27	九四 36	九五 45	九六 54	九七 63	九八 72	九九 81

二、乘法定位

为了保证珠算乘法的准确性，首先要掌握珠算乘法的定位方法，因为算盘是以档计位，以空档表示"0"，小数点到底在哪一档上，必须先确定一档作为个位档，才能确定出小数点的位置，而且算盘上任何一档都可以做个位档，因此，不研究乘法定位，乘积的数值到底是多少，很难能快速准确地确定下来。如：625×800，6.25×0.8，0.625×0.08，以上三题其运算结束在算盘上显示的数字只有5，那么它代表的数值到底是5，50，5 000，50 000 等就无法确定。因此，学习珠算乘法，必须掌握珠算乘法的定位方法，以快速准确地确定乘积的正确数值。由于乘积的数值是根据被乘数的位数和乘数的位数来确定的，因此，在学习珠算乘法定位前必须先了解数值的位数，这是进行乘法定位的先决条件。

（一）数值的位数

数值的位数是由这笔数值小数点所在的位置确定的，可归纳为三种。

1. 正位数。

一笔数值，第一个非零的数字称为最高位数字。最高位数字在小数点左侧，这样的数值称为正位数，即整数和混小数一律划为正位数，整数部分有几位就是正几位。例如：9 800，720，35，4，58.69 等分别表示正四位、正三位、正二位、正一位、正二位，表示为 +4 位、+3 位、+2 位、+1 位、+2 位。

2. 零位数。

最高位数在小数点右第一位，属纯小数，这样的数值称为零位数，如：0.25、0.78、0.128、85%、0.3008 等是零位数，用"0"表示。

3. 负位数。

最高位数到小数点之间夹有零的数,属纯小数,这样的数值称为负位数,小数点到最高位数之间夹几个零就是负几位,不包括整数的零,用符号"-"表示。如0.024、0.00456、0.00057、0.0000809等分别为-1位、-2位、-3位、-4位(见表2-6)。

表2-6

数值	650 000	65 000	6 500	650	65	6.5	0.65	0.065	0.0065
位数	6	5	4	3	2	1	0	-1	-2

按数值位数计位算盘上的档位如图2-67所示。

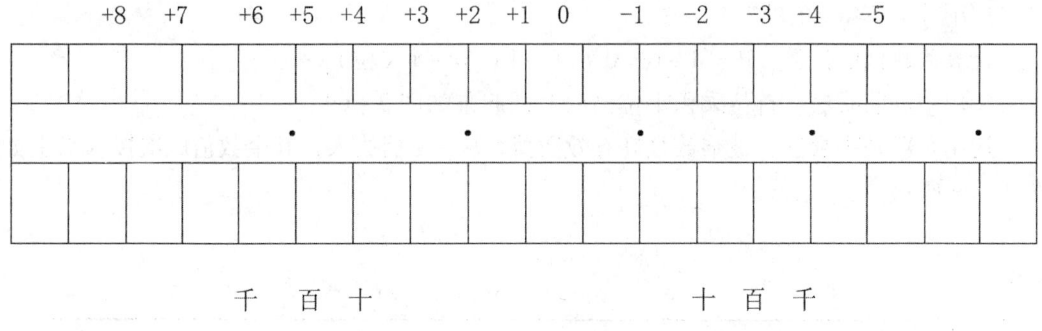

图2-67

(二)积的定位方法

掌握了数值的位数,就可以研究积的定位方法,积的定位方法有多种,这里主要介绍两种较普通易掌握的方法,即固定积的个位档定位法和公式定位法。

1. 固定积的个位档定位法(算前定位法)。

固定积的个位档定位法,是根据被乘数与乘数的位数,事先在算盘上确定好积的个位档,按照基本乘法进行乘算,运算结束,盘上显示的数值就是积的数值。此方法简捷、直观,省去了运算之后积的首位数与被乘数和乘数首位数相比较的麻烦。定位规则:

(1)确定积的个位档:运算前在算盘上确定一档作为积的个位档。

(2)计算置数档的位数:设P为置数档的位数,M为被乘数位数,N为乘数位数,则P=M+N。注意:运用布数乘时,P为被乘数首位数置数档的位数;运用空盘前乘时,P为首位相乘十位加积档的位数(可称为第一十位档)。

(3)运算结束,直接照盘抄写得数。

【例1】 245×693

图 2 - 68

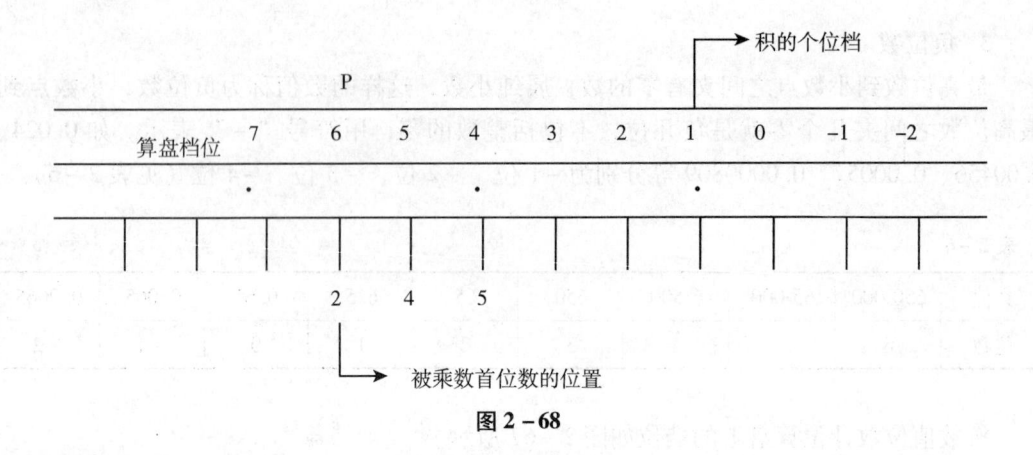

【例2】0.546×0.037

计算置数档的位数：P = M + N = 0 + (-1) = -1（位）

运用空盘前乘法，首位乘积十位档从P档起乘如图2-69。

运用布数破头乘法，被乘数最高有效数值5从-1档拨入，其余数值顺次拨入盘上如图2-69所示。

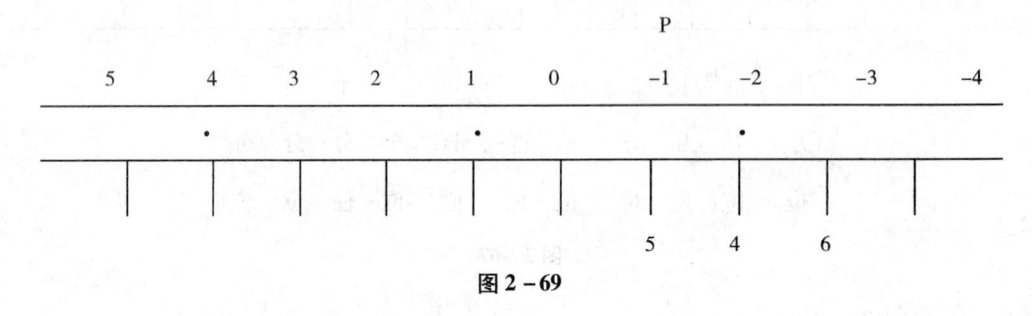

图 2 - 69

【例3】0.89×0.42

计算置数档的位数：P = 0 + 0 = 0（位）

运用空盘前乘首位乘积十位档从P档起乘如图2-70。

运用布数破头乘法从0位档拨入被乘数首位数8，其余数值顺次拨入盘上，如图2-70所示。

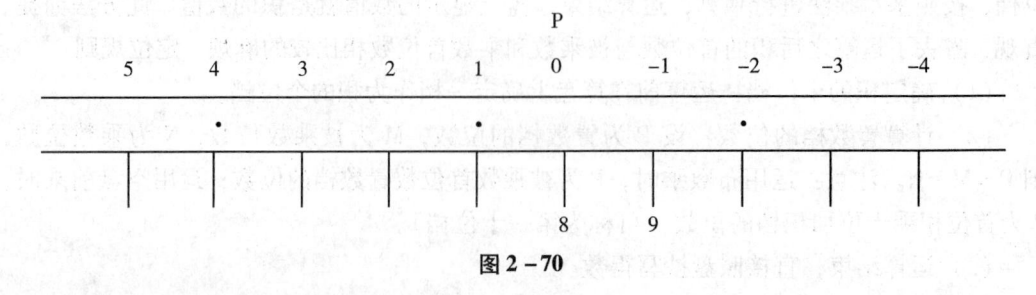

图 2 - 70

2. 公式定位法。

公式定位法是一种算后定位法。即先将乘积计算出后，用积的首位与两因数首位大小比较以及两因数的位数来确定积的位数的一种定位方法。其定位公式有两个：

(1) 积的位数 = 被乘数位数 + 乘数位数。

(2) 积的位数 = 被乘数位数 + 乘数位数 – 1。

设 m 表示被乘数位数，n 表示乘数位数，P 表示积的位数，上述公式可写成：

$$P = m + n$$
$$P = m + n - 1$$

上述两个公式具体应用：

第一，当被乘数与乘数的最高位相乘需进位的（包括第二、第三位进位后，使首位进位的），积的位数为 $P = m + n$ 即"首小相加"。

【例1】 $37 \times 58 = 2\ 146$

例1中积的首位数是2小于两因数的首位数3和5，因此，积的位数 $P = m + n = 2 + 2 = 4$（位）。

【例2】 $8.64 \times 0.96 = 8.2944$

例2中积的首位数是8小于9且等于8，因此，积的位数 $P = m + n = 1 + 0 = 1$（位）。

【例3】 $96 \times 983 = 94\ 368$

例3中积的首位数9等于两因数的首位，而积的次位小于两因数的次位，因此，积的位为数 $P = m + n = 2 + 3 = 5$（位）。

第二，被乘数与乘数的最高位相乘不进位（包括第二、第三位进位后，首位未进位的，积的位数为 $P = m + n - 1$。即"首大相加减1"。

【例4】 $342 \times 22 = 7\ 524$

例4中积的首位是7，大于两因数的首位3和2，因此，积的位数 $P = m + n - 1 = 3 + 2 - 1 = 4$（位）。

【例5】 $311 \times 3.2 = 995.2$

例5中积的首位是9，大于两因数首位3和2，因此，积的位数 $P = m + n - 1 = 3 + 1 - 1 = 3$（位）。

【例6】 $100 \times 10 = 1\ 000$

例6中积的首位1等于两因数的首位在后次运算中，第二、第三位进位后，首位仍未进位，因此，积的位数 $P = m + n - 1 = 3 + 2 - 1 = 4$（位）。

【例7】 $749 \times 10.36 = 7\ 759.64$

例7中积的首位是7且大于等于因数的首位1和7，而积的次位7仍大于两因数的次位，因此，积的位数 $P = m + n - 1 = 3 + 2 - 1 = 4$（位）。

【例8】 $123 \times 142 = 17\ 466$

例8中积的首位是1等于两因数的首位，积的次位7大于两因数次位数的2和4，因此，积的位数 $P = m + n - 1 = 3 + 3 - 1 = 5$（位）。

综上我们归纳出公式定位法的要领：

(1) 乘积的首位数大于或等于两因数的首位数时，用公式 $P = m + n - 1$。

(2) 乘积的首位数小于两因数的首位数时，用公式 $P = m + n$。

(3) 若乘积的首位数与两因数的首位数相同时，则依次比较次位数，第三位……直到比较出大小。大用 $m + n - 1$ 公式，小用 $m + n$ 公式。

三、基本乘法

（一）一位数乘法

一位数乘法是指乘法两因数中，有一个因数是一位有效数字的乘法。一位乘法是多位乘法的基础，因为多位乘法实际上就是一位乘法之积，在不同档位的顺次叠加。所以，学好一位数乘法是学好多位数乘法的基础和前提。现介绍普遍使用的空盘前乘法。

所谓空盘前乘法，就是运算时不在算盘上拨入被乘数和乘数，而直接把它们的乘积拨在算盘上。这里的"空盘"是指不在算盘上置因数，"前乘"是指乘的顺序从因数的高位开始起乘。其运算步骤如下：

1. 计算首位乘积置数档位：根据 $P = m + n$ 计算首位乘积的十位档，即第一十位档，用 P 表示。

2. 乘的顺序：用一位因数分别去乘另一因数的首位、次位、第三位……末位，将其乘积分别加在相应的档位上。

3. 加积的方法：从 P 档开始拨入乘积，顺次叠加，如同阶梯式移位，遵循前次加积个位就是后次加积十位的加积规律进行运算。

4. 指档：一位乘右食指点记加完积的个位，此档位就是下一步加乘积的十位档。

5. 运算结束，盯盘写得数。

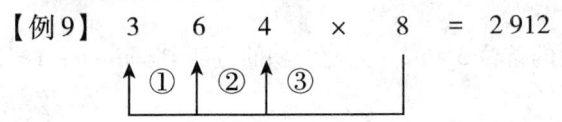

【例9】　　3　　6　　4　　×　　8　　=　2 912
　　　　　　↑　　↑　　↑
　　　　　　①　　②　　③

计算第一十位档的位数：$P = 3 + 1 = 4$（位）即从 4 位起乘。

盘示：
　　　　　　　　　　　　　　P
　　　　　　　　　　5　4　3　2　1　0　-1　-2

阶梯加积

规律：

三八　　　　　2　4

六八　　　　　　　4　8

四八　　　　　　　　　3　2

积数　　　　　2　9　1　2

【例10】　6 × 3　4　6　7 = 20 782
　　　　　　　　↑　↑　↑　↑
　　　　　　　　①　②　③　④

计算第一十位档的位数：P = 1 + 4 = 5（位）即从 5 位起乘。

盘示：

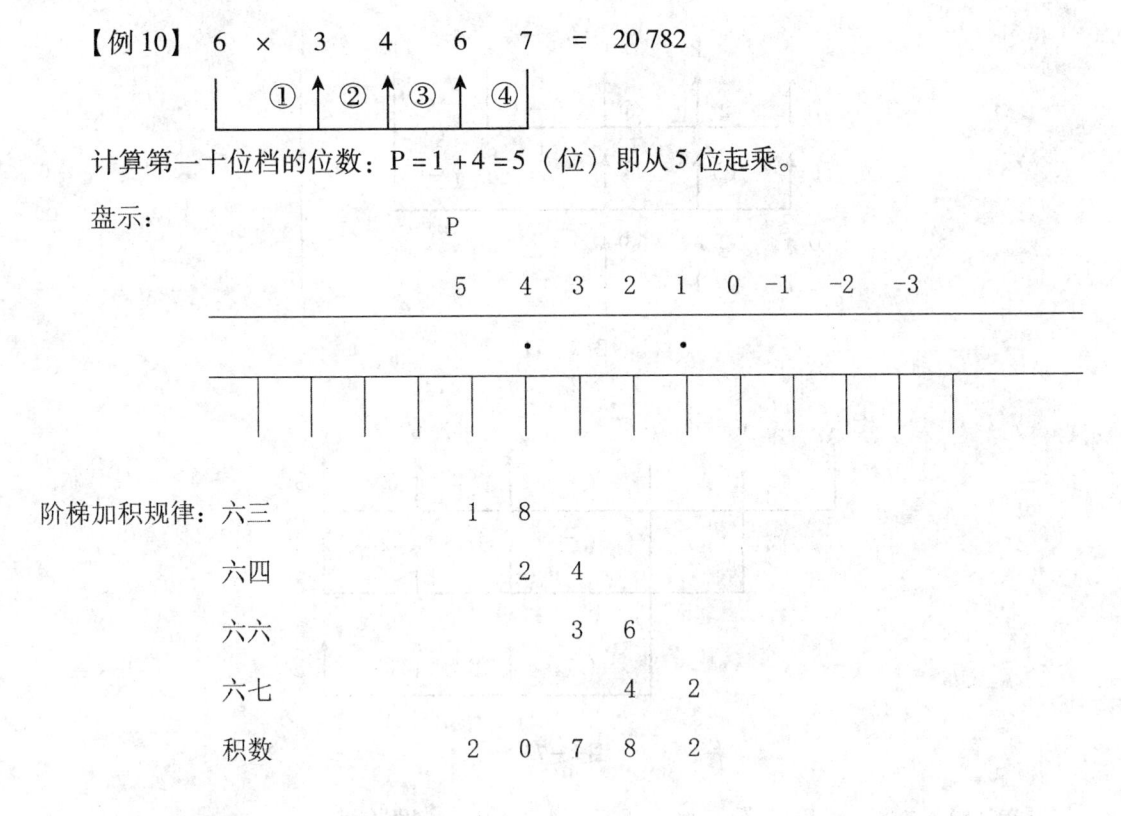

```
                    P
        5   4   3   2   1   0   -1   -2   -3
```

阶梯加积规律：六三　　　　　1　8

　　　　　　　六四　　　　2　4

　　　　　　　六六　　　　　　3　6

　　　　　　　六七　　　　　　　　4　2

　　　　　　　积数　　2　0　7　8　2

（二）多位数乘法

多位数乘法是指乘法中两因数都是两位或两位以上有效数字的乘法。多位乘法与一位乘法运算原理相同，只是运算步骤较多且复杂一些。因此，准确把握乘积叠加档位是学习多位数乘法的关键。

1. 空盘前乘法。

在前面已经介绍了一位数空盘前乘法，其概念已经了解，下面介绍多位空盘前乘法的运算步骤：

（1）用固定积的个位档定位公式 P = m + n 计算出两因数首位乘积的十档位，用 P 表示，P 档位就是第一十位起乘档的位数。

（2）乘的顺序：高位到低位，无论是哪个因数开始起乘，都是从高位到低位进行运算的（见图 2-71、图 2-72）。

（3）加积规律：

首先用一因数首位数、次位数……末位数分别与另一因数首位数、次位数……至末位数逐位相乘，错档叠加，其次移档加积（在前一次乘积的基础上，依此类推，最后逐位乘完）。注意：在加积中右食指要点记加完乘积的个位档，此档就是下一步加积的十位档。

（4）双手指档，右食指点记加完积的个位档，左食指点记第几十位档。

（5）运算结束，盯盘写得数。

（6）计算实例。

```
        A       B       C    ×    a       b       c
        ↑       ↑       ↑
        ①      ②      ③        (一)
        ↑       ↑       ↑
        ①      ②      ③             (二)
        ↑       ↑       ↑
        ①      ②      ③                  (三)
```

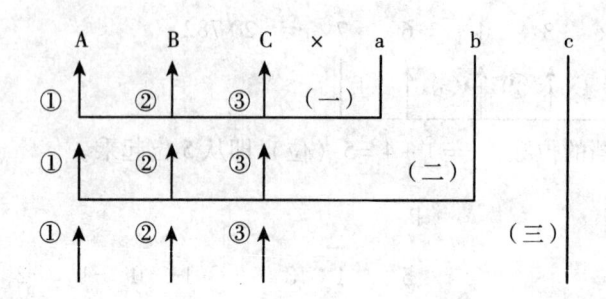

图 2 - 71

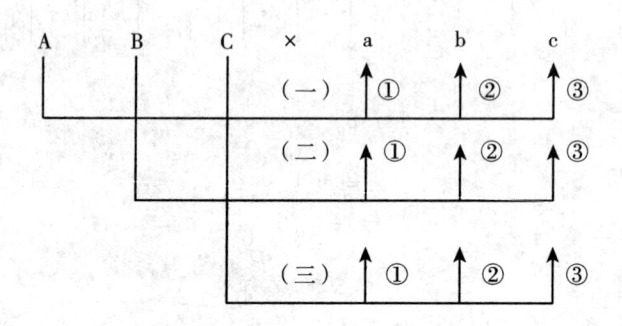

```
        A       B       C    ×    a       b       c
                             (一) ↑       ↑       ↑
                                  ①      ②      ③
                             (二) ↑       ↑       ↑
                                  ①      ②      ③
                             (三) ↑       ↑       ↑
                                  ①      ②      ③
```

图 2 - 72

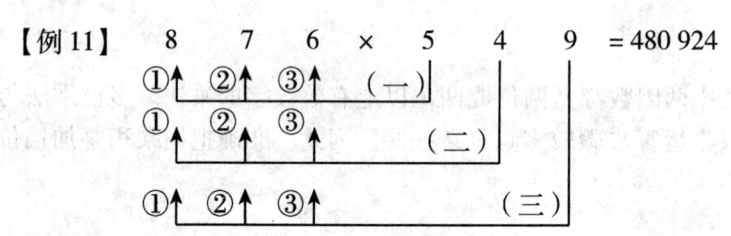

【例11】　　8　7　6　×　5　4　9　= 480 924
　　　　　　①↑②↑③↑　（一）
　　　　　　　①↑②↑③↑　（二）
　　　　　　　　①↑②↑③↑　（三）

盘示定位：P = m + n = 3 + 3 = 6（位）　P

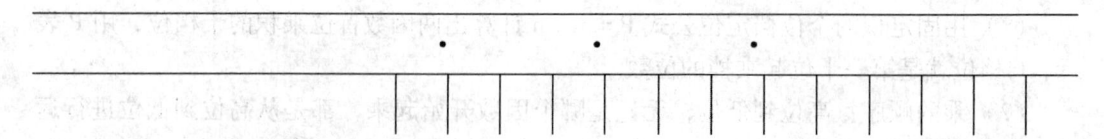

　　　　　　　7　6　5　4　3　2　1

运算说明：

（1）默记乘数5，眼看被乘数876。

　　从盘6档起加五八40　　　　　　4　0
　　　　　　加五七35　　　　　　　4　3　5
　　　　　　加五六30　　　　　　　4　3　8　0

（2）默记乘数4，眼看被乘数876。

　　从盘5档起加四八32　　　　　　4　7　0　0　0
　　　　　　加四七28　　　　　　　4　7　2　8　0　0

加四六 24	4	7	3	0	4	0

（3）默记乘数 9，眼看被乘数 876。

从盘 4 档起加九八 72	4	8	0	2	4	
加九七 63	4	8	0	8	7	
加九六 54	4	8	0	9	2	4

【例 12】$705 \times 3468 = 2444940$

盘示定位：$P = m + n = 3 + 4 = 7$（位）　P

```
7  6  5  4  3  2  1
         .     .     .
```

运算说明：

（1）默记被乘数 7，眼看乘数 3 468。

从盘 7 档起加七三 21	2	1			
加七四 28	2	3	8		
加七六 42	2	4	2	2	
加七八 56	2	4	2	7	6

（2）默记乘数 5，眼看乘数 3 468。

从盘 5 档起加五三 15	2	4	4	2	6	
加五四 20	2	4	4	4	6	
加五六 30	2	4	4	4	9	0
加五八 40	2	4	4	4	9	4	0

【例 13】$123 \times 342 = 42066$

盘示定位：$P = m + n = 3 + 3 = 6$（位）　P

```
7  6  5  4  3  2  1  0  -1
      .     .     .
```

运算说明：

（1）默记被乘数 1，眼看乘数 342。

从盘 6 档起加一三 03	0	3	
加一四 04	3	4	
加一二 02	3	4	2

（2）默记被乘数 2，眼看乘数 342。

从盘 5 档起加二三 06	4	0	2

加二四 08　　　　　　　　4　1　0
加二二 04　　　　　　　　4　1　0　4

(3) 默记被乘数 3, 眼看乘数 342。

从盘 4 档起加三三 09　　　　4　1　9　4
　　　　加三四 12　　　　　4　2　0　6
　　　　加三二 06　　　　　4　2　0　6　6

【例 14】 $0.65 \times 8.37 = 5.44$ （精确 0.01）

盘示定位：P = m + n = 0 + 1 = 1（位）P

　　　　　　　　3　2　1　0　-1　-2　-3　-4　-5

运算说明：

(1) 默记被乘数 6, 眼看乘数 837。

从盘 1 档起加六八 48　　　　4　8
　　　　加六三 18　　　　　4　9　8
　　　　加六七 42　　　　　5　0　2　2

(2) 默记被乘数 5, 眼看乘数 837。

从盘 0 档起加五八 40　　　　5　4　2　2
　　　　加五三 15　　　　　5　4　3　7
　　　　加五七 35　　　　　5　4　4　0　5

【例 15】 $58\,347 \times 0.0842 = 4\,912.82$（精确 0.01）

盘示定位：P = 5 + (-1) = 4（位）P

　　　　　　　　6　5　4　3　2　1　0　-1　-2　-3

运算说明：

(1) 默记乘数 8, 眼看被乘数 58 347。

从盘 4 档起加八五 40　　　　4　0
　　　　加八八 64　　　　　4　6　4
　　　　加八三 24　　　　　4　6　6　4
　　　　加八四 32　　　　　4　6　6　7　2
　　　　加八七 56　　　　　4　6　6　7　7　6

(2) 默记乘数 4, 眼看被乘数 58 347。

76

从盘 3 档起加四五 20	4	8	6	7	7	6	
加四八 32	4	8	9	9	7	6	
加四三 12	4	9	0	0	9	6	
加四四 16	4	4	9	0	1	1	2
加四七 28	4	9	0	1	1	4	8

（3）默记乘数 2，眼看被乘数 58 347。

从盘 2 档起加二五 10	4	9	1	1	1	4	8
加二八 16	4	9	1	2	7	4	8
加二三 06	4	9	1	2	8	0	8
加二四 08	4	9	1	2	8	1	6
加二七 14	4	9	1	2	8	1	7	4

2. 空盘前乘法运用中应注意的几个问题。

（1）因数中间带"0"的运算。

多位数乘法运算中，如遇到因数中间有 0 的运算时，移档加积，有几个 0 就移几档。

（2）多位数乘法加积首位数的确定。

在空盘前乘法进行乘算时，首先注意应把两因数中含数字少的因数分解，从首位至末位分别乘以另一个因数，这样加积次数可减少；再者就是在运算中，借助左手帮助查找加积的首位档，先把左手食指放在两因数首位乘积的十位档上即第一十位档，乘数首位数与被乘数各位数乘完后，左手向右移一档，这一档就是乘数的第二位数同被乘数首位相乘积的十位档可称第二十位档，若未满 10，则从右一档开始加积，依此类推，每乘完一数，左手就向右移一档，作为下位数乘积十位数加积档，即双手指档法。

（3）多位小数题的计算与小数部分的保留。

多位小数乘算，一般都规定有小数的精确度，需四舍五入，把不需要的小数位舍掉。在取舍中要看应保留的小数位后一位数，若这位数大于"5"就进位，若小于"5"就舍掉。如：3.44449，若要求小数点后保留两位小数，则结果为 3.44，若要求小数后面保留 4 位小数，结果为 3.4445。再如 54.4046 和 0.4956 两个数要求小数点后面保留两位小数，则结果分别为 54.40 和 0.50。

【例 16】$3\,608 \times 507 = 1\,829\,256$

盘示定位：$P = m + n = 4 + 3 = 7$（位） P

7	6	5	4	3	2	1	0	-1	-2
		·		·		·		·	·

运算说明：

（1）默记乘数 5，眼看被乘数 3 608。

从盘 7 档起加五三 15	1	5					
加五六 30	1	8	0				
加五八 40	1	8	0	4	0		

（2）默记乘数 7，眼看被乘数 3 608。

从盘 5 档起加七三 21	1	8	2	5	0		
加七六 42	1	8	2	9	2		
加七八 56	1	8	2	9	2	5	6

【例17】$0.369 \times 0.72 = 0.27$（精确 0.01）

盘示定位：$P = m + n = 0 + 0 = 0$（位）　P

```
        4   3   2   1   0  -1  -2  -3  -4
        •       •       •       •
        |   |   |   |   |   |   |   |   |
```

运算说明：

（1）默记乘数 7，眼看被乘数 369。

从盘 0 档起加七三 21	2	1			
加七六 42	2	5	2		
加七九 63	2	5	8	3	

（2）默记乘数 2，眼看被乘数 369。

从盘 -1 档起加二三 06	2	6	4	3	
加二六 12	2	6	5	5	
加二九 18	2	6	5	6	8

盘上显示 0.26568，此题结果应从第三位开始四舍五入，故结果为 0.27。

【例18】$96.25 \times 0.142 = 13.67$（精确 0.01）

用公式定位法定位

```
                •       •       •       •
        |   |   |   |   |   |   |   |
```

运算说明：

（1）默记乘数 1，眼看被乘数 9 625

从第一档起依次拨加乘积 09、06、02、05，盘上显示 9 625

（2）默记乘数 4，眼看被乘数 9 625

	0	9			
	0	9	6		
	0	9	6	2	
	0	9	6	2	5
	1	3	2	2	5

从第二档起依次拨加乘积36、24、08、	1	3	4	6	5
20，盘上显示9625	1	3	4	7	3
（3）默记乘数2，眼看被乘数9 625	1	3	4	7	5	0
从第三档起依次拨加乘积18、12、04、	1	3	6	5	5	0
10，盘上显示 136 675	1	3	6	6	7	0
（4）定位：因积的首位数1小于	1	3	6	6	7	4
被乘数9，故用公式1定位，即：	1	3	6	6	7	5

P = M + N = 2 + 0 = 2（位）因此，积数为 13.67

【例19】0.108 × 0.342 = 0.0369（精确到 0.0001）

用公式定位法定位

运算说明：

（1）默记被乘数1，眼看乘数342	0	3			
从第一档起依次拨加乘积03、04、02，	0	3	4		
盘上显示342	0	3	4	2	
（2）默记被乘数8，眼看乘数342	0	3	6	6	
从第三档起依次拨加乘积24、32、	0	3	6	9	2
16，盘上显示 36 936	0	3	6	9	3	6

（3）定位：因积的首位数3等于乘数首位数3且大于被乘数首位数1，故用公式2定位，即 P = M + N − 1 = 0 + 0 − 1 = −1（位）因此，积数为 0.0369

3. 布数破头乘法。

布数破头乘法是一种不隔位置数后乘法。因两因数相乘时，首先，需要破掉被乘数的本档算珠而变成积，因而得名破头乘法。其特点是从被乘数的最末一位分别与乘数的首位、次位……末位逐位相乘，运算时首先破掉被乘数末位数，被破掉的末位数档就是被乘数的末位数与乘数首位数相乘积的十位档，右一档为加积的个位档，依此类推，逐位相乘递位加积，直至乘完。

多位布数破头乘的运算要领。

（1）置数：计算被乘数首位数置于算盘上的位数，固定个位法定位：P = m + n，即 P 表示被乘数首位置于算盘上的位数。

（2）乘的顺序：由被乘数的末至首的每一位数分别与乘数首至末每一位数相乘。

（3）加积方法。乘数首位数与被乘数每位乘积的十位数拨在被乘数的本档，将被乘数本档改变成它与乘数首位相乘积的十位档，积的个位加在该位被乘数的右一档，依此类推，逐位右移，顺次叠加直至乘完。

(4) 运算结束，盯盘写得数。

注意：根据乘法交换律，被乘数与乘数可以互换，其积不变，在破头乘法运算时，将有效数字少的因数置于算盘，较为方便。

【例20】 $8\ 764 \times 39 = 341\ 796$

定位：用固定个位法定位 $P = m + n = 4 + 2 = 6$（位）

盘示：

		P							
7	6	5	4	3	2	1	0	-1	-2	-3

运算说明：

(1) 布数：将因数39 从 +6 档拨入	③	⑨				
(2) 加积：将⑨改成九八72 乘积	③	7	2			
十位数7 破⑨，依次拨加九七63	③	7	8	3		
加九六54	③	7	8	8	4	
加九四36	③	7	8	8	7	6
(3) 加积：将③改成三八24 乘积	3	1	8	8	7	6
十位数2 破③，依次拨加三七21	3	3	9	8	7	6
加三六18	3	4	1	6	7	6
加三四12	3	4	1	7	9	6

【例21】 $20.18 \times 0.57 = 11.502$

定位：用固定个位法定位 $P = m + n = 2 + 0 = 2$（位）

盘示：

		P						
4	3	2	1	0	-1	-2	-3	-4

运算说明：

(1) 布数：将因数57 从2 档拨入	⑤	⑦				
(2) 加积：将⑦改成七二14 乘积	⑤	1	4			
十位数1 破⑦，依次拨加七一07	⑤	1	4	0	7	
加七八56	⑤	1	4	1	2	6
(3) 加积：将⑤改成五二10 乘积	1	1	4	1	2	6
积十位数1 破⑤，依次拨加五一05	1	1	4	6	2	6
加五八40	1	1	5	0	2	6

【实训】

一、请写出固定积的个位档的定位公式，并解释 P 在破头乘法或空盘前乘法的含义。

二、指出下列各数的位数：

3 829　　　　61 004　　　　　0.65　　　　　10.2　　　　1.008
0.0805　　　 870　　　　　　0.00010007　　82%　　　　105%

三、根据括号指出的位数，确定下列各数值：

54 789（正五位）　　　　9 437（零位）　　　　　8 634（负一位）
5 237（正一位）　　　　 3 200（正二位）　　　　793（负二位）
487（正六位）　　　　　43（负三位）　　　　　980 000（正四位）
879（正五位）

四、确定下列各题数值：

1. 4.25×5.16→2 193　　　　　　2. 0.0314×0.28→8 792
3. 0.0425×51.6→2 193　　　　　4. 3 140×0.028→8 792
5. 4 250×5 160→2 193　　　　　6. 374×7.28→272 272
7. 0.425×0.516→2 193　　　　　8. 3.74×0.0728→272 272
9. 31.4×28 000→8 792　　　　　10. 0.374×72 800→272 272

五、趣味练习。

1. 用 125 分别乘下列各数。

① 72 355 272　　　　隔窗相见　　　　9 044 409 000
② 102 568　　　　　　单蝴蝶　　　　　12 821 000
③ 100 168　　　　　　蜻蜓戏水　　　　12 521 000
④ 3 636 363 636　　　王老同春　　　　454 545 454 500

2. 用 123 456 789 分别乘下列各数。

① 18　　　　一条龙　　　　2 222 222 202
② 27　　　　一条龙　　　　3 333 333 303
③ 36　　　　一条龙　　　　4 444 444 404
④ 45　　　　一条龙　　　　5 555 555 505
⑤ 54　　　　一条龙　　　　6 666 666 606
⑥ 63　　　　一条龙　　　　7 777 777 707
⑦ 72　　　　一条龙　　　　8 888 888 808
⑧ 81　　　　一条龙　　　　9 999 999 909

3. 用 1 953 125 分别乘下列各数。

① 512　　　　狮子滚绣球　　　　1
② 1 024　　　狮子滚绣球　　　　2
③ 1 536　　　狮子滚绣球　　　　3
④ 2 048　　　狮子滚绣球　　　　4
⑤ 2 560　　　狮子滚绣球　　　　5

⑥ 3 072   狮子滚绣球   6
⑦ 3 584   狮子滚绣球   7
⑧ 4 096   狮子滚绣球   8
⑨ 4 608   狮子滚绣球   9

六、多位乘练习题。

（一）用公式定位法，指出下列各题积的位数，并加标点：

① 79 992 × 800 = 63 993 600

② 711.04 × 0.9 = 639 936

③ 53 328 × 1.2 = 639 936

④ 1 777 600 × 360 = 639 936 000

⑤ 363 600 × 17.6 = 6 399 360

⑥ 3 168 × 202 = 639 936

⑦ 39 600 × 1.616 = 639 936

⑧ 1 818 × 0.352 = 639 936

⑨ 808 × 0.000792 = 639 936

⑩ 1 212 × 52 800 = 639 936

（二）用固定积的个位档定位法，指出下列各题用空盘前乘或破头乘时"P"档在算盘上的位置。

① 26.3 × 104

② 487 × 629

③ 5.30039 × 0.407

④ 632.49 × 2.67

⑤ 8 325 × 6.476

⑥ 2.003 × 0.0043

⑦ 0.013 × 0.26

⑧ 74.3245 × 1.036

⑨ 46 × 7.8 × 29.3 × 2 500 × 6.74

⑩ 0.01 × 0.0052 × 900.5 × 268.4

七、计算下列各题，用固定积的个位档定位。

1. 12 × 67 864 =   9. 94 × 67.856 =

2. 22 × 43.275 =   10. 104 × 98.137 =

3. 32 × 23 759 =   11. 114 × 68 104 =

4. 42 × 23 759 =   12. 124 × 73 852 =

5. 53 × 42 104 =   13. 135 × 863.740 =

6. 63 × 78.342 =   14. 145 × 489 274 =

7. 73 × 74 235 =   15. 155 × 958 267 =

8. 83 × 63 753 =   16. 165 × 135.297 =

17. 176 × 312 475 =
18. 186 × 326 851 =
19. 196 × 648 263 =
20. 206 × 276 329 =
21. 4 126.79 × 8 000 =
22. 434.79 × 0.07 =
23. 453.017 × 0.004 =
24. 471.509 × 80 =
25. 496.25 × 800 =
26. 217 × 84 357 =
27. 227 × 64 754 =
28. 237 × 67 842 =
29. 247 × 82 689 =
30. 258 × 39 267 =
31. 268 × 12 647 =
32. 278 × 54 835 =
33. 288 × 32 564 =

34. 299 × 165 824 =
35. 309 × 400 802 =
36. 319 × 306 507 =
37. 329 × 903.005 =
38. 3 350 × 9 486.4 =
39. 34 400 × 8 364.57 =
40. 350.07 × 25 637 =
41. 360.03 × 7.003 =
42. 379 000 × 2.0374 =
43. 38 800 × 5 804 =
44. 390.07 × 0.0376 =
45. 406 000 × 8.2346 =
46. 420.8732 × 0.0006 =
47. 4 424.680 × 500 =
48. 4 657.75 × 0.3 =
49. 484.367 × 900 =
50. 5 071.93 × 0.5 =

八、珠算"等级"鉴定题。

普通六级　　时间 5 分钟

1. 159 × 42 =
2. 91 × 608 =
3. 34 × 165 =
4. 506 × 68 =
5. 56 × 703 =

6. 27 × 82 =
7. 93 × 64 =
8. 798 × 93 =
9. 47 × 21 =
10. 31 × 54 =

普通五级　　时间 5 分钟

1. 604 × 97 =
2. 28 × 182 =
3. 0.417 × 7.06 =
4. 0.9.62 × 0.68 =
5. 32 × 135 =

6. 149 × 85 =
7. 59 × 704 =
8. 871 × 58 =
9. 904 × 834 =
10. 73 × 4.062 =

普通四级　　时间 5 分钟

1. 3 108 × 98 =
2. 186 × 7 108 =
3. 0.5074 × 6.53 =
4. 43 × 9.043 =
5. 2 517 × 26 =

6. 72 × 1267 =
7. 493 × 385 =
8. 8 065 × 71 =
9. 629 × 483 =
10. 9.4 × 0.5804 =

普通三级　　时间 5 分钟

1. 984×753＝
2. 916×792＝
3. 2.8046×5.73＝
4. 827×3 508＝
5. 159×856＝
6. 0.5102×4.37＝
7. 623×918＝
8. 3.65×0.1604＝
9. 473×60 219＝
10. 708×294＝

普通二级　　时间 5 分钟

1. 0.3806×15.27＝
2. 397×1 893＝
3. 6 947×7 093＝
4. 14.79×260.4＝
5. 9 162×362＝
6. 48.5×0.0754＝
7. 50.12×0.4815＝
8. 81 304×481＝
9. 286×60 957＝
10. 7 035×928＝

普通一级　　时间 5 分钟

1. 70 615×3 704＝
2. 9 214×2 743＝
3. 3.9047×81.65＝
4. 83.06×4.2093＝
5. 6 752×1 596＝
6. 2 894×9 205＝
7. 25.71×5.0617＝
8. 1 673×7 348＝
9. 408.3×0.9328＝
10. 580.9×61.84＝

四、乘法速算

乘法速算是在基本乘法的基础上，根据因数数字的特点及其相应的数学理论，结合心算，化繁为简，运算速度比较快的一种快捷计算方法。乘法速算种类较多，实际计算工作中经常用到的几种，下面将分别介绍。如果两种或两种以上方法结合运用效果更佳。

（一）加减代乘法

加减代乘法也称变积乘法，又叫一、二、五、九乘法。不是用"九九"口诀乘算，而是只用加减法求积的一种计算方法（本节盘式用空盘前乘法为例）。

在乘法运算中，任何数相乘，都是多个一位因数乘多位因数的叠加。所以，乘法运算的核心内容，就是迅速求得一位数码与另一个多位因数相乘的积。为了运算方便，将数码 1 至 9 分为三组，1、2、3、4 为一组，5、6、7 为一组，8、9 为一组，这样在运算中根据数码与因数之间的关系，可直接用变积，移档加减求出计算结果。

在变积乘法运算时，乘数的一、五、十倍可以很容易看出。1～9 九个数字的变积规律如下：

一、二、三、四按 1 算，加单加双档上变；

五、六、七按 5 算，本档变半下加减；

八和九按 10 算，本档变后下档减。

1. 1、2、3 求积法。

（1）1 乘任何数，其积为原数。1 乘几还是几，当用 1 乘某数时，则把该数按位将原数加到算盘上即可。这样直接加积，要比按九九口诀零碎地错位拨积快速简捷。

【例1】864×11=9 504

盘式定位：P=m+n=3+2=5（位）

计算：

① 在5位拨1×864积(单)。

② 在4位拨1×864积(单)。

盘式：　9　5　0　4

积数 9 504

【例2】867×1 010=875 670

盘式定位：:P=m+n=3+4=7（位）

计算：

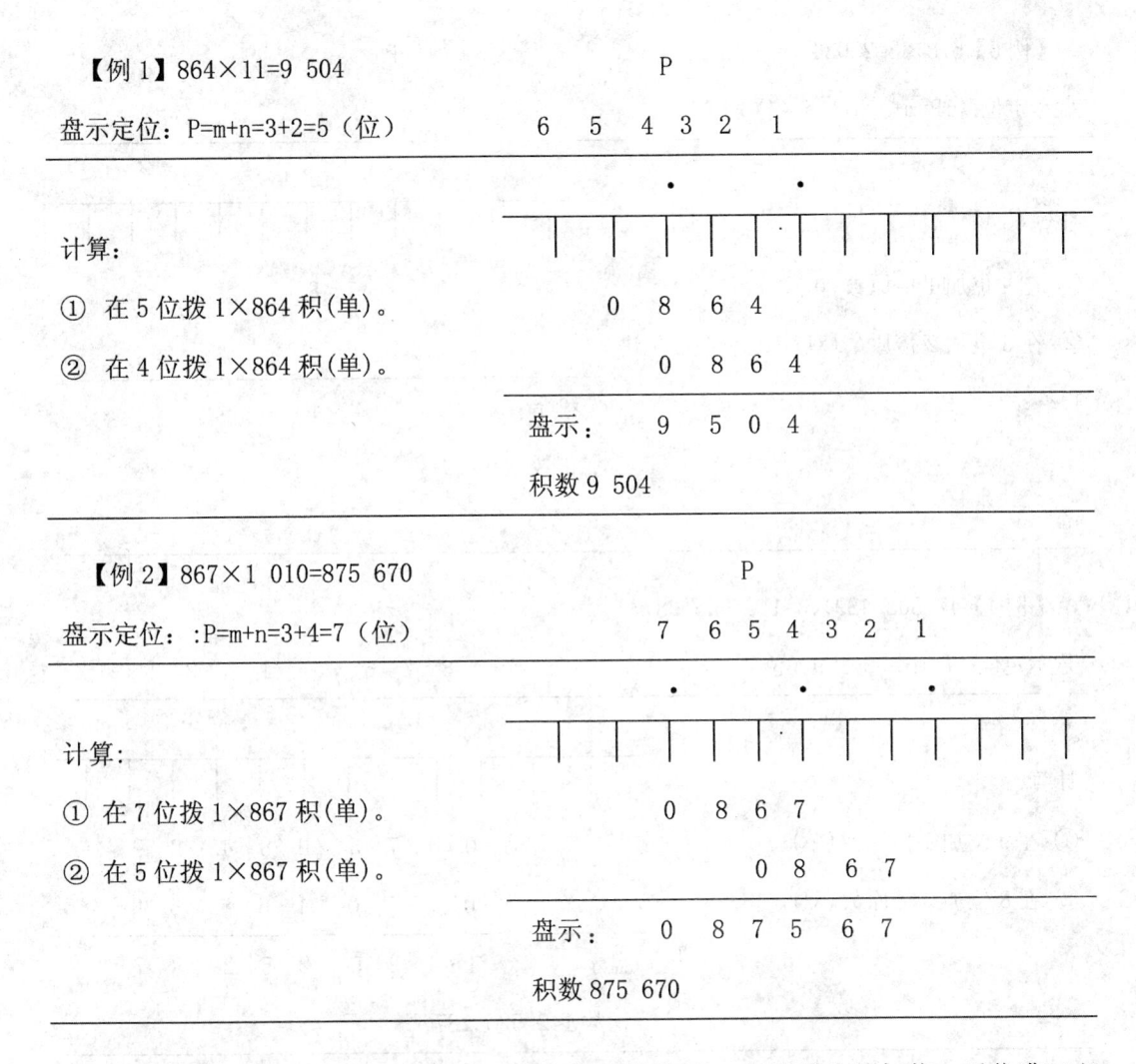

① 在7位拨1×867积(单)。

② 在5位拨1×867积(单)。

盘式：　0　8　7　5　6　7

积数 875 670

（2）2乘任何数，其积为2倍的原数。其运算方法：本档下珠须加倍，后位满五必进1，实际上根据以上运算方法用2乘某数时直接可以得出。

274×2＝548　　　　236×2＝472
823×2＝1 646　　　437×2＝874
496×2＝992　　　　935×2＝1 870
742×2＝1 484　　　368×2＝736
543×2＝1 086　　　649×2＝1 298

（3）3乘任何数，可采用1＋2的方法既先加一个原数，再加一个2倍的原数。即：单加双。

【例3】678×3=2 034

盘示定位：:P=m+n=3+1=4（位）

			P				
5	4	3	2	1			

计算：

① 在4位加1倍原数(单)。　　　　　　　0 6 7 8

② 在3位加2倍原数(双)，同时在4位进1。　　1 3 5 6

盘示：　2 0 3 4

积数2 034

【例4】47 508 429×3=142 525 287

盘示定位：P=m+n=8+1=9（位）

					P				
9	8	7	6	5	4	3	2	1	

计算：

① 在9位加1倍原数(单)。　　0 4 7 5 0 8 4 2 9

② 在8位加2倍原数(双)。　　0 9 5 0 1 6 8 5 8

盘示：　1 4 2 5 2 5 2 8 7

积数142 525 287

（4）4乘任何数，等于（2+2）乘该数，即2倍原数加上2倍原数。

【例5】144×4=576

盘示定位：P=m+n=3+1=4（位）

			P	
5	4	3	2	1

计算：

① 在4位加2倍原数(双)。　　　　　　　0 2 8 8

② 再在4位加2倍原数(双)。　　　　　　0 2 8 8

盘示：　5 7 6

积数576

【例6】47 852×4=191 408

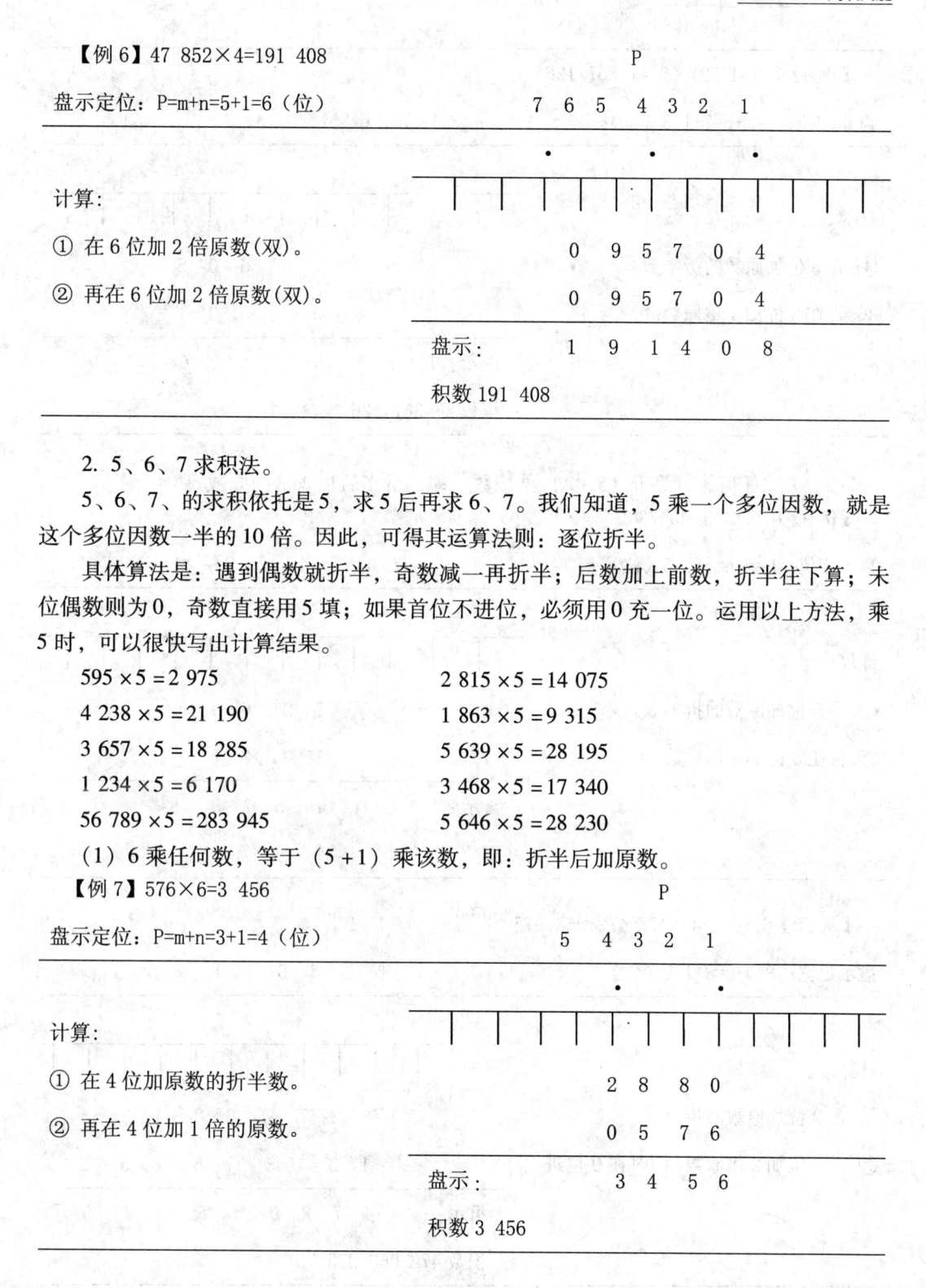

盘式定位：P=m+n=5+1=6（位）

```
                        P
         7  6  5  4  3  2  1
               ·     ·     ·
         |  |  |  |  |  |  |  |
```

计算：

① 在6位加2倍原数(双)。　　　　　　0 9 5 7 0 4

② 再在6位加2倍原数(双)。　　　　　0 9 5 7 0 4

盘式：　　　　1 9 1 4 0 8

积数 191 408

2. 5、6、7求积法。

5、6、7、的求积依托是5，求5后再求6、7。我们知道，5乘一个多位因数，就是这个多位因数一半的10倍。因此，可得其运算法则：逐位折半。

具体算法是：遇到偶数就折半，奇数减一再折半；后数加上前数，折半往下算；末位偶数则为0，奇数直接用5填；如果首位不进位，必须用0充一位。运用以上方法，乘5时，可以很快写出计算结果。

595 ×5 = 2 975　　　　　　　2 815 ×5 = 14 075

4 238 ×5 = 21 190　　　　　 1 863 ×5 = 9 315

3 657 ×5 = 18 285　　　　　 5 639 ×5 = 28 195

1 234 ×5 = 6 170　　　　　　3 468 ×5 = 17 340

56 789 ×5 = 283 945　　　　 5 646 ×5 = 28 230

（1）6乘任何数，等于（5+1）乘该数，即：折半后加原数。

【例7】576×6=3 456

盘式定位：P=m+n=3+1=4（位）

```
                    P
            5  4  3  2  1
                ·     ·
            |  |  |  |  |  |
```

计算：

① 在4位加原数的折半数。　　　　　2 8 8 0

② 再在4位加1倍的原数。　　　　　 0 5 7 6

盘式：　　　　3 4 5 6

积数 3 456

【例8】7 894 521×6=47 367 126

盘式定位：P=m+n=7+1=8（位）

计算：
① 在8位加原数的折半数。
② 再在8位加1倍原数。

```
                                    P
              9   8   7   6   5   4   3   2   1
                      •           •           •
              |   |   |   |   |   |   |   |   |   |

                      3   9   4   7   2   6   0   5
                      0   7   8   9   4   5   2   1
          盘示：  4   7   3   6   7   1   2   6
          积数 47 367 126
```

（2）7乘任何数，等于（5+2）乘该数，即：折半后加2倍的原数。

【例9】6 534×7=45 738

盘式定位：P=m+n=4+1=5（位）

计算：
① 在5位加原数的折半数。
② 再在5位加2倍原数。

```
                                        P
              7   6   5   4   3   2   1
                      •       •       •
              |   |   |   |   |   |   |   |   |   |

                              3   2   6   7   0
                              1   3   0   6   8
          盘示：          4   5   7   3   8
          积数 45 738
```

【例10】67 438 425×7=472 068 975

盘式定位：P=m+n=8+1=9（位）

计算：
① 在9位加原数的折半数。
② 在8位加2倍原数，同时在9位进1。

```
                                    P
              9   8   7   6   5   4   3   2   1
                      •           •           •
              |   |   |   |   |   |   |   |   |   |

              3   3   7   1   9   2   1   2   5
              1   3   4   8   7   6   8   5   0
          盘示：  4   7   2   0   6   8   9   7   5
          积数 472 068 975
```

3. 8、9求积数。

（1）8乘任何数，等于（10－2）乘该数，其运算方法为本档加10倍原数，下档减2倍的原数。

【例11】5 487×8=43 896

盘示定位：P=m+n=4+1=5（位）

```
        P
6  5  4  3  2  1
```

计算：

① 在5档加10倍原数。

② 在4档减2倍原数。

盘示：   4 3 8 9 6

积数 43 896

| 5 4 8 7 0 |
|-1 0 9 7 4 |

【例12】4 376 528×8=35 012 224

盘示定位：P=m+n=7+1=8（位）

```
              P
9  8  7  6  5  4  3  2  1
```

计算：

① 在8档加10倍原数。

② 在7档减2倍原数。

  4 3 7 6 5 2 8 0
 － 8 7 5 3 0 5 6

盘示：3 5 0 1 2 2 2 4

积数 35 012 224

（2）9乘任何，等于（10－1）乘该数，其运算方法为本档10倍原数，下档减1倍原数。

【例13】4 578×9=41 202

盘示定位：P=m+n=4+1=5（位）

```
        P
6  5  4  3  2  1
```

计算：

① 在5档加10倍原数。

② 在4档减原数。

  4 5 7 8 0
 － 4 5 7 8

盘示：   4 1 2 0 2

积数 41 202

【例14】64 789 321×9=583 103 889   P

盘式定位：P=m+n=8+1=9（位）   10 9 8 7 6 5 4 3 2 1

计算：

① 在9档加10倍原数。   6 4 7 8 9 3 2 1 0

② 在8档减原数。   - 6 4 7 8 9 3 2 1

盘示：5 8 3 1 0 3 8 8 9

积数 583 103 889

4. 加减代乘法多位运算。

由于加减代乘法的变积作用，它在多位数运算中可根据数的关系确立变积方法。

【例15】2 519×342=861 498   P

盘式定位：P=m+n=4+3=7（位）   9 8 7 6 5 4 3 2 1

计算：

① 在7档加2倍原数，7档空用0补位(2×342)。   0 6 8 4

                                  1 7 1 0

② 在6档原数折半 (5×342)。   0 3 4 2

③ 在5档加原数，5档空用0补位(1×342)。   3 4 2 0

                                  - 3 4 2

④ 在4档加10倍原数(9×342)。   盘示：8 6 1 4 9 8

在3档减1倍原数。   积数 861 498

【例16】8 768×5 912=51 836 416

盘式定位：P=m+n=4+4=8（位）

```
                              P
              9  8  7  6  5  4  3  2  1
```

计算：

① 在8位原数折半(5×7 868)。　　　　　4 3 8 4

② 在7档加10倍原数，(9×8 768)。　　8 7 6 8 0

在6档减原数。　　　　　　　　　　　　－8 7 6 8

③ 在6档加原数(1×8 768)，6档空位。　　0 8 7 6 8

　　　　　　　　　　　　　　　　　　　1 7 5 3 6

④ 在5档加2倍原数(2×8 768)。　盘示：5 1 8 3 6 4 1 6

积数 51 836 416

【实训】

用加减代乘法计算下列各题：

1. 212 × 3 684　　　　2. 121 × 8 435
3. 213 × 9 263　　　　4. 123 × 1 234
5. 131 × 5 769　　　　6. 211 × 3 467
7. 221 × 4 238　　　　8. 321 × 1 249
9. 134 × 8 121　　　　10. 113 × 9 365
11. 515 × 1 836　　　　12. 625 × 2 469
13. 455 × 7 234　　　　14. 545 × 8 563
15. 572 × 8 936　　　　16. 655 × 4 283
17. 754 × 2 452　　　　18. 574 × 8 522
19. 645 × 7 824　　　　20. 899 × 5 826
21. 919 × 4 217　　　　22. 899 × 5 826
23. 789 × 7 268　　　　24. 988 × 6 576
25. 927 × 5 639　　　　26. 879 × 7 345
27. 999 × 3 724　　　　28. 798 × 5 327
29. 898 × 6 934　　　　30. 827 × 3 768

（二）省乘法

在日常运算工作中，常遇到小数位很多的数相乘，但根据需要对计算结果要求精确到某一位即可，并不需要把全部积都计算出来。例如要求精确到1、0.1、0.01、0.0001……对于达到精确度以后的数字，显然是多余的。根据误差理论，在满足算题精确度要求的条件下，在计算前和运算过程中就限制乘数，被乘数和积的位数，把多余的数字省略掉，这种省去不必要的计算步骤求近似值的方法，称为省乘法又叫限位乘法。

省乘法的运算，关键是先确定个位档、首位乘积十位档（起乘档）、截止档、压尾档。截止档：根据积的精确度要求，将计算截止在某一档位上，则这个档称截止档。截止档的右一档叫做压尾档或取舍档。压尾档上的数按四舍五入处理。

省乘法具体运算步骤如下：

1. 定位：

采用固定个位档定位法在算盘上先定个位，计算出首位乘积十位档（起位档）P = m a n。

2. 确定截止档、压尾档：

截止档的位数 = 精确度 + 保险系数

若积要求精确到 0.01，就把负二位作为截止档，负三位作为压尾档；若积要求精确到 0.0001，就把负四位作为截止档，负五位作为压尾档。

注意：（1）截止档位是小数位。

（2）一般情况下保险系数可取 2，视具体情况定。

3. 运算：

用基本乘法运算，运算加积时一律将积拨加到截止档为止，将落在压尾档上的积按四舍五入处理，压尾档上满五，在截止档加 1，四以下舍去。

4. 取积：

把截止档上的积按四舍五入处理，从而满足题中精确度的要求，以获取正确的近似值。

【例 1】5.648532×0.48629=2.75（精确 0.01）

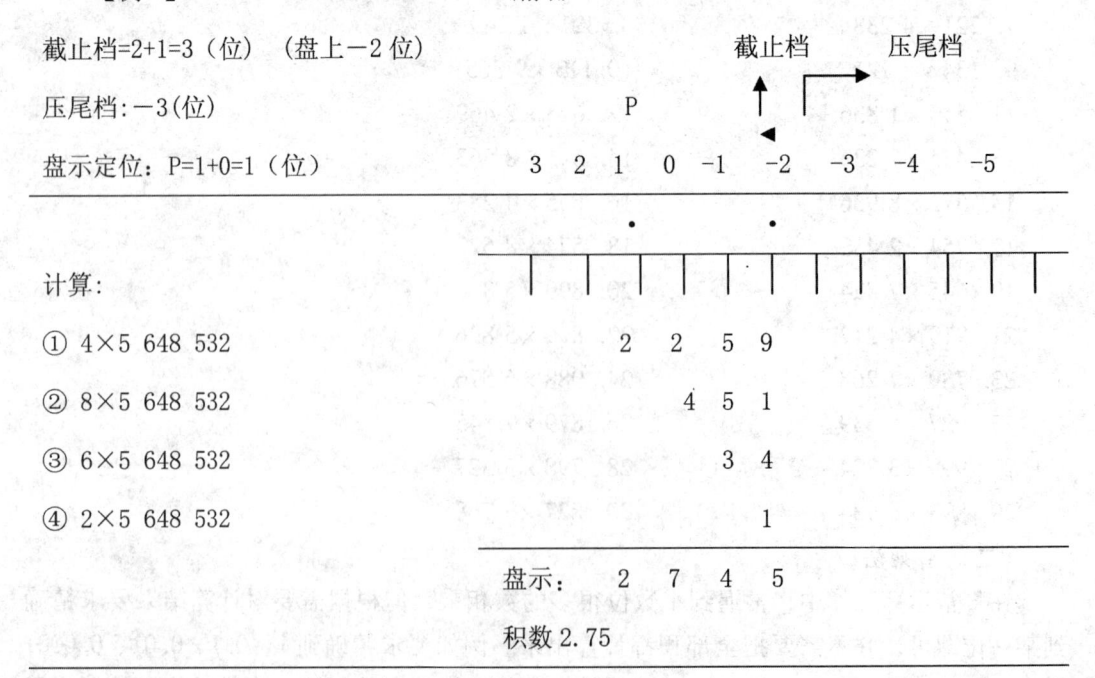

截止档=2+1=3（位）（盘上－2位）

压尾档：－3（位）

盘示定位：P=1+0=1（位）

				截止档	压尾档		
			P	↑	→		
3	2	1	0	－1	－2	－3	－4	－5

计算：

① 4×5 648 532   2 2 5 9

② 8×5 648 532   4 5 1

③ 6×5 648 532   3 4

④ 2×5 648 532   1

盘示：2 7 4 5

积数 2.75

【例2】 0.458362×3.96725=1.8184(精确 0.0001)

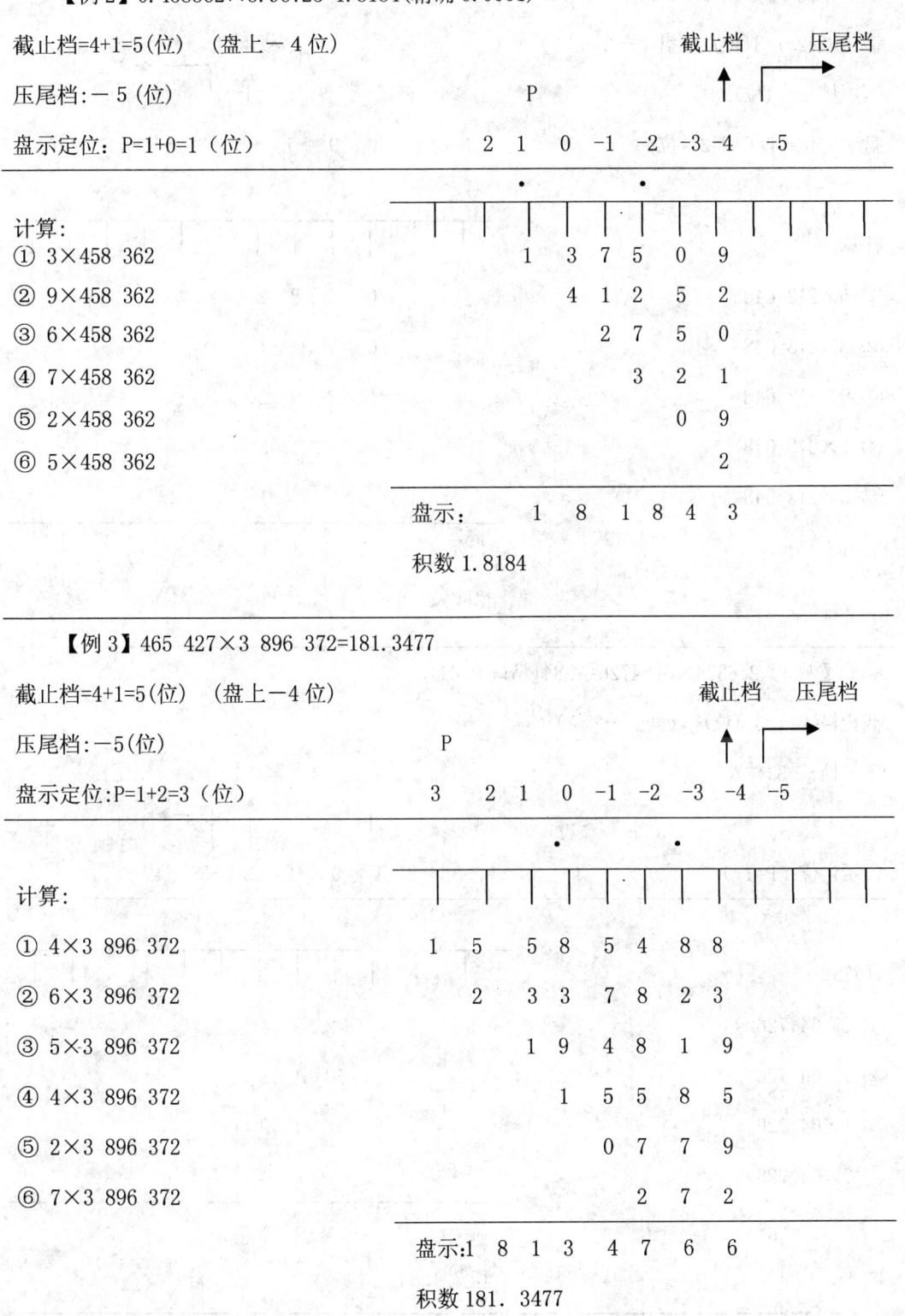

截止档=4+1=5(位)　(盘上－4位)

压尾档：－5(位)

盘示定位：P=1+0=1（位）

		P						
		2	1	0	-1	-2	-3	-4	-5

计算：

① 3×458 362　　　　　　　　1　3　7　5　0　9

② 9×458 362　　　　　　　　　　4　1　2　5　2

③ 6×458 362　　　　　　　　　　　　2　7　5　0

④ 7×458 362　　　　　　　　　　　　　　3　2　1

⑤ 2×458 362　　　　　　　　　　　　　　　　0　9

⑥ 5×458 362　　　　　　　　　　　　　　　　　　2

盘示：　　　　　1　8　1　8　4　3

积数 1.8184

【例3】 465 427×3 896 372=181.3477

截止档=4+1=5(位)　(盘上－4位)

压尾档：－5(位)　　　　　　　P

盘示定位：P=1+2=3（位）　　3　2　1　0　-1　-2　-3　-4　-5

计算：

① 4×3 896 372　　　　1　5　5　8　5　4　8　8

② 6×3 896 372　　　　　　2　3　3　7　8　2　3

③ 5×3 896 372　　　　　　　　1　9　4　8　1　9

④ 4×3 896 372　　　　　　　　　　1　5　5　8　5

⑤ 2×3 896 372　　　　　　　　　　　　0　7　7　9

⑥ 7×3 896 372　　　　　　　　　　　　　　2　7　2

盘示：1　8　1　3　4　7　6　6

积数 181.3477

【例4】0.53976×21.3648=11.53(精确0.01)

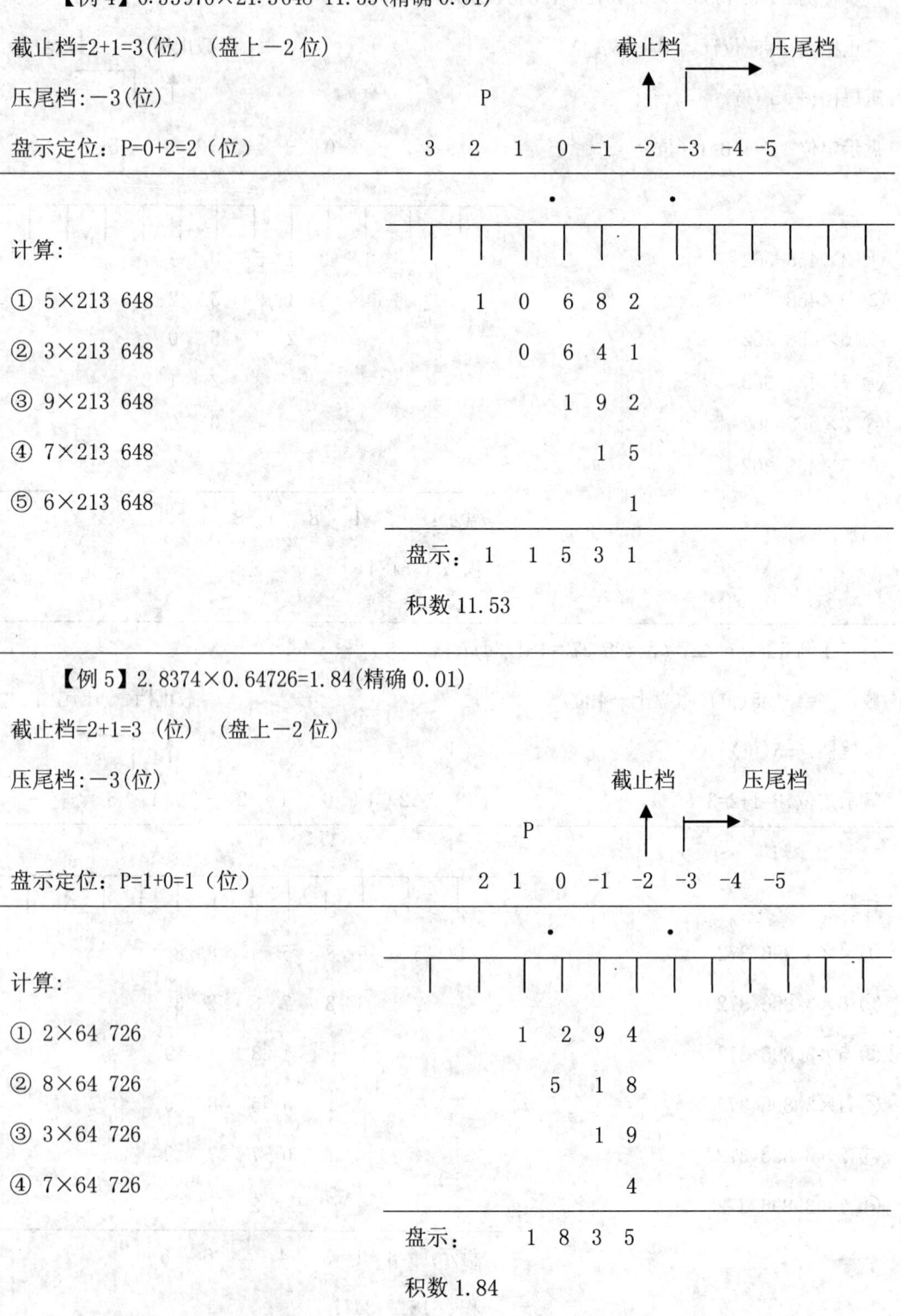

截止档=2+1=3(位)　(盘上－2位)

压尾档：－3(位)

盘示定位：P=0+2=2（位）

```
                         P           截止档    压尾档
                                       ↑        →
              3    2    1    0   -1   -2   -3   -4   -5
                              ·             ·
              |    |    |    |    |    |    |    |    |
```

计算：

① 5×213 648　　　　　1　0　6　8　2

② 3×213 648　　　　　　　0　6　4　1

③ 9×213 648　　　　　　　　　1　9　2

④ 7×213 648　　　　　　　　　　　1　5

⑤ 6×213 648　　　　　　　　　　　　　1

盘示：　1　1　5　3　1

积数 11.53

【例5】2.8374×0.64726=1.84(精确0.01)

截止档=2+1=3（位）　(盘上－2位)

压尾档：－3(位)

```
                    P           截止档    压尾档
                                  ↑        →
              2    1    0   -1   -2   -3   -4   -5
                         ·             ·
              |    |    |    |    |    |    |    |
```

盘示定位：P=1+0=1（位）

计算：

① 2×64 726　　　　　1　2　9　4

② 8×64 726　　　　　　5　1　8

③ 3×64 726　　　　　　　　1　9

④ 7×64 726　　　　　　　　　　4

盘示：　1　8　3　5

积数 1.84

【例6】764.34×0.85732=655.28（精确0.01）　　　　截止档

截止档=2+1=3（位）　（盘上-2 位）　　　　　　　　　↑　　→　　压尾档

压尾档：-3（位）　　　　　　　　　P

盘示定位：P=3+0=3（位）　　　　　4　3　2　1　0　-1　-2　-3　-4　-5

计算：

① 7×85 732　　　　　　　　　　6　0　0　1　2　4

② 6×85 732　　　　　　　　　　　　5　1　4　3　9

③ 4×85 732　　　　　　　　　　　　　3　4　2　9

④ 3×85 732　　　　　　　　　　　　　　2　5　7

⑤ 3×85 732　　　　　　　　　　　　　　　3　4

⑥ 4×85 732　　　　　　　　盘示：6　5　5　2　8　3

　　　　　　　　　　　　　　积数 655.28

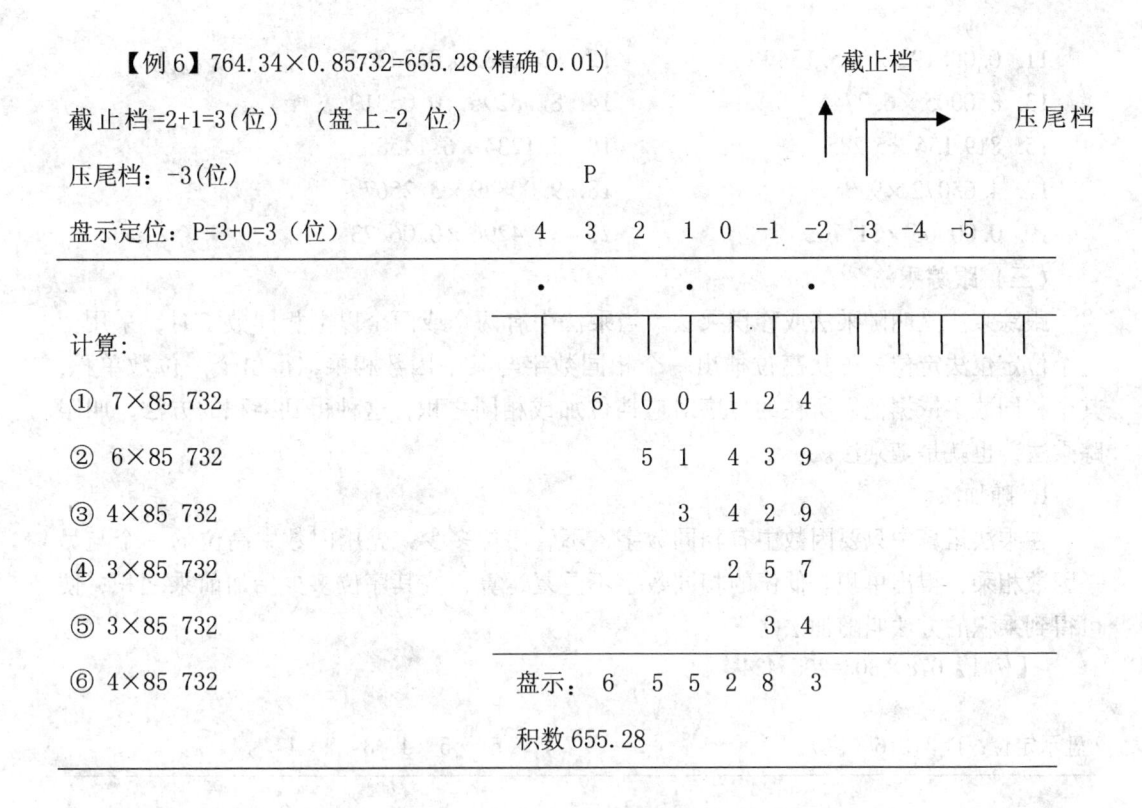

【实训】

用省乘法计算下列各题：

(1) 要求保留两位小数（精确0.01）

1. 24.782×0.6503　　　　　2. 5.14811×7.356

3. 28.7×0.063563　　　　　4. 0.652711×84.725

5. 7.3423×31.08　　　　　6. 0.9846×79.36

7. 4.725×7.326　　　　　　8. 371.09×0.58

9. 0.0065×861　　　　　　10. 38.4269×0.6

11. 354 629×2.814　　　　12. 41.0387×6.3024

13. 0.063854×729.65　　　14. 603.718×3.17

15. 25.067×4.398　　　　　16. 82.461×3.209

17. 76.3549×34.67　　　　18. 543.86×1.536

19. 645.965×7.456　　　　20. 567.3896×7.4592

(2) 要求保留四位小数（精确0.0001）

1. 54.360782×9.637698　　2. 1.9676834×18.3546

3. 98.76546×0.7896　　　　4. 63.7456×9.86236

5. 0.479185×62.7413　　　6. 9.2648/17×0.5678

7. 3.86294×0.25917　　　　8. 85.07629×0.047962

9. 6.93284×0.78943　　　　10. 523.497×0.63975

11. 0.008192×-5.1349
12. 9536085×0.74265
13. 8.0005×6.2745
14. 82.8296×0.05319
15. 819 156×5 285
16. 5.1234×6.1458
17. 4.65072×9.8
18. 9.00849×3.2567
19. 0.00065×81.762
20. 38.4296×0.06873

（三）跟踪乘法

跟踪乘法又叫随乘法或移积乘法。当乘法中有两个或两个以上相同数字时，采用固定个位定位法定位。先从高位抽出一个相同数字与某一因数相乘，得出个一位数单积，其余相同数字依据他们所在的位序对应档位加或相同之积，这种得到乘积的方法，叫跟踪乘法，也就是随乘法。

1. 随加法。

在乘法运算中只要因数中有相同数字，不管序位多少，先用因数中高位的一个与另一因数相乘，得出单积。低位的相同数字不重复运算，按其序位多少始加前乘之积，便可得到乘积的方法叫随加法。

【例1】678×303=205 434

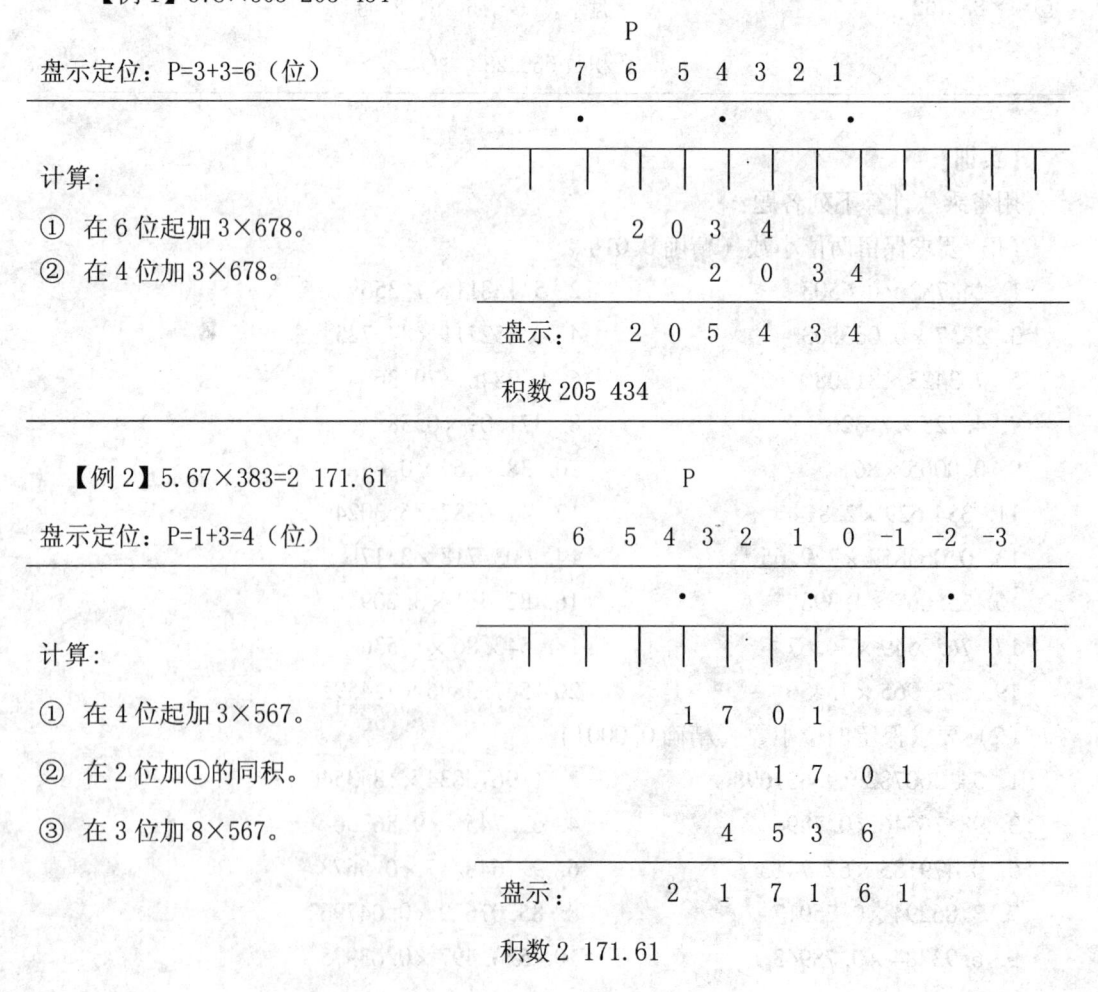

盘示定位：P=3+3=6（位）

	P					
7	6	5	4	3	2	1

计算：
① 在6位起加3×678。　　　　　2 0 3 4
② 在4位加3×678。　　　　　　　　　2 0 3 4

盘示：　　　2 0 5 4 3 4

积数 205 434

【例2】5.67×383=2 171.61

盘示定位：P=1+3=4（位）

			P						
6	5	4	3	2	1	0	-1	-2	-3

计算：
① 在4位起加3×567。　　　　1 7 0 1
② 在2位加①的同积。　　　　　　　1 7 0 1
③ 在3位加8×567。　　　　　　4 5 3 6

盘示：　　　2 1 7 1 6 1

积数 2 171.61

【例3】76×3.232=245.632

盘式定位：P=2+1=3（位）

	5	4	3	2	1	0	-1	-2

计算：

① 在3位起加76×32。　　　　　　　2 4 3 2

② 在1位加①的同积。　　　　　　　　　2 4 3 2

盘示：　　2 4 5 6 3 2

积数 245 632

2. 随减法。

表面看，有些数字不相同，实际上却隐含着相同数。辨认和计算方法是：在两因数内部，若相邻两数之和为"9"，便将首数加1后与其他因数相乘得积，然后右移一档减相同之积，便得答案。（如：36＝40－4，18＝20－2，45＝50－5，72＝80－8）

【例4】56×27=1 512

变形：56×27=56×(30-3)

盘式定位：P=2+2=4（位）

	6	5	4	3	2	1

计算：

① 在4档起加3×56。　　　　　　1 6 8

② 在1档减3×56。　　　　　　　　　　　-1 6 8

盘示：　　1 5 1 2

积数 1 512

3. 随加减法。

当乘数为三位数，首位数是后两位数除以9的商，则首位数与被乘数相乘的单积，退一档加同积，退两档减同积，得到答案。若尾数是前两位数除以9的商时，则首数加1与被乘数相乘得单积，退一档减同积，退两档加同积，得到答案。

97

【例5】436×56=24 416

变形：436×56=【400+40-4】×56

盘示定位：P=3+2=5（位）

```
                          P
        7   6   5   4   3   2   1
                •       •       •
        |   |   |   |   |   |   |
```

计算：

① 在5位起加4×56。   2   2   4

② 在4位加①的同积。   2   2   4

③ 在3位减①的同积。   -   2   2   4

盘示：   2   4   4   1   6

积数 24 416

【例6】364×56=20 384

变形：364×56=【400-40+4】×56

盘示定位：P=3+2=5（位）

```
                          P
        7   6   5   4   3   2   1
                •       •       •
        |   |   |   |   |   |   |
```

计算：

① 在5位起加4×56。   2   2   4

② 在4位减①的同积。   2   2   4

③ 在3位加①的同积。   -2   2   4

盘示：   2   0   3   8   4

积数 20 384

【例5】中因数436的首位数4，【例6】中因数364的末位数4分别是36除9的商，因此，分别可按照随加减法的方法，则计算非常简捷，既准又快。

【实训】

用跟踪乘法计算下列各题：

1. 678×404   2. 3 452×333

3. 8 921×565   4. 2 364×66

5. 6 432×707   6. 3 282×292

7. 4 324×848
8. 2 466×644
9. 4 965×747
10. 1 524×223
11. 7 828×636
12. 4 366×455
13. 3 524×2 979
14. 6 038×499
15. 3 604×751
16. 6 069×593
17. 7 208×374
18. 537×6 542
19. 5 662×817
20. 1 824×256
21. 7 574×837
22. 4 634×751
23. 5 477×447
24. 5 019×433
25. 35.87×454.3
26. 896.6×54.54
27. 7.079×63.7
28. 82.76×0.5644
29. 43.56×66.4
30. 0.8357×78.8

（四）补数乘

补数运算，已成为一种计算体系，当两数相乘，如有一个因数接近 $A×10^n$（A 为 1~9 自然数）中的任一数时，就可利用补数原理进行乘法运算，以简化运算过程，这种计算方法，叫做补数乘法。

补数乘法分三种，既减补乘法，加补乘法和加减补乘法。减补乘法是基础，后两种是它的引申和发展。运用此方法计算时，视乘数和被乘数的数字大小，位数多少灵活运用，既简捷，又容易掌握，是一种适于普及的运算。

1. 减补乘法。

两因数相乘，先用某整数和另一因数相乘，然后再减去另一因数与补数之积，这种得到乘积的计算方法，叫做减补乘法。当某因数中的数字都大于5，尤其是乘数接近而又小于 10^n（n 为正整数）时，采用减补乘法计算非常方便。

由乘法公式：积 = 被乘数×乘数……（1）

又因：乘数 + 补数 = 10^n（n 为正整数）

则：乘数 = 10^n - 补数

将此关系式代入（1）式，整理后得

积 = 被乘数×10^n - 被乘数×补数……（2）

式中"被乘数×10^n"不用计算，由定位来解决，关键是从哪一档开始减"被乘数×补数"之积。

具体减积方法是：本位是第几位上的补数，它与被乘数首位相乘积的十位数就从被乘数的第几位数（第几个十位档）开始减积，个位数在右一档，下次减积的十位数即在此档，个位又在右一档，依此类推。（这里我们在计算时作一个说明，即 98 的补数为 02，998 的补数 002，0.997 的补数 003，这样是第几位上的补数就一目了然。）

【例1】234×98=22 932

盘示定位：P= 3+2=5（位）

计算：

① 在5位起加被乘数234。

② 在4位减补数02×234积。

```
                              P
          7   6   5   4   3   2   1
                  •       •       •
          |   |   |   |   |   |   |
                      2   3   4
                         -0   4   6   8
盘示：             2   2   9   3   2
积数 22 932
```

【例2】825×997=822 525

盘示定位：P= 3+3=6（位）

计算：

① 在6位起加被乘数825。

② 在4位减补数003×825积。

```
                              P
          7   6   5   4   3   2   1
              •       •       •
          |   |   |   |   |   |   |
              8   2   5
                         -2   4   7   5
盘示：         8   2   2   5   2   5
积数 822 525
```

【例3】76.4×7.9=603.56

盘示定位：P=2+1=3（位）

计算：

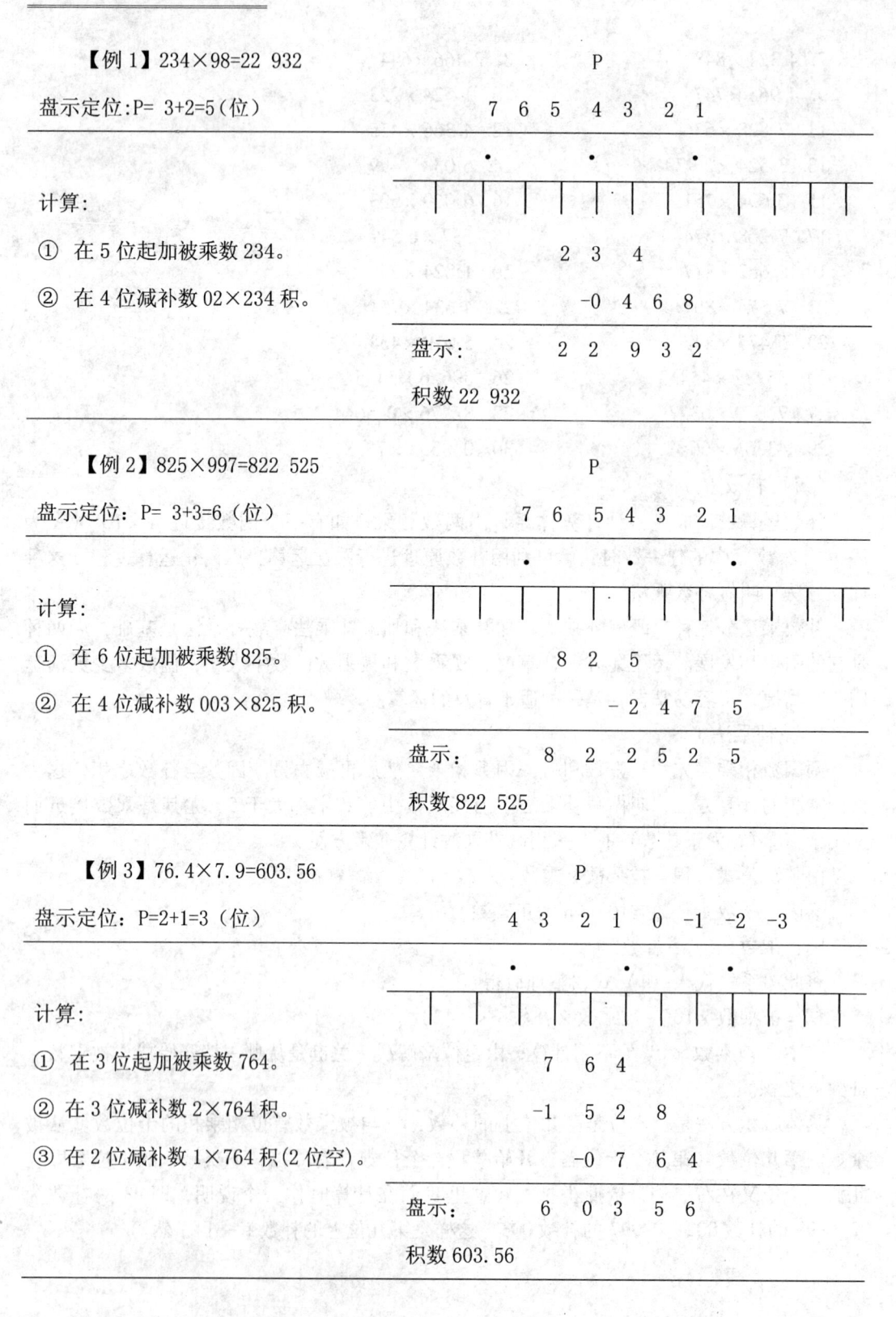

① 在3位起加被乘数764。

② 在3位减补数2×764积。

③ 在2位减补数1×764积(2位空)。

```
                              P
          4   3   2   1   0  -1  -2  -3
              •       •       •
          |   |   |   |   |   |   |   |
              7   6   4
                 -1   5   2   8
                     -0   7   6   4
盘示：         6   0   3   5   6
积数 603.56
```

【例3】中乘数7.9的补数为2.1，因此，在②、③步运算中分别减去2×764的积和

1×764 的积。

2. 加补乘法。

两因数相乘,当乘数接近而又大于 10^n 时,在被乘数上加被乘数与补数之积,这种得到乘积的计算方法,叫做加补乘法。

一般规定:原数小于 10^n 时,得正补数;原数大于 10^n 时,得负补数。例如:105 的补数为 –05。如果去掉负补数的"–"号时,计算公式:积被乘数 × 10^n + 被乘数 × 补数。

因乘数首位是"1"为不进位乘法,故首位乘积为 0,注意 0 要占位。

【例 4】567×102=57 834

盘示定位:P=3+3=6(位)

	7	6	5	4	3	2	1

计算:

① 在 6 位起加被乘数 567(6 位空)。　　0　5　6　7

② 在 4 位加补数 2×567 积。　　　　　　　　　1　1　3　4

盘示:　　　　　　　　　　　　　　　　5　7　8　3　4

积数 57 834

【例 5】2 345×1 025=2 403 625

盘示定位:P=4+4=8(位)

8	7	6	5	4	3	2	1

计算:

① 在 8 位起加被乘数 2345(8 位空)。　　0　2　3　4　5

② 在 6 位加补数 25×2345 积(6 位空)。　　　　0　5　8　6　2　5

盘示:　　　　　　　　　　　　　　　2　4　0　3　6　2　5

积数 2 403 625

【实训】

用补数乘法计算下列各题:

1. 428×97　　　　　　　2. 317×996

3. 578×994　　　　　　　4. 709×989

5. 385×105　　　　　　　6. 568×103

7. 698×107 8. $75 \times 1\,009$
9. 297×987 10. 489×967
11. 198×899 12. 996×987
13. 589×997 14. $46 \times 9\,989$
15. $4\,805 \times 969$ 16. $2\,049 \times 897$
17. $7\,429 \times 9\,869$ 18. $5\,187 \times 889$
19. $5\,098 \times 1\,204$ 20. $299 \times 1\,088$

珠算技术等级鉴定模拟练习题

乘　算

普通四级每10题限时5分钟

	乘　算（一）	保留两位小数，以下四舍五入
一	41 × 8 029=	
二	1 607 × 718=	
三	0.407 5 × 3.56=	
四	39 × 4 036=	
五	3 516 × 72=	
六	17 × 2 638=	
七	395 × 523=	
八	6 704 × 0.18=	
九	8 067 × 495=	
十	296 × 562=	

	乘　算（二）	保留两位小数，以下四舍五入
一	47 × 9 108=	
二	3 906 × 76=	
三	0.610 5 × 4.52=	
四	531 × 805=	
五	63 × 2 614=	
六	6 132 × 87=	
七	392 × 571=	
八	7 049 × 396=	
九	8.2 × 0.540 7=	
十	7 094 × 215=	

	乘　算（三）	保留两位小数，以下四舍五入
一	68 × 4 075=	
二	1 206 × 39=	
三	305 × 932=	
四	7 302 × 0.546=	
五	1 849 × 32=	
六	38 × 6 037=	
七	453 × 829=	
八	7 452 × 67=	
九	9.3 × 0.405 1=	
十	2 906 × 724=	

	乘　算（四）	保留两位小数，以下四舍五入
一	6 178 × 96=	
二	26 × 2 109=	
三	453 × 846=	
四	805 × 571=	
五	0.487 2 × 7.4=	
六	39 × 4 086=	
七	2 651 × 23=	
八	215 × 863=	
九	0.46 × 3 789=	
十	8 052 × 147=	

	乘　算（五）	保留两位小数，以下四舍五入
一	1 067 × 51=	
二	92 × 5 308=	
三	361 × 803=	
四	29 × 5 702=	
五	5.182 × 0.479=	
六	4 705 × 48=	
七	63 × 8 046=	
八	649 × 198=	
九	1.904 × 4.3=	
十	129 × 2 675=	

	乘　算（六）	保留两位小数，以下四舍五入
一	75 × 8 539=	
二	6 302 × 14=	
三	106 × 287=	
四	0.947 × 1.534=	
五	18 × 6 025=	
六	4 209 × 84=	
七	73 × 3 194=	
八	918 × 403=	
九	6 057 × 86=	
十	0.639 × 7.602=	

珠算技术等级鉴定模拟练习题

乘 算

普通四级每10题限时5分钟

乘 算（七）	保留两位小数，以下四舍五入
一	3 509 × 41 =
二	16 × 9 203 =
三	248 × 306 =
四	3.102 × 0.497 =
五	2 057 × 78 =
六	86 × 4 107 =
七	6 385 × 58 =
八	679 × 819 =
九	0.85 × 1.596 =
十	2 645 × 702 =

乘 算（八）	保留两位小数，以下四舍五入
一	51 × 3 409 =
二	6 013 × 92 =
三	482 × 306 =
四	14.02 × 0.379 =
五	78 × 2 705 =
六	7 106 × 48 =
七	83 × 6 538 =
八	697 × 819 =
九	0.85 × 1.94 =
十	246 × 7 502 =

乘 算（九）	保留两位小数，以下四舍五入
一	8 017 × 68 =
二	459 × 183 =
三	318 × 8 109 =
四	2 715 × 76 =
五	6.34 × 0.4709 =
六	27 × 2 613 =
七	3 059 × 52 =
八	492 × 274 =
九	6.4 × 0.5084 =
十	192 × 7 625 =

乘 算（十）	保留两位小数，以下四舍五入
一	316 × 645 =
二	702 × 9 327 =
三	9 402 × 82 =
四	7 416 × 89 =
五	9.1 × 0.8305 =
六	49 × 8 015 =
七	561 × 308 =
八	74 × 3 945 =
九	1.42 × 3.825 =
十	5.106 × 76 =

乘 算（十一）	保留两位小数，以下四舍五入
一	1 038 × 69 =
二	694 × 726 =
三	57 × 4 812 =
四	319 × 254 =
五	0.7103 × 0.376 =
六	42 × 6.807 =
七	3 602 × 49 =
八	85 × 4 018 =
九	3 952 × 57 =
十	2.81 × 8.705 =

乘 算（十二）	保留两位小数，以下四舍五入
一	1 903 × 86 =
二	6 037 × 317 =
三	7.59 × 0.2108 =
四	469 × 391 =
五	57 × 8 452 =
六	526 × 247 =
七	6 074 × 84 =
八	34 × 2 096 =
九	1 804 × 58 =
十	9.7 × 0.5239 =

珠算技术等级鉴定模拟练习题

乘 算

普通四级每10题限时5分钟

乘 算（十三） 保留两位小数，以下四舍五入

一	95 × 3891=	
二	3015 × 83=	
三	46 × 1704=	
四	238 × 872=	
五	6.154 × 0.49=	
六	35 × 2067=	
七	507 × 426=	
八	4985 × 92=	
九	3.85 × 0.738=	
十	164 × 3702=	

乘 算（十四） 保留两位小数，以下四舍五入

一	68 × 4906=	
二	465 × 8017=	
三	0.5047 × 3.15=	
四	24 × 3.901=	
五	6235 × 17=	
六	19 × 7293=	
七	354 × 518=	
八	7629 × 81=	
九	427 × 394=	
十	8.6 × 0.4805=	

乘 算（十五） 保留两位小数，以下四舍五入

一	3108 × 89=	
二	168 × 7018=	
三	34 × 4093=	
四	0.6047 × 5.35=	
五	93 × 4302=	
六	5217 × 64=	
七	71 × 3627=	
八	394 × 258=	
九	8106 × 75=	
十	9.4 × 0.5408=	

乘 算（十六） 保留两位小数，以下四舍五入

一	851 × 7136=	
二	4209 × 29=	
三	47 × 6512=	
四	0.3908 × 5.3=	
五	97 × 2036=	
六	492 × 219=	
七	5103 × 58=	
八	61 × 3416=	
九	145 × 1207=	
十	4.38 × 0.789=	

乘 算（十七） 保留两位小数，以下四舍五入

一	7081 × 62=	
二	395 × 481=	
三	136 × 1908=	
四	72 × 5176=	
五	0.4307 × 4.39=	
六	53 × 3095=	
七	5408 × 69=	
八	4.6 × 0.4085=	
九	249 × 374=	
十	392 × 7104=	

乘 算（十八） 保留两位小数，以下四舍五入

一	8107 × 67=	
二	195 × 483=	
三	361 × 6109=	
四	6172 × 57=	
五	0.7403 × 3.64=	
六	53 × 3059=	
七	5216 × 27=	
八	95 × 4608=	
九	347 × 492=	
十	4.9 × 0.8056=	

珠算技术等级鉴定模拟练习题

乘 算

普通一级每 10 题限时 5 分钟

	乘 算	保留两位小数，以下四舍五入
一	2 845 × 6 139=	
二	70.26 × 386.45=	
三	3 168 × 7 204=	
四	0.493 2 × 308.51=	
五	26 079 × 2 716=	
六	640.5 × 2.549 3=	
七	12 583 × 4 627=	
八	0.349 1 × 509.82=	
九	7 604 × 9 268=	
十	91.67 × 68.45=	

	乘 算	保留两位小数，以下四舍五入
一	7 342 × 6 159=	
二	95.37 × 50.82=	
三	87 026 × 9 413=	
四	38.15 × 0.476=	
五	1 904 × 8 325=	
六	60.91 × 0.374 82=	
七	5 068 × 1 673=	
八	8.365 9 × 204.8=	
九	2 854 × 49.306=	
十	371.82 × 98.57=	

	乘 算	保留两位小数，以下四舍五入
一	39 014 × 2 473=	
二	26.08 × 340.29=	
三	3 741 × 8 265=	
四	450.69 × 675.2=	
五	6 427 × 3.698=	
六	183.5 × 1.053 6=	
七	439.6 × 0.780 3=	
八	7 183 × 3 084=	
九	8 972 × 5 219=	
十	0.150 7 × 4.836=	

	乘 算	保留两位小数，以下四舍五入
一	6 284 × 3 967=	
二	20.71 × 963.45=	
三	5 396 × 8 201=	
四	8.096 2 × 54.18=	
五	4 825 × 2 086=	
六	75.09 × 417.3=	
七	2 613 × 7 624=	
八	34.57 × 5.019 2=	
九	98 145 × 1 839=	
十	0.973 6 × 35.48=	

	乘 算	保留两位小数，以下四舍五入
一	6 715 × 3 407=	
二	9 124 × 4 275=	
三	4 038 × 8 329=	
四	2.670 9 × 18.56=	
五	508.7 × 61.84=	
六	3 962 × 2 603=	
七	25.73 × 6.051 8=	
八	1 359 × 7 941=	
九	82.06 × 5.309 2=	
十	5 672 × 8.956=	

	乘 算	保留两位小数，以下四舍五入
一	4 359 × 3 218=	
二	31.28 × 49.75=	
三	39 761 × 8 601=	
四	56.7 × 1.073 4=	
五	2 036 × 2 586=	
六	0.641 8 × 5 397=	
七	8 295 × 31 059=	
八	9.014 3 × 98.72=	
九	5 809 × 3 218=	
十	0.706 2 × 539.7=	

珠算技术等级鉴定模拟练习题

乘　算

普通一级每10题限时5分钟

乘算	保留两位小数，以下四舍五入
一	5 163 × 1 947 =
二	1 678 × 8 123 =
三	6 832 × 5 704 =
四	0.043 9 × 705.36 =
五	7 054 × 6 892 =
六	2 410.7 × 36.71 =
七	329.5 × 0.731 9 =
八	72 061 × 0.184 5 =
九	91.84 × 47.86 =
十	8 976 × 20 394 =

乘算	保留两位小数，以下四舍五入
一	3 485 × 3 137 =
二	60.57 × 219.48 =
三	91 846 × 8 016 =
四	0.431 9 × 9 047.5 =
五	8 502 × 3 698 =
六	5 273 × 0.135 9 =
七	7 504 × 8 132 =
八	710.8 × 59.02 =
九	16 927 × 9 426 =
十	93.78 × 41.35 =

乘算	保留两位小数，以下四舍五入
一	6 274 × 5 169 =
二	58.97 × 30.61 =
三	76.502 × 9 814 =
四	85.31 × 0.420 7 =
五	1 968 × 7 582 =
六	0.901 5 × 435.73 =
七	4 603 × 1 723 =
八	826.59 × 20.96 =
九	3 524 × 67 038 =
十	14.67 × 84.15 =

乘算	保留两位小数，以下四舍五入
一	9 273 × 1 864 =
二	2 457 × 9 735 =
三	7 865 × 3 570 =
四	3 684 × 58 061 =
五	5 976 × 482.7 =
六	1 439 × 2 483 =
七	6 201.8 × 0.032 8 =
八	0.042 5 × 61 809 =
九	410.83 × 79.61 =
十	930.6 × 24.95 =

乘算	保留两位小数，以下四舍五入
一	7 539 × 2 618 =
二	23.48 × 706.95 =
三	4 067 × 8 154 =
四	82.03 × 146.39 =
五	1 325 × 7 482 =
六	0.651 4 × 527.6 =
七	9 476 × 4 305 =
八	7.053 9 × 84.31 =
九	68 152 × 7 698 =
十	3.795 × 0.410 2 =

乘算	保留两位小数，以下四舍五入
一	6 427 × 3 728 =
二	19.03 × 943.65 =
三	5 349 × 8 106 =
四	4.216 8 × 26.19 =
五	3 214 × 5 098 =
六	87.06 × 0.173 5 =
七	7 025 × 6 478 =
八	368.7 × 5.109 3 =
九	74 508 × 3 601 =
十	0.917 3 × 54.36 =

【任务四】珠算除法

一、商的定位方法

珠算除法在运算过程中，档位变化都有一定的规律性。当计算商数时，整数位有几位数，它的个位应在哪一档，后面有几位小数，这些内容在算式中不易看出来。因此，必须掌握商的定位方法。珠算除法的定位是根据被除数和除数的位数，按照一定的法则进行定位的。珠算除法的定位方法很多，各有特点。本节介绍两种常用的定位法。

（一）商的公式定位法（通用定位法）

商的公式定位法是根据被除数和除数的位数，利用公式来确定商的位数的一种定位方法。商的公式定位法，不仅适用于珠算，也适用于心算和笔算，也适用于其他计算工具的计算，因此，又称为"通用定位法"。

具体运用方法如下：

以 M 代表被除数的位数，N 代表除数位数，Q 代表商数的位数。由于除法是乘法的逆运算，因此，商的公式定位法完全可以由积的公式定位法推导得来，则有如下公式：

公式（1）　　$Q_1 = M - N$　　　　　（被小）
公式（2）　　$Q_2 = M - N + 1$　　　（被大）

1. 当被除数的最高位数字小于除数最高位数字（等位不够除）时，则用公式（1）$Q_1 = M - N$ 定位。

【例1】$12 \div 3 = 4$　　　　　$\because 1 < 3$　　$\therefore Q_1 M - N = 2 - 1 = 1$ 位
即商数为正1位，得数为4。

【例2】$1\,872 \div 24 = 78$　　　$\because 1 < 2$　　$\therefore Q_1 = M - N = 4 - 2 = 2$ 位
即商数为正2位，得数为78。

【例3】$186 \div 0.06 = 3\,100$　　$\because 1 < 6$　　$\therefore Q_1 = M - N = 3 - (-1) = 4$ 位
即商数为正4位，得数为3，100。

【例4】$1.56 \div 36 = 0.04$　　　$\because 1 < 3$　　$\therefore Q_1 = M - N = 1 - 2 = -1$ 位
即商数为负1位，保留小数点后面两位数，得数为0.04。

【例5】$0.3748 \div 0.59 = 0.64$　$\because 3 < 5$　　$\therefore Q_1 = M - N = 0 - 0 = 0$ 位
即商数为0位，保留小数点后面两位数，得数为0.64。

2. 当被除数的最高位数字大于除数的最高位数字（此时等位够除）时，则用公式 $Q_2 = M - N + 1$ 定位。

【例6】$96 \div 4 = 24$　　　　　$\because 9 > 4$　　$\therefore Q_2 = M - N + 1 = 2 - 1 + 1 = 2$ 位
即商数为正2位，得数为24。

【例7】$828 \div 23\,000 = 0.04$　　$\because 8 > 2$　　$\therefore Q_2 = M - N + 1 = 3 - 5 + 1 = -1$ 位
即商数为负1位，保留小数点后面两位数，得数为0.04。

【例8】 $91\,800 \div 0.03 = 3\,060\,000$ ∵ $9 > 3$ ∴ $Q_2 = M - N + 1 = 5 - (-1) + 1 = 7$ 位

即商为正 7 位，得数为 3 060 000。

【例9】 $9.78 \div 4.3 = 2.27$ ∵ $9 > 4$ ∴ $Q_2 = M - N + 1 = 1 - 1 + 1 = 1$ 位

即商数为正 1 位，保留小数点后面 2 位数，得数为 2.27。

【例10】 $0.862 \div 7.34 = 0.12$ ∵ $8 > 7$ ∴ $Q_2 = M - N + 1 = 0 - 1 + 1 = 0$ 位

即商数为 0 位，保留小数点后面两位数，得数为 0.12。

3. 当被除数的最高位数字等于除数的最高位数字时，则可比较它们次位数、再次位数至末位数的大小，再确定用公式（1）或公式（2）定位。

【例11】 $568\,320 \div 592 = 960$ ∵ $5 = 5$，$6 < 9$ ∴ $Q_1 = M - N = 6 - 3 = 3$ 位

即商数为正 3 位，得数为 960。

【例12】 $38\,734 \div 362 = 107$ ∵ $3 = 3$，$8 > 6$ ∴ $Q_2 = M - N + 1 = 5 - 3 + 1 = 3$ 位

即商数为正 3 位，得数为 107。

【例13】 $4.528 \div 0.0459 = 98.65$ ∵ $4 = 4$，$5 = 5$，$2 < 9$ ∴ $Q_1 = M - N = 1 - (-1) = 2$ 位

即商数为正 2 位，得数为 98.65。

【例14】 $0.569 \div 0.562 = 1.01$ ∵ $5 = 5$，$6 = 6$，$9 > 2$ ∴ $Q_2 = M - N + 1 = 0 - 0 + 1 = 1$ 位

即商数为 +1 位，得数为 1.01。

商的公式定位法概括为：被小位数要相减，被大相减要加 1，头平次位看大小，小相减，大加 1。

（二）算前"固定商的个位档"定位法（标点定位法）

"固定商的个位档"定位法是运算前在算盘上任选一档确定为商的个位档，除算后要达到所得商数的个位档正好是事先确定的个位档，就是被除数首位数所在档有个固定档，这一档称其为定位档。定位档的位数用 Q' 表示，$Q' = M - (N + 1)$ 即可求得被除数首位数所在的档位数，从这一档布入被除数。

算前"固定商的个位档"定位法的主要优点是直接显示出商所在的档位，便于近似值的取舍。这种方法不考虑是否等位够除，只需算前在算盘上选定一档为商的个位档，只用一个公式，因此，不仅易学还不会出错，尤其除不尽的题，商数值以靠梁的算珠明显地反映在算盘上，一目了然。

1. 隔位商除法算前"固定商的个位档"定位法步骤。

（1）在算盘上选一个有计位点的档作为商的个位档。（用"↑"表示正一位）

（2）根据被除数和除数的位数，利用公式 $Q' = M - (N + 1)$，求出被除数的首位数布入算盘所在档的位数，即定位档的位数。（用"▼"表示 Q' 档）

（3）将被除数首位数从定位档即 Q' 档布入算盘。

2. 不隔位商除法算前"固定商的个位档"定位法步骤。

（1）在算盘上选一个有计位点的档作为商的个位档。（用"↑"表示正一位）

（2）根据被除数和除数的位数，利用公式 $Q' = M - N$，求出被除数的首位数布入算

盘所在档的位数，即定位档的位数。（用"▼"表示Q'档）

（3）将被除数首位数从定位档即Q'档布入算盘。

3. 快速判断被除数首位数入盘的方法。

（1）除数有一位整数，被除数去掉两位；

除数有两位整数，被除数去掉三位；

除数有三位整数，被除数去掉四位……

以此类推。

（2）除数是零位（零点几），被除数去掉一位。

（3）除数是负一位（零点零几），被除数位数不变；

除数是负二位（零点零零几），被除数位数增加一位；

除数是负三位（零点零零零几），被除数位数增加两位……

以此类推。

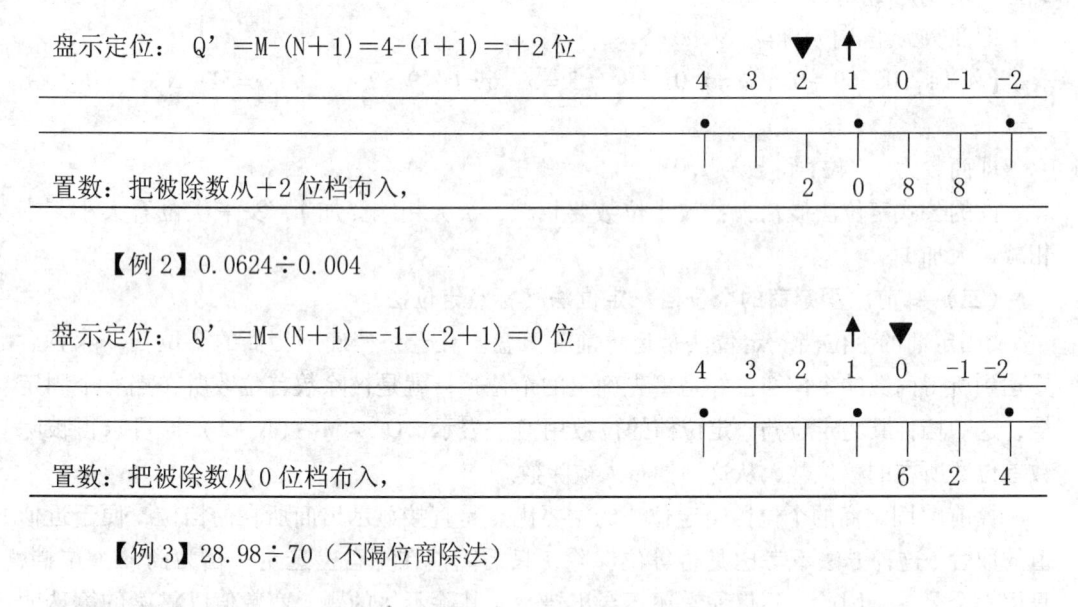

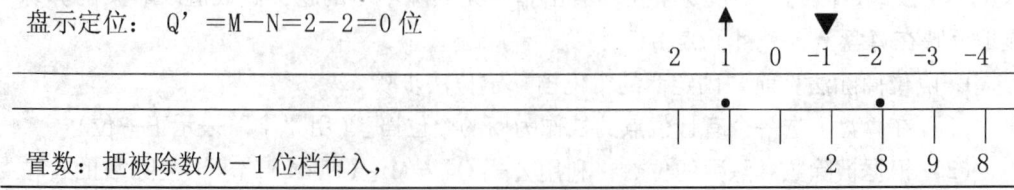

【例1】$2088 \div 5.8$

盘示定位：$Q' = M-(N+1) = 4-(1+1) = +2$ 位

置数：把被除数从+2位档布入，

【例2】$0.0624 \div 0.004$

盘示定位：$Q' = M-(N+1) = -1-(-2+1) = 0$ 位

置数：把被除数从0位档布入，

【例3】$28.98 \div 70$（不隔位商除法）

盘示定位：$Q' = M-N = 2-2 = 0$ 位

置数：把被除数从-1位档布入，

二、基本除法

除法是乘法的逆运算，它是已知两个因数的积和其中一个因数，求另一个因数的运算方法。在四则运算中，除法比加、减、乘略微难学一些。但是掌握了除法的计算规律的基础上学习除法并不困难。学会除法对于财经工作、企业活动分析等各项经济核算工作都是大有用处的。除法的运算方法很多，最常用的是商除法。

商除法的计算与笔算除法很相似，易被人们理解和掌握。也有人称它为"似笔算除法"。商除法求商，要求用"大九九口诀"，不需要颠倒相乘两数的位置，不宜出错。商除法的计算是将被除数布在算盘上，然后进行估商——看被除数与除数相同的数位里含有几倍除数。其次是立商——如果被除数大于除数，此时与除数等位的被除数就够除，则在被除数首数前再隔一档立商，商数是几，要看被除数包括除数的几倍；如果被除数小于除数，此时被除数应加一位才能够除，则在被除数首数前一档立商，商数是几，要把被除数扩大一位数，即多看一位，看包含除数的几倍，包含几倍，商数即是几。最后进行乘减：在被除数中减去商与除数之积。由于运算时，总是要经过一番"商量"才能确定得数，因此，除法的得数叫做"商"。即称为商除法。商除法中有隔位商除法和不隔位商除法，其中隔位商除法比较易学易懂。

（一）一位商除法

除数是一位有效数字的除法叫一位除法。一位除法是多位除法的基础。如果一位除法估商能做到快而准，多位除法估商问题也就容易解决了。因此，必须重视一位数除法的练习，学习一位数除法一般来说应该注意以下三个问题：第一注意估商速度；第二，估商原则，即置商档位；第三，减积的档次原则（错档迭减）。

一位商除法的计算步骤：

1. 定位：采用算前"固定商的个位档"定位。
2. 置数：将被除数的首位数从 $Q' = M - (N+1)$（隔位）档上。
3. 运算要点如下：

（1）估商：看被除数与除数相等的数位里含有几倍除数，这个过程叫估商。

估商的方法：被大看一位，被小看一位。如：$6 \div 3 = 2$；$12 \div 3 = 4$

（2）立商：把估得的商数拨在算盘的对应档位叫立商。

立商原则：

① 被大隔商：被除数与除数相同位数的数字比较，当被除数大于或等于除数时，在被除数的首位之前的隔一位（隔位）立商。

② 被小挨商：被除数与除数相同位数的数字比较，当被除数小于除数时，在被除数的首位之前一位（挨位）立商。

（3）减积：在被除数中减去商与除数相乘之积，这个过程叫做减积。

商与除数相乘减积的原则：每估出一位商数之后，都要同除数的首位数相乘，乘积的十位档就从商的右一档减去，个位数再向右移一档减去乘积的十位数为"0"时，要用0占位，以免减错档次。

（4）抄写答案，抄写答案时要盯盘写数。

【例1】1 785÷5＝357

盘示定位：Q'＝M-N-1＝4-1-1＝2（位）	4 3 2 1 0 -1 -2 -3
置数：把被除数从+2位档布入；	· · ·
不够除，挨位商，试商3，	
3×5＝15	1　7　8　5 　　　　3 　　　　-1　5
	盘示　　　　2　8　5
不够除，挨位商，试商5	
5×5＝25	5　-2　5
	盘示　　　　　　3　5
不够除，挨位商，试商7	
7×5＝35	7　-3　5
除尽	
	商为：　　　3　5　7

【例2】97.30÷3＝32.43（精确到0.01）

盘示定位：Q'＝M－N-1＝2-1-1＝0（位）	4 3 2 1 0 -1 -2 -3
置数：把被除数从0位档布入；	·　　　　·　　　　·
够除，隔位商，试商3，	
3×3＝09	9　7　3　0 　　　3-0　9
	盘示　　　　　7　3　0
够除，隔位商，试商2	2-0　6
2×3＝06	盘示　　　　　1　3　0
不够除，挨位商，试商4	4-　1　2
3×3＝09	1　0 　　　　　3-　0　9 　　　　　　　　　1
余数1，不足除数3的一半，舍去。	
	商为：　　　3 2 . 4 3

（二）多位商除法

除数是两位数或两位数以上的除法叫多位除法。多位商除法的运算方法与一位商除法相同。只是由于除法位数的增加，当减积的时候，要用商数同除数从高位顺次相乘。易出现"估商"不准，以及置商错档和减积错档等差错。还会有估商、试商、补商、退商等问题，都影响运算速度和计算结果的准确性。若估商准确就不必进行补商或退商，可以提高计算速度。故估商时"宁小勿大"。所以，在多位除法运算中，对估商、立商，尤其是减积的档位要十分注意。

多位商除法的计算步骤。

（1）采用算前"固定商的个位档"定位。

布数：将被除数的首位数从 Q'＝M－(N＋1)（隔位）档上。

（2）估商：看被除数与除数相等的数位里含有几倍除数，这个过程叫估商。

（3）立商：把估得的商数拨在算盘的对应档位叫立商。

立商原则：

被大隔商：被除数与除数相同位数的数字比较，当被除数大于或等于除数时，在被除数的首位之前的隔一位（隔位）立商。

被小挨商：被除数与除数相同位数的数字比较，当被除数小于除数时，在被除数的首位之前一位（挨位）立商。

（4）减积：在被除数中减去商与除数相乘之积，这个过程叫做减积。

商与除数相乘减积的原则：每估出一位商数之后，都要同除数的首位数相乘，乘积的十位档就从商的右一档减去，个位数再向右移一档减去乘积的十位数为"0"时，要用0占位，以免减错档次，再用商数与除数的第二位相乘，其乘积的十位为上次减积的个位（错档迭减），依次方法直至减到除数与商数最后一位的乘积的个位为止。

（5）抄写答案，抄写答案时要盯盘写数。

【例3】287 232÷816＝352

盘示定位：Q'＝M－N－1＝6－3－1＝2（位）		4 3 2 1 0 -1 -2 -3
置数：把被除数从＋2位档布入； 估商：七、八除商大1，挨位商3； 乘减：3×816＝2 448		• • • 2 8 7 2 3 2 3－ 2 4 0 3 1 8
估第二位商，被4＜8 挨位商5； 乘减：5×816＝4 080	余数	4 2 4 3 2 5－4 0 0 5 3 0
估第三位商，被3＜8 挨位商2； 乘减：2×816＝1 632	余数	1 6 3 2 2－1 6 0 2 1 2
除尽	商：	3 5 2

【例4】966.724÷380.6＝2.54（精确到0.01）

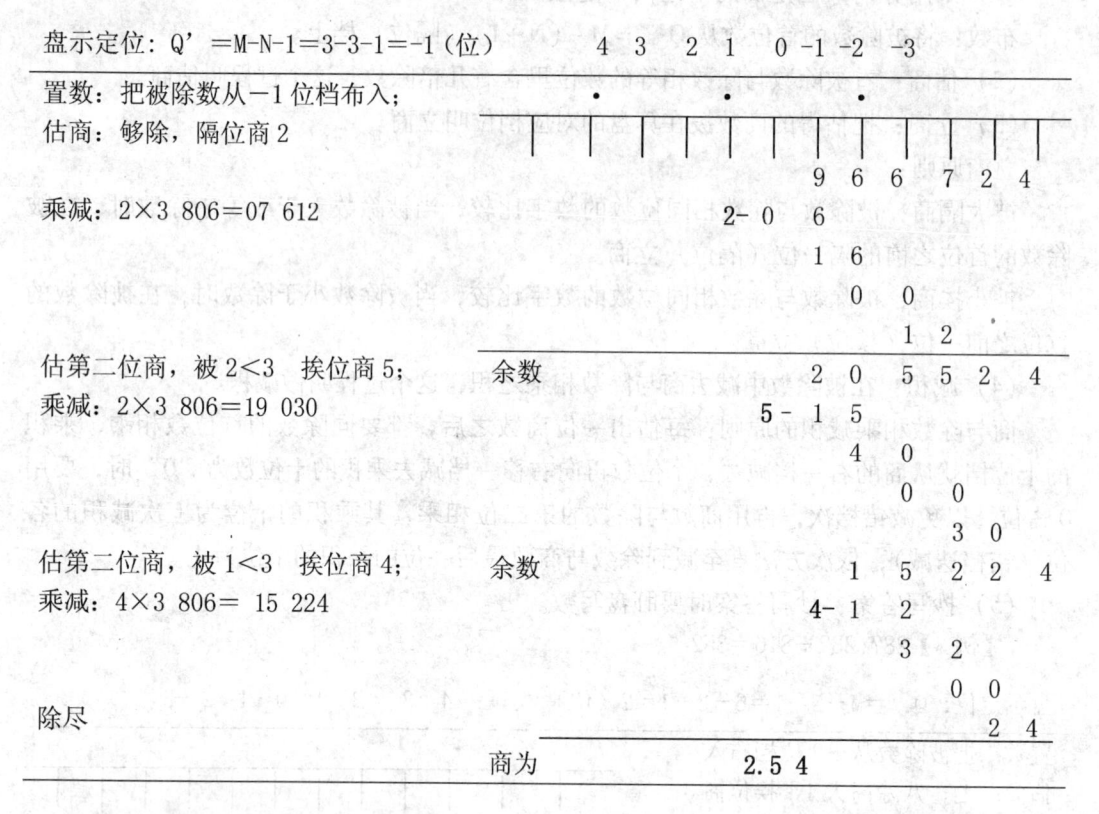

盘式定位：Q'＝M-N-1＝3-3-1＝-1（位）　　　4　3　2　1　0 -1 -2 -3

置数：把被除数从-1位档布入；
估商：够除，隔位商2

	·　　　·　　·
	9　6　6　7　2　4
乘减：2×3 806＝07 612	2- 0　6
	1　6
	0　0
	1　2
估第二位商，被2<3 挨位商5；	余数　　　　　2　0　5　5　2　4
乘减：2×3 806＝19 030	5- 1　5
	4　0
	0　0
	3　0
估第二位商，被1<3 挨位商4；	余数　　　　　　　1　5　2　2　4
乘减：4×3 806＝ 15 224	4- 1　2
	3　2
	0　0
	2　4
除尽	
	商为　　　　　　　2.5 4

（三）多位除的估商方法及调商

多位除法用九九口诀试商，初学者不宜立即估出商数，延误时间，为了快速估出商数，这里介绍两种估商方法。

1. 口诀估商法。

够除隔位商，挨商用口诀：

头同商为9，二除商折半；

三除商三倍，四除倍加一；

五除商加倍，6除商大2；

七、八除商大1，九除商同头。

这套口诀的第一句，够除隔位商是说被除数和除数比较，等位够除时，在被除数的左边空一档立商。隔位商最大是4，最小是1。比较难的是不够除的部分，即挨位商。不够除的口诀中，每句前面的二至九除是指除数的首位而言；每句后面的折半、倍、加、大、同头都是指除数的首位与被除数首位数的关系。下面用实例进行讲解。

（1）够除隔位商：是说被大看一位，用"九九口诀"试商。

114

【例1】9 702÷231=42

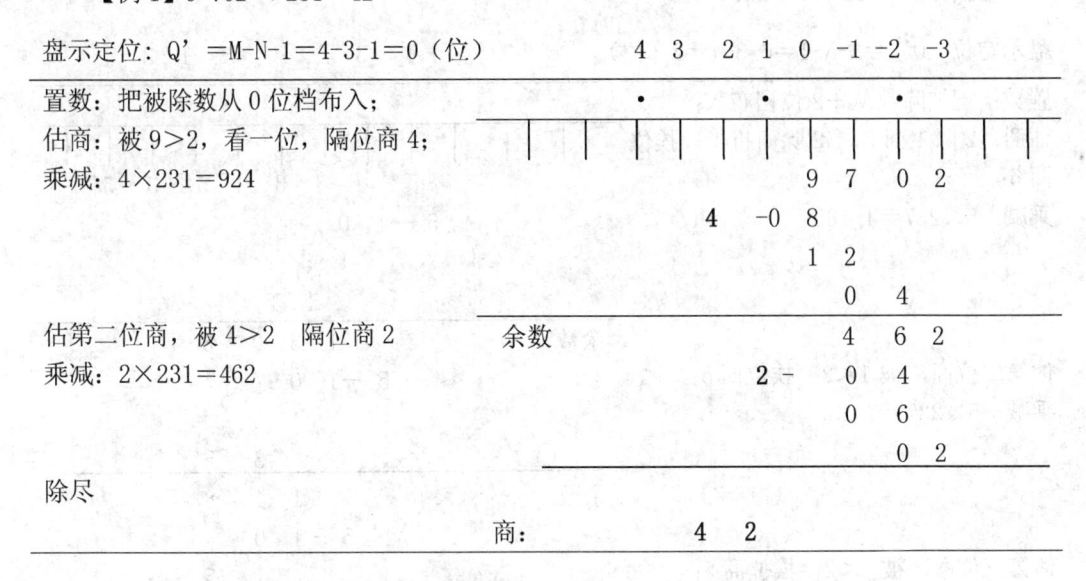

盘示定位：Q'=M-N-1=4-3-1=0（位）	4 3 2 1 0 -1 -2 -3
置数：把被除数从0位档布入； 估商：被9＞2，看一位，隔位商4； 乘减：4×231=924	・ ・ ・ ｜ ｜ ｜ ｜ ｜ ｜ ｜ ｜ 　　　　9 7 0 2 　　4 -0 8 　　　　1 2 　　　　0 4
估第二位商，被4＞2 隔位商2 乘减：2×231=462	余数　　　　4 6 2 　　　2 -0 4 　　　　　0 6 　　　　　0 2
除尽	
	商：　　　4 2

（2）同头商为9：是说除数的首位数和被除数的首位数相同时，商数为9。

【例2】34 848÷352=99

盘示定位：Q'=M-N-1=5-3-1=1（位）	4 3 2 1 0 -1 -2 -3
置数：把被除数从+1位档布入； 估商：被3=3看次位34＜35， 头同挨位商9； 乘减：9×352=3 168	・ ・ ・ ｜ ｜ ｜ ｜ ｜ ｜ ｜ ｜ 　　　3 4 8 4 8 　　9 -2 7 　　　　4 5 　　　　1 8
估第二位商，被31＜35 挨位商9； 乘减：9×352=3 168	余数　　　3 1 6 8 　　　9 -2 7 　　　　　4 5 　　　　　1 8
除尽	
	商：　　　9 9

（3）二除商折半：是说除数首位数是2，被除数首位数是1时，商是5（绝对值）。

【例3】 131 535÷237＝555

盘示定位：Q'＝M-N-1＝6-3-1＝2（位）　　　4　3　2　1　0　-1　-2　-3

置数：把被除数从＋2位档布入；
估商：2除1商5，（2除商折半）挨位
商5；
乘减：5×237＝1 185

```
                    1 3 1 5 3 5
                  5 - 1 0
                      1 5
                        3 5
          ─────────────────────
          余数        1 3 0 3 5
                  5 - 1 0
                      1 5
                        3 5
          ─────────────────────
          余数          1 1 8 5
                    5 - 1 0
                        1 5
                          3 5
          ─────────────────────
```

估第二位商，被1＜2 挨位商5；
乘减：5×237＝1 185

估第三位商，被1＜2 挨位商5；
乘减：5×237＝1 185

除尽　　　　　　　　　　　商：　　　5　5　5

（4）三除商3倍：是说除数的首位数是3，试商是被除数首位数的3倍。

【例4】 266 805÷385＝693

盘示定位：Q'＝M-N-1＝6-3-1＝2（位）　　　4　3　2　1　0　-1　-2　-3

置数：把被除数从＋2位档布入；
估商：3除2，挨位商6；
　　　（三除商3倍）
乘减：6×385＝2 310

```
                    2 6 6 8 0 5
                  6 - 1 8
                      4 8
                        3 0
          ─────────────────────
          余数        3 5 8 0 5
                  9 - 2 7
                      7 2
                        4 5
          ─────────────────────
          余数          1 1 5 5
                    3 - 0 9
                        2 4
                          1 5
          ─────────────────────
```

估第二位商，被35＜38 挨位商9；
乘减：9×385＝3 465

估第三位商，被1＜2 挨位商5；
乘减：3×385＝1 185

除尽　　　　　　　　　　　商：　　　6　9　3

(5) 四除倍加1：是说除数的首位数是4，试商是被除数的首位数加倍后再加1。

【例5】41 496÷456＝91

盘示定位：Q'＝M-N-1＝5-3-1＝1（位）

置数：把被除数从+1位档布入；
估商：四除倍加1，挨位商9；
乘减：9×456＝

```
     4  3  2  1  0 -1 -2 -3
     •        •        •
                4  1  4  9  6
             9— 3  6
                   4  5
                   5  4
```

估第二位商，被456＝456，隔位商1；
乘减：1×456＝456

```
余数           4  5  6
            1— 0  4
                  0  5
                  0  6
```

除尽

商：   9 1

(6) 五除商加倍：是说除数的首位数是5，试商是被除数的首位数加一倍。

【例6】41 718÷51＝818

盘示定位：Q'＝M-N-1＝5-2-1＝2（位）

置数：把被除数从+2位档布入；
估商：五除商加倍，挨位商8；
乘减：8×51＝408

```
     4  3  2  1  0 -1 -2 -3
        •     •     •
              4  1  7  1  8
           8— 4  0
                 0  8
```

估第二位商，被9＞5 隔位商1；
乘减：1×51＝51

```
余数           9  1  8
            1— 0  5
                  0  1
```

估第三位商，被4＜5 挨位商8；
乘减：8×51＝408

```
余数              4  0  8
               8— 4  0
                     0  8
```

除尽

商：   8 1 8

(7) 六除商大2：是说除数的首位数是6，试商是被除数的首位数加2。

【例7】27 810÷618＝45

盘示定位：Q'=M-N-1=5-3-1=1（位）		4 3 2 1 0 -1 -2 -3
置数：把被除数从+1位档布入；		
估商：6除商大2，挨位商4；		2 7 8 1 0
乘减：4×618＝2 472		4 — 2 4
		0 4
		3 2
估第二位商，被3＜6 挨位商5；	余数	3 0 9 0
乘减：5×618＝3 090		5 — 3 0
		0 5
除尽		4 0
	商：	4 5

(8) 七、八除商大1：是说除数的首位数是7或8，试商是被除数的首位数加1。

【例8】530 024÷836＝634

盘示定位：Q'=M-N-1=6-3-1=2（位）		4 3 2 1 0 -1 -2 -3
置数：把被除数从+2位档布入；		
估商：七、八除商大1，挨位商6；		5 3 0 0 2 4
乘减：6×836＝5 016		6 — 4 8
		1 8
		3 6
估第二位商，被2＜8 挨位商3；	余数	2 8 4 2 4
乘减：3×836＝2 508		3 — 2 4
		0 9
		1 8
估第三位商，被3＜8 挨位商4；	余数	3 3 4 4
乘减：4×836＝＝3 344		4 — 3 2
		1 2
除尽		2 4
	商：	6 3 4

(9) 九除商同头：是说除数的首位数是 9 时，试商与被除数的首位数相同。

【例 9】417 208÷968＝431

盘示定位：Q'＝M-N-1＝6-3-1＝2（位）　　　4 3 2 1 0 -1 -2 -3

置数：把被除数从＋2 位档布入；
估商：九除商同头，挨位商 4；
乘减：4×968＝

```
              4  1  7     0  8
           4 -3  6
              2  4
                 3  2
```

估第二位商，被 3＜9，挨位商 3；　余数　　3 0 0 0 8
乘减：3×968＝2 904

```
           3 -2  7
              1  8
                 2  4
```

估第三位商，被 968＝968 隔位商 1；　余数　　　9 6 8
乘减：1×968＝

```
        1 -0  9
           0  6
              0  8
```

除尽

商：　　　4 3 1

2. 分组估商方法。

多位数除法可以根据除数的首位数的大小不同将其分为大数组、中数组和小数组三组。

(1) 大数组 9、8、7 的求商方法。

凡除数第二为和被除数首位是 9、8、7 各数的，均按大数看待。具体估商方法：

① 凡除数第二位是 9、8、7 各数的，除数首位无论是任何数均用除数首位数加 1 后的数求商。

272 370÷894＝305　　302 696÷482＝628　　203 375÷973＝209

上述各例可分别用 9、5、1 一位数求商

② 凡除数首位是 9、8、7 各数的，除数第二位是 6、5、4 各数时，可用除数首位加 1 后的数求商。

456 192÷768＝594　　330 498÷854＝387　　817 261÷947＝863

上述各例可分别用 8、9、1 一位数求商。

③ 凡除数首位是 9、8、7 各数的，除数第二位是 3 以下各数的，只用除数首位数求商。

468 428÷724＝647　　303 552÷816＝372　　808 775÷935＝865

上述各例可分别用 7、8、9 一位数求商。

(2) 中数组 6、5、4 的求商方法。

119

凡除数首位是6、5、4各数的，除数第二位是6、5、4、3均按中数看待。具体求商方法：

① 除数第二位是6、5、4、3的，用首数估商，求出的初商是5以上的减1后试商，是4以下的不减。

【例1】469 248÷564=832 该例用5求商，被除数前两位中有9个5，从9中减1，首商是8。

【例2】155 155÷455=341 该例用4求商，被除数前两位15中有3个4，首商可以直接上4。

② 除数第二位是2、1的用首位数估商，估出的商数即为准确值。

(3) 小数组3、2、1的求商方法

凡除数首位是3、2、1各数的，除数第二位是6、5、4、3、2各数的，均按小数看待。具体求商方法：

① 凡除数首位是3、2、两数的：

除数第二位是6、5两数的，用除数首位加1求商，商再加1；

除数第二位是4、3、2各数的，用除数首位数求商，商减1。

【例1】169 004÷253=668 该例用3求商，被除数前两位16中有5个3，再加1，首商得6。

【例2】168 295÷347=485 该例用3求商，被除数前两位16中有5个3，再减1，首商得4。

212 025÷257=825   84 846÷237=358   114 142÷263=434
198 940÷245=812   182 115÷355=513   217 392÷336=647
343 145÷367=935   124 944÷228=548   228 360÷264=865
84 966÷238=357   181 602÷354=513   168 502÷346=487

② 凡除数首位是1的：

除数第二位是5、4两数的，用除数首位加1求商，试出的商为4以上的加2为商，3以下的加1为商；

除数第二位是3、2两数的，用除数首位数求商，试出的商为6以上的减2为商，5以下的减1为商。

【例1】72 200÷152=475 该例用2求商，被除数前两位7中有3个2，再加1，首商得4。

【例2】12 250÷14=875 该例用2求商，被除数前两位12中有6个2，再加2，首商得8。

【例3】8 411÷13=647 该例用1求商，被除数前两位8中有8个1，再减2，首商得6。

【例4】108 234÷126=859 该例用1求商，被除数前两位10中有10个1，再减2，首商得8。

【例5】54 991÷127=433 该例用1求商，被除数前两位5中有5个1，再减1，首商得4。

3. 商除法的调商方法——补商与退商。

商除法估商不可能做到100%准确，在估商中有的商数能一次估准，有的会估大或小，无论估大或小均需要调整，调整方法，商数估小了需要补商，商数估大了需要退商。运算中多位数商除法用口诀试商数，如果估商采用按除数首数加1估商时，除数看大一些，商数就小一点。有时就会出现余数还含有除数的整数倍，需要再加商，即作补商处理，如果按除数首数估商，有时就会出现商数估算大了，减积不够，要作退商处理，才能使商除法运算是畅通无阻。计算除法不管用哪些方法，或多或少都会出现此类问题。

（1）调商口诀：

商小商补1，隔位减除数；

商大商减1，隔加除过数；

新商乘位未除，乘积减到底。

① 补商：在被除数中已乘减完，发现估商估小了，在此情况下进行补商，一般估商误差不会超过1。所以在商档加上1，隔位再减去除数。

② 退商：商数估的偏大时，应采取退商的方法，即将商数减1，同时加上已经乘减过的除数，然后再用调整后的商与未乘减的隔位除数相乘减。

启发题：

350 280 ÷ 504 = 695　　　（700）　　　126 360 ÷ 216 = 585　　　（600）

525 420 ÷ 756 = 695　　　（700）　　　201 150 ÷ 675 = 298　　　（300）

例：5 796 ÷ 84 = 69 该例首商商7，与除数首位8的乘积够减，但与除数第二位4的乘积不够减，此时商改6，隔位加上8，然后用调整后的商数6余除数第二位的4乘减，减后首商计算完。

为什么退1隔位加8呢？

7 × 8 = 56　　　　　6 × 8 = 48

因为偏大商7与8乘减，比正确商6 × 8多减去8所以还8。

（2）过大商连商调整法口诀：

试商大，莫着急，不够减时商借1；

借1后，连续减，要用原商乘到底；

9前减1要牢记，隔位除数加上去；

加到破9前进位，前为商数后为余。

说明：

① 商与除数诸位乘减到中途不够减时，由商位借1，继续用原商（过大商）乘减到除数的末位。

② 调商：用原商乘减后，在商数后面出现多个相连的9，要在最后一个9的左一档减1，再从最后一个9的右一档加一个除数，加进一个除数后将最后一个9破掉，促使进位。这是破9前的商数均为定商，如减1，隔位加进一个除数；不能进位时，再按上述办法调商一次，直至调到能进位为止。

【例】15 786 078÷658＝23 991

盘示定位：Q'＝M-N-1=8-3-1=4（位）　　　　4　3　2　1　0　-1　-2　-3

置数：把被除数从＋4位档布入；	
估商：6除1商3，	
不够减由商借1继续乘减到末位。	1 5 7 8 6 0 7 8 3－1 8 －1　1 5 2 4
调商：在9前减1隔位加658	盘示 2　9 6 0 4 6 0 7 8 －1　＋6 5 8
6除2商4 不够减由商借1继续乘减到末位	盘示 2　　2 6 2 6 0 7 8 4－2 4 2 0 3 2
在最后一个9前减1隔位加658	盘示：2　3 9 9 9 4 0 7 8 －1　＋6 5 9
连商399 余数658	盘示：2　3 9 9 0 0 6 5 8 1　6 5 8
	商为：　2　3 9 9 1

4. 除不尽小数除法。

小数除法与整数除法的运算过程完全相同，只是对除不尽的商要按照要求取近似值计算。小数除法的难点是定位。因小数的位数0位和负位数，要特别注意负数的计算减去负数的计算规则：减去一个负数等于加上这个数的正数。

例如：（＋2）－（－1）＝（＋3）
（＋2）－（－2）＝（＋4）
（＋1）－（－1）＝（＋2）
0－（－1）＝（＋1）
（－1）－（－2）＝（0）

（1）用半数判断法对商取近似值。

当商已算到所要求的保留位数时，判断下一位商的取舍，主要看余数够不够除数的一半，若余数值大于或等于除数的半数，向尾商进一，否则舍去。

【例1】4.8326÷4.95＝0.98（精确到0.01）

运算过程：

① 定位：盘位＝1－1－1＝－1，从负一档起拨48 326；

② 估商、减积：因被首等于除首，看第二位，被除数前两位48和除数前两位49比较相近，商9，9乘减495，余3 776；

③ 估次位商、减积：因 3 小于 4，估次位商是 7，在负一档拨入，从负二档起减去 3 465，余数为 311；

④ 判断尾商：余数 3 110 大于除数的半数 2 475，尾商进 1。该题结果为 0.98。

（2）用接近值判断法对商取近似值。

当商已算到所要求的保留位数时，判断余数最接近除数的几倍，商就取几。

【例 2】 0.637208÷8.635=0.0738（精确到 0.0001）

运算过程：

① 定位：盘位 = 0 – 1 – 1 = – 2，从负二档起拨 637 208；

② 估商、减积：因被首 6 小于除首 8，估商为 7，在负一档拨入，从负二档起减 60 445（7×8 635），余数 32 758；

③ 估次位商、减积：因 3 小于 8，估次位商是 3，在负一档拨入，从负二档起减去 25 905（3×8 635），余数为 6 853。

④ 判断尾商：余数 68530 接近除数的 8 倍，尾商为 8。该题结果为 0.0738。

（3）用加倍判断法对商取近似值。

当商已算到所要求的保留位数时，目测余数的前两位数，然后将其加倍，如果大于或等于除数的前两位数则进位；如果小于则舍去。

【例 3】 6.38326÷9.51=0.67（精确到 0.01）

运算过程：

① 定位：盘位 = 1 – 1 – 1 = – 1，从负一档起拨 638 326；

② 估商、减积：因被首 6 小于除首 9，估商为 6，在零位档拨入，从负一档起减 5 706（6×951），余数 67 726；

③ 估次位商、减积：因 6 小于 9，估次位商是 7，在负一档拨入，从负二档起减去 6 657（7×951），余数为 1 156；

④ 判断尾商：余数 1 156，加倍小于 95 舍掉，尾商为 7。该题结果为 0.67。

（四）改商除法

改商除法，也叫"不隔位商除法"。也就是说，改商除与商除法在算理、算法上是一致的，只是置商的档位不同。下面介绍改商除法的运算步骤及方法。

1. 一位改商除法。

（1）置数：用公式 M – N（M 代表被除数的位数。N 代表除数的位数）计算出被除数置数档位，默记除数。

（2）运算顺序：从被除数的首位开始，依次到末位或所要求的精确度的档位为止。

（3）估商：与商除法的估商方法一样，用"九九口诀"估商。

（4）置商：置商的原则是：够除挨位立商，不够除本档改商。

（5）减积档次：改商的减积要结合一定的心算。减积的规律是："商与除数相乘的十位积从商的本档减，个位积在商的右一档减。"可见，改商除法的减积，其首位数的十位积乘减在算盘上，没有直接的拨珠动作，而是在脑子里模拟乘减的。因此这种方法要结合心算。

【例1】16 944÷4＝4 236

盘示定位：Q'＝M-N＝5-1＝4（位）	4 3 2 1 0 -1 -2 -3
置数：把被除数从＋4位档布入；	
不够除，本档改商，试商4（1改成4），	1 6 9 4 4
	4
4×4＝16	-1 6
够除，挨位商，试商2	盘示　　2 9 4 4
2×4＝08	-0 8
不够除，本档改商，试商3（1改成3）	盘示　　　1 4 4
	3
3×4＝12	-1 2
不够除，本档改商，试商6（2改成6）	盘示　　　　2 4
	6
6×4＝24	-2 4
	商为：　4 2 3 6

【例2】298÷8＝37.25（精确到0.01）

盘示定位：Q'＝M-N＝3-1＝2（位）	4 3 2 1 0 -1 -2 -3
置数：把被除数从＋2位档布入；	
不够除，本档改商，试商3（2改成3），	2 9 8
	3
3×8＝24	-2 4
不够除，本档改商，试商7（5改成7），	盘示　　5 8
	7
7×8＝56	-5 6
	盘示　　　2
不够除，本档改商，试商2（2为商2）	2
2×8＝16	-1 6
	盘示　　　　4
不够除，本档改商，试商5（4改成5）	5
5×8＝40	4 0
	商为：　3 7. 2 5

2. 多位改商除法的运算步骤。

（1）置数：用公式 M－N（M 代表被除数的位数，N 代表除数的位数）计算出被除数置数的入盘档位，默记除数。

（2）运算顺序：从被除数的首位开始，依次除到末位或所要求的精确度的档位为止。

（3）估商：与商除法的估商方法一样，用"九九口诀"估商。

（4）置商：置商的原则是：够除挨位立商，不够除本档改商。

（5）减积档次：也遵循商除法的减积规律："前一个除数减积的个位档，是后一个除数减积的十位档"。乘减时，除数的首位数与商相乘，其积的十位数从商的本档减，个位积在商的右一档减。

【例3】1 706 940÷348＝4 905

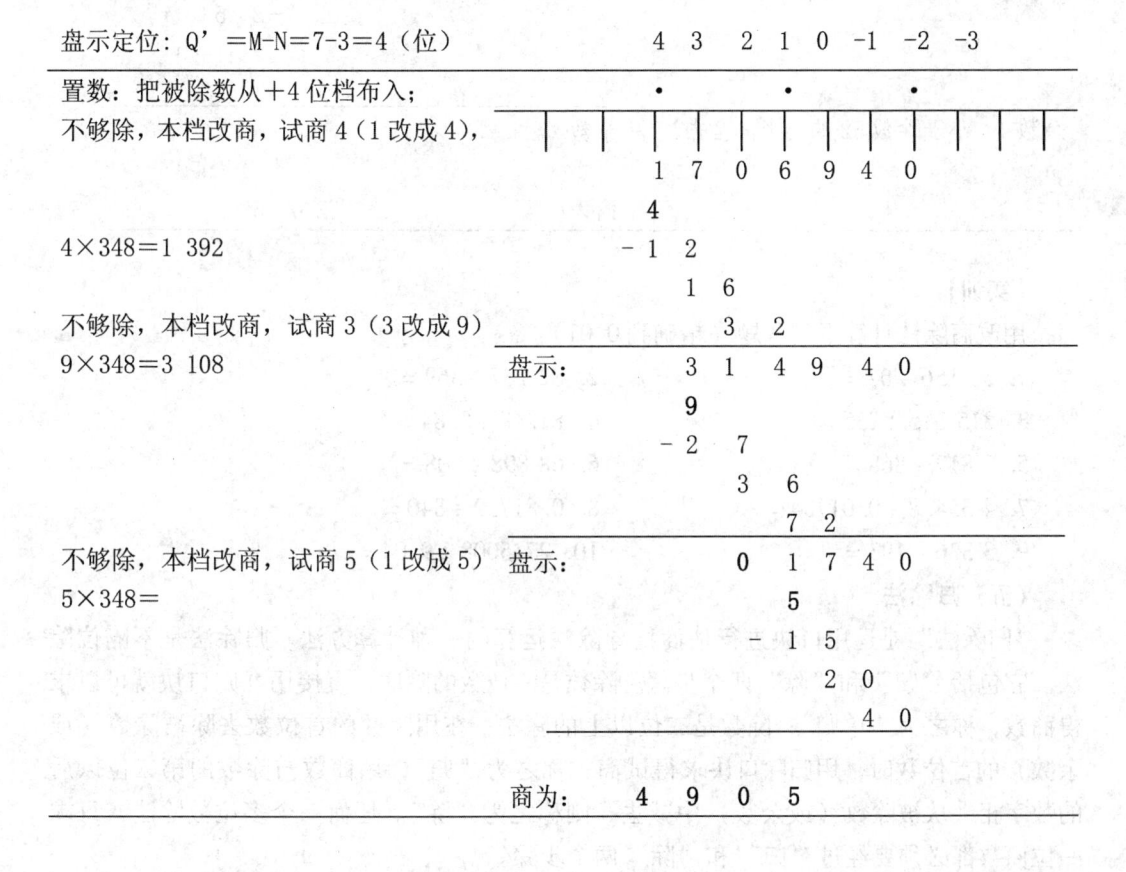

盘示定位：Q'＝M-N＝7-3＝4（位）	4　3　2　1　0　-1　-2　-3
置数：把被除数从＋4位档布入；	・　　　・　　　・
不够除，本档改商，试商4（1改成4），	1　7　0　6　9　4　0
	4
4×348＝1 392	－1　2
	1　6
不够除，本档改商，试商3（3改成9）	3　2
9×348＝3 108	盘示：　　3　1　4　9　4　0
	9
	－2　7
	3　6
	7　2
不够除，本档改商，试商5（1改成5）	盘示：　　0　1　7　4　0
5×348＝	5
	－1　5
	2　0
	4　0
	商为：　4　9　0　5

【例4】10.67÷5.2＝2.05（精确到0.01）

盘示定位：Q'＝M-N＝2-1＝1（位）		4 3 2 1 0 -1 -2 -3
置数：把被除数从＋1位档布入；		・　　・　　・
不够除，本档改商，试商2（1改成2），		1 0 6 7
		2
2×52＝104		－1 0
		0 4
不够除，本档改商，试商5（2改成5）	盘示：	0 2 7
5×52＝3 108		5
		－2 5
		1 0
余数1，小于除数52的一半，舍去。	余数	1
	商为：	2.0 5

【实训】

用改商除法计算下列各题（精确到0.01）：

1. 58 156÷67＝　　　　　　2. 82 287÷369＝
3. 315 315÷735＝　　　　　4. 81.48÷0.84＝
5. 7 812÷868＝　　　　　　6. 68 898÷208＝
7. 4 354.8÷0.01784＝　　　8. 0.81732÷840＝
9. 3 336÷193＝　　　　　　10. 27.5008÷9.04＝

（五）归除法

"归除法"是运用口诀进行估商指导除法运算的一种计算方法。归除法是不隔位除法。它包括"归"和"除"两个步骤。除数是一位数的除法，直接用九归口诀就可以求得商数，称之为"单归"；除数是二位以上的除法，在用除数的首位数去除被除数（或余数）的首位数时，用归除口诀求得试商，称之为"归"，用商数与除数的第二位以后的数字相乘从被除数（或余数）中减去，则称之为"除"。任何一个多位数除法，每求一位商数都必须要经过"归"和"除"两个步骤。

归除法因用口诀求商数，所以试商较快，从而大大减轻了心算估算的负担，提高了立商的速度，再者有时置商与减乘积的十位数可一次完成，减少了拨珠动作，只要口诀熟练，运算非常顺利。但是归除法也有不足之处，因它是用口诀求商，所以发生补商和退商的次数相对比较多，也增加了计算难度，影响了计算的速度。

1. 九归口诀。

归除法是用"九归口诀"、"撞归口诀"、"退商口诀"等进行的，所以学习归除法，必须先学习并熟练掌握这些口诀。九归口诀是把除数由1到9除被除数1到9应得的商和余数——变成的口诀，共61句，分为四大类。

口诀中第一个中文字代表除数，第二个中文字代表被除数，第一个阿拉伯数字代表商数，第二个阿拉伯数字代表余数。"逢进"、"改作"、"余"、"下加"代表拨珠的动作。九归口诀如下：

一归：逢一进1，逢二进2，逢三进3，逢四进4，逢五进5，逢六进6，逢七进7，逢八进8，逢九进9；

二归：二一改作5，逢二进1，逢四进2，逢六进3，逢八进4；

三归：三一3余1，三二6余2，逢三进1，逢六进2，逢九进3；

四归：四一2余2，四二改作5，四三7余3，逢四进1，逢八进2；

五归：五一改作2，五二改作4，五三改作6，五四改作8，逢五进1；

六归：六一下加4，六二3余2，六三改作5，六四6余4，六五8余2，逢六进1，逢十二进2；

七归：七一下加3，七二下加6，七三4余2，七四5余5，七五7余1，七六8余4，逢七进1，逢十四进2；

八归：八一下加2，八二下加4，八三下加6，八四改作5，八五6余2，八六7余4，八七8余6，逢八进1；

九归：九一下加1，九二下加2，九三下加3，九四下加4，九五下加5，九六下加6，九七下加7，九八下加8，逢九进1。

以上口诀分为四大类：

（1）"逢进"类口诀。

当被除数大于或等于除数时用此类口诀。"逢"是指在被除数本档拨去除数。"进"是指在前一档拨上商数，如"逢五进1"，其拨珠动作：在本档被除数上拨去五，在前一档拨上商数1。

（2）"改作"类口诀。

当被除数小于除数并能除尽时用此类口诀。"改作"是指本档上的被除数改拨成商数。如"六三改作5"，其拨珠动作：将本档上被除数三改成商数5。

（3）"余"字类口诀。

当被除数小于除数且不能除尽有余数时用此类口诀。如"四一2余2"，其拨珠动作：将本档上被除数一改成商数2，并把余数2拨加在下一档上。

（4）"下加"类口诀。

当被除数小于除数，商数与被除数相同并有余数时用此类口诀。如"八二下加4"，其拨珠动作：视本档被除数二为商数2，并把余数4拨加在下一档上。

口诀必须在理解其含义的基础上加以记忆，切忌死记硬背，一旦熟练掌握了归除口诀，运算起来是十分方便的。

2. 一位除法。

一位数的除法如用"归除法"运算，亦称"单归"，它直接运用口诀进行计算。

运算步骤为：

（1）置数：将被除数拨在算盘上，默记除数。

（2）除算顺序：从被除数的高位起到低位逐位进行计算。每位被除数都要运用九归口诀，求得商数和余数，如用"逢进"时，进位后若本档尚有余数，则还必须用其他类口诀再运算一次。

（3）商的记法：用"逢进"类口诀计算时，商数应拨在被除数的前一档上；用其他几类口诀计算时，商数均用被除数改，余数加在下一档上。

（4）定位：用盘上公式定位法和固定各位档定位法均可。

我们以固定各位档的方法为例：

【例1】$86.52 \div 0.7 = 123.6$

运算步骤：

（1）在算盘上选定一档作为商的个位档。商的位数 $M - N = 2 - 0 = 2$，将被除数当作商的位数86.52对应拨入算盘，默记除数7。

（2）被除数首位数8大于除数7，用口诀"逢七进1"。在8的本档减去7，前一档拨商数1，盘面得商数1，余数为1652。

（3）余数首位数1小于除数7，用口诀"七一下加3"。将余数首位数1视成商数1，在其下一档加余数3，盘面得商数11，余数为952。

（4）余数首位数9大于除数7，用口诀"逢七进1"。从余数首位数中拨去除数7，将商数1加在前一档上，使商数变为2，盘面得商数12，余数为252。

（5）余数首位数2小于除数7，用口诀"七二下加6"。将余数首位数2视成商数2，在其下一档加6（默记$5 + 6 = 11$）。盘面得商数122，余数为52。

（6）余数首位数11大于除数7，用口诀"逢七进1"。从11中拨去除数7，将商数1加在前一档上，使商数变为3，盘面得商数123，余数为42。

（7）余数首位数4小于除数7，用口诀"七四5余5"。将余数首位数4改成商数5，在其下一档加5。盘面得商数123.5，余数为7。

（8）余数首位数7等于除数7，用口诀"逢七进1"。拨去余数7，将商数1加在前一档上，使商数5变为6，除尽。盘面得商数123.6。

（9）因个位档已确定，得商数为123.6。

3. 多位除法。

（1）多位归除法的计算步骤。

① 置数：将被除数拨在算盘上。

② "归"用除数首位数与被除数首位数比较，用九归口诀求出试商。

③ "除"用试商与第二位及后面除数相乘，并将乘积逐位从被除数中减去，得出商数。

④ 定位：用盘上公式定位法或固定个位档定位法均可。

（2）补商。

基本归除法用运算口诀求商，有时求出的商数过小，就需要把试商调得大一些。归除法的补商有以下两种情况。

一是用九归口诀求出试商后，被除数第二位数仍大于除数首位数，或因用口诀下加的余数使被除数第二位数大于除数首位数。

二是求出试商并减完乘积后发现余数仍大于或等于除数。

补商的方法：

第一种情况的补商的方法用逢进口诀即可，但在补商时要注意，补商后余数是否够减下一档的乘积，若不够减则不能补商。

第二种情况的补商方法是把商数补加1，然后从其下一档起减去一次除数，若减后余数仍大于除数，则可再次用此方法补商。

（3）退商。

多位数除法用归除口诀求出试商后，在用商数乘以除数第二位以下各数并进行减积时，余数不够减，说明试商偏大，需要把试商调整得小一些，这种方法叫"退商"。

退商有两种情况。

一是：用口诀求得试商后，马上就发现试商过大，要退商，这时的退商也可以成为"及时退商"。其方法是：从试商中减1，并在其下一档起加还一次除数的首位数，如试商仍过大可以连续退商。可用退商口诀进行退商。其口诀为：

一归：无除退一下还1；

二归：无除退一下还2；

三归：无除退一下还3；

四归：无除退一下还4；

五归：无除退一下还5；

六归：无除退一下还6；

七归：无除退一下还7；

八归：无除退一下还8；

九归：无除退一下还9。

二是：归除退商可能发生在第一次减积时，也可能在第二、三次的乘减过程中发现试商过大（即不够减），不论是在乘减到哪一位时发现不够减，都可"退商"，称为"中途退商"。其方法是：从试商中减1，并在余数中加上已被减过的那一部分除数，然后用调整后的商数与除数进行乘减。

（4）撞归。

在归除法的运算过程中，有时会出现被除数（或余数）的首位数（或前几位数）与除数的首位数（或前几位数）相同，而被除数（或除数）第二位数（或后几位数）小于除数的第二位（或后几位数）的情况，被称为"齐头"。这时，就需要用撞归口诀进行运算。其口诀为：

一归：见一无除作91；

二归：见二无除作92；

三归：见三无除作93；

四归：见四无除作94；

五归：见五无除作 95；
六归：见六无除作 96；
七归：见七无除作 97；
八归：见八无除作 98；
九归：见九无除作 99。

【例2】 254.72÷64=3.98（用固定个位档定位法定位）

运算步骤：

① 在算盘上选定一档作为商的个位档。商的位数 M－N＝3－2＝1，将被除数当作商的位数对应拨入算盘，默记除数 64。

② 被除数首位数 2 小于除数首位数 6，用口诀"六二 3 余 2"。将被除数首位数 2 改成商数 3，下一档加余数 2，并用商数 3 乘以第二位除数 4，将乘积 12 从商数 3 的下一档依次减去。盘面得商数 3，余数为 6 272。

③ 因余数首位数与除数的首位数相等，余数的第二位数小于除数的第二位数，用六归撞口诀"见六无除作 96"。将余数首位数 6 改成商数 9，在其下一档加上除数的首位数 6，盘面算珠为 39 872。

④ 用商数 9 乘以除数第二位数 4，将乘积 36 从商数 9 的下一档一次减去，盘面得商数 3.9，余数为 512。

⑤ 余数首位数 5 小于除数首位数 6，用口诀"六五 8 余 2"。将余数首位数 5 改成商数 8，下一档加余数 2，并用商数 8 乘以第二位除数 4，将其乘积 32 从商数 8 的下一档依次减去。盘面得商数 3.98，余数为 0。

⑥ 根据已固定的个位档，得商数为 3.98。

（六）简捷除法

在掌握了珠算除法的基础知识和乘法速算方法与技巧的基础上，特别是掌握了乘法"一口清"和"一、二、五、九"加减代乘法的知识后，就为除法的速算提供了基本理论和方法。因为除算是乘算的逆运算，即乘算是把乘积一层一层往算盘上加，除法则是按估商要求把乘积从被除数中一层一层往下减（也称剥皮）。因此，珠算除法的速算所涉及的主要内容是：以珠算的基本方法——商除法为框架，分别介绍省除法、补数除法、"一口清"除法等方法，并介绍上述方法与商除法的结合运算，珠算除法速算的要求是：基本方法不变，尽量采用心算，避免错误出现，科学简化运算。

珠算除法的速算中，最关键问题是与心算结合的问题，心算的速度对除法的速算有直接作用，如果把乘算中所学的一口清心算与商除法结合起来，其计算速度非常快。再商除法中，每当估商立商之后，减积时都要用商数乘以一位除数后减一次乘积，除数是几位数，商除法则需乘减几次积数，这样，减积的速度很慢。

1. 省除法。

在多位数除法运算中，尤其是在多位小数除法运算中，所要求的精确度不受影响的情况下，通常只需两位、三位的商数数码，如 3.29%、0.23 等，如果适当的截去几位除数和被除数，就可以减少许多复杂的拨珠运算。这种在计算前截去除数和被除数的部分尾数，使计算过程简化，并在计算中对除数还要逐次截位，使运算更加简捷的除法叫省除法，也叫省略除法。

省除法的计算要点是在不会影响商的近似值的精确度的情况下，精简了对实际近似值没有作用的那一部分数字的计算。

省除法的具体步骤。

① 截位：用截位公式求出几位有效数字参加运算。

截取有效数字公式是：

被除数的位数(m) - 除数的位数(n) + 要求保留的小数位数 + 2(常数)

注意：被除数与除数截取的有效数字相同，截取尾数可以按四舍五入的方法取舍，常数 2 是为了保证计算结果准确无误而多取的位数。

② 定位：用盘上公式定位法或固定个位档定位法均可。

③ 置数：把被截取数字的被除数拨入算盘，并记住其后一档为截位档作标记。

④ 运算：用基本除法计算。减积时，只减到被除数的"截位档"，商数与除数的乘积在"压位档"上的数字大于或等于五，在压尾档的前一档减去 1，如果小于 5 则舍去。

⑤ 求商：商求到要求的精确度为止，即压尾档的前两档为余数，并目测进行商数的尾数处理。

⑥ 答案：看盘写答案。

【例1】328 947.15 ÷ 5 173 249.86 = 0.0636（精确到 0.0001）

用固定个位档定位方法定位，不隔位商除法运算。

运算步骤：

① 用截取公式求出参加运算的位数 6 - 7 + 4 + 2 = 5（位）。按固定的个位档"m - n"拨被除数 32 895 入盘，默记除数 51732，尾数 2 后拨上下珠全部靠梁作为压尾档。

② 用被除数和除数首位数相比，不够除本位商，即将首位数 3 改成 6，从商本位起减 6 × 51 723 的积，余数为 1 856。

③ 用余数和除数首位数相比，不够除本位商，将余数首位数 1 改成 3，从商本位起减 3 × 51 723 的积，余数为 304。

④ 用余数和除数首位数相比，不够除本位商，将余数首位数 3 改成 5，从商本位起减 5 × 51 723 的积，余数为 45。

⑤ 截止档前两位数为 45，小于除数的前两位数 51，不再计算下去。目测余数 45 加倍大于除数前两位数 51，故商的末位数应加 1。

⑥ 按规定精确度 0.0001，根据盘面即得商数为 0.0636。

盘示定位：Q'=M-N=6-7=-1（位）		4 3 2 1 0 -1 -2 -3
置数：把被除数从-1位档布入； 估商：被3＜5，不够除本位商，将首位数3改成6； 乘减：6×5 173=31 038		· · · ｜ ｜ ｜ ｜ ｜ ｜ ｜ ｜ ｜ 　　　　　　　　3 2 8 9 5 　　　　　　　　6 - 　　　　　　　　3 0 　　　　　　　　　0 6 　　　　　　　　　　4 2 　　　　　　　　　　1 8
估第二位商，被1＜5，将余数首位数1改成3； 乘减：3×5 173=15 519	余数	1 8 5 7 　　3 - 　　1 5 5 2
估第三位商，被3＜5，不够除本位商，将首位数3改成5 乘减：5×5 173=25 865	余数	3 0 5 　　5 - 　　2 5 9
目测余数 45 加倍大于除数前两位数 51，故商的末位数应加1		4 4
	商：	0. 0 6 3 5

【例2】986 745.32÷480 391.27=2.05（精确到0.01）

用固定个位档定位方法定位，隔位商除法运算。

运算步骤：

① 用截取公式求出参加运算的位数 6-6+2+2=4。按固定的个位档"m-n-1"拨被除数9 867入盘，默记除数4 804，尾数7后拨上下珠全部靠梁作为压尾档。

② 用被除数和除数首位数相比，够除隔位商，即隔位置商数2，从商的下一档起减2×4，804的积，余数为259。

③ 用余数和除数首位数相比，不够除前位置商数5，从商的下一档起减5×4 804的积，余数为19。

④ 截止档前两位数为19，小于除数的前两位数48，不再计算下去。目测余数19加倍小于除数前两位数48，根据盘面即得商数为2.05。

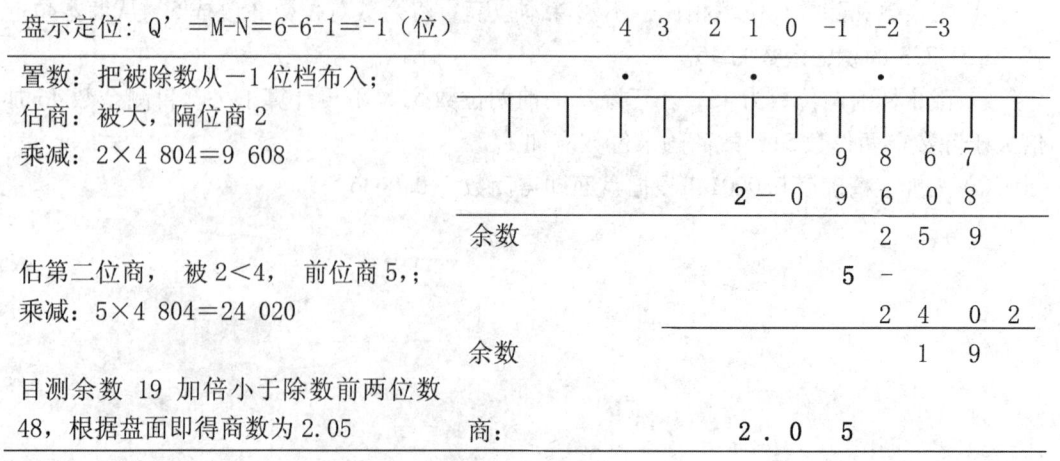

盘示定位：Q'=M-N=6-6-1=-1（位）		4 3 2 1 0 -1 -2 -3
置数：把被除数从-1位档布入； 估商：被大，隔位商2 乘减：2×4 804=9 608		· · · ｜ ｜ ｜ ｜ ｜ ｜ ｜ ｜ ｜ 　　　　　　9 8 6 7 　　　　2 - 0 9 6 0 8
	余数	2 5 9
估第二位商，被2＜4，前位商5，； 乘减：5×4 804=24 020		5 - 　　2 4 0 2
	余数	1 9
目测余数 19 加倍小于除数前两位数 48，根据盘面即得商数为2.05	商：	2. 0 5

【实训】

计算以下各题（精确到 0.01）：

1. 48 205 913÷2 890 645＝
2. 7 506 132÷568 423＝
3. 40 289 356÷32 847 956＝
4. 7 856 023÷12 397 856＝
5. 958 436.27÷812 573.69＝
6. 980 563.47÷523 694.78＝
7. 37 486.95÷107 423.86＝
8. 103 428.65÷31 856.94＝
9. 593 241.67÷32 760.84＝
10. 658 713.29÷437 015.86＝

2. 补数除法。

补数除法是除法的一个体系。当除数接近余 10 的 n 次方时，可以选用补数除法，其具体计算方法很多，这里只介绍"凑齐"补数的简算法。

这种方法的计算特点是：把除数凑成一个齐数（10 的 n 次方）去除被除数，自左向右一档一档地除下去，每得一位商数，就在被除数中减去商与"凑齐"的除数的乘积，同时将除数中因"凑齐"而多减的补数加还到被除数的相应档位上去，使被除数中所减去的仍是商与除数的乘积。

这种方法一般用于除数的原数大，补数小，接近于整数的数值，如：98，94，997，986，9 995，9 898 等。"凑齐"的补数越小，其运算就越方便迅速。

由于除数很接近 10^n，每一位商数显然与被除数极为接近，可以用被除数。

就等于减去 6 000，再加上 3×6 的积，即在运算上把被除数最高位 6 留在原档当作试商，它意味着已从被除数中减去了 6 000，所以，只要在相应档次上加上除数补数的 6 倍就可以了。

加积时，加积档次是：试商与除数的第几位上的补数相乘，其乘积的个位数就加在试商的右几档上，十位在其左一挡。加积后若出现被除数的余数大于或等于原来的除数时，就应补商，补商时仍按不隔位商除法运算，即"够除挨位商"，一位试商运算完毕后，余数小于原除数，试商即为所求商数。

【例 1】 91 852 436÷9 997＝9 188

用固定个位档定位方法定位，不隔位商除法运算。

运算步骤：

① 用除数 9 997 凑齐后为 10 000，补数为 0003 按"m－n"拨被除数 91 852 436 入盘，默记除数 9 997 的补数 0003。

② 用被除数首位数"9"作为第一位试商，即从商右档起加 9×0003 的积 0027，余数为 1 879 436 余数前四位 1 879 小于除数 9 997，试商成功。

③ 用余数首位数"1"作为第二位试商，即从商右档起加 1×0003 的积 0003，余数为 879 736 余数前四位 8 797 小于除数 9 997，试商成功。

④ 用余数首位数"8"作为第三位试商，即从商右档起加 8×0003 的积 0024，余数为 79 976 余数前四位 7 997 小于除数 9 997，试商成功。

⑤ 用余数首位数"7"作为第四位试商，即从商右档起加 7×0003 的积 0021，余数为 9 997 和除数 9 997 相等，须补商。

⑥ 余数为9 997和除数9 997相等，则挨位上商1在商后不隔位减除数9 997，第四位商数试商成功，根据盘面得商数9 188。

盘示定位：Q'＝M-N=8-4=4（位）

置数：把被除数从+4位档布入；

① 用被除数首位数"9"作为第一位试商，即从商右档起加9×0003的积0027

② 用余数首位数"1"作为第二位试商，即从商右档起加1×0003的积0003

③ 用余数首位数"8"作为第三位试商，即从商右档起加8×0003的积0024

④ 用余数首位数"7"作为第四位试商，即从商右档起加7×0003的积0021

⑤ 余数为9 997和除数9 997相等，则挨位上商1在商后不隔位减除数9 997

根据盘面得商数9 188

```
            4  3  2  1  0 -1 -2 -3
                  •     •     •
            |  |  |  |  |  |  |  |
               9  1  8  5  2  4  3  6
              9+
                     0  0  2  7
      ─────────────────────────────
      余数      1  8  7  9  4  3  6
                  1+
                        0  0  0  3
      ─────────────────────────────
      余数         8  7  9  7  3  6
                     8+
                           0  0  2  4
      ─────────────────────────────
      余数            7  9  9  7  6
                        7+
                              0  0  2  1
      ─────────────────────────────
      余数               9  9  9  7
                           8 -
                              9  9  9  7
      ─────────────────────────────
      商         9  1  8  8
```

【例2】98 324.59÷976＝100.74

用固定个位档定位方法定位，隔位商除法运算。

① 用除数976凑齐后为1 000，补数为024按"m-n-1"拨被除数98 324.59入盘，默记除数976的补数024。

② 用被除数前三位数983，大于除数976，够除隔位上商数"1"，从商右档减1×976的积976，余数为72 459。

③ 用余数首位数"7"作为第二位试商，左移一档，从商右隔档加7×024的积168，余数为4 139 余数前三位413 小于除数976，试商成功。

④ 用余数首位数"4"作为第三位试商，左移一档，从商右隔档加4×024的积096，余数为235，余数235小于除数976，试商成功。

⑤ 至此两位小数已求出，余数235小于除数976，不用再计算，通过目测余数23加倍小于除数前两位97，舍去，根据盘面得商数100.75。

盘示定位：Q'＝M-N-1＝5-3-1＝1（位）

	4	3	2	1	0	-1	-2	-3

置数：把被除数从＋1位档布入；

① 用被除数前三位数 983，大于除数 976，够除隔位上商数"1"，从商右档减 1×976 的积 976

```
                9 8 3 2 4 5 9
            1-
              0 9 7 6
```

② 用余数首位数"7"作为第二位试商，左移一档，从商右隔档加 7×024 的积 168

```
余数            7 2 4 5 9
          7+
              1 6 8
```

③ 用余数首位数"4"作为第三位试商，左移一档，从商右隔档加 4×024 的积 096

```
余数              4 1 3 9
          4+
                0 9 6
```

④ 用余数 235 小于除数 976，不用再计算，通过目测余数 23 加倍小于除数前两位 97，舍去

```
余数                2 3 5
```

根据盘面得商数 9 188

商　　　　　1　0　0．7　4

【实训】

计算以下各题（精确到0.01）：

1. 7 614÷9.95　　　　2. 5 238÷99.6

3. 0.6823÷99.3　　　4. 84.67÷9.95

5. 27 950÷903　　　　6. 93 240÷991

7. 0.7618÷0.9995　　 8. 24 380÷9 993

9. 1 864÷999.4　　　10. 5 302÷9 996

珠算技术等级鉴定模拟练习题

除 算

普通四级每10题限时5分钟

	除 算		保留两位小数,以下四舍五入
一	55 024	÷ 724=	
二	31 278	÷ 39=	
三	294 476	÷ 809=	
四	293 080	÷ 431=	
五	2.4945	÷ 0.63=	
六	57 980	÷ 65=	
七	363 426	÷ 714=	
八	9 729	÷ 207=	
九	4.1969	÷ 5.36=	
十	33 810	÷ 805=	

	除 算		保留两位小数,以下四舍五入
一	38 315	÷ 79=	
二	73 304	÷ 308=	
三	30 150	÷ 45=	
四	43 216	÷ 584=	
五	24.156	÷ 3.92=	
六	17 306	÷ 34=	
七	87 711	÷ 507=	
八	173 232	÷ 216=	
九	139 722	÷ 803=	
十	2.2704	÷ 9.26=	

	除 算		保留两位小数,以下四舍五入
一	47 270	÷ 815=	
二	37 758	÷ 93=	
三	111 548	÷ 706=	
四	4.03926	÷ 4.82=	
五	17 136	÷ 504=	
六	43 052	÷ 47=	
七	457 520	÷ 602=	
八	104 601	÷ 357=	
九	19 632	÷ 48=	
十	0.4795	÷ 0.194=	

	除 算		保留两位小数,以下四舍五入
一	19 722	÷ 519=	
二	45 066	÷ 74=	
三	26 274	÷ 302=	
四	38 420	÷ 85=	
五	59.7887	÷ 6.34=	
六	114 367	÷ 407=	
七	51 936	÷ 541=	
八	6 984	÷ 36=	
九	541 440	÷ 768=	
十	0.141762	÷ 0.209=	

	除 算		保留两位小数,以下四舍五入
一	13 018	÷ 46=	
二	570 580	÷ 607=	
三	164 352	÷ 192=	
四	17 304	÷ 56=	
五	7.01495	÷ 8.34=	
六	48 042	÷ 306=	
七	12.079	÷ 257=	
八	27 404	÷ 34=	
九	5.7437	÷ 0.902=	
十	60 120	÷ 835=	

	除 算		保留两位小数,以下四舍五入
一	23 865	÷ 645=	
二	29 036	÷ 34=	
三	97 308	÷ 901=	
四	3.04546	÷ 0.825=	
五	119 288	÷ 403=	
六	40 614	÷ 967=	
七	40 132	÷ 79=	
八	386 840	÷ 509=	
九	15 132	÷ 78=	
十	3.22547	÷ 6.13=	

珠算技术等级鉴定模拟练习题

除　算

普通四级每10题限时5分钟

	除　算		保留两位小数，以下四舍五入
一	49 131	÷ 309=	
二	434 217	÷ 713=	
三	44 786	÷ 98=	
四	3.1266	÷ 4.93=	
五	394 680	÷ 506=	
六	28 388	÷ 47=	
七	573 160	÷ 805=	
八	52 605	÷ 63=	
九	52 142	÷ 841=	
十	5.4267	÷ 5.67=	

	除　算		保留两位小数，以下四舍五入
一	57 744	÷ 72=	
二	34 733	÷ 519=	
三	433 920	÷ 904=	
四	3.60511	÷ 3.86=	
五	22 413	÷ 241=	
六	58 515	÷ 83=	
七	33 534	÷ 207=	
八	7.1632	÷ 0.751=	
九	36 530	÷ 65=	
十	383 834	÷ 803=	

	除　算		保留两位小数，以下四舍五入
一	198 708	÷ 348=	
二	29 184	÷ 96=	
三	22 161	÷ 267=	
四	143 558	÷ 802=	
五	2.07619	÷ 0.451=	
六	65 970	÷ 74=	
七	14 252	÷ 509=	
八	177 660	÷ 378=	
九	1.96678	÷ 6.03=	
十	52 530	÷ 85=	

	除　算		保留两位小数，以下四舍五入
一	26 448	÷ 76=	
二	74 888	÷ 814=	
三	4.5485	÷ 0.631=	
四	268 830	÷ 309=	
五	20 703	÷ 67=	
六	45 125	÷ 95=	
七	35 088	÷ 408=	
八	18 460	÷ 284=	
九	2.2725	÷ 0.507=	
十	131 831	÷ 259=	

	除　算		保留两位小数，以下四舍五入
一	27 365	÷ 421=	
二	24 024	÷ 78=	
三	533 877	÷ 709=	
四	41 820	÷ 615=	
五	1.66925	÷ 6.75=	
六	325 875	÷ 869=	
七	64 224	÷ 72=	
八	494 676	÷ 604=	
九	26 076	÷ 53=	
十	3.8917	÷ 0.903=	

	除　算		保留两位小数，以下四舍五入
一	133 045	÷ 451=	
二	308 688	÷ 708=	
三	3.9968	÷ 0.472=	
四	39 347	÷ 49=	
五	16 576	÷ 28=	
六	433 440	÷ 602=	
七	809 991	÷ 903=	
八	7 498	÷ 163=	
九	5.9525	÷ 8.35=	
十	47 795	÷ 79=	

珠算技术等级鉴定模拟练习题

除 算

普通四级每10题限时5分钟

	除　算		保留两位小数,以下四舍五入
一	26 418	÷ 714=	
二	418 110	÷ 905=	
三	53 568	÷ 62=	
四	15 7412	÷ 4.08=	
五	73 075	÷ 79=	
六	60 732	÷ 723=	
七	12 727	÷ 89=	
八	51 075	÷ 681=	
九	2.1324	÷ 2.35=	
十	261 950	÷ 403=	

	除　算		保留两位小数,以下四舍五入
一	461 720	÷ 485=	
二	13 167	÷ 63=	
三	45 066	÷ 518=	
四	28 512	÷ 36=	
五	28.3014	÷ 6.74=	
六	292 817	÷ 709=	
七	58 432	÷ 83=	
八	313 720	÷ 506=	
九	1.28236	÷ 2.09=	
十	246 330	÷ 714=	

	除　算		保留两位小数,以下四舍五入
一	204 204	÷ 561=	
二	76 670	÷ 902=	
三	1.4438	÷ 0.24=	
四	52 494	÷ 673=	
五	41 246	÷ 82=	
六	24 388	÷ 364=	
七	375 360	÷ 408=	
八	394 158	÷ 537=	
九	49 664	÷ 97=	
十	7.348	÷ 7.05=	

	除　算		保留两位小数,以下四舍五入
一	242 572	÷ 407=	
二	19 782	÷ 314=	
三	45 568	÷ 64=	
四	12.8454	÷ 6.18=	
五	43 165	÷ 89=	
六	34 314	÷ 903=	
七	22 825	÷ 275=	
八	53 550	÷ 85=	
九	27.0654	÷ 2.79=	
十	125 763	÷ 407=	

	除　算		保留两位小数,以下四舍五入
一	66 792	÷ 726=	
二	8.2518	÷ 9.02=	
三	40 296	÷ 69=	
四	838 992	÷ 908=	
五	18 564	÷ 26=	
六	51 282	÷ 814=	
七	153 824	÷ 304=	
八	29 778	÷ 42=	
九	15.3758	÷ 2.97=	
十	397 120	÷ 584=	

	除　算		保留两位小数,以下四舍五入
一	440.000	÷ 625=	
二	43 536	÷ 907=	
三	48.128	÷ 5.26=	
四	24.274	÷ 53=	
五	610 280	÷ 803=	
六	129 162	÷ 209=	
七	53 704	÷ 548=	
八	7.4715	÷ 0.93=	
九	18 564	÷ 714=	
十	25 606	÷ 62=	

珠算技术等级鉴定模拟练习题

除　算

普通一级每10题限时5分钟

	除　算	保留两位小数，以下四舍五入
一	306 611 ÷ 379 =	
二	5 146 478 ÷ 1 258 =	
三	2 177.1523 ÷ 13.5 =	
四	40 269 312 ÷ 78 651 =	
五	226.28259 ÷ 9.18 =	
六	48 085 962 ÷ 80 546 =	
七	2 946 696 ÷ 4.162 =	
八	16.56407 ÷ 0.027 =	
九	2 480 953 ÷ 5 893 =	
十	69.37775 ÷ 0.724 =	

	除　算	保留两位小数，以下四舍五入
一	73 332.4069 ÷ 486 =	
二	3 408 738 ÷ 4 359 =	
三	1 074.2115 ÷ 17.8 =	
四	319 248 ÷ 2 956 =	
五	5 948 096 ÷ 15 904 =	
六	1 370 339 ÷ 1 657 =	
七	39.35194 ÷ 0.408 =	
八	904 464 ÷ 176 =	
九	15.57991 ÷ 0.049 =	
十	6 077.984 ÷ 24 508 =	

	除　算	保留两位小数，以下四舍五入
一	141.45957 ÷ 3.67 =	
二	2 248 112 ÷ 6 854 =	
三	17 466.77 ÷ 18.9 =	
四	8 668 302 ÷ 51 906 =	
五	2 423 590 ÷ 2 678 =	
六	30.27792 ÷ 0.531 =	
七	2 481 988 ÷ 3 452 =	
八	5.769364 ÷ 0.3093 =	
九	14 346 912 ÷ 40 528 =	
十	2 612 397 ÷ 317 =	

	除　算	保留两位小数，以下四舍五入
一	55.92567 ÷ 4.53 =	
二	975 456 ÷ 4.516 =	
三	30 685.52 ÷ 67.9 =	
四	1 577 576 ÷ 2 758 =	
五	1 217 056 ÷ 18 064 =	
六	1 919 552 ÷ 5 392 =	
七	128.8554 ÷ 0.187 =	
八	5 381 475 ÷ 825 =	
九	2.13105 ÷ 0.031 =	
十	20 163 671 ÷ 63 209 =	

	除　算	保留两位小数，以下四舍五入
一	6 063 049 ÷ 20 693 =	
二	2 061 808 ÷ 7 184 =	
三	3 483.4806 ÷ 7.56 =	
四	246 125 ÷ 1 375 =	
五	3 281.5967 ÷ 39.1 =	
六	2 440 592 ÷ 4 258 =	
七	25.43561 ÷ 0.062 =	
八	6 867.413 ÷ 917 =	
九	84.13064 ÷ 0.906 =	
十	11 915 658 ÷ 57 843 =	

	除　算	保留两位小数，以下四舍五入
一	28 727 352 ÷ 537 =	
二	2 700 672 ÷ 12 984 =	
三	3 762 297 ÷ 5 607 =	
四	836.2625 ÷ 4.91 =	
五	7 463 424 ÷ 8 256 =	
六	5 238.64 ÷ 70.2 =	
七	1 610 455 ÷ 4 183 =	
八	37.26485 ÷ 0.049 =	
九	26 313 955 ÷ 60 215 =	
十	32.65135 ÷ 0.398 =	

珠算技术等级鉴定模拟练习题

除 算

普通一级每10题限时5分钟

	除　算	保留两位小数,以下四舍五入
一	5 181 639 ÷	573=
二	1 791 120 ÷	816=
三	6 012 503 ÷	6 349=
四	1 878 128 ÷	328=
五	654 515 ÷	1 657=
六	595.14882 ÷	0.976=
七	44 780.093 ÷	840.96=
八	53 475 528 ÷	732=
九	0.021 184 ÷	.0129=
十	15 738.48 ÷	3 290.5=

	除　算	保留两位小数,以下四舍五入
一	999 774 ÷	134=
二	10 154 354 ÷	19 603=
三	2 676 375 ÷	4 875=
四	3 435.7947 ÷	3.92=
五	4 230 654 ÷	6 018=
六	598.4799 ÷	42.7=
七	5 484 801 ÷	5 637=
八	5.37941 ÷	0.073=
九	6 776 1375 ÷	82 135=
十	243.9167 ÷	0.968=

	除　算	保留两位小数,以下四舍五入
一	10 258 168 ÷	974=
二	12 264 665 ÷	12 605=
三	1 192 217 ÷	4 069=
四	796.7852 ÷	8.17=
五	2 219 862 ÷	5 298=
六	4 086.89 ÷	25.1=
七	1 015 245 ÷	3 465=
八	4.93533 ÷	0.082=
九	60 436 848 ÷	61 923=
十	17.53434 ÷	0.437=

	除　算	保留两位小数,以下四舍五入
一	1 436 764 ÷	194=
二	4 349 231 ÷	719=
三	26 205 176 ÷	8.251=
四	625 641 ÷	347=
五	0.619373 ÷	0.0792=
六	12 532 936 ÷	962=
七	1 736 526 ÷	5 478=
八	504 7042 ÷	6.35=
九	25.738925 ÷	4.7093=
十	29.9788 ÷	6 390.2=

	除　算	保留两位小数,以下四舍五入
一	290.5543 ÷	5.91=
二	25 308 928 ÷	27 904=
三	5 430 550 ÷	7 825=
四	6.742941 ÷	0.213=
五	9 140 745 ÷	10 947=
六	6 096 739 ÷	6 479=
七	1.379138 ÷	0.098=
八	2 687 586 ÷	5 682=
九	2 159.0841 ÷	57.3=
十	828 022 ÷	946=

	除　算	保留两位小数,以下四舍五入
一	11 484 072 ÷	216=
二	51 621 724 ÷	748=
三	1 153 152 ÷	572=
四	46 007.78 ÷	497=
五	3 089 240 ÷	8 024=
六	3 753 255 ÷	7 935=
七	1 776 729 ÷	681=
八	13.84808 ÷	3.0269=
九	0.37296 ÷	0.0458=
十	4 160.66 ÷	580.43=

珠算技术等级鉴定模拟练习题

除 算

普通一级每 10 题限时 5 分钟

	除　算	保留两位小数，以下四舍五入
一	6 798.2838 ÷ 24.7 =	
二	4 469.874 ÷ 5 498 =	
三	634.55195 ÷ 67.1 =	
四	508 109 ÷ 2 503 =	
五	37 521 424 ÷ 41 506 =	
六	1 603 701 ÷ 1 837 =	
七	77.41579 ÷ 0.816 =	
八	8 052 902 ÷ 962 =	
九	23.80519 ÷ 0.064 =	
十	25 414 857 ÷ 32 049 =	

	除　算	保留两位小数，以下四舍五入
一	303.1994 ÷ 6.43 =	
二	2 821 728 ÷ 3.458 =	
三	25 062.47 ÷ 28.7 =	
四	378 120 ÷ 2.76 =	
五	10 276 256 ÷ 18 092 =	
六	2 331 183 ÷ 7 129 =	
七	29.29137 ÷ 0.546 =	
八	2 538 965 ÷ 871 =	
九	22.40661 ÷ 0.093 =	
十	21 553 905 ÷ 35 047 =	

	除　算	保留两位小数，以下四舍五入
一	6 182 820 ÷ 735 =	
二	2 337 375 ÷ 813 =	
三	6 059 099 ÷ 6 439 =	
四	2 214 656 ÷ 328 =	
五	663 300 ÷ 1 675 =	
六	589.69981 ÷ 0.967 =	
七	4 389.7219 ÷ 480.96 =	
八	42 432 369 ÷ 573 =	
九	0.043526 ÷ 0.279 =	
十	1 081 076.76 ÷ 2 309.4 =	

	除　算	保留两位小数，以下四舍五入
一	135 751 ÷ 287 =	
二	26 695 592 ÷ 93 016 =	
三	51.68635 ÷ 7.851 =	
四	5 491 622 ÷ 694 =	
五	565 362 ÷ 1 923 =	
六	2 863.28197 ÷ 32.7 =	
七	2 241 975 ÷ 4 175 =	
八	5.091044 ÷ 1.054 =	
九	43 803 968 ÷ 72 046 =	
十	60.98577 ÷ 0.589 =	

	除　算	保留两位小数，以下四舍五入
一	1 753 641 ÷ 813 =	
二	10.54227 ÷ 0.278 =	
三	3 356 802 ÷ 13 814 =	
四	2 870 388 ÷ 6 738 =	
五	2 324.62901 ÷ 2.67 =	
六	2 129 457 ÷ 4 103 =	
七	5 847.98601 9 ÷ 81.4 =	
八	2 410 152 ÷ 2 586 =	
九	50.10541162 ÷ 0.096 =	
十	23 292 240 ÷ 54 168 =	

	除　算	保留两位小数，以下四舍五入
一	154.01863 ÷ 4.35 =	
二	2 936 052 ÷ 5 348 =	
三	32 622.0348 ÷ 76.1 =	
四	974 820 ÷ 3 165 =	
五	9 623 581 ÷ 16 507 =	
六	164.29747 ÷ 0.397 =	
七	5 609 638 ÷ 7 802 =	
八	3.600699 ÷ 0.048 =	
九	29 181.537 ÷ 42.109 =	
十	944 877 ÷ 573 =	

【任务五】 珠算式脑算技能

一、珠算式脑算概述

　　脑算是人的基本技能，它对培养人的能力和发展智力有着广泛的实用意义。珠算式脑算就是大脑中以珠算表象为载体，运用珠算的运算方法而进行的脑算。它是珠算功能的延伸，是珠算技能的高级阶段。当人们直接看到算珠时，大脑中会产生算珠的形象，称为算珠映象；当算珠映象能保存在人的记忆中，虽然没有直接看到算珠，也能想像再现出算珠形象，成为算珠表象。在珠算运算过程中可能会在大脑中形成算珠活动的表象，珠算越熟练，这种算珠表象会越清晰。为了使珠算表象能在人的大脑中保持暂时的记忆，并能进行算珠的加法和减法运算，就必须进行珠算和珠算式脑算的学习和练习，从而最终形成珠算式脑算，摆脱算盘。

　　珠算式脑算熟练以后，它不受能源、计算工具等诸多因素的限制，越来越受到人们的重视和普遍关注。实践表明，珠算式脑算不仅可以开发人的智力，还有着广泛的应用基础，因此，我们要把珠算式脑算学习好。

　　珠算式脑算就运算程序和法则而论就是珠算，它实际上就是珠算式脑算的教学和训练方法，就是将珠算移入脑中，由静珠变动珠并进行计算。

（一）珠算式脑算基本功

　　听数、看数、记数及珠数互译的能力是珠算式脑算的基本功，学习珠算式脑算必须加强听数、看数、记数以及珠算互译能力的练习，只有这样才能将数字记牢，映在脑中。如基本功不扎实，会影响脑算的速度和准确度，因此学习者应扎扎实实地练习，先练听数，再练看数，强化珠数互译能力，使自己在脑中形成较深刻的算盘图像。

（二）培养听数、看数、记数及珠数互译的能力

1. 听数、记数练习。

（1）要求。

达到听到五位数或六位数时能一次记牢。

（2）方法。

学习时，从读书开始，一人报数或播放录音机。开始练习时，速度不宜过快，且报数发音准确、清晰、不要重复，令学生想象算珠形象。

（3）训练。

听数、记数练习可分为三个阶段进行训练。

第一阶段：位数较少，一般以两三位数为宜。

例：

（一）	（二）	（三）	（四）
46	75	68	99

27	39	21	347
35	24	39	36
18	63	43	281
49	16	76	145
67	25	92	63
23	47	85	578
84	82	13	694
19	54	69	25
72	95	28	47

第二阶段：数位由两三位增至三四位。

例：

（一）	（二）	（三）	（四）
639	7 865	248	4 682
2 704	912	905	715
3 185	470	8 374	204
436	3 894	4 295	9 376
7 829	2 736	7 013	3 048
104	813	649	739
5 723	9 037	378	1 482
418	951	2 054	347
2 539	1 075	236	296
7 124	438	8 407	5 713

第三阶段：在第二阶段的基础上数位增至五六位，此阶段较为关键。

例：

（一）	（二）	（三）	（四）
14 316	46 038	27 816	35 612
59 467	72 415	453 128	43 078
306 841	39 752	96 037	29 461
61 075	804 913	629 413	854 912
378 236	27 846	816 579	760 835
46 702	572 913	45 381	34 762
194 073	64 795	137 218	902 413
53 847	4 920 807	90 432	65 701
70 419	17 426	75 618	249 375
47 823	684 751	14 025	13 416

2. 看数、记数练习。

(1) 要求。

六位数以下的数字，做到看一眼就能在大脑中保持暂时记忆。

（2）方法。

用事先准备的数字卡片，一人手持，不要重复，若干人看数、记数；或者利用较为先进的电化教学设备，如幻灯片等进行教学。

（3）训练。

看数、记数练习也可分为三个阶段进行：第一阶段两三位数，第二阶段三四位数，第三阶段五六位数。看数、记数是珠算式脑算的基础，对于提高脑算技术水平有很大的作用。

例：	第一阶段	第二阶段	第三阶段
	45	7 281	42 016
	19	436	307 895
	28	275	63 047
	704	6 048	29 465
	372	963	486 329
	61	1 825	705 893
	185	576	57 082
	36	5 739	90 437
	482	412	249 085
	67	603	71 324

3. 算珠表象由净到动（珠数互译能力训练）。

珠算式脑算方法主要是把保持在大脑中的算珠表象由"静珠"状态转化成"动珠"状态，这一点是珠算式脑算的关键。可进行如下练习：

（1）算盘辅助练习。

为了加深算珠表象在脑中的映象，可采用算盘（图）辅助练习。具体的练习方法为：面对算盘，一人念数，让学生凝视算珠，令学生想象算珠形象，逐渐加深算珠表象在脑中的映象，达到能马上说出脑算盘中所表示的数字。辅助练习是学习珠算式脑算的基础，练习时一定要循序渐进，位数由少到多，速度由慢逐渐加快，反复练习，以打下脑珠算较扎实的基础。

（2）拨空练习。

在完成了第一阶段的听数、看数、记数练习后，达到当听到或看到六位数一下的数字时，能迅速在大脑中译成算珠，在脑中浮现出来"虚珠"图形——算珠表象。具体练习为：用表象作用加减百子，可闭目盲打诱发"动珠"形象。练习时，注意不要将手指拨珠的形象加入期间，只许保留动珠的形象。通过闭目拨空练习，发展到睁眼拨空，再练看数拨空，循序渐进，算珠表象由模糊到清晰，逐步使算珠由静珠码发展到动珠码。

（3）算珠表象由静到动。

在熟练掌握珠算运算方法后，通过以上各阶段练习，逐渐在脑中建立静珠映象。在听数、看数、记数、算盘（图）辅助与拨空练习的基础上，通过反复练习达到条件反射，就会发生质的变化：算珠表象由静态转化为动态。

二、加减脑算

加减脑算是珠算式脑算其他运算方法的基础。珠算式脑算练习应从加减脑算开始，先练习听数脑算，再练习看数脑算，也可交替进行练习；数位由一位数向多位数过渡。数位过渡难度较大，练习时一定要循序渐进，由浅入深，为乘除脑算打下基础。

（一）听数脑算

听数脑算是经报数后，将听到的数在脑中进行珠算式运算。听数脑算的练习，也应从少到多，由简到繁。一开始控制在十笔数以内，待熟悉后逐渐增加，速度由慢到快，由闭目拨空配合听数脑算到不闭目拨空配合听数脑算。待准确率达到一定程度后，再发展到更高的脑算境界——静听脑算。最后达到准确报出计算结果。

（二）看数脑算

看数脑算是在听数脑算达到一定熟练程度的基础上进行的。看数脑算也应遵照循序渐进的原则，一开始也应控制在十笔数以内；数位也从少到多，逐渐增加；速度由慢到快，手指由拨空模拟拨珠逐步过渡到摆脱拨空动作，不要有拨珠动作，最后口报或书写算题的答数。

（三）珠算式脑算加减法练习

经过听数脑算、看数脑算的练习，达到脑中图像清晰，并保持暂时记忆，这时就可以在脑中直接将加减数的拨珠动作显现出来并进行脑算。在练习过程中、一定要用珠算技术的运算程序和运算法则进行计算，切勿用笔算方法进行脑算。

多位数加减脑算、由于位数较多，给珠算式脑算曾大了难度。为了便于脑算，竖式加减算题运算的方法较多，较常见的是看数脑算分节加减法。其运算的要领是：

分节运算。先右后左、由上而下、逐形相加、遇减抵消、进数入尾。

【例1】

$$
\begin{array}{r}
1\ 975 \\
48\ 617 \\
7\ 620\ 189 \\
9\ 843 \\
573\ 016 \\
4\ 810\ 239 \\
270\ 643 \\
36\ 019\ 754 \\
5\ 847\ 902 \\
2\ 365 \\
8\ 371\ 624 \\
206\ 943 \\
70\ 492\ 315 \\
50\ 839
\end{array}
$$

$$\begin{array}{r}3\ 186\\9\ 806\ 541\\94\ 521\ 706\\74\ 852\\825\ 063\\+\ \ \ \ 20\ 619\\\hline 282\ 902\ 371\end{array}$$

运算步骤：

① 先将算题分为三节。

第一节	第二节	第三节
1	1	975
7	48	617
48	620	189
36	9	843
5	573	016
8	102	379
70	270	643
9	019	754
94	847	902
	2	365
	371	624
	206	943
	492	315
	50	839
	3	186
	806	541
	521	706
	74	852
	825	063
	52	619

② 用脑算盘计算。

从第三节开始，由上到下，逐行相加，一直加到最底行，得数 11 371，写最后一节三个数字 371，将进位数 11 并入第二节计算。

再算第二节，由上而下，得数 5 902，写一节三个数字 902，将进位数 5 并入第一节计算。

最后算第一节，同样按上述算法，得数 282，三节连起来即为答数 282 902 371。

【例2】

$$
\begin{array}{r}
283\ 564.09 \\
5\ 719.86 \\
82\ 034\ 156.97 \\
-6\ 719\ 520.34 \\
670\ 154.82 \\
-4\ 817\ 309.26 \\
6\ 973.18 \\
78\ 149\ 625.03 \\
-804\ 516.79 \\
1\ 067\ 385.42 \\
-91\ 852.37 \\
47\ 605\ 389.21 \\
-58\ 463.02 \\
93\ 014.26 \\
\underline{5\ 920.47} \\
197\ 430\ 241.53
\end{array}
$$

运算步骤：

① 先将算题分为四节。

② 用脑算盘先右后左，分节计算。

③ 运算时自上而下，逐行相加，遇到减号相互抵消。

首先算第四节，本节得数 253，写小数两位 53，将进位数 2 并入第三节计算。

其次算第三节，本节得数 2 241 写一节三个数字 241，将进位数 2 并入第二节计算。

再次算第二节，本节得数为 1 430 写一节三个数字 430，将进位数 -1 并入第一节计算。

最后算第一节，本节得数 197。

四节数连起来，即为答数 197 430 241.53。

三、脑算乘法

脑算乘法，要首先熟练掌握珠算式脑算加减法和珠算空盘前乘法。学习时，要首先熟练掌握和练习一位数乘法，然后在此基础上训练二位数乘法，并逐渐增加难度。

（一）乘数是一位数的脑算

脑算一位乘法必须在掌握空盘前乘法的基础上进行，运用 0~9 十个数字的个位律和进位律同脑算结合起来，达到一口清求积。

【例1】 $42 \times 4 = 168$，演示如表 2-7 所示。

表2-7　　　　　　　　　　　　　虚盘演示

说明	算档					
	1	2	3	4	5	6
1. 看出4×4的单积16浮现脑中	1	6				
2. 看出2×4单积08浮现脑中		0	8			
3. 错位相加，得全积	1	6	8			

经定位，答数为168。

【例2】139×6=834，演示如表2-8所示。

表2-8　　　　　　　　　　　　　虚盘演示

说明	算档					
	1	2	3	4	5	6
1. 看出1×6的单积06浮现脑中	0	6				
2. 看出3×6的单积18浮现脑中		1	8			
3. 看出9×6的单积54浮现脑中			5	4		
4. 错位相加得全积	0	8	3	4		

经定位，答数为834。

（二）多位数的乘法脑算

多位数乘以多位数的脑算，其实可分解为多个一位数乘法的错位相加。因此，只要熟练掌握多位数乘以一位数脑算的乘积，做到速算一口清，再将几个多位数乘以一位数脑算的乘积错位相加，就能迅速得到全积。

【例1】38×69=2 622，演示如表2-9所示。

表2-9　　　　　　　　　　　　　虚盘演示

说明	算档					
	1	2	3	4	5	6
1. 看出3×69的单积207浮现脑中	2	0	7			
2. 看出8×69的单积552浮现脑中		5	5	2		
3. 错位相加，得全积	2	6	2	2		

经定位，答数为2 622。

【例2】146×529=77 234，演示如表2-10所示。

表 2-10　　　　　　　　　　　　　虚盘演示

说明	算档					
	1	2	3	4	5	6
1. 看出 1×529 的单积 0529 浮现脑中	0	5	2	9		
2. 看出 4×529 的单积 2116 浮现脑中		2	1	1	6	
3. 看出 6×529 的单积 3174 浮现脑中			3	1	7	4
错位相加，得全积	0	7	7	2	3	4

经定位，答数为 77 234。

（三）脑算乘法的练习方法

学习和练习脑算乘法，首先要练好脑算加减法，在此基础上，再刻苦练习多位数乘以一位数的单积一口清，然后将多位数积进行分段记忆，便于脑算盘错位相加。下面简要介绍脑算乘法的练习方法。

1. 单积一口清练习。

先练听算，由于听算的难度较大，所以可先练习闭目模拟拨珠到不闭目模拟拨珠脑算，再由模拟拨珠脑算到摆脱模拟拨珠，最后达到听题脑算一口清。听算熟练后即可练习看题脑算，其运算方法与听算相同，经过反复练习，才能熟练运用。

2. 错位相加练习。

先练习三位数的错位相加，三位数相加必须达到非常熟练的程度，这样在遇到更多的位数相加时，就能三位一分节错位相加。三位数脑算相加熟练后再练习四位数、五位数等的错位相加。

3. 脑算乘法练习。

在熟练了上述分节错位相加的方法后，即可进行命题脑算乘法的练习。练习应由易到难，循序渐进，逐步达到熟练掌握脑算乘法。

四、脑算除法

脑算除法是在熟练掌握一位乘多位的脑算乘法，以及多位数的脑算减法和珠算商除法的基础上进行的，珠算式脑算除法是完全靠脑中的一面虚拟算盘图来进行立商、减积、再立商、再依次乘减，最后得出商数。

（一）一位数脑算除法

珠算式脑算一位除法的熟练掌握是多位数除法学习的关键，因此一定要把一位数脑算除法学习好。

一位数脑算除法运算程序和方法为：

1. 确定位数。

运用商的定位法（M－N 或 M－N＋1）来确立所求商数的位数。

2. 估商。

按照隔位商除法的置商原则"够除隔位商，不够除挨位商"，在脑算盘中立商，记下商数。

3. 乘减。

结合一位数乘多位数脑算，在被除数中减去商数与除数的乘积。减积时一定要对准数位，遇到积得末位有"0"时应特别注意，不能减错位。

4. 减积后牢记余数。

减积后要牢记余数，再按"估商、减积"的方法继续脑算，直到除尽或计算到要求达到的精确度为止。

【例1】 4 375÷7＝625

定位：用 M－N 定位，商的位数为正三位。

虚盘演示如表2－11所示。

表2－11　　　　　　　　　　　虚盘演示

说明	算档					
	1	2	3	4	5	6
1. 被除数拨入算盘			4	3	7	5
2. 挨位立商6，减6×7＝42，得余数		六		1	7	5
3. 挨位立商2，减2×7＝14，得余数			二		3	5
4. 挨位立商5，减5×7＝35，除尽				五		0
脑算盘商数为625，写下答数		六	二	五		

（二）多位数脑算除法

多位数脑算除法难度较大，它要求具有较强的一口清脑算能力，同时又要有较好的多位数脑算减法的能力，在此基础上注意估准商数再减去商与除数的乘积。经过反复的练习，是完全可以掌握的。

【例2】 1 892÷76＝249

（1）用公式定位法定位。商的位数是正三位。

（2）虚盘演示如表2－12所示。

表 2-12　　　　　　　　　　　虚盘演示

说明	算档							
	1	2	3	4	5	6	7	8
1. 被除数入脑算盘			1	8	9	2	4	
2. 挨位商 2，减 2×76 = 152，得余数		二		3	7	2	4	
3. 挨位商 4，减 4×76 = 304，得余数			四		6	8	4	
4. 挨位商 9，减 9×76 = 684，除尽				九			0	
5. 脑算盘结果为 249		二	四	九				

【例 3】854.36÷63.9 = 13.37（保留两位小数）

（1）运用公式定位法定位。商的位数为正二位，第三位小数四舍五入。

（2）虚盘演示如表 2-13 所示。

表 2-13　　　　　　　　　　　虚盘演示

说明	算档							
	1	2	3	4	5	6	7	8
1. 被除数入脑算盘				8	5	4	3	6
2. 隔位商 1 减 1 639 = 639，得余数	一		2	1	5	3	6	
3. 挨位商 3，减 3××639 = 1 917，得余数		三		2	3	6	6	
4. 挨位商 3，减 3×639 = 1 917，得余数			三		4	4	9	
5. 挨位商 7，减 7×639 = 4 473，得余数				七			1	7
6. 余数加倍与除数比较，17×2<639 应舍去							3	4
7. 脑算盘运算本题答案为 13.37	一	三	三	七				

151

（三）脑算除法的练习方法

脑算除法是脑算乘法的继续，它是建立在单积一口清的基础上，运用写商记余方法，即用脑算估商数，脑算盘减积记余数，难度较大，一般多为看数练习。练习方法大致如下：

1. 减法运算练习。

除法运算主要运用减法计算商数与除数的单积。首先练习减法运算，这一点非常关键。一般由两位、三位开始，循序渐进，逐渐增多。

2. 估商练习。

有了一口清乘法作为基础，估商并不困难，只是要注意够除与不够除的估商原则。

3. 估商减积得余练习。

练习难度较大，脑算除法能否熟练掌握，取决于这一环节。估商以后立即用脑算盘减去商数与除数的乘积，记下盘面上的余数，遇到积的末尾有0的，应特别注意，对准数位，不能减错位。

4. 算题练习。

将以上各环节连贯起来，利用卡片或算题进行练习，经过估商、减积、记下余数后，再按照"估商、减积"的方法继续下去，直至除尽或到达要求的精确度为止。

【实训】

一、脑算加减法。

1)	21	38	12	47	36	63	51	92	43	57
+	72	84	59	68	54	74	48	16	25	49

2)	13	25	37	49	58	62	73	84	91	26
+	45	57	63	75	86	93	15	28	39	41

3)	14	62	83	94	60	71	82	95	20	31
+	61	72	80	96	11	23	39	43	57	65

4)	78	59	64	71	58	62	74	32	84	59
+	65	53	29	87	76	81	69	56	75	67

5)	42	86	73	51	60	77	84	53	37	50
+	36	47	68	95	73	28	95	16	49	26

6)	78	65	75	84	73	57	62	79	87	93
−	73	−42	−31	−58	−56	−42	−38	−64	−72	−67

7) 76   85   94   40   51   62   73   19   28   39
 − 45   −73   −25   −36   −49   −27   −57   −15   −26   −25

8) 78   59   64   73   82   67   48   57   73   85
 − 54   −32   −47   −58   −67   −43   −39   −45   −66   −48

9) 47   58   69   75   82   93   56   64   78   81
 − 35   −46   −27   −14   −65   −36   −49   −38   −42   −67

10) 28   39   47   65   74   85   16   37   49   56
 − 19   −24   −33   −49   −68   −79   −14   −25   −39   −48

11) 748   597   318   763   596
 + 327   643   586   387   349

12) 438   162   859   473   694
 + 246   789   537   612   973

13) 619   835   746   509   478
 + 536   196   486   927   812

14) 508   391   724   528   578
 + 329   728   214   952   487

15) 723   872   415   925   831
 + 495   324   768   539   462

16) 948   837   592   867   482
 − 732 −614 −273 −539 −274

17) 319   287   514   328   472
 − 287 −135 −478 −285 −342

18) 874   725   938   569   786
 − 463 −425 −247 −491 −539

19)　　783　　　539　　　462　　　589　　　612
　－　314　　－425　　－247　　－491　　－539

20)　　219　　　394　　　475　　　832　　　197
　－　198　　－286　　－159　　－329　　－246

二、脑算乘法。

1. $15 \times 3 =$　　　　2. $26 \times 4 =$　　　　3. $37 \times 6 =$
4. $49 \times 7 =$　　　　5. $29 \times 8 =$　　　　6. $17 \times 5 =$
7. $43 \times 9 =$　　　　8. $36 \times 2 =$　　　　9. $95 \times 3 =$
10. $28 \times 6 =$　　　11. $18 \times 7 =$　　　12. $26 \times 9 =$
13. $43 \times 8 =$　　　14. $37 \times 4 =$　　　15. $76 \times 3 =$
16. $19 \times 5 =$　　　17. $65 \times 7 =$　　　18. $49 \times 6 =$
19. $37 \times 2 =$　　　20. $47 \times 6 =$　　　21. $57 \times 62 =$
22. $43 \times 27 =$　　　23. $65 \times 87 =$　　　24. $36 \times 16 =$
25. $53 \times 43 =$　　　26. $76 \times 38 =$　　　27. $28 \times 37 =$
28. $46 \times 29 =$　　　29. $34 \times 17 =$　　　30. $58 \times 34 =$
31. $46 \times 86 =$　　　32. $57 \times 73 =$　　　33. $63 \times 24 =$
34. $75 \times 37 =$　　　35. $23 \times 75 =$　　　36. $89 \times 47 =$
37. $76 \times 35 =$　　　38. $64 \times 24 =$　　　39. $57 \times 16 =$
40. $48 \times 67 =$　　　41. $429 \times 375 =$　　42. $804 \times 176 =$
43. $286 \times 439 =$　　44. $529 \times 317 =$　　45. $846 \times 731 =$
46. $376 \times 403 =$　　47. $418 \times 506 =$　　48. $203 \times 607 =$
49. $706 \times 704 =$　　50. $805 \times 307 =$

三、脑算除法。

1. $175 \div 7 =$　　　　2. $285 \div 6 =$　　　　3. $185 \div 5 =$
4. $608 \div 8 =$　　　　5. $156 \div 4 =$　　　　6. $189 \div 7 =$
7. $234 \div 6 =$　　　　8. $608 \div 8 =$　　　　9. $333 \div 9 =$
10. $519 \div 3 =$　　　11. $1\,028 \div 4 =$　　　12. $2\,250 \div 6 =$
13. $1\,408 \div 8 =$　　14. $837 \div 3 =$　　　15. $1\,519 \div 7 =$
16. $1\,548 \div 9 =$　　17. $1\,038 \div 6 =$　　　18. $2\,360 \div 5 =$
19. $1\,274 \div 7 =$　　20. $3\,304 \div 8 =$　　　21. $2\,021 \div 47 =$
22. $2\,124 \div 47 =$　　23. $2\,262 \div 29 =$　　24. $4\,088 \div 56 =$
25. $6\,716 \div 73 =$　　26. $4\,042 \div 86 =$　　27. $3\,404 \div 92 =$
28. $1\,836 \div 27 =$　　29. $2\,415 \div 35 =$　　30. $3\,053 \div 43 =$
31. $27\,648 \div 54 =$　　32. $16\,068 \div 39 =$　　33. $18\,590 \div 26 =$
34. $24\,168 \div 76 =$　　35. $36\,188 \div 63 =$　　36. $13\,248 \div 48 =$
37. $14\,712 \div 24 =$　　38. $39\,494 \div 62 =$　　39. $16\,544 \div 94 =$

40. 16 167 ÷ 51 =   41. 40 593 ÷ 472 =   42. 84 597 ÷ 758 =
43. 51 238 ÷ 623 =   44. 74 319 ÷ 834 =   45. 65 972 ÷ 783 =
46. 54 214 ÷ 408 =   47. 45 592 ÷ 763 =   48. 93 912 ÷ 258 =
49. 51 894 ÷ 961 =   50. 12 782 ÷ 154 =

普通四级　《全国珠算技术等级鉴定标准》鉴定练习题（一）

全卷限时20分钟

加减算

序号	(一)	(二)	(三)	(四)	(五)
	903	174	3 216	925	5 140
	3 710	4 692	674	9 680	561
	386	89 375	6 982	45 197	9 142
	3 097	189	64 350	630	−485
	71 289	1 528	472	−4 708	135 796
	8 640	205	419 538	435	−372
	597	2 047	3 054	95 374	3 241
	6 982	310	492	−203	−48 560
	623 145	7 968	289 730	829 150	603
	857	738 625	172	−863	−9 865
	681 024	536	85 610	6 240	946
	710	34 607	986	−574 012	91
	15 293	124	1 768	2 861	581 207
	4 659	861 045	590	137	820
	5 42	9 304	3 715	−1 978	−78 309
					7 293

序号	(六)	(七)	(八)	(九)	(十)
	8 954	693 218	301	527	502
	325	903	590 234	695 048	2 435
	5 710	4 530	587	8 364	−350
	648	21 983	6 902	−839	1 289
	2 360	408	54 398	8 362	−160
	823	45 670	840	126	684 309
	14 650	962	49 367	−80 542	62 148
	309	3 718	3 179	401	−957
	927 146	974	548	135 079	8 290
	9 087	4 203	7 625	7 263	547
	249	402 851	601 782	−521	−209 361
	295 178	8 615	7 921	4 716	176
	13 760	967	805	−43 097	3 897
	7 381	5 671	3 462	739	−76 184
	467	517	126	−5 091	7 548

乘算（复核：）

序号	乘算
(一)	5 069 × 74 =
(二)	0.46 × 0.2307 =
(三)	721 × 596 =
(四)	0.36 × 84.59 =
(五)	8 247 × 91 =
(六)	50 × 1 368 =
(七)	7 923 × 510 =
(八)	318 × 740 =
(九)	5 401 × 82 =
(十)	891 × 6 234 =

除算

序号	除算
(一)	14 620 ÷ 215 =
(二)	4 630.29 ÷ 970 =
(三)	5 408 ÷ 32 =
(四)	54 096 ÷ 784 =
(五)	17 658 ÷ 162 =
(六)	4 250 ÷ 170 =
(七)	4 182 ÷ 34 =
(八)	480 239 ÷ 563 =
(九)	300.52 ÷ 99 =
(十)	396 240 ÷ 508 =

注：乘、除小题题要求保留小数二位，第三位四舍五入。

沈珠

《全国珠算技术等级鉴定标准》鉴定练习题（二）

普通四级　　全卷限时20分钟

加减算

（一）	（二）	（三）	（四）	（五）
5 043	548	7 048	9 608	6 185
23 780	32 186	41 980	675 024	-760
412	7 934	9 417	597	837 451
43 276	203	503	5 089	9 630
964	976 052	7 190	-847	-406
9 675	9 278	376	5 038	5 082
813	946	310 659	-271	-43 759
593 176	4 725	124	2 387	591
5 941	650	46 238	491	-3 028
790	7 901	752	-16 243	967
2 819	690	4 297	104	736 429
361	65 401	602	51 230	184
8 452	1 387	912 865	-164 793	9 241
560 827	534 810	358	5 236	832
280	183	9 586	-863	-18 207

（六）	（七）	（八）	（九）	（十）
930	762	4 813	2 468	189 507
31 096	805 241	497	302	250
6 425	2 317	2 069	2 197	-2 934
314	132	518	-819	359
4 621	609 854	3 601	6 075	59 726
102	8 027	47 210	874 510	-1 284
249 586	795	302	-625	406
693	41 053	5 497	4 980	-4 518
8 730	987	546	145	751
875 394	71 364	806 395	-96 034	-1 497
865	6 958	63 028	893	271
2 740	695	491	-3 917	-7 036
50 817	4 208	639 782	742 386	620 983
759	930	567	-70 452	86 130
5 127	1 347	5 182	563	386

评判栏

项目	加减算	乘算	除算	合计
答对题数				
评卷员：	复核：		鉴定员：	

单位　　　　　姓　名
准考证号

乘算

序号		
（一）	26.07 ×	0.83 =
（二）	630 ×	849 =
（三）	0.39 ×	76.01 =
（四）	107 ×	598 =
（五）	6 092 ×	53 =
（六）	84 ×	5 961 =
（七）	5 387 ×	402 =
（八）	895 ×	4 127 =
（九）	5 412 ×	70 =
（十）	84 ×	6.237 =

除算

序号		
（一）	269 748 ÷	531 =
（二）	213 2551 ÷	304 =
（三）	7 560 ÷	12 =
（四）	249 183 ÷	297 =
（五）	31 472 ÷	56 =
（六）	298 046 ÷	854 =
（七）	3 120 ÷	260 =
（八）	79 352 ÷	91 =
（九）	3.9088 ÷	8.37 =
（十）	59 714 ÷	409 =

注：乘、除小数题要求保留小数二位，第三位四舍五入。

沈珠

《全国珠算技术等级鉴定标准》鉴定练习题（三）

普通四级　　全卷限时20分钟

单位		项目	加减算	乘算	除算	合计
准考证号	姓名	答对题数				
		评卷：	复核：		鉴定员：	

加减算

序号	(一)	(二)	(三)	(四)	(五)
(一)	8 259	860	698	735	410
	465	9 186	5 417	6 094	1 203
	403 17	824	813 764	-607	490
	264	5 698	603	8 075	748 261
	8 519	749	5 394	-352	-14 590
	765	1 462	2 10	-3 725	479
	6 240	437 120	2 309	982	3 587
	583	70 814	286	8 403	-358
	839 276	7 931	79 315	-624	2 065
	180	219	172	263 481	-928
	519 037	97 082	362 750	-10 753	38 650
	794	3 590	75 879	8 179	2 163
	8 061	653	2 094	925 601	-407
	31 472	746 035	418	-18 469	-3 796
	2 035	352	8 540	946	-529 167

序号	(六)	(七)	(八)	(九)	(十)
	396	6 983	170	728	6 530
	23 918	4 552	6 907	5 842	-802
	297	1 904	625	-725	8 143
	78 15	75 028	4 072	75 694	639
	140 327	713	137	-901	-2 918
	2 489	1 437	5 623	6 480	516 489
	526 810	198	938	608	503
	401	4 065	39 742	-3 791	2 497
	7 295	86 249	8 124	651 408	-914
	346	520	859	8 039	9 407
	4 735	809 135	721 560	-156 473	824
	871	2 689	80 641	617	-28 735
	85 069	753	815 923	53 192	732 160
	4 856	307 164	9 386	720	516
	630	476	405	-9 243	-56 703

乘算

序号	乘
(一)	265 × 814 =
(二)	94.01 × 0.32 =
(三)	19 × 4.386 =
(四)	3 487 × 20 =
(五)	58 × 7.036 =
(六)	430 × 587 =
(七)	692 × 5.710 =
(八)	1 260 × 97 =
(九)	0.71 × 85.49 =
(十)	2 573 × 619 =

除算

序号	除
(一)	149 286 ÷ 417 =
(二)	7.77 ÷ 8.03 =
(三)	348 270 ÷ 390 =
(四)	31 248 ÷ 48 =
(五)	865 920 ÷ 960 =
(六)	161.24 ÷ 2.3 =
(七)	35 968 ÷ 562 =
(八)	13 824 ÷ 16 =
(九)	26 571 ÷ 521 =
(十)	614 250 ÷ 875 =

注：乘、除小数题要求保留小数二位，第三位四舍五入。

沈珠

204-0044

《全国珠算技术等级鉴定标准》鉴定练习题（四）

普通四级　　全卷限时20分钟

单　位				
准考证号		姓　名		

项　目	加减算	乘算	除算	合计
答对题数				

评卷：　　　　　　　　　　　　　　鉴定员：

加　减　算

序号	（一）	（二）	（三）	（四）	（五）
	1 443	968	476	198	659
	2 830	4 081	1 903	9 374	35 720
	328	518	895	-425	-4 507
	2 819	4 056	7 409	5 268	350
	467	795	718	756	471 839
	4 073	7 231	3 861	-7 130	-7 628
	857	396 478	750	82 364	846
	192 645	8 940	42 631	-4 801	-8 362
	410	731 052	6 025	943 058	218
	501 873	17 806	953	615	642
	4 285	493	95 230	-3 891	930 476
	920	69 325	209 364	-107 329	297
	76 095	462	873	6 902	49 705
	3 956	2 137	651 284	64 075	170
	91 567	620	7 128	-184	-1 592

序号	（六）	（七）	（八）	（九）	（十）
	7 589	3 290	7 016	184 063	562
	935	503	692	-120	1 325
	7 846	3 154	4 286	6 815	-504
	498	65 072	812	450	5 736
	6 820	691	26 378	-6 534	96 408
	916	8 710	701	248	-287
	209 143	387	7 249	2 495	3 102
	251	2 943	165	-267	418
	58 320	571 469	6 512	3 019	-7 851
	2 461	647	543 709	693	602
	214	86 914	493	-39 746	-2 497
	416 370	528	354 728	107	401 879
	57 893	9 457	830	-70 521	97 538
	301	963 208	8 095	8 957	-489 613
	5 076	180	354 10	832 709	936

乘　算

序号		
（一）	8 902 × 76	=
（二）	6 573 × 218	=
（三）	120 × 837	=
（四）	0.83 × 0.902 4	=
（五）	471 × 3.905	=
（六）	0.53 × 94.17	=
（七）	8 704 × 65	=
（八）	861 × 930	=
（九）	36 × 5.214	=
（十）	2 945 × 61	=

除　算

序号		
（一）	67 452 ÷ 924	=
（二）	140 392 ÷ 763	=
（三）	101 2599 ÷ 20	=
（四）	31 605 ÷ 735	=
（五）	91 854 ÷ 486	=
（六）	534 17 ÷ 91	=
（七）	14 823 ÷ 549	=
（八）	15.85 ÷ 3.05	=
（九）	19 026 ÷ 21	=
（十）	189 036 ÷ 801	=

注：乘、除小数题要求保留小数二位，第三位四舍五入。

《全国珠算技术等级鉴定标准》鉴定练习题（五）

普通四级 全卷限时20分钟

单　位		
准考证号		
姓　名		

评判栏	项目	答对题数	评卷	复核	鉴定员:
	加减算				
	乘算				
	除算				
	合计				

加减算

序号	(一)	(二)	(三)	(四)	(五)
(一)	2 749	4 095	6 580	7 405	6 904
(二)	204	321	293	-562	-428
(三)	1 360	9 053	98 307	495 278	1 643
(四)	29 547	138	1 735	9 436	-309
(五)	871	1 084	607	-912	1 830
(六)	915 283	12 496	2 389	7 086	647
(七)	546	230	691	268	1 078
(八)	73 120	3 926	657 314	-5 349	-245
(九)	2 786	102	148	213	201 358
(十)	530	24 670	319 472	5 031	39 572
	3 604	647 058	810	-67 329	819
	148	745	5 704	413	-24 756
	163 589	3 897	540	401 678	897
	9 856	561 789	57 862	-12 085	-217 683
	967	857	6 924	890	9 056

乘算

序号		
(一)	702 ×	415 =
(二)	0.82 ×	94.37 =
(三)	9 453 ×	80 =
(四)	24 ×	3.087 =
(五)	7 390 ×	61 =
(六)	856 ×	120 =
(七)	8 976 ×	451 =
(八)	81 ×	9.362 =
(九)	3.51 ×	96.78 =
(十)	1 064 ×	52 =

除算

序号		
(一)	19 845 ÷	405 =
(二)	1 179.96 ÷	429 =
(三)	46 172 ÷	97 =
(四)	502.25 ÷	614 =
(五)	437 510 ÷	670 =
(六)	6 048 ÷	56 =
(七)	136 498 ÷	982 =
(八)	8 740 ÷	380 =
(九)	10 478 ÷	13 =
(十)	94 710 ÷	231 =

加减算（续）

序号	(六)	(七)	(八)	(九)	(十)
	524	849	903	867	624
	1 072	49 035	7 831	4 182	3 748
	948	601	563	-298	817 356
	9 376	9 328	7 905	6 945	-485
	217	267	857	-503	3 861
	8 536	4 935	3 148	60 857	-530
	163	35 608	468 072	978 041	5 213
	6 312	180	810	672	920
	274	3 248	5 064	-9 168	5 769
	850 347	415	394 206	35 402	-79 082
	17 504	6 247	872	-740 136	741 906
	249	691 750	35 219	3 912	-2 149
	69 058	607	7 162	349	-290
	901 685	273 519	421	-4 015	-85 703
	3 509	7 982	15 946	572	316

注：乘、除小数题要求保留小数二位，第三位四舍五入。

项目二 珠算技能

珠算技术等级鉴定模拟练习题（一） 普通一级

限时 20 分钟

单位＿＿　姓名＿＿　考号＿＿

	加减算		乘算		除算	
	打题数	对题数	打题数	对题数	打题数	对题数

加减算

	(一)	(二)	(三)	(四)	(五)
	3 492	69 073 214	9 240 576	47 903	96 815
	19 306	12 693 708	517 402	-6 045	4 105 289
	7 103 485	6 148 572	21 764 358	32 915 607	-3 908
	681 570	315 890	7 013	163 058	94 107 823
	83 720 154	41 589	6 304	-9 485 263	-726 145
	9 840 215	7 026	94 635	852 914	1 049
	327 641	6 915	13 508 297	-3 805	8 906 217
	9 058	9 285 164	1 064	93 107 628	-56 486 703
	86 403	47 309	84 279	81 274	92 657
	24 795 816	340 782	1 895 742	-5 927 341	-526 378
	2 59 368	46 291 053	79 086	76 024	73 456
	74 526	80 374	3 562 891	9 376	7 324
	53 189 267	5 712	825 193	-67 281 049	-1 934 208
	7 306 941	406 358	65 079 238	428 501	390 615
	9 207	7 952 683	408 361	8 156 379	27 195 043

	(六)	(七)	(八)	(九)	(十)
	721 850.69	54 093.71	35 718.29	28.91	612.05
	35.82	738 269.15	684.07	640.57	89.02
	65 408.71	21 845.09	95.64	2 705.64	17 035.84
	690.34	6 702.34	201 537.86	816 072.39	-9 320.67
	20 463.75	790.86	912.35	-45 819.23	3 508.49
	54.80	17.98	87 049.12	1 327.08	564 893.12
	197 342.05	348 192.75	4 709.21	-96.45	-70 653.84
	27.89	247 098.36	83.56	590 174.86	-491.32
	543 271.98	8 604.17	561 430.92	-753.12	628 750.91
	3 815.07	23.95	78 016.39	46.95	3 187.56
	180.65	531.46	278.53	-68 209.43	-50 836.17
	7 348.26	65 108.42	3 947.05	3 108.27	902.45
	32 640.17	4 573.68	61.83	705 984.61	24 019
	4 197.62	20.69	150 423.76	632.84	-496 783.21
	239.71	413.02	9 236.40	-29 107.35	40.93

乘算

保留两位小数，以下四舍五入。

一	20 165	×	4 157	＝
二	0.6803	×	30.291	＝
三	1 346	×	7 496	＝
四	4.7092	×	586.1	＝
五	5 498	×	2 085	＝
六	12.57	×	3.7059	＝
七	3 841	×	7 642	＝
八	90.75	×	0.06148	＝
九	6 724	×	9 623	＝
十	382.9	×	0.3089	＝

除算

保留两位小数，以下四舍五入。

一	123.4054	÷	35.6	＝
二	713 570	÷	5 489	＝
三	2 927.1071	÷	6.12	＝
四	1 656 771	÷	2 053	＝
五	12 270 525	÷	17 405	＝
六	732.2174	÷	0.783	＝
七	620 136	÷	2 871	＝
八	2.63661	÷	0.043	＝
九	18 878 934	÷	24 019	＝
十	6 569 225	÷	697	＝

评卷＿＿　复核＿＿

辽宁省珠算协会教育分会监制

161

珠算技术等级鉴定模拟练习题（二） 普通一级

限时 20 分钟

单位	姓名	考号							打题数	对题数	乘算 打题数	对题数	除算 打题数	对题数

加减算

	(一)	(二)	(三)	(四)	(五)
	25 603 714	7 410 296	87 249	45 081	28 709
	14 506	289 735	5 203 946	6 705	5 184 063
	60 897	19 305 827	6 571	-259 347
	739 065	80 614	48 753	39 701 248	347
	5 246 179	4 583	681 302	-512 396	41 529 076
	3 964	5 367 318	49 603 125	4 736 159	-6 108
	8 142 653	35 892	78 214	960 472	62 314
	61 028 394	96 428 061	86 072 143	-5 369 178
	2 538	6 708	3 789	-6 904	7 385
	563 982	310 946	58 329	-926 401
	8 921 074	9 253	8 017 295	-2 483 561	3 594.6
	7 19 802	5 164 307	395 642	74 182 093	8 694
	3 157	71 042 659	35 078	7 184	4 602
	41 708	2 831 097	618 503	-2 036 458	69.58
	43 160 752	726 049	814 962	-15 290 837	57 289
	92 105 873	81 407	4 289	370 152	27 049
			59 631 407	-2 706 359	36 147 059	406.2

	(六)	(七)	(八)	(九)	(十)
	750 381.94	83 742.09	35.92	36.18	850 914.27
	64 982.07	2 639.48	942 086.15	605 219.37	-43.02
	315.62	50.14	4 372.08	-4 128.59	3 759.26
	74.59	489.02	681.73	56 342.06	-78 056.43
	1 603.28	801 253.97	5 039.52	-279.68	3 82.15
	306 248.75	97 308.56	56.31	7 096.45	4 596.30
	95.63	8 481.09	1 503.49	-438 760.24	61.28
	420.91	237 195.64	748.32	97.83	-209 873.41
	28 107.46	350.79	215 987.03	6 258.39	1 436.95
	890 361.72	16.27	59 204.16	-70 413.25	-62 847.59
	9 745.08	613.85	710.35	350.64	32.08
	583.17	150 697.42	678 923.14	28.40	-25.69
	45 012.63	14.76	14.67	897 016.52	926 170.84
	3 979.54	5 294.38	9 265.78	-547.91	517.03
	81.26	16 075.32	24 109.86	10 938.47	82 094.71

乘算

保留两位小数，以下四舍五入。

一	9 654 × 7 318 =	
二	289.47 × 15.39 =	
三	7 205 × 6 741 =	
四	403.92 × 0.5187 =	
五	1 579 × 8 023 =	
六	0.6083 × 3 594.6 =	
七	8 721 × 4 602 =	
八	0.4107 × 69.58 =	
九	5 836 × 27 049 =	
十	31.68 × 406.2 =	

除算

保留两位小数，以下四舍五入。

一	1 044 567 ÷ 831 =	
二	10.64191 ÷ 0.268 =	
三	3 621 915 ÷ 14 905 =	
四	3 138 768 ÷ 7 368 =	
五	2 402.9873 ÷ 2.76 =	
六	2 596 734 ÷ 5 013 =	
七	6 545.8544 ÷ 92.4 =	
八	3 624 232 ÷ 3 852 =	
九	60.23033 ÷ 0.097 =	
十	23 944 870 ÷ 45 179 =	

评卷　　　复核　　　辽宁省珠算协会教育分会监制

珠算技术等级鉴定模拟练习题（三） 普通一级

限时 20 分钟

单位	姓名	考号

	加减算		乘算		除算	
	打题数	对题数	打题数	对题数	打题数	对题数

加减算

	(一)	(二)	(三)	(四)	(五)
	420 768	84 603	50 926 348	703 695	379 814
	5 291 934	7 390 165	89 174	-2 518	37 406 581
	30 127	32 907 516	7 169	63 057 142	2 075
	6 374	5 241 037	406 812	7 706	-2 539 406
	28 041	478 295	8 591 423	-8 921 706	84 610
	73 045 829	9 681	35 976	46 539	248 369
	89 317	7 158	126 054	9 084	59 183
	5 604	260 394	-328 647	1 327.08	-7 480 952
	41 298 057	83 075 412	63 507	82 697 403	24 635
	9 065 843	6 921 705	4 829	24 897	7 015
	126 085	92 543	75 308 462	-58 409	93 062 147
	2 597 608	4 086	1 980 734	95 430 160	-5 137 208
	3 769	182 437	34 107 285	-15 420 917	82 416
	734 596	54 607 928	5 618	3 206 576	157 692
	68 279 345	48 291	9 742 306	678 675	9 468
			650 721	7 386	-59 628 703

	(六)	(七)	(八)	(九)	(十)
	58 062.14	750 831.94	2 471.38	28.91	41,08.96
	786.43	64 982.07	514.63	460.57	-512.49
	39.75	315.62	839 052.71	2 705.64	732 501.68
	270 814.68	74.59	63.42	672.39	46.59
	3 250.91	1 603.28	43 027.50	816 072.39	-870.64
	5 472.06	360 248.75	9 481.06	-45 819.23	27 158.39
	904 183.52	95.63	13 690.57	1 327.08	6 503.92
	219.67	420.91	839 672.65	-96.45	-467 031.28
	37.54	28 107.46	65.97	590 174.86	86.52
	94 063.12	890 361.72	50 397.48	753.12	-3 905.47
	7 931.85	9 745.80	103.74	-46.95	723.58
	846.03	583.17	68 209.43	-3 018.27	-83 162.07
	390 574.61	45 012.63	85.26	3 018.27	310 429.56
	28 309.15	3 979.54	263.17	-705 984.16	53.68
	63.87	81.26	914 056.28	623.84	1 907.24
			8 219.67	-29 107.35	

乘算

				保留两位小数，以下四舍五入。
一	83.097	×	4 016	=
二	30.419	×	78.29	=
三	6.823	×	8 924	=
四	0.7602	×	24 635	=
五	2.746	×	1 524	=
六	93.51	×	65.78	=
七	6 075	×	8 102	=
八	120.7	×	0.5937	=
九	4.158	×	9 603	=
十	58.94	×	307.61	=

除算

				保留两位小数，以下四舍五入。
一	1 067.0199	÷	7.34	=
二	1 624 984	÷	3 548	=
三	8 111.3142	÷	87.2	=
四	75 294 846	÷	9 306	=
五	3 266 879	÷	16 093	=
六	12.74331	÷	0.456	=
七	6 534 932	÷	9 127	=
八	59.120119	÷	0.096	=
九	13 835 712	÷	52 408	=
十	6 176 148	÷	781	=

评卷	复核

辽宁省珠算协会教育分会监制

珠算技术等级鉴定模拟练习题（四） 普通一级

限时 20 分钟

单位	姓名	考号

	加减算		乘算		除算		对题数
	打题数	对题数	打题数	对题数	打题数	对题数	

加减算

	(一)	(二)	(三)	(四)	(五)
一	28 054	9 241 305	13 958	8 071 596	3 096 412
二	2 479 318	10 538	652 381	2 904	-7 890
三	5 071	7 405	7 298	49 537 182	58 209 473
四	69 183 702	53 094	93 264 716	-682 034	48 725
五	249 638	6 204 853	8 471 325	48 691	-16 754 392
六	1 367	85 369	719 462	5 368	5 403
七	580 246	268 473	319	-7 412 657	-279 016
八	83 105 794	1 726	8 256 987	970 126	6 487 153
九	1 257 069	93 128 672	426 738	31 504	213 568
十	62 948	497 261	35 862	-24 615 793	-61 893
十一	47 169 035	7 314 528	19 657 384	8 275	4 062
十二	267 401	18 732 693	4 326	-7 389 402	-29 845 317
十三	56 034	694 871	8 486 752	547 890	928 540
十四	3 758	5 698	37 594	29 410 365	6 890 751
十五	1 836 295	56 274 819	963 415	-61 073	36 107

	(六)	(七)	(八)	(九)	(十)
一	750 831.94	680.43	58 062.41	4 259.63	75.31
二	64 982.07	28 136.07	78.64	-57.13	381 906.47
三	315.62	4 853.29	439.75	87 415.02	-2 591.73
四	74.59	739 168.53	270 914.68	-206.89	863.21
五	1 603.28	71.06	3 250.91	82.46	-53 708.19
六	306 248.15	204.73	5 372.06	96 038.72	422.07
七	95.63	60 149.85	940 183.25	158 407.69	9 201.54
八	420.91	593 427.18	219.67	-568.34	-653.48
九	28 107.46	93.82	73.54	4 019.25	901 548.76
十	850 961.72	6 570.14	49 068.12	27.04	-70 963.28
十一	9 745.08	517 496.03	7 931.85	-80 513.79	52.86
十二	983.17	8 379.26	846.02	463 950.17	826.09
十三	45 012.63	17 025.96	390 574.61	138.26	14 587.20
十四	3 971.54	459.32	28 309.15	-5 273.19	2 459.36
十五	89.26	15.04	63.87	839 160.74	-419 306.57

乘算

保留两位小数，以下四舍五入。

一	21 075 × 1 026 =
二	4.0963 × 58.61 =
三	3.214 × 3 402 =
四	68.07 × 9.2034 =
五	5 672 × 6 519 =
六	78.04 × 7.938 =
七	8 429 × 5 092 =
八	0.4531 × 716.5 =
九	1 936 × 78 423 =
十	90.85 × 45.87 =

除算

保留两位小数，以下四舍五入。

一	197.68775 ÷ 5.43 =
二	2 489 864 ÷ 4 538 =
三	28 092.9755 ÷ 67.1 =
四	983 935 ÷ 3 205 =
五	8 924 992 ÷ 15 076 =
六	152.65437 ÷ 0.378 =
七	7 048 008 ÷ 8 712 =
八	3.6267l4 ÷ 0.049 =
九	28 516 628 ÷ 41 209 =
十	1 064 988 ÷ 692 =

评卷 复核

辽宁省珠算协会教育分会监制

项目二 珠算技能

珠算技术等级鉴定模拟练习题（五） 普通一级

限时 20 分钟

单位	姓名	考号

加减算

（一）	（二）	（三）	（四）	（五）
450 289	27 985	1 697 345	126 054	73 420
9 628 015	48 763 052	470 138	-63 507	47 192 053
50 487 632	30 971	8 159 074	4 829	509 286
379 426	695 217	90 467 281	75 038 642	-5 382 607
6 953	2 906	216 835	1 980 734	7 314
21 607 598	4 208 639	8 542	-34 107 285	-168 265
3 074	30 261	13 046 875	5 618	85 704
4 580 391	74 864 013	16 023	-9 742 306	-7 039
1 703	2 548	9 360 284	650 721	83 149 602
862 637	538 162	6 092	50 926 348	-5 017 928
74 102	18 276 409	712 586	-89 174	960 713
37 049 865	4 970 518	97 103	7 169	6 594 128
63 198	813 074	25 036 784	406 812	4 813
5 604	5 439 761	58 972	-8 521 423	-51 729 463
1 287 546	3 549	9 453	35 976	64 958

（六）	（七）	（八）	（九）	（十）
756 039.14	674.02	780 936.25	96.01	97 485.61
3 695.42	1 327.95	59.67	703.84	-3 804.95
72 086.14	63.28	35 098.14	4 285.73	179 280.36
905.28	428.16	30.71	-57.62	-259.83
68.42	814 350.72	497 651.82	845 619.27	64.17
83 296.70	67.19	582.45	4 891.03	-42 039.61
678 451.09	8 193.54	61.23	-31 240.67	970.15
384.56	65.49	9 026.78	603.71	32.08
4 510.92	257 608.93	243.71	-63 750.49	35 184.02
72.04	48 370.195	1 534.98	521 946.93	-2 579.05
91 807.53	5 604.71	639 045.71	589.26	148.72
321.68	87 120.59	406.23	-7 058.61	10.58
3 719.52	203.46	80 217.59	-29 310.85	-64 125.03
746 091.83	956 470.31	9 428.05	-182 704.59	7 263.94
13.57	71 359.08	36 871.74	49.32	683 479.05

	加减算	乘算	除算
	打题数 对题数	打题数 对题数	打题数 对题数

乘算（保留两位小数，以下四舍五入）

一	51.064 × 2 498 =
二	68.07 × 83.72 =
三	25.043 × 1 043 =
四	82.96 × 0.0952 =
五	4 792 × 9 561 =
六	35.21 × 6.1075 =
七	1 736 × 3 468 =
八	0.0459 × 731.64 =
九	7 809 × 4 283 =
十	93.81 × 50.79 =

除算（保留两位小数，以下四舍五入）

一	15 033 175 ÷ 349 =
二	170.7001 ÷ 5.72 =
三	6 711 332 ÷ 7 201 =
四	57 943 959 ÷ 82 659 =
五	3 101 525 ÷ 6 475 =
六	135.8398 ÷ 26.8 =
七	1 259 900 ÷ 1 546 =
八	8.73641 ÷ 0.013 =
九	51 497 148 ÷ 91 307 =
十	6.79081 ÷ 0.483 =

评卷 复核

辽宁省珠算协会教育分会监制

————165

项目三　电子计算器操作技能

【知识目标】掌握小型计算器的操作要领，能够准确、快速、熟练使用小型计算器进行账表、传票计算。

【技能目标】20分钟完成一套传票实训试题，5分钟内完成百张传票计算，要求准确率达到100%；15分钟完成一套账表算题，要求准确率达到100%。

【任务一】　电子计算器简介

一、计算器的分类和构造

计算机的发展仅有半个世纪的历史。尽管历史不长，但发展很快，由开始的机械化走向当今的电子化。电子计算机已经由第一代（1946~1958年）的电子管机，进化到第二代（1958~1964年）晶体管机，第三代（1964~1971年）集成电路机。由于大规模集成电路（第四代1971~1980年）技术的飞跃发展，集成电路机更新的周期一再缩短。以体积小、重量轻、耗能少、功能强，使用简便等微型为特点的机型相继面世，换代产品不断涌现，其应用范围也在不断地扩大到各个领域。到第五代计算机将具有和人一样能看、能听、能说和能思考的能力。

电子计算器是在微型计算机的基础上产生的一种简易的计算工具。由于它的体型轻巧、无噪声、携带方便、操作简单等特点，已是人们日常工作、生活中所喜欢的计算工具。

（一）**电子计算器的分类**

随着计算器的不断发展，人们对计算器的需求也在扩大。市面上的计算器种类繁多，本书以卡西欧计算器的几种型号为例，为大家进行简单的介绍。

1. 电子计算器按外形分类。

袖珍式：数码采用液晶显示，电源使用纽扣式气化银直流电池。

便携式：数码采用组合荧光数码管，电源一般使用干电池或充电电池。

台式：适用于室内工作台上操作，电源一般是交流电或镍镉充电电池，数码采用荧光数码管。

2. 按功能分类。

简易型：只能进行加、减、乘、除的算术四则运算。

一般型：除算术四则运算外还可进行乘方、开方、倒数、百分数等运算。

函数型：除具有一般型的运算功能外，还可进行三角函数、反三角函数、对数指数等运算。

专用型：除进行一般型运算外，不可根据特殊要求完成特定功能的运算。有的可以计算家庭收支；有的可以出算题，改题，改题和评分等。

3. 按显示器的位数分类。

分为 8 位计算器、10 位计算器、12 位计算器、16 位计算器四种。

（二）电子计算器的基本构造

目前进入市场的电子计算，种类繁多，型号不一而它们的构造要求不外乎输入、输出、运算、存储、控制、显示等功能。

1. 键盘（输入装置）计算器表面的所有的外露按键，包括开关部分。它是用以输入计算器计算数据和指令的装置。

2. 存储器用以存储（记忆）计算数据、指令及译码。它包括数码寄存器、写入线路、存储单元，读数放大器，地址寄存器等。附加存储器 M，可根据指令显示的数据执行存储（记忆）并进行累加、累减的运算。

3. 控制器是根据输入信息的指挥正确运行的部件。它既能（将）输入的信息转译成存储器"懂得的语言"，又能把存储数据和运算结果转换成显示器能够正确显示的信息。同时它还有控制和协调各装置的运算功能。

4. 显示器（输出装置）用以显示计算结果的装置。有"组合荧光数码管"和"液晶数码管"两种。后者具有省电和寿命长的优点。

二、电子计算器各部件的名称及功能

电子计算器的种类繁多，虽然它们的基本功能和操作方法相似。但不同型号计算器的功能键的功能不尽相同。这里仅以国产通用的袖珍式 BL—802 液晶电子计算器为例，对各部件的名称和功能加以介绍。使用其他型号的计算器时，一定要参看所用计算器的说明书。

1. CASIO 计算器简介。

（1）有效数位：12 位。

（2）计算功能：加、减、乘、除四则运算及累计、百分数等运算。

（3）小数点方式：浮点式。

（4）电源：五号电池两节。

（5）使用温度：0~40℃。

（6）计算器的外形（见图 3–1）。

图 3-1

2. 部件名称及功能。

现将计算器各部件名称和功能简介如下。

（1）电源开关键。

① 开启键【ON/C/AC】：电源开启，在运算中按一次清除输入错误，按两次则清除记忆总和外所有数据。

② 关闭键【OFF】：按键后切断电源，显示器为空白。

（2）显示器：是输出装置，把计算结果显示出来。

（3）输入键。

① 数字输入键［1］［2］［3］［4］［5］［6］［7］［8］［9］［0］用来输入数字，输入的顺序是从高位到低位，按一次键，输入一位数字。

② 小数点键［.］用来输入小数。未按此键前输入的数据是整数，按此键后输入的数据是小数。

（4）运算键。

① 加号键［+］进行基本加法和连加的运算。

② 减号键［-］进行基本减法和连减的运算。

③ 乘号键［×］进行基本乘法和连乘的运算。

④ 除号键［÷］进行基本除法和连除的运算。

⑤ 等号键［=］在两项数字相加、相减或相乘、相除后按此键，可得出计算结果；作乘幂运算时，可在按［×］键后，连续按此键即的出结果。加、减、乘、除键都可代

替等号键。

⑥ 开平方键［√］进行开平方运算。按此键后不必在按等号键，即可得出结果。

⑦ 百分数键［％］进行百分数运算和加减或折扣的运算。按此键后不必在按等号键，即可得出结果。

⑧ 累计键包括累加键［M+］和累减键［M-］，它们是把输入的数或中间计算结果进行累加、累减。

⑨［→］右移键（屏幕值向右位移；删除最右边尾数）。

（5）累计显示键［MR］是把累计存储结果的数字显示出来。

（6）消除键。

① 总消除键［C］是把显示器上所显示的数字全部消除，但不消除存贮的累计数字。

② 部分消除键［CE］是消除运算键后的数，或当即输入的数。75＋42，42应为48，则按［CE］键将42消除掉，仍保留75。再按42，就是仍保留的75＋48。［CE］消除键也不能消除累计存储数。

③ 累计数消除键［MC］是把累计数消除掉，只能消除存储器中的数字，而不能消除显示器上的数字。它与［C］键同时使用，才能把显示器上的数字消除掉，使显示器为"0"。

（7）［MU］损益运算键。

（8）［00］快速增"0"键（按一下，同时出现两个"0"）。

三、计算器的优点及使用注意事项

（一）电子计算器的优点

计算器在市场上广泛应用，它具有以下优点：

1. 操作简便。
2. 运算速度快，准确性强。
3. 有较好的通用性。
4. 成本低。
5. 携带性、稳定性好。

（二）使用注意事项

1. 电子计算器的外壳，一般都是塑料制成的，内部是大规模集成电路。所以要妥善保管，不宜受到重的敲、压或震动。

2. 使用完毕后，应及时关闭电源放在阴凉、干燥处，如长时间不用，应取出电池，以防电池老化出水而腐蚀计算器内部结构。

3. 当电池将要用完时，显示屏的显示变得暗淡，有的显示错误运算结果。这时应更换新电池。调换电池时，要把旧电池全部换掉，不可部分更换。

4. 计算器不要放在温度忽高忽低或温度高、湿度大的地方；也不要放在灰尘多的地方，特别要注意防止金属粉末进入机体。

5. 计算器除尘时，要用柔软的干布轻轻揉擦，不可用溶液洗刷或湿布擦。

6. 使用计算器前,要首先阅读该机的使用说明,查明该机的各功能键的功能。使用方法及操作程序。否则会出现运算错误。

7. 计算器的适应温度为 0℃~40℃。不要超出适应温度使用,以确保机器的正常运行。超出适应温度、机件受损,运算会出现错误。

8. 使用计算器接通电源开关后,在输入数据前要先按清除键,将计算器中存储的数据全部消除后在进行运算。

9. 按键的速度不能超过显示屏显示速度,否则会漏输数据,造成计算错误。

10. 使用计算器的过程,按键不要用力过猛,或长时间按键不离手、也不要同时按下两个功能键,以防损坏部件,造成故障。

【任务二】 计算器操作知识与指法

一、计算器录入的标准姿势

标准的计算器录入姿势应当能使人长时间、舒适的进行录入工作,既有利于身体健康又给人以美感。

(一) 身体姿势

上半身应保持颈部直立,使头部获得支撑,两肩自然下垂,上臂贴近身体,手指弯曲呈 90°。操作小键盘,尽量使手腕保持水平姿势,手掌中线与前臂中线应保持一条直线。下半身腰部挺直,膝盖自然弯曲呈 90°,并维持双脚着地的姿势。不要交叉双脚,或单脚立地,以免影响血液循环(身体姿势见图 3-2)。

图 3-2

(二) 物品摆放

计算器录入需要以下物品:计算器、计算资料、笔。在摆放这些物品之前要注意保持桌面干净、平整。

计算器及计算资料的摆放要合适,将计算器置于右手处,计算资料平摊与左手处,

始终保持身体的中轴位置（见图 3-3、图 3-4）

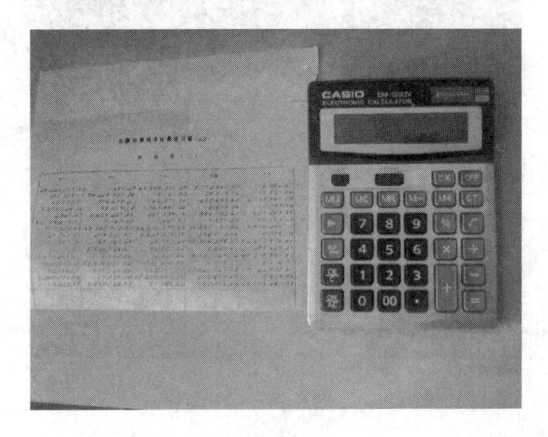

图 3-3

图 3-4

（三）手指

右手腕与手肘成一条直线，手指弯曲自然适度，轻松放于基本键上（见图 3-5）。在操作时不要将手腕置于桌面上，这样有利于减少操作时因摩擦对手腕剑鞘等部位的损伤。敲击键盘时用力轻松适中为好，不要用腕力而尽量靠臂力做，减少手腕受力。

图 3-5

（四）握笔

运算时养成良好的握笔习惯，以提高工作效率。下面介绍三种握笔方法，可根据计算内容及个人情况选择。

（1）右手握笔：以小拇指和大拇指握笔为主，当小拇指按键时大拇指握笔，当大拇指按键时小拇指握笔，以便及时记录计算结果，节省拿、放笔的时间（见图 3-6-1～图 3-6-2）。

图 3-6-1　　　　　　　　　　　图 3-6-2

（2）左手握笔：以小拇指和无名指将笔钩住，使之横握在手心；需要用笔书写时，换右手书写，写完后恢复左手握笔（见图 3-7-1～图 3-7-2）。

图 3-7-1　　　　　　　　　　　图 3-7-2

（3）不握笔：一般不采用，只在计算传票时，将笔置于计算器与传票之间（见图 3-8）。

图 3-8

二、输入数字指法

（一）指法定位

数字录入指法：中指放在数字键5（此键是基准键）上，食指放在4上，无名指放在6上，食指按0、1、4、7四个键，中指按00、2、5、8四个键，无名指按 . 、3、6、9、四个键，小指按 - 、+、×、÷、%、=……键，大拇指按0键或者是夹笔，中指按过其他键后要自然回到基准键上，其余手指按过其他键后要自然收回靠近中指。数字键4、5、6、0称为原位键。

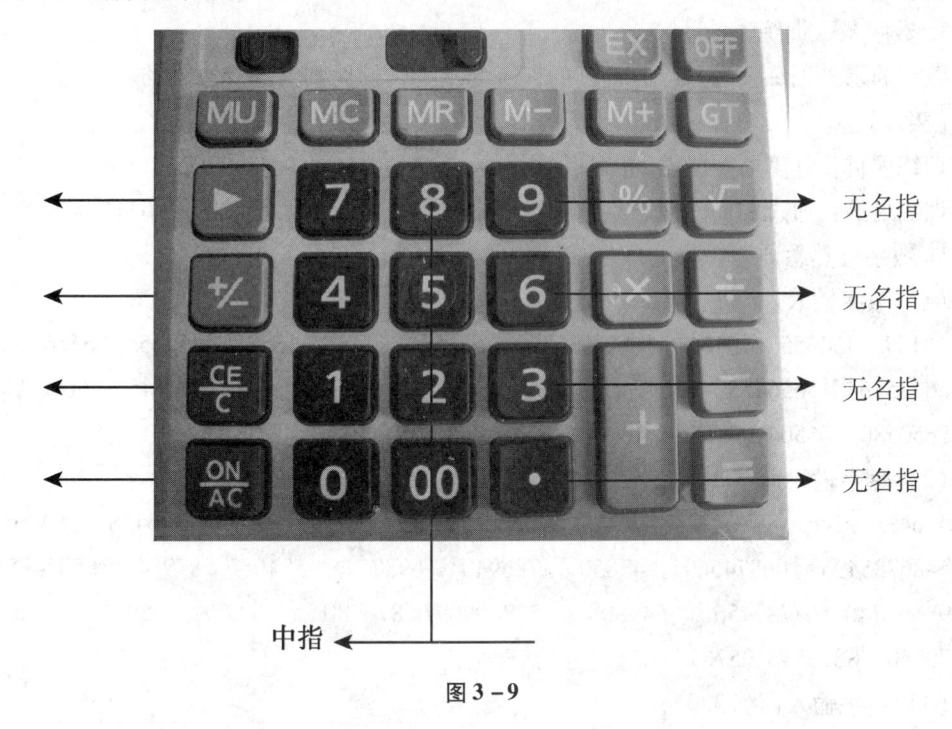

图3-9

（二）正确的敲键方法

1. 手型：手指要保持弯曲，手要形成勺状。

2. 击键：不要用手触摸键，击键时手指尖垂直向键位使用冲击力，力量要在瞬间爆发出来，并立即反弹回去。也就是敲键时，手抬起，相应的手指去敲键，不可按键或压键。敲键之后手指要迅速回到基本键。敲键速度要均匀，有节奏感，用力不可太猛。大家初学打字，首先要讲究敲键准确，其次再求速度。

3. 节奏：敲击键盘要有节奏，击上排键时手指伸出，击下排键时手指缩回，击完后手指立即回至原始基准位。

4. 力度：击键的力度要适中，过轻则无法保证速度，过重则容易疲劳。

5. 分工：各个手指分工明确，各守岗位，决不能越到其他区域去敲键。

（三）指法练习方法

1. 基本指法练习，也就是对数字键的练习。基本指法练习的最终目的是实现键盘盲打：

（1）中排键练习——首先是从食指到小指，逐个指头击键三次，然后用拇指击 0 键，寻找指法和手感，揣摩击键的方法。第二步，配合练习软件按照屏幕的提示，实行盲打，寻找正确的键位，直到能够盲打为止。

（2）上排键练习——在进行上排键的练习前一定要掌握中排键的击键方法，并按照中排键的击键练习步骤进行。

（3）下排键练习——下排键的练习方法与上排键的练习相同，在中排键的基础上进行。最后可以混合三排键进行练习。

2. 数字录入训练。

数字的录入训练，也是以原位键的训练为基础，扩展到其他外围键的。

【实训】

训练项目：计算器功能键的熟悉使用。

训练目的：通过实训，使学生清楚地了解计算器中每一功能键的使用目的与方法。

1. 数字键熟悉训练。

（1）数字输入训练 1：

46465   454655   45466   4455   665656   65465   444655   4654   445645   56456   5566   5466   5464   5656455   66645   654466   5454664   458   4566565   4045   6606   04505   045650580   06504400   54   46000   600   054   665   50055   00640

（2）数字输入训练 2：

48648   9546   87884   4879640   876500   89465   07580   8795   406458   7845654   89765486785495   06874569   47850   786940   698754   58465   87954   65874858   876898   7406807789456   549808   5076090   870580   964798   897654   87899   546879540   687054   95764

（3）数字输入训练 3：

11638484   453377201   121085321   362147   159073121   324938745   39724   1917342   193832   27346945   4562113   0983212   111540   651234   56789   0528   0640   8709632   1432122   8735   5781268   7431   967137   419432   86714   198761   8745464   56   5454565

具体操作：看、记、能够用盲打的方式找出相应数字键的位置。

2. 功能键实际操作训练。

动脑筋，想一想：

$4 \times 5 + 5 \times 6 + 6 \times 7 + 7 \times 8 = ?$

$4 \times 5 + 5 \times 6 - 6 \times 10 = ?$

3. 收银员小李某日 6 小时当班期间，经清点，钱箱内有百元大钞 89 张；五十元 68 张；二十元 69 张；十元 49 张；五元 36 张；一元 99 张；五角 74 枚硬币；一角 33 枚硬币。请利用功能键迅速帮小李算出钱箱内的总金额。最好用两种不同的方法计算。

【任务三】 计算器计算账表和传票

账表算与传票算是会计、出纳、统计等日常工作的主要业务,在实际工作中应用及其广泛,掌握其操作技术是银行工作的一项极为重要的基本功,也是竞赛的主要项目。

在经济业务中,企业部门的会计核算、统计报表、财务分析、计划检查等业务活动,其报表资料的数字来源都是通过会计凭证的计算,汇总而获得的。这些会计凭证的汇总即传票运算,其运算速度及结果准确与否,直接影响到各个项目业务活动数据的可靠性、及时性;而报表、汇总表均属于表格计算,通过这些报表汇总运算,取得有效数字,从而为有关部门制定政策提供数字依据,可见账表算和传票算是财会工作者日常工作中的一项很重要的基本功。

随着计算器的广泛使用,传票算的小键盘形式,也日益成为各工商企业(收银员)、金融业(储蓄员)处理日常业务的基本方式,小键盘数字录入的快速与准确,也成为评判从业者业务素质高低的标准之一。为此,学习和训练传票算、账表算是非常必要的。

一、账表算

账表算又称表格算,是日常经济工作中最常见的加减运算形式。会计报表的合计、累计、分组算等均属于此类运算。账表算和传票算一样,属于金融技能比赛项目,它可以根据其本身计算特点检验出运算正确与否,所以许多计算者又利用账表算进行加减准确程度的训练。

（一）账表算的题型（以全国比赛题型为例）

账表算的一张表格由5列20行组成。即纵向5个算题,横向20个算题,最高位数为8位,最低位数4位,每道题均衡排列,横式每题30个数字,竖式每题120个数字,一张表共600个数字组成(见表3-1)。

表3-1　　　　　　　　　　　　　账表算

	一	二	三	四	五	合计
一	780 126	45 931	6 175	83 295 047	4 609 723	
二	1 047	90 283 675	8 360 952	47 961	-126 834	
三	53 026 894	402 756	81 073	2 135 789	5 163	
四	7 819 546	7 182	63 210 597	603 594	49 825	
五	25 084	6 309 217	395 148	2 906	81 730 642	
六	179 305	70 641	4 286	30 468 591	5 368 297	
七	5 093	19 863 274	7 081 564	40 826	495 173	

续表

	一	二	三	四	五	合计
八	74 208 391	280 531	46 398	-1 584 267	2 097	
九	9 012 648	7 953	8 153	276 845	43 106	
十	28 736	4 908 635	284 056	1 704	29 035 871	
十一	607 153	92 784	17 490 328	69 204 351	7 420 698	
十二	1 879	43 156 809	3 107 642	51 043	798 561	
十三	80 324 196	720 643	81 974	2 105 769	9 835	
十四	5 608 471	4 698	40 293 157	-750 923	61 854	
十五	24 593	5 327 146	680 715	8 567	94 018 325	
十六	658 147	61 498	1 092	70 139 258	6 274 053	
十七	4 236	13 705 289	4 057 319	82 769	-190 485	
十八	19 780 643	781 425	63 091	3 715 284	5 926	
十九	3 956 124	5 804	79 426 583	930 124	81 067	
二十	78 269	6 130 529	675 294	6 831	17 042 538	
合计						

（二）账表算的操作方法

账表中的纵向题与珠算等级练习题相同，把账表放在计算器下面，左手指数，并随着计算把题单向上推，使其计算的行数尽量与计算器的距离接近，以便看数、输入、抄写答数能快速进行。

账表算的运算方法来源于加减法，只要加减法的基本功扎实，就比较容易轧平账表。

1. 计算器和报表的位置。

计算器和报表尽量接近，以便看数、敲键、抄写答数能快速进行。

2. 功能键的设定。

由于账表算均为整数，所以可以将功能键 F420A 定位在 0。

3. 眼手的配合。

看数：计算器运算，首先遇到的是看数，看数快与准直接影响到以后的计算速度和准确率，最好开始时就养成一眼一笔数的好习惯，如果不能这样，也可以分节看数，分解次数越少越有利于运算数度的提高。

账表算中的横向算题因平时练习较少，较好的打法是"钟摆式"，即第一题→、第二题←、第三题→、第四题←、第五题→。左手指数（小拇指指第一组数，无名指指第二组数,中指指第三组数,第四第五组数不用手指,直接眼看入)。

看数时应注意以下三个问题:

(1) 尽量缩短计算资料离键盘的距离。

(2) 看数时切忌念出声。

(3) 看数时头不要上下或左右摆动。

(三) 账表算合计数字的书写

计算完毕,将小键盘上的答案记录下来,这是运算的最后一个环节。表面上看抄写数字与计算关系不大,但一道题的正确与否,除取决于运算是否正确以外,还与抄写数字有较大的关系。一是数字抄写是否正确、清晰、整齐;二是抄写是否快捷。

在运算过程中,要养成笔不离手的习惯,写数时,应在准的基础上求快。要养成盯盘写数的好习惯,这就要锻炼眼睛捕捉盘上数字的能力。当一道题计算完毕,眼睛盯盘,在确定写数位置后,一笔数就从高位到低位很快写完。写数时从高位到低位连同小数点和分节号要一次写完,切不可写完数后在点小数点和分节号,以免出错而且效率低。

(四) 账表算的计分方法

账表算比赛时的计分方法采用200百分制,每张表满分200分。其中纵向题每题计14分,横向题每题计4分,轧平数计50分(横向或纵向任错一题,即使轧平数是正确的仍不得分),只有百分之百正确才能得到200分。如果考试和练习时采用100分计,那么其中纵式题每题7分,横式题每题2分,轧平数25分(横向或纵向任错一题,即使轧平数是正确的仍不得分)。

(五) 账表算的训练

账表算计算方法较多,要求快速、准确,无论是横式算题,还是竖式算题都要手、眼、脑相结合。训练时应注意以下几个方面:

1. 看数。

看数是关键,应经常进行看数练习,在账表计算中,除练习竖式加减题看数外,还要特别注意练习横式算题看数。因横式算题所占比重较大,直接影响运算速度,只有横向看数熟练了才能做到按键顺畅有序、干净利落。

2. 准确率。

运算时精力要集中,并增强排除干扰的能力,特别是比赛时做到临场不乱,稳定情绪不急躁,才能防止差错,把表轧平。

3. 书写速度。

因账表写数较多,要特别注意练习盯显示器写数,提高写数速度与质量。

4. 准中求快。

练习时出现错误要及时查明原因。正确处理快与准的关系,做到在准确的基础上求快。

【技能训练】

账表算（一）

	一	二	三	四	五	合计
一	57 280	7 096 213	953 481	3 609	10 437 286	
二	903 517	10 746	6 248	54 681 930	3 562 978	
三	5 093	81 476 539	4 601 587	-60 824	495 137	
四	94 710 835	580 321	82 694	7 845 162	7 209	
五	8 641 029	5 973	78 490 321	267 485	40 361	
六	24 163	4 096 835	285 046	1 074	72 089 153	
七	310 756	84 729	3 285	40 679 531	-4 802 679	
八	5 897	18 693 540	1 730 462	53 240	197 685	
九	64 293 108	267 034	81 947	8 195 627	5 938	
十	1 506 287	8 496	53 017 492	279 503	84 561	
十一	25 493	7 124 659	580 671	7 056	39 521 048	
十二	786 415	89 146	9 023	35 206 198	6 274 530	
十三	4 236	95 271 830	1 047 539	82 971	-190 845	
十四	70 169 483	485 271	30 691	5 147 238	5 269	
十五	2 546 391	4 058	48 293 756	301 692	16 708	
十六	62 789	1 932 605	765 294	4 831	73 805 124	
十七	170 268	53 491	1 567	40 598 723	4 267 039	
十八	4 017	80 729 563	8 923 506	64 197	126 483	
十九	59 680 234	640 725	10 783	-7 981 523	3 176	
二十	4 759 681	1 827	60 271 935	409 365	94 528	
合计						

账表算（二）

	一	二	三	四	五	合计
一	71 820 439	4 307	10 729	524 680	3 091 475	
二	83 741	5 103 698	371 986	5 048	94 506 137	
三	67 205 398	671 245	4 637 015	79 483	-5 283	
四	420 835	4 260 873	94 850	8 206	68 234 057	
五	5 074	97 528	5 081 627	92 145 768	190 284	

续表

	一	二	三	四	五	合计
六	9 730 452	18 603 452	8 013	237 591	38 296	
七	6 209 847	5 196	794 251	83 642 710	79 061	
八	21 478	208 345	39 406 527	-7 038 294	1 642	
九	136 894	63 294	3 762	1 506 478	59 628 471	
十	85 209 146	5 912 078	98 105	7 134	250 713	
十一	592 680	9 503	64 109 258	68 703	5 037 468	
十二	1 608 395	91 607 438	420 763	39 278	5 246	
十三	5 173	178 246	6 592 378	95 062 483	70 314	
十四	2 601	5 910 823	84 605	39 608 271	-895 467	
十五	62 908 453	41 938	295 843	1 532 407	1 703	
十六	379 041	39 407 186	4 902	89 520	9 548 137	
十七	65 873	5 021	5 903 674	215 789	47 109 256	
十八	2 813 769	67 285	27 194 386	3 954	268 390	
十九	51 476	90 471 536	8 134	-698 135	6 320 819	
二十	9 213	984 267	85 926 713	7 054 968	68 095	
合计						

账表算（三）

	一	二	三	四	五	合计
一	90 145	2 841 367	804 326	5 895	61 530 798	
二	31 072	7 023 945	659 483	8 649	78 296 031	
三	7 296 804	5 173	95 021 876	406 532	41 289	
四	83 715 296	190 836	46 721	9 530 246	5 078	
五	8 137	94 026 175	2 658 493	42 068	-251 793	
六	913 578	45 298	30 491 578	29 764 831	3 016 475	
七	36 085	7 094 851	137 269	1 347	80 253 691	
八	8 294 673	6 095	4 602	246 589	30 267	
九	16 032 748	350 284	91 568	-7 031 895	4 591	
十	8 259	54 083 167	7 014 386	19 247	601 294	

续表

	一	二	三	四	五	合计
十一	605 942	12 769	9 543	68 037 251	7 120 845	
十二	70 465	1 803 974	750 324	1 762	29 013 658	
十三	1 097 234	6 283	17 034 652	704 819	56 849	
十四	82 741 596	390 254	89 741	1 590 236	4 073	
十五	4 021	40 139 568	1 958 327	-57 064	982 367	
十六	392 645	73 296	7 082	67 035 981	4 208 135	
十七	6 059 834	1 627	25 381 907	310 578	-63 294	
十八	20 816 479	580 412	90 567	2 945 037	4 176	
十九	7 563	89 347 621	5 402 891	12 803	379 564	
二十	184 395	20 756	1 603	85 294 137	5 204 678	
合计						

账表算（四）

	一	二	三	四	五	合计
一	3 718	78 420 563	2 948 536	80 126	531 294	
二	98 176 253	179 608	70 692	3 298 014	8 075	
三	1 704 982	7 135	95 781 026	-510 362	62 591	
四	50 291	6 473 281	468 203	2 956	90 173 684	
五	638 459	50 123	3 018	91 823 547	8 205 467	
六	7 236	97 341 682	4 092 581	42 083	493 675	
七	29 401 768	564 109	54 726	7 506 439	7 834	
八	5 910 473	6 784	80 275 938	380 157	-82 493	
九	61 052	3 094 257	694 083	4 835	71 903 628	
十	698 203	29 478	1 736	70 831 964	8 130 256	
十一	4 236	59 013 286	4 375 291	65 097	721 938	
十二	37 145 692	693 504	61 749	-6 908 531	4 309	
十三	1 704 528	8 267	83 075 124	280 479	26 598	
十四	35 706	1 096 382	407 235	9 214	18 503 629	

续表

	一	二	三	四	五	合计
十五	490 854	34 178	2 934	41 075 836	7 420 187	
十六	68 709 412	750 243	85 196	3 290 765	1 475	
十七	3 627 945	2 095	40 379 815	843 172	-40 637	
十八	30 685	6 109 542	162 973	7 421	86 021 945	
十九	817 963	94 275	5 061	58 491 637	3 910 567	
二十	4 859	68 107 935	1 704 836	62 759	405 217	
合计						

账表算（五）

	一	二	三	四	五	合计
一	780 126	45 931	6 175	83 295 047	4 609 723	
二	1 047	90 283 675	8 360 952	47 961	-126 834	
三	53 026 894	402 756	81 073	2 135 789	5 163	
四	7 819 546	7 182	63 210 597	603 594	49 825	
五	25 084	6 309 217	395 148	2 906	81 730 642	
六	179 305	70 641	4 286	30 468 591	5 368 297	
七	5 093	19 863 274	7 081 564	40 826	495 173	
八	74 208 391	280 531	46 398	-1 584 267	2 097	
九	9 012 648	7 953	8 153	276 845	43 106	
十	28 736	4 908 635	284 056	1 704	29 035 871	
十一	607 153	92 784	17 490 328	69 204 351	7 420 698	
十二	1 879	43 156 809	3 107 642	51 043	798 561	
十三	80 324 196	720 643	81 974	2 105 769	9 835	
十四	5 608 471	4 698	40 293 157	-750 923	61 854	
十五	24 593	5 327 146	680 715	8 567	94 018 325	
十六	658 147	61 498	1 092	70 139 258	6 274 053	
十七	4 236	13 705 289	4 057 319	82 769	-190 485	
十八	19 780 643	781 425	63 091	3 715 284	5 926	
十九	3 956 124	5 804	79 426 583	930 124	81 067	
二十	78 269	6 130 529	675 294	6 831	17 042 538	
合计						

账表算（六）

	一	二	三	四	五	合计
一	23 475 986	1 069	38 056	612 480	4 723 095	
二	7 598	842 351	50 849 237	7 023 165	61 409	
三	12 043	96 054 718	4 065	−351 682	9 126 378	
四	9 834 725	13 284	97 530 482	9 130	541 067	
五	90 142	9 706	4 069 123	568 743	82 650 743	
六	693 207	60 237 845	5 861	17 986	6 178 052	
七	84 756 130	42 579	273 596	8 130 294	−3 968	
八	7 568	9 158 460	17 408	62 593 781	534 021	
九	3 197	670 284	9 540 231	25 169 408	65 370	
十	5 614 239	16 743 902	309 862	78 534	1 085	
十一	248 560	5 239	60 174 958	83 267	6 092 743	
十二	68 129 045	8 367 154	41 726	9 043	−837 592	
十三	947 218	90 825	7 835	4 623 017	76 241 903	
十四	70 843	169 480	10 329 578	6 029 541	6 217	
十五	3 126 570	3 725	530 189	54 791 068	48 296	
十六	7 652 831	73 021 468	6 472	−345 297	82 541	
十七	6 073	98 152	4 182 936	9 362	724 869	
十八	180 964	4 690 573	67 451	20 538 749	19 450 382	
十九	92 809 654	317 208	3 279 160	70 495	9 753	
二十	43 709	5 964 723	248 951	6 581	68 930 521	
合计						

账表算（七）

	一	二	三	四	五	合计
一	980 364	71 052	5 861	80 794 263	5 137 209	
二	8 012	41 269 378	3 406 759	68 375	204 981	
三	79 265 134	905 763	40 127	1 420 598	−8 126	
四	8 493 510	7 129	68 437 052	205 836	14 798	
五	58 762	5 470 982	813 409	9 380	62 371 845	
六	170 498	12 479	5 263	68 395 124	9 507 368	
七	7 956	82 540 361	3 274 806	10 542	243 187	

续表

	一	二	三	四	五	合计
八	30 419 267	715 048	36 924	−7 048 165	8 295	
九	8 752 496	8 173	17 265 890	436 529	41 039	
十	19 205	5 264 398	920 875	7 164	80 136 475	
十一	405 319	84 726	4 098	37 128 506	9 057 263	
十二	7 403	31 560 298	1 526 983	−79 420	495 761	
十三	28 791 356	739 580	34 106	1 024 856	9 406	
十四	9 274 108	1 405	93 502 864	732 698	27 815	
十五	81 035	2 603 549	682 471	6 932	34 609 157	
十六	208 463	34 790	7 519	78 169 423	−8 025 961	
十七	6 328	40 719 256	9 130 487	31 579	278 406	
十八	42 037 861	138 645	59 721	8 170 495	5 320	
十九	9 134 725	2 068	10 725 463	905 781	37 946	
二十	75 469	2 693 871	851 379	4 073	50 213 684	
合计						

账表算（八）

	一	二	三	四	五	合计
一	9 582	36 810 475	7 603 184	45 297	140 296	
二	405 269	62 791	4 593	70 531 628	2 854 107	
三	65 074	9 173 048	350 742	2 176	35 180 962	
四	9 024 137	2 683	65 207 134	−798 041	46 598	
五	75 169 428	562 039	49 871	5 316 920	7 043	
六	1 042	80 193 465	3 725 198	60 574	683 297	
七	254 396	49 276	7 802	79 108 653	4 025 183	
八	8 430 659	2 167	18 953 027	785 031	−39 462	
九	64 197 208	850 214	67 905	5 937 042	1 763	
十	3 567	69 172 843	8 192 054	30 821	465 839	
十一	394 185	65 207	1 603	72 945 138	7 206 541	
十二	40 519	1 786 432	604 832	3 895	81 950 637	
十三	21 073	9 245 703	465 398	8 496	32 168 709	
十四	8 640 729	3 175	90 678 521	253 064	82 491	

续表

	一	二	三	四	五	合计
十五	59 172 368	863 019	24 176	-6 540 293	7 508	
十六	7 831	27 506 941	5 968 234	62 048	-195 237	
十七	135 978	94 528	4 026	81 396 274	5 430 176	
十八	83 056	7 185 409	763 192	7 431	61 295 048	
十九	7 942 683	9 056	40 198 375	985 124	62 307	
二十	32 670 148	248 503	56 198	6 013 789	9 451	
合计						

账表算（九）

	一	二	三	四	五	合计
一	65 241 938	83 174	6 473	593 268	7 508 263	
二	109 863	6 529 417	51 840 329	70 426	9 546	
三	24 509	3 208	236 047	1 392 047	90 743 128	
四	1 876 245	84 069 537	19 825	7 598	-628 759	
五	7 054	590 326	8 560 791	62 385 014	43 021	
六	985 346	4 238 159	62 038 147	41 708	5 934	
七	39 285	7 265	759 803	8 230 947	85 049 367	
八	5 013 492	60 128 579	96 572	-3 296	172 839	
九	1 075	310 497	1 547 293	75 514 326	95 604	
十	61 850 437	65 083	8 406	901 865	9 126 078	
十一	25 971	2 759	290 184	4 590 682	31 469 207	
十二	8 370 592	17 059 263	16 209	7 184	283 569	
十三	6 471	98 435	7 129 546	62 594 073	80 512	
十四	39 062 814	17 694	5 830	-329 147	1 275 483	
十五	406 583	3 680 241	85 760 394	60 531	6 704	
十六	3 819 756	15 208 793	29 643	3 285	179 356	
十七	1 247	481 267	6 420 178	97 014 356	30 829	
十八	92 530 764	93 056	9 517	460 197	-7 426 051	
十九	401 857	1 836 547	12 085 639	28 309	8 436	
二十	29 068	2 095	841 053	6 820 475	52 801 467	
合计						

二、传票算

传票为原始会计记录的一种。用以区分借贷、传票各有关部门的经办人员,作为登账、收付及审核的书面凭证。此项具有账单作用的记账凭证,是按每一交易事项,所分割的最小分录单位,亦即我国《会计法》所谓"会计凭证"的一种。

传票算也称为凭证汇总算,它是对各种单据、发票和记账凭证进行汇总计算的一种方法,它也是加减运算中的一种常用方式。传票按是否装订,可分为订本式传票和活页式传票两种。

(一) 订本式传算

日常练习中,传票本是练习传票算的依据。订本式传票本,一般每本为100页,每页的右上角印有阿拉伯数字表示页码,每页传票上有五笔(行)数字,每行数字前自上而下依次印有(一)、(二)、(三)、(四)、(五)的标志,"(一)"表示第一行数,"(二)"表示第二行数,以下同理。每行最高位数有七位数字,最低位数有四位数字。如图 3 – 10 所示。

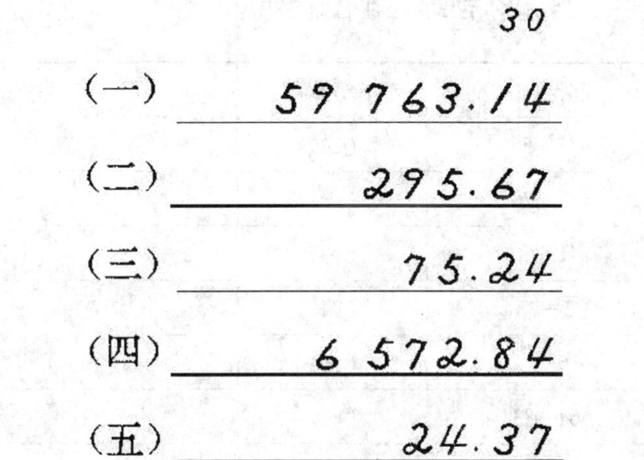

```
                            30
 (一)    59 763.14
 (二)       295.67
 (三)        75.24
 (四)     6 572.84
 (五)        24.37
```

图 3 – 10

(二) 散页式传算

日常练习中,传票本是练习传票算的依据。散页式传票本,一般每本为 100 页,每页的右上角印有阿拉伯数字表示页码,每页传票上有四笔数字,每笔数字前自上而下依次印有(一)、(二)、(三)、(四)的标志,"(一)"表示第一笔数,"(二)"表示第二笔数,以下同理。每行最高位数有七位数字,最低位数有四位数字。如图 3 – 11 所示。

第 035 号

（一）

亿	千	百	十	万	千	百	十	元	角	分
		1	3	6	7	1	5	0	1	

第 035 号

（三）

亿	千	百	十	万	千	百	十	元	角	分
					4	5	0	1	2	4

（二）

亿	千	百	十	万	千	百	十	元	角	分
					6	9	8	4	0	

（四）

亿	千	百	十	万	千	百	十	元	角	分
					3	6	7	0	5	4

图 3-11

（三）传票算的运算要求

根据传票算的运算特点，计算时除用算盘或小键盘外，另需一张传票算试题答案纸，传票算每二十页为一题，运算数 110 个。

例如：表 3-2，第一题要求从第 37 页起，运算到 56 页截止，"（二）"表示把每页第二行数字累加起来，然后将结果填写在合计栏中。

题号	起讫页数	笔数	答　案
1	37—56	（二）	
2	57—76	（三）	
3	41—60	（一）	
4	3—22	（四）	
5	16—35	（三）	
6	64—83	（四）	
7	72—91	（一）	
8	61—80	（二）	
9	62—81	（一）	
10	63—82	（四）	

（四）传票算的具体运算步骤与方法

1. 整理传票本。

传票运算时左手要翻页（打一页翻一页），为了提高运算速度加快翻页的动作，避免翻重页或漏页的现象，运算前除了应检查传票本有无缺页、重页或数字不清晰以外，还需将传票本捻成扇面形状。

捻扇面的方法是：用左手握住传票的左下角，拇指放在传票封面的上部，其余四指放在传票本背面；右手握住传票的右上角，拇指放在传票封面的上部，其余四指放在传票背面，左右手向里捻动，形成扇形后，用票夹将传票本左上角夹住，以固定扇面。扇面形状的大小依需要而定，不宜过大，一般封面与封底外侧上角偏出最大距离应在1cm～2cm，否则左手翻动起来不方便。

2. 调整计算器的功能键。

小数点选位键 F420A 定位在 2。因为传票算都是含有角分的金额单位，一般都是两位小数，所以通过定位就可以省去计算时反复按小数点，同时最后的答案也能够自然保留两位小数。

3. 传票本的摆放位置。

如果使用算盘计算，传票本可摆放在算盘的左上方，答题纸放在算盘的右下方，传票本摆放的位置以看数和计数方便为宜。

如果使用小键盘计算，传票本应放在左边，答题纸应放在中间（传票本应压住答题纸，以不影响看题、写数为宜）。

4. 传票本的翻页、找页、记页。

（1）翻页的方法：

左手小指，无名指和中指放在传票本左下方，食指拇指放在每题的起始页，用拇指的指肚处轻轻靠住传票本应翻起的页码，翻上来后食指配合拇指把翻过的页码夹在中指与食指的指缝中间以便拇指继续翻页。左手翻页和右手按键计算要同时进行，每翻动一页，均迅速将数输入盘中，票也不易掀得过高，角度越小越好，以能看清数据为宜。

（2）找页的方法：

找页是传票算的基本功之一，由于传票试题在拟题时并不按自然顺序，而是相互交叉，这就需要在运算过程中前后找页。如第二题第三行第 28 页到 47 页，当第二题计算完毕，在写数清盘的同时，必须用眼光看下一题起始页，然后左手迅速翻找，当第二题答数抄完，清盘后即可进行下一道题运算。找页应刻苦练习，首先练习手感，如传票每本 100 页，厚度是多少？用手翻找 15 页、30 页、50 页、70 页各有多厚？经过一段时间的刻苦练习，自然就有了手感基础。其次要求能迅速准确找出各题起始页，如一次未能翻到，再用左手略作调整。总之，找页动作要经过刻苦练习，达到找页准确迅速，不影响右手按键运算。

（3）记页的方法：

传票算除翻页外还需要记页，传票计算每题由二十页组成，为避免在计算中发生超页或打不够页的现象必须在计算过程中默记打了多少次记到第二十次时核对该题的起止页，立即书写答数。记页在边翻页边计算中较难记住，所以平时要加强训练。在训练中，运算的数据不要默念，只要凭数字的字形反应直接指挥手指输入，心理只需默记页数，如此反复练习，就会习惯记页。

（4）计算方法：

拇指夹笔计算。首先将捻成扇面的传票，翻到要计算的开始页，然后左手一边翻页，右手一边输入，直到计算完毕。

【项目小结】

传票算也可称为凭证汇总算，是对各种单据、发票或记账凭证进行汇总计算的一种方法，同时也是进行加减运算的利息的一种常用方式。传票算的运算过程主要包括：①整理传票，即把传票理成扇形。②找页。要有手感基础，即心中有数，需要找的页数要随手就能找到。③翻页。翻页一次一页，同时要看数并要默记20次。经过练习要是翻页、看数、按键计算动作衔接好，不能脱节。

账表算又称表格算，是日常经济工作中常见的加减运算形式，如会计报表的合计、累计、分组算等均出于此类计算。一张账表由5列、20行组成，即竖向5个题，横向20个题。账表算练习的关键是看数，抄写答案。一定要注意看数准确，抄写数字规范，便于计算"轧平"。

计算器计算传票账表，关键看数字输入的速度和准确率。熟悉小键盘上各键的键位，体会各指的击键规律，增加键位感。数字小键盘的录入训练，是以原位键的训练为基础，扩展到其他外围键的。各指定位要准，击键要果断，要充分发挥指关节的作用，精力一定要集中在原位上。

【技能训练】

1. 计算百张传票各行1页~50页合计数。
2. 计算百张传票各行51页~100页合计数。
3. 计算百张传票各行1页~100页合计数。

传票实训试题（一）

题号	起讫页数	行数	答　案
1	24~43	（三）	
2	39~58	（五）	
3	42~61	（一）	
4	55~74	（四）	
5	62~81	（四）	
6	73~92	（一）	
7	80~99	（五）	
8	31~50	（三）	
9	20~39	（二）	
10	48~67	（四）	
11	6~25	（五）	
12	12~31	（四）	
13	40~59	（三）	

续表

题号	起讫页数	行数	答　案
14	54～73	（四）	
15	36～55	（三）	
16	69～88	（四）	
17	46～65	（五）	
18	11～30	（一）	
19	21～40	（二）	
20	21～40	（三）	

传票实训试题（二）

题号	起讫页数	行数	答　案
1	44～63	（二）	
2	46～65	（一）	
3	19～38	（四）	
4	23～42	（三）	
5	8～27	（五）	
6	71～90	（二）	
7	41～60	（一）	
8	9～28	（四）	
9	53～72	（三）	
10	34～53	（五）	
11	14～33	（四）	
12	21～40	（五）	
13	4～23	（二）	
14	65～84	（四）	
15	56～75	（一）	
16	32～51	（二）	
17	45～64	（三）	
18	14～33	（四）	
19	18～37	（五）	
20	41～60	（一）	

传票实训试题（三）

题号	起讫页数	行数	答　案
1	72~91	（二）	
2	44~63	（二）	
3	73~92	（五）	
4	80~99	（一）	
5	16~35	（三）	
6	57~76	（一）	
7	33~52	（四）	
8	23~42	（二）	
9	28~47	（五）	
10	69~88	（一）	
11	21~40	（二）	
12	78~97	（三）	
13	22~41	（一）	
14	41~60	（四）	
15	9~28	（二）	
16	8~27	（三）	
17	1~20	（五）	
18	20~49	（一）	
19	19~38	（二）	
20	7~26	（四）	

传票实训试题（四）

题号	起讫页数	行数	答　案
1	1~20	（二）	
2	56~75	（三）	
3	3~22	（一）	
4	78~97	（五）	
5	21~40	（二）	
6	51~70	（四）	
7	16~35	（一）	
8	45~64	（三）	

续表

题号	起讫页数	行数	答 案
9	19~38	(二)	
10	20~39	(五)	
11	53~72	(四)	
12	46~65	(一)	
13	15~34	(二)	
14	8~27	(三)	
15	4~23	(二)	
16	26~46	(五)	
17	34~53	(四)	
18	23~42	(一)	
19	21~40	(二)	
20	14~33	(三)	

传票实训试题（五）

题号	起讫页数	行数	答 案
1	44~63	(三)	
2	71~90	(五)	
3	7~26	(四)	
4	14~33	(二)	
5	57~76	(一)	
6	73~92	(五)	
7	72~91	(一)	
8	53~72	(三)	
9	23~42	(四)	
10	8~27	(二)	
11	44~63	(五)	
12	33~52	(三)	
13	55~74	(二)	
14	9~28	(一)	

续表

题号	起讫页数	行数	答　案
15	28~47	(四)	
16	47~66	(三)	
17	31~50	(二)	
18	69~88	(五)	
19	66~85	(三)	
20	54~73	(四)	

传票实训试题（六）

题号	起讫页数	行数	答　案
1	46~65	(一)	
2	20~39	(三)	
3	25~44	(五)	
4	16~35	(二)	
5	26~45	(四)	
6	51~70	(二)	
7	56~75	(四)	
8	4~23	(五)	
9	31~50	(二)	
10	57~76	(四)	
11	69~88	(一)	
12	23~42	(四)	
13	18~37	(三)	
14	28~47	(五)	
15	29~48	(四)	
16	37~58	(三)	
17	8~27	(四)	
18	15~34	(一)	
19	21~40	(四)	
20	7~26	(二)	

传票实训试题（七）

题号	起讫页数	行数	答　案
1	45～64	（三）	
2	16～35	（五）	
3	56～75	（一）	
4	9～28	（四）	
5	34～53	（四）	
6	57～76	（一）	
7	69～88	（五）	
8	68～87	（三）	
9	77～96	（二）	
10	66～85	（四）	
11	54～73	（五）	
12	73～92	（四）	
13	53～72	（三）	
14	80～99	（四）	
15	61～80	（三）	
16	1～20	（四）	
17	20～39	（五）	
18	26～45	（一）	
19	32～51	（二）	
20	22～41	（三）	

项目四 现金业务操作技能

【知识目标】 掌握现金收、款业务的操作流程；掌握真假人民币鉴别与防伪知识。
【技能目标】 能熟练的进行真假人民币鉴别。

【任务一】 现金收付业务的有关规定

一、《中华人民共和国现金管理暂行条例》

1988年9月8日，国务院第12号令发布的《中华人民共和国现金管理暂行条例》和1988年9月23日中国人民银行颁布的《现金管理暂行条例实施细则》对开户单位的现金管理和监督、法律责任等进行了规定，是现金收付业务的主要法律依据。其主要内容有以下几个方面。

1. 开户单位可以在下列范围内使用现金：
(1) 职工工资、津贴；
(2) 个人劳务报酬；
(3) 根据国家规定颁发给个人的科学技术、文化艺术、体育等各种奖金；
(4) 各种劳保、福利费用以及国家规定的对个人的其他支出；
(5) 向个人收购农副产品和其他物资的价款；
(6) 出差人员必须随身携带的差旅费；
(7) 结算起点（1 000元）以下的零星支出；
(8) 中国人民银行确定需要支付现金的其他支出。

除上述第5、6项外，开户单位支付给个人的款项，超过使用现金限额的部分，应当以支票或者银行本票支付；确需全额支付现金的，经开户银行审核后，予以支付现金。

2. 开户银行应当根据实际需要，核定开户单位3～5天的日常零星开支所需的库存现金限额。

边远地区和交通不便地区的开户单位的库存现金限额，可以多于5天，但不得超过15天的日常零星开支。

经核定的库存现金限额，开户单位必须严格遵守。需要增加或者减少库存现金限额的，应当向开户银行提出申请，由开户银行核定。

3. 开户单位现金收支应当依照下列规定办理：

（1）开户单位现金收入应当于当日送存开户银行。当日送存确有困难的，由开户银行确定送存时间。

（2）开户单位支付现金，可以从本单位库存现金限额中支付或者从开户银行提取，不得从本单位的现金收入中直接支付（即坐支）。因特殊情况需要坐支现金的，应当事先报经开户银行审查批准，由开户银行核定坐支范围和限额。坐支单位应当定期向开户银行报送坐支金额和使用情况。

4. 为保证开户单位的现金收入及时送存银行，开户银行必须按照规定做好现金收款工作，不得随意缩短收款时间。大中城市和商业比较集中的地区，应当建立非营业时间收款制度。

5. 开户银行应当加强柜台审查，定期和不定期地对开户单位现金收支情况进行检查，并按规定向当地人民银行报告现金管理情况。

6. 开户单位有下列情形之一的，开户银行应当依照中国人民银行的规定，责令其停止违法活动，并可根据情节轻重处以罚款：

（1）超出规定范围、限额使用现金的。

（2）超出核定的库存现金限额留存现金的。

7. 开户单位有下列情形之一的，开户银行应当依照中国人民银行的规定，予以警告或者罚款；情节严重的，可在一定期限内停止对该单位的贷款或者停止对该单位的现金支付：

（1）对现金结算给予比转账结算优惠待遇的。

（2）拒收支票、银行汇票和银行本票的。

（3）违反本条例第八条规定，不采取转账结算方式购置国家规定的专项控制商品的。

（4）用不符合财务会计制度规定的凭证顶替库存现金的。

（5）用转账凭证套换现金的。

（6）编造用途套取现金的。

（7）互相借用现金的。

（8）利用账户替其他单位和个人套取现金的。

（9）将单位的现金收入按个人储蓄方式存入银行的。

（10）保留账外公款的。

（11）未经批准坐支或者未按开户银行核定的坐支范围和限额坐支现金的。

二、人民币结算账户管理办法

为规范人民币银行结算账户的开立和使用，维护经济金融秩序稳定，中国人民银行制定了《人民币银行结算账户管理办法》（中国人民银行令〔2003〕第5号），经2002年8月21日第34次行长办公会议通过，自2003年9月1日起施行，其主要内容有以下几个方面：

银行结算账户按存款人分为单位银行结算账户和个人银行结算账户。

（一）单位银行结算账户

单位银行结算账户，指存款人以单位名称开立的银行结算账户为单位银行结算账户。个体工商户凭营业执照以字号或经营者姓名开立的银行结算账户纳入单位银行结算账户管理。单位银行结算账户按用途分为基本存款账户、一般存款账户、专用存款账户、临时存款账户。

1. 基本存款账户是存款人因办理日常转账结算和现金收付需要开立的银行结算账户。存款人日常经营活动的资金收付及其工资、奖金和现金的支取，应通过该账户办理。单位银行结算账户的存款人只能在银行开立一个基本存款账户，是存款人的主办账户。

2. 一般存款账户是存款人因借款或其他结算需要，在基本存款账户开户银行以外的银行营业机构开立的银行结算账户。一般存款账户用于办理存款人借款转存、借款归还和其他结算的资金收付。该账户可以办理现金缴存，但不得办理现金支取。

3. 专用存款账户是存款人按照法律、行政法规和规章，对其特定用途资金进行专项管理和使用而开立的银行结算账户。对下列资金的管理与使用，存款人可以申请开立专用存款账户：专用存款账户用于办理各项专用资金的收付。

4. 临时存款账户是存款人因临时需要并在规定期限内使用而开立的银行结算账户。有下列情况的，存款人可以申请开立临时存款账户：设立临时机构；异地临时经营活动；注册验资。临时存款账户用于办理临时机构以及存款人临时经营活动发生的资金收付。

存款人开立单位银行结算账户，自正式开立之日起3个工作日后，方可办理付款业务。但注册验资的临时存款账户转为基本存款账户和因借款转存开立的一般存款账户除外。

（二）个人银行结算账户

个人银行结算账户是自然人因投资、消费、结算等而开立的可办理支付结算业务的存款账户。邮政储蓄机构办理银行卡业务开立的账户纳入个人银行结算账户管理。

个人银行结算账户用于办理个人转账收付和现金存取。下列款项可以转入个人银行结算账户：

工资、奖金收入；稿费、演出费等劳务收入；债券、期货、信托等投资的本金和收益；个人债权或产权转让收益；个人贷款转存；证券交易结算资金和期货交易保证金；继承、赠与款项；保险理赔、保费退还等款项；纳税退还；农、副、矿产品销售收入；其他合法款项。

三、《中华人民共和国商业银行法》

《中华人民共和国商业银行法》第48条规定，企事业单位可以自主选择一家商业银行的营业场所开立一个办理日常转账结算和现金收付的基本账户，不得开立两个以上基本账户。

四、《关于大额现金支付管理的通知》

《关于大额现金支付管理的通知》（中国人民银行银发［1997］339号）对切实加强

企业账户开立及其现金支付的管理改进储蓄账户现金支付管理严格禁止公款私存、加强对银行卡的管理、加强非银行金融机构的现金管理等方面进行了明确的规定。其主要内容如下。

（一）切实加强企业账户开立及其现金支付的管理

根据《中华人民共和国商业银行法》第四十八条规定，凡在国家工商行政管理机关登记注册的企业，只能选择一家银行的营业场所开立一个基本存款账户，按照《现金管理暂行条例》规定的使用现金范围，办理现金收付业务。企业如有需要，可在其他金融机构开立一般存款账户，用于办理转账结算和现金缴存业务，但不得支付现金。企业申请开立临时存款账户或专用存款账户，如需支取现金的，必须严格按照《现金管理暂行条例》规定的使用现金范围办理。

个体工商户可凭工商行政管理机关核发的营业执照，自主选择一家银行或信用合作社开立一个基本存款账户，不得将个体工商户的生产经营性资金转入储蓄账户，并通过储蓄账户办理结算。各金融机构特别是城市合作银行和城乡信用社要积极创造条件，为个体工商户提供便捷的转账结算服务。

（二）加强企事业单位的现金管理

开户单位可保留3~5天日常零星开支所需要的现金量，边远地区和交通不便地区的开户单位，可以保留15天以下的日常零星开支所需要的现金量。企事业单位可按上列标准，向开立基本存款账户的银行提出申请，由开户银行认真审核后通知开户单位认真执行。如需调整，也按上述程序办理。开户银行要认真督促开户单位将超过限额的现金及时送存银行。对一些现金收入较多的单位，金融机构要实行上门收款和非营业时间收款制度。金融机构对单位库存现金要定期进行抽查，发现违规的，要给予经济处罚。

（三）改进储蓄账户现金支付管理

要继续认真执行"存款自愿，取款自由，存款有息，为储户保密"的原则。对一日一次性从储蓄账户（含银行卡户，下同）提取现金5万元（不含5万元）以上的，储蓄机构柜台人员应请取款人提供有效身份证件，并经储蓄机构负责人核实后予以支付。其中一次性提取现金20万元（含20万元）以上的，应请取款人必须至少提前1天以电话等方式预约，以便银行准备现金。对一日一次性超过5万元以上的现金支付或一日数次累计超过5万元以上的现金支付，银行内部要逐笔登记，妥善保管有关资料，并按月向人民银行当地分支机构备案。

（四）严格禁止公款私存

根据《中华人民共和国商业银行法》的规定，任何单位和个人不得将单位的资金以个人名义开立账户存储。不得将企业单位资金转入个人储蓄账户套取现金。除代发工资和小额个人劳务报酬外，银行和信用社不得为企事业单位办理将单位资金转入个人储蓄账户的转账结算，不得接受以转账方式进入个人储蓄账户的存款。

（五）加强对银行卡的管理

各商业银行在为客户开立具有通存通兑功能的银行卡或基于已有账户申领银行卡时，必须要求客户提供本人有效身份证件，并设置账户个人密码。对尚未设置个人密码的账户，不得通过银行卡办理账户之间的转账业务。对单位卡，一律不得支付现金。

（六）加强非银行金融机构的现金管理

信托投资公司、财务公司、金融租赁公司不得吸收城乡居民存款。经过批准同意吸收企事业单位存款的，只能限定在一定金额、一定期限以上。因此，以上金融机构原则上不得对企事业单位和个人支付现金，如有现金支付，也必须按本文规定执行。企业按规定投资证券可将企业存款转入证券公司，但证券公司不得为其支付现金。证券公司、信托投资公司、财务公司、金融租赁公司等非银行金融机构及其下属的证券营业机构对个人和法人从事证券交易和结算中的现金支付，按本文规定办理。

五、现金业务的基本制度

银行出纳制度有中国人民银行的《全国银行出纳基本制度》、《货币发行管理制度》以及各家银行及金融机构的《出纳制度》。这些制度因其作用对象不同而各有特点，但其基本规定则是相同的，这些共同的基本规定如下。

（一）钱账分管

凡办理现金出纳业务，必须实行钱账分管。钱账分管是银行会计、出纳工作的基本原则，在银行会计出纳制度中都有明确规定。钱（指现金实物）由出纳管；账由会计管，分工明确，相互制约，保证账款准确、不错不乱。

（二）先收款后记账和先记账后付款

坚持现金收入先收款后记账，现金付出先记账后付款的原则，做到手续清楚，责任分明，数字准确。收付现金，应使用规定的凭证。客户填写收付现金凭证时要填写券别，银行按券别收付，并换人复核，当面点清，一笔一清。收、付款及记账次序的严格界定是维护客户和银行利益的重要原则规定。款项收妥，记入账户，客户存款增加；客户支取款项，先行记账，客户存款余额减少，然后再支付款项，避免透支、冒领，维护了银行与客户的权益。

（三）复核制度

出纳制度规定凡现金、金银、外币、有价证券等的收付，必须换人复核、当面点清、一笔一清。复核制度的确立，保证了出纳工作的质量和信誉，在较长时期内发挥了它的重要作用。随着改革的深化和出纳目标管理的实施以及自动化控制手段的提高，复核制度从形式到内容会发生变化，但是复核制度本身仍须认真坚持。

（四）四双制度

出纳制度规定一切现金、金银等出纳业务必须坚持双人临柜（经批准实行柜员制的除外）、双人管库、双人守库、双人押运。"四双制度"是保证出纳工作安全的重要规定，在长期的实践中发挥了重要作用，除双人临柜将在形式上和内容上为"柜员制"部分取代外，其他"三双"仍将在出纳工作中发挥其安全保障作用。

（五）交接制度

出纳制度规定，凡出纳部门经管的一切款项、实物、重要物品进行转移或换人经管时，都应办理交接手续，责任落实到人。交接制度是一项非常重要的规定，为了保证出纳工作手续严密、责任分明，必须坚持交接制度。

（六）查库制度

出纳制度规定的查库制度是及时清盘账款、账实是否相符，确保库房管理健全和库款安全的重要措施。严禁挪用库存现金，严禁白条子抵库，坚持查库制度，消除各种安全隐患。实施定期、不定期的、各个层次、各种形式的查库，是保证查库制度贯彻落实的手段。

六、关于商业银行库款管理制度

金库现金库存量，由管辖行出纳管理部门根据其现金周转3~5天的正常需要量核定限额，确有需要的可适当放宽，超过库存限额的，要及时交存人民银行。不足支付时，要及时到人民银行提取。

【任务二】 现金收款业务的操作流程

现金收款业务是银行一项最经常、最主要、最大量的工作，是一项重要的窗口业务。它是社会现金活动（现金回笼）必经的业务环节，它与银行吸收存款、回笼现金的关系最为直接，出纳收款服务的质量反映着银行的整体形象和信誉。因此，要从银行整体效益出发，认真研究、组织出纳收款工作。保证出纳收款工作优质、高效地进行。

出纳收款专柜的设置应以业务需要、方便顾客为目的。因此，根据收款业务规律和业务合理的设置收款专柜，是必须坚持的原则。目前收款专柜的形式有两种，一种是双人临柜的换人复核制；一种是单人临柜的柜员制。从发展方向看，在条件具备的情况下，双人收款专柜将逐渐被柜员单人收款专柜所替代。

一、双人临柜制下的现金收款业务的操作流程

收款专柜须配备收款员和复核员各一人。办理现金收入业务，由收款员和收款复核员共同负责，密切协作（收款箱钥匙由二人分管或谁管钱箱谁保管钥匙）。

（一）收入现金应遵循的原则及岗位职责

1. 空箱上柜；先收款后记账；款项要复点，账务要复核；当面点清，一笔一清；中途离岗，钱、章入箱上锁，终端退至签到（注册）状态；中午轧账，日清日结。

2. 收款员岗位职责。根据客户填写的要素齐全、大小写金额一致的现金存款凭证，准确无误地点收现金；负责及时、准确地登记、填制并轧计现金收入日记簿、收款结数表等相关单、簿。

3. 收款复核员岗位职责。严格复审凭证，准确无误复点现金；在收妥的存款凭证上加盖现金收讫章与个人名章，及时退还存款回单，妥善保管、严密交接会计记账凭证；正确使用、保管现金收讫章；严密保管、上交已收妥的现金；负责填制入库票、现金交接清单或登记现金交接登记簿，与收款员共同完成整捆现金和尾零款的交接工作。次日

—— 199

空箱上柜。

（二）收款业务的操作流程

1. 营业时间收款。

（1）每日对外营业开始时，收款尾箱必须空箱上柜。

（2）接柜。要做到当面点清，一笔一清。

（3）审查凭证。按照规定认真审查现金收入凭证。办理现金收入业务，应根据客户填制的"收款凭证"（即现金缴款单或存款凭条）办理，并认真审查凭证内容是否填写齐全、清楚，有无涂改，凭证是否套写，编号是否一致，券别合计金额与凭证大小写金额核对是否一致，然后按券别顺序点收款项。

（4）清点现金。收款凭证审核无误后，进行点收现金。先卡大数，成把票币，必须拆把清点。每种券别的把数点完，再清点全部细数（联行、同业或与人民银行间调拨款，未拆捆的可免点细数），在点收过程中进行挑剔损伤券和反假工作。合计数同凭证金额核对相符。

（5）登记"现金收入日记簿"。清点现金与凭证金额核对无误后，根据交款凭证的有关内容，按券别序时逐笔登记"现金收入日记簿"。

（6）核对签章。在收款凭证各联上加盖收款员名章。当一笔款收妥，登记现金收入日记簿并把凭证与款项移交收款复核后，方可接办下一笔收款业务。这就是收款接柜员坚持"一笔一清"操作的程序。

（7）复核。将现金和收款凭证传递给收款复核员。收款复核员接收经收款接柜员初收后的凭证与款项后，先复审收款凭证，然后按券别顺序点收款项。当一笔收款复核无误后，在收款凭证上加盖现金收讫章和名章并分别进行处理后，回单退交款单位（人），将已收妥款项分类妥善保管，然后方可接办下一笔收款复核业务。这就是收款复核员坚持"一笔一清"操作的收款程序。

（8）收款复核员操作。收款复核员操作可分以下几个环节。一是复审凭证，是否要素齐全；二是复点现金，是否准确无误；三是签章退单，是否达到准、快、全；四是整理款项入箱保管。

2. 非营业时间收款。

（1）收款操作同日常现金收款，须执行双人临柜，序时登记，客户确认。

（2）收款结束，账款核对一致，换人复核无误，登记非营业时间收款登记簿，交当班负责人审查签章后，将当日所收现金双人加锁寄库保管。

（3）非营业时间收款后的第一个营业日，办理交接手续，将现金分别交有关柜组，出库清点现金并进行账务处理。

（4）其他操作同现金收款。

3. 预约收款。

（1）必须与客户签订书面协议，并根据协议采取当面核打大数（点捆、卡把、清点零数）、事后清点细数的办法收取款项。

（2）清点时发现差错、假币，按协议规定分别多退少补、收缴或送验，清点当日处理完毕，禁止寄库和空库。

（3）根据协议，收款当日记入客户账的未整封包款当日入库保管，次日出库整点；根据协议清点后记入客户账封包款，当日寄库保管，次日出库清点现金并进行账务处理。

（4）其他操作同现金收款。

4. 上门收款。

（1）组织上门收款，必须执行下列规定：双人办理，换人复核；当面清点，一笔一清或按双方签订的合同收款协议办理；钱账分管，共同负责；日清日结，及时入账；汇总核对；有关重要簿、证、印应加锁入库保管；建立良好的银企制约机制。

（2）上门收款操作比照双人临柜收款程序办理。

（3）采取合同（封包）收款形式的上门收款，除执行上门收款操作程序外，还要按照合同（封包）收款有关规定办理。

5. 外币收款。

（1）外币收款必须认真审查收入是否符合外汇管理有关规定，货币符号是否遗漏、是否正确。

（2）收入外币现钞，应根据规定的业务凭证办理。注意分清币种，换人复核，当面点清，一笔一清。

（3）在办理外币现钞收入时，务必注意流通期、托收期、最低收兑面额和钞票的质量，不合乎要求的钞票一律不得办理款项收入。在托收期内可根据客户要求代办托收，按规定收取托收费用。

（4）外币收款、交接、结账，比照人民币操作程序办理。

二、柜员制专柜的现金收款业务的操作流程

柜员制收款业务是由收款柜员单独处理整个收款程序。先审核凭证，再按券别顺序点收款项，在点收过程中进行挑剔损伤券和反假工作。款项收妥，登记现金收入日记簿，在收款凭证上加盖现金收讫章，凭证收据、传票分别处理，将已收妥款项分类妥善保管，然后再接收下一笔收款业务，这是收款柜员坚持"一笔一清"的收款程序。

三、收款业务的重点环节

1. 收入成把成捆款项必须先认真进行卡捆卡把，核实大数，在收妥后，分类保管前须再次核对大数。

2. 在一笔款项未全部收妥前，严禁与已收妥款或其他款项调换、混淆。

3. 在收款过程中，发现疑点必须坚持有疑必复，自复时，须以复点现金为主，先确定现金的准确数额，再核对原始凭证的正误，防止因为凭证差错造成现金多缺。

4. 收点款项时，必须按凭证券别数字，顺序点收现金，并逐一进行累计计算。

5. 已收妥的现金、现金收讫章、个人名章必须严密保管，离岗时，全部入箱加锁。

6. 严格执行交接制度，款项转移必须办理交接，责任必须落实。

7. 业务终了，轧平账款，经手现金必须扫数入库。

【任务三】 现金付款业务的操作流程

现金付款业务也是银行的一项重要工作，它同样是一项窗口业务，是银行现金投放必经的业务环节。它与满足社会对现金的需求，调节市场流通票币的结构和质量有直接关系，而且间接地起着稳定存款的作用。出纳付款服务质量同样代表着银行的整体形象和信誉。因此也应从银行整体效益出发，认真组织出纳付款工作，保证出纳付款工作高效、优质地顺利进行。

一、付款专柜的设置

付款专柜应根据付款业务规律和业务量的需要设置，以方便客户为目的。在集中支付工资的付款高峰期，应采取增设窗口，提前营业或预约预配付款等形式以便利客户。目前付款专柜的形式有两种，一种是双人临柜、换人复核制；另一种是单人临柜的柜员制。付款工作实行柜员制是出纳付款专柜劳动组织形式的发展方向。

二、付款业务处理程序

（一）双人复核制付款专柜的业务处理程序

双人复核制付款专柜的业务处理程序双人付款专柜办理付款业务，是先由付款配款员凭会计部门记账、签章的付款凭证办理配款。

配款前先审核凭证，无误后，按用途及取款人的需要和备付基金的可能合理搭配券别进行配款。一笔款配付完毕，在付款凭证上加盖名章，登记付款现金付出日记簿后，将凭证和配妥的现金一并交付款复核员复核。这就是付款配款员一笔一清的配款程序。付款复核员接到配妥的款项和凭证时，先复审凭证，无误后，按"三核对"和"逐数唱付"操作要领招呼取款人进行付款。"三核对"即：①核对配出的现金与付款凭证大小写金额是否一致；②核对收回的铜牌号或对号单是否与凭证上的号码一致；③询问客户取款金额，核对与凭证金额是否一致。"逐数唱付"即按照付款金额数字位序，从大到小逐位唱付，并向取款人交代清楚。一笔款付妥后在付款凭证上加盖现金付讫章及名章，付款凭证妥善保管。这就是付款复核员一笔一清的付款程序。

（二）柜员制付款专柜的业务处理程序

付款柜员办理付款业务须凭会计部门记账、签章的付款凭证办理。其程序除变换人复核为自核外，其他程序不变。

三、付款业务的重点环节

1. 付款基金应办理出库手续从业务库出库。出库付款基金必须经付款专柜双人或柜员认真核对、见数，保证其准确。
2. 付款配款员或付款柜员必须坚持"自核"的操作程序；付款复核员和付款柜员必

须坚持"三核对"和"逐数唱付"的操作程序，确保付款工作质量。

3. 付款基金应妥善保管，坚持离位加锁，消除安全隐患。

4. 双人柜付款尾箱必须换人复点、复核、保证不错不乱；柜员制付款尾箱应该当日合尾、次日空箱上柜。

5. 营业终了，所有付款基金必须扫数入库。

6. 已盖现金付讫章的付款凭证和收回的铜牌须妥善保管，并认真与会计部门办理交接，移交会计部门。

【任务四】 真假人民币鉴别与防伪知识

一、人民币常识

人民币是中华人民共和国的法定货币，爱护使用人民币是每个公民的义务。使用人民币注意事项：

1. 携带、放置、收付人民币时要平铺整理，请不要乱揉乱折。

2. 不得在人民币上记数、写字、乱涂、乱画、乱盖印章戳记。

3. 出售鱼、肉、油脂、腌、卤制品的商店、摊贩，最好采取一人售货、另一人收款的办法营业。如有困难，应各置干净毛巾供收款时擦手，避免将人民币弄脏。

4. 防止化学药物对人民币的侵蚀。在生活中不要将肥皂、洗涤剂与人民币放在一起，以免票币腐蚀、变色。

5. 单位对收进的损伤人民币，应随时剔出，及时交存开户银行，不要再对外找补。

6. 用机具收付款时，应注意避免损伤人民币。

7. 不要在金属币上折弯、穿孔、磨边、轧薄、剪口等，以免使硬币变形和受损。

8. 对不宜继续使用的残缺人民币要及时粘补，随时到银行营业部门办理兑换。

9. 对在人民币上涂写、乱画、乱折、乱揉等不爱护人民币的行为，应加以劝阻。

二、人民币票样及票样管理

（一）人民币票样的含义

票样，也称样票、样张、样本票。人民币票样是指我国在发行新版人民币时，为了使银行、海关、公安等部门和人民群众熟悉新版人民币的票面额、图景、花纹、颜色等特征，预先向有关方面印发的人民币样本。即人民币票样就是我国法定流通的人民币的样本。凡真人民币票面上加印了"票样"二字的即为人民币票样，票样按规定程序和手续分发使用，它可以比较真币，也可以鉴别假币，但不准流通。

票样是通过试生产，经过批准而作为正式生产产品的标准，以确保货币印制质量的一致性和对货币印制质量的检查，同时也用于对假钞的鉴别，所以，票样又是从事反假人民币斗争的重要武器。票样由中国人民银行总行统一印制，在票面上加盖"票样"

（或"样本"、"样票"、"样张"）字样，并按规定程序和手续分发各行支行存档备用，不准流通。

票样有的是用真钞正背两面加印"票样"字样而充当票样；有的是在试印的时候利用单面图案加印"票样"字样，变成正背两面单页组成一枚完整的票样。票样的编号一般以"0"贯穿到底，正票（流通票）有几位号码，票样就有几位"0"；也有以正票号码形式编号的，但号码的位数、印刷位置与正票完全不同，一般编号位数少于正票，且一般印在票券正背面中间的上方或下方，此编号用于记载分发各分行支行的数目。

(二) 人民币票样的管理

1. 人民币票样是反假人民币的重要资料，各行处指定专人负责并建立领发保管手续。分发保管票样时，须根据票样发单办理签收手续，按券别、版别、图景、号码、张数和领用行名称详细登记在票样登记簿，以备查考。领用行要建立票样簿和票样登记簿，换人保管票样时，应将票样实物和票样登记簿核对相符后，办理交接手续。

2. 人民币票样不准流入市场，一旦发现人民币票样流入市场，应立即截留收回，并作如下处理：（1）认真向持票人追查来源，如系误收、误用，应由持票样人所在单位出具证明，说明情况，经调查属实，可酌情予以收回；（2）兑回行应根据兑回的票样号码继续追查，丢失票样的银行应对有关失职人员酌情处理；（3）若非本辖区内经管的票样，应送上级人民银行，上级人民银行根据分发人民币票样登记簿的记载追查和处理。由于人民币票样实行严格的管理，所以，通常情况下不会流散到社会上去。如发现有人民币票样，应向持票人追查票样的来源，经调查确是误收，可按兑换办法收回，兑出款由兑出人行出损。兑回或收回的票样，根据票样号码追查责任，对有关失职人员据情处理。如非本行经营的票样，应报上级行或当地人民银行追查。

3. 县以下基层分理处不发票样。领用单位合并或撤销时，多余的票样应上交省分行；行政区域变更，不属原分发行管辖时，应将票样转移情况报上级行备案；真假鉴别手续由人民银行总行统一印发，各行不得复印。

我国第一套人民币票样绝大部分在票券正面和背面从右至左加盖"票样"二字，但字形有大有小，字体多种多样，颜色有红蓝之分，位置也有不统一，只有两枚票券（1元工厂券和100元帆船券），从右至左加"样张"二字。号码的编排绝大部分票样采用以"0"贯穿到底的形式，也有个别票样是由正票加盖"票样"二字而作票样使用的，如20元的帆船火车券、100元的北海桥券（正面蓝黑色）等。但无论采取哪种编号形式，绝大部分票样均有自己的编号，这就是向下分发时记载的号码，一般采用"票样××××号"形式。另外，第一套人民币中的5 000元渭河桥券和10 000元军舰券两张票券的票样各有两种版别，其中的一种渭河桥票样正面没有加印冠号、图章和"票样"字样，只在行名下另加印六位编号，这是第一套人民币中一张极其特殊的票样。

第二套人民币全部票样均在正面从左至右加盖"票样"两字，冠号编排与正票相同，只是号码采用以"0"贯穿到底的形式，但每张票样背面均有自己分发时编排的5位号码。

第三套人民币各票样与第二套人民币票样形式基本相同，但除1960年版枣红色1角券外，其他票样正背面均增印了"内部票樣禁止流通"字样。另外，背面下边的分发编号除 10 元券采用 6 位号外，其他票样均为 4 位号码。

第四套人民币票样形式有些变化：1 角、2 角券正背均加盖两组"票样"字样，且"样"字全部改成简化字，同时正背面均增印两组"票样禁止流通"字样。冠号与正票一样，冠字采用两个汉语拼音字母，八位号码以"0"贯穿到底，背面下边均印有 5 位分发编号。

第五套人民币票样在票券正背面中下方均加盖"票样"字样，并在票券正背面两侧边缘处加印小字"票样禁止流通"字样。

三、人民币防伪技术

（一）纸币防伪技术

纸币的防伪措施体现在纸张、油墨和印刷技术等几个方面。

1. 纸张防伪技术。

在传统的纸币中，各国都有自己的纸张配方，在纸张中加入某种物质或元素，使之成为难以仿制的印钞专用纸张。货币专用纸张的主要原材料是棉纤维和高质量的木浆，而且未添加任何增白剂，因而钞票纸本身没有荧光反应。同时，在专用钞票纸的制造过程中，还专门采用了以下防伪技术。

（1）水印。

水印是在生产过程中通过改变纸浆纤维密度的方法而制成的。它在造纸过程中已制作定型，而不是后压印上去或印在钞票表面的。因此，水印图案都有较强的立体感、层次感和真实感。钞纸水印按其在票面位置分布可分为固定水印和满版水印；按其透光性分为多层次水印和白水印。水印图案可以是人物、动物、建筑、风景、花草及数字、字母等，在货币防伪方面有它独特的作用。世界各国的钞票几乎都使用了这种技术。

（2）安全线。

安全线就是在造纸过程中采用特殊技术在纸张中嵌入的一条比较薄的金属线或塑料线。近年来，许多国家还在安全线上加进了很多防伪技术，如在安全线上印上缩微文字；在安全线上加上磁性和全息特征；采用荧光安全线，这种安全线在紫外线的照射下，能发出明亮的荧光；开窗安全线，这种安全线一部分埋在纸里，一部分裸露在纸面上。安全线是一种普遍应用的防伪技术。

（3）彩色纤维和无色荧光纤维。

彩色纤维是预先将一些特殊纤维染上红色、蓝色或其他颜色，在造纸过程中将这些纤维按其一定比例加到纸张中，有的是均匀地加到纸张中，有的是加在纸张固定的位置。而无色荧光纤维只有在紫外灯下才能看见，在普通光下是看不见的。如第五套人民币各面额纸币均有这两项防伪技术。

（4）彩色的圆点和荧光圆点。

在造纸过程中，加上一些很小的塑料圆片，这些彩色的或能发荧光的圆点，一般较薄、较小，基本看不出来，但在一定条件下仔细观察便可以看到。

2. 油墨防伪技术。

油墨是印制钞票最重要的成分之一，具有防伪性能的油墨一般称为安全油墨或防伪油墨。常用的有以下几种：

(1) 有色荧光油墨。

这种油墨在普通光线下看时只是钞票油墨的本来颜色，但在紫外光照射下会发出各种特殊的荧光。有色荧光油墨一般应采用在钞票某一固定的位置或某种花纹图案上。

(2) 无色荧光油墨。

这种油墨的印刷图案在普通光下是看不见的，只有在紫外光下，才可以看见明亮的荧光。

(3) 磁性油墨。

磁性油墨的应用历史较悠久，但多是作为一项定性指标。现代钞票多将磁性油墨作为一项定性检测指标用于机读，同时也增加了伪造难度。

(4) 光变油墨。

光变油墨采用了一种特殊的光可变材料，印成图案后，随着观察角度的不同图的颜色会出现变化，由一种颜色变为另一种颜色。

(5) 防复印油墨。

用彩色复印机复制钞票时，这种油墨印刷的图案会发生颜色变化，致使复印出来的色调与原来票面上的色调完全不同。

(6) 红外光油墨。

红外光油墨印刷图案在普通光下，能看出来有颜色，但用红外光仪器观察时却没有颜色。

(7) 珠光油墨。

珠光油墨印刷图案随观察角度的不同会出现明亮的金属光泽或彩虹效果。

3. 印刷防伪技术。

(1) 手工雕刻凹版。

雕刻凹版印刷纸币是一直沿用至今的主要印刷防伪技术，特别是手工雕刻凹版，由于每个雕刻师均有自己的刀法、风格，其雕刻线条的深浅、弧度、角度别人很难模仿，就是他自己也很难做出完全相同的两块版，因此手工雕刻凹版本身就带有极强的防伪性。

(2) 凹版印刷。

凹印版的图文低于印版的版面，印出的图案凸现在纸张表面，呈三维状，立体感强，层次分明，用手触摸有凹凸感。这是在钞票印刷中应用历史最长、最普及也是最有效的防伪技术。

(3) 彩虹印刷。

图案的主色调或背景由不同的颜色组成，但线条或图像上的不同颜色呈连续性逐渐过渡，非常自然，没有明显界限，如彩虹各种颜色的自然过渡。

(4) 对印。

一般是采用正背面同时印刷，迎光透视钞票正背面同一部位的局部图案会组成一个完整的图案，且对接无错位现象。如我国第五套人民币 100 元、50 元、10 元券正面左下角的古钱币图案。

（5）接线印刷。

票面花纹的同一线条是由两种以上颜色组成，但色与色之间无漏白和叠合的现象。此项技术最初仅用于胶印，后来由我国首创在凹印上成功应用了该项技术。

（6）缩微文字印刷。

采用特殊的制版工艺将文字缩小到肉眼几乎看不到的程度，印到钞票上需借助放大镜方能观察到。该项技术在我国第五套人民币、美元、欧元、日元、港元等均有应用。

（7）隐性图案。

利用线条深浅、角度的变化制作印版，印出的图案，粗看是一种图形，转换适当的角度会看到该图案还隐藏着另外一种或多种图案。

（8）激光全息图形。

把从激光器射出的相关性很好的激光分成波长相同的两束，一束照到被摄物体上反射出来，叫做物光。另一束经平面镜反射后成为参考光，以一定的角度射向底片，并在那里与物光相遇而发生干涉。底片上记录下来的明暗干涉条纹，就得到被摄物体光波强度和相位的全息照片。全息照片再用原来参考光束照射，因光的衍射效应，能使原来的物体光束还原，所以透过全息照片可看到一个逼真的被摄物体立体图像，且图像线条非常精细并带有随机性，所以很难仿制。

（二）硬币的防伪技术

硬币的防伪措施主要体现在硬币的材质、形状和铸造工艺上。

随着科学技术的迅猛发展，造币产生过程中应用了许多新的工艺和技术。现代世界铸币材质丰富，形状各异。除了传统的平边、丝齿外，还出现了多边形、异形、圆形中间打孔、间接丝齿、连续斜丝齿、双金属镶嵌、三金属镶嵌、局部镶嵌、边部滚字、边部凹槽滚字、隐形雕刻、丝齿滚字、激光全息、彩色、微粒细点、高浮雕、反喷砂等全新概念的新工艺、新技术。在造币材料的选用上也突破了以往传统的观念，除了金、银、铜、镍、铝及其合金等传统的造币材料外，从 20 世纪 70 年代末 80 年代初始，出现了三明治式的铜—铁复合、镍—铁复合和钢芯镀铜、钢芯镀镍、锌芯镀铜等包裹材料，不锈钢也应用于制造流通硬币。这些造币新工艺、新技术、新材料的广泛应用，大大地增加了金属硬币的铸造难度，提高了金属硬币的技术含量，增强了金属硬币的防伪性能。

四、假币的鉴别和处理

（一）假币的种类

假人民币指仿照真人民币纸张、图案、水印、安全线等原样，利用各种技术手段非法制作的伪币。

假人民币包括伪造币和变造币。伪造币纸仿照真币原样，利用各种手段非法重新仿制的各类假票币。变造币指在真币基础上或以真币为基本材料，通过挖补、剪接、涂改、揭层等办法加工处理，使原币改变数量、形态实现升值的假货币。

假币种类包括机制、拓印、复印、照相、描绘、石、木版，以及蜡版、油印假币等。其中电子扫描分色制版印刷的机制假币数量最多，伪造水平最高，危害性最大。

1. 伪造币。

伪造币是指仿造真币的图案、形状、色彩等，采用各种手段制作的假货币。有用油印定位，手工着色，正背两面经分别仿制后粘贴而成的；有用木刻后手工修饰的；有仿照人民币图案绘画、着色的（但这种纯手工绘制得很少见）；有彩色复印或黑白复印后手工着色的；更多的是印刷机印刷的。

（1）机制假币。

所谓机制假币就是利用现代化的制版印刷设备伪造的假币。这类假币伪造的质量高、数量多、极其容易扩散，危害性最大，是反假货币的最重要的目标。目前市场上伪造人民币的主要是机制胶印假币。随着激光排版、电子分色制版、计算机扫描分色制版和彩色复印、胶版印刷等高新技术的广泛应用，犯罪分子利用先进技术和设备大量印制假币。有些假币还通过仿制和变造使假币具有了荧光油墨、磁性金属安全线等机读特征。这类假币由于质量较高，比较难以识别，要识别就要掌握其特征。

（2）拓印假币。

拓印假币是指利用化学原理，以一定化学物质浸泡真币，使真币色彩脱离，构成令图案滋生的假币。拓印假币时破坏了真币形成了被拓印币，被拓印币是真币。

（3）色彩复印假币。

复印假币就是指利用分辨率很高的彩色复印机复印伪造出来的假币。这类币颜色、图案与真币相似，在注意力不集中的情况下容易误收。但只要仔细识别，还是能够发现的，因为这类假钞比较粗糙，线条一般很不光洁，在放大镜下观察，该种假币的图案均为横向或竖向间断线条组成。

（4）手工描绘或手工刻版印刷的假币。

这类假币是采用传统的原始造假手段制作的，该类假币伪造手段落后，制版的材料质量低劣，伪造出来的假币质量很差，比较容易识别。

（5）照相假币。

照相假币采用相纸做钞纸材料，是利用照相设备拍摄、冲印成型的假币，它与一般的相片制作方法相同效果也相同，此类假币纸张厚且脆，稍加揉折票面就有裂痕，票面带有与真币截然不同的光泽。流通时间久了，会产生形同龟裂的形态。

（6）铸造假币。

利用浇铸或印模压印制造的硬假币，一般其图文粗糙、模糊，没有金属光泽，用肉眼即可辨别。通过真币做模板刻制印模，再用冲床机压印出来的硬假币，与真币较为相似，欺骗性强。在识别时需要与真币仔细比较才能看出真假。

2. 变造币。

变造币是指在真币的基础上，利用挖补、揭层、涂改、拼凑、移位、重印等多种方法制作，改变真币原形态的假币。变造币由于其变造后改变了真币的一些特征，一般容易识别。其种类有两种：

(1) 剪贴变造币。

将人民币剪成若干条，每张去其中一条，数条可接凑一张完整的人民币，以少张变多张，从中牟利。

(2) 揭页变造币。

将人民币先进行一定处理，然后一揭为二，再用白纸进行粘贴，形成一面是真币，一面是假币。

(二) 假人民币的主要特征

无论采用何种方式伪造的假人民币，与真币总有一定的差异。

1. 纸币假币的主要特征。

(1) 固定人像、花卉水印。

假钞伪造水印的方法一般有两种，一种是在纸张夹层中涂布白色浆料，透光观察水印所在位置的纸张明显偏厚；另一种是在票面上面、背面或正背面同时使用无色或淡黄色油墨印刷类水印的图案，图案不透光也清晰可见，立体感较差。

(2) 安全线。

假钞伪造安全线的方法有三种。第一种方法是在假钞表面，用油墨印刷一个线条，用于伪造安全线，仪器检测无磁性特征。第二种方法是在纸张夹层中放置与安全线等宽的聚酯类线状物，因其与纸张结合较差，极易抽出。安全线上的微缩文字字形较为粗糙，仪器检测无磁性特征。第三种方法是伪造开窗安全线。使用双层纸张，在正面的纸张上，对应开窗位置留有断口，使镀有金属反射表面的聚酯类线状物，从一个断口伸出，再从另一个断口埋入，用以伪造开窗安全线，其安全线与纸张结合较差，无全息图像。

(3) 红、蓝彩色纤维。

假钞使用红蓝两色油墨印刷一种与真钞的色彩形状纤维近似的细线，用于伪造红、蓝彩色纤维。

(4) 雕刻凹版印刷图案。

假钞的正背面主景图案多是由细点组成（真钞由点、线组成），图案颜色不正、缺乏层次、明暗过渡不自然。特别是人像目光无神，发丝模糊。图案无凹凸感，也有一部分假币在凹印图部位涂抹胶水或压痕来模仿凹印效果。

(5) 隐性面额数字。

假钞隐性面额数字是使用无色油墨印刷而成的，图纹线条与真券差别较大，即使垂直钞面也可看到。

(6) 胶、凹印微缩文字。

假钞的微缩文字模糊不清，无法分辨。

(7) 光变油墨面额数字。

假钞一般使用两种方式伪造光变面额数字，一种是用普通单色油墨平版印刷的，无真券特有的颜色变换特征，用手触及其表面时无凹凸感；另一种伪造方法是使用珠光油墨丝网印刷，其变色特征与真券有较明显的区别。如 100 元假钞，使用绿色珠光油墨伪造光变面额数字有一定的光泽，但其线条粗糙，只有绿色珠光效果，无蓝色特征。

（8）阴阳互补对应图案。

假钞的对印图案，在迎光透视时正背图案重合的不够完整，线条有明显的错位现象。

（9）有色、无色荧光图案。

在紫外线下，假钞要么没有有色、无色荧光图案，要么其颜色及亮度与真券有一定的差别。

（10）专用纸张。

大部分假钞所使用的纸张在紫外线下会发出较强的蓝色荧光，也有少量假钞荧光较弱或没有荧光。假钞纸张中不含无色荧光纤维。

2. 硬币假币的主要特征。

市场上的金属假币五花八门，必须有一套识别金属假币的技术。所有金属假币不论制假者手段如何高超，都有其共同特点。从整体特征来看。一是金属假币工艺粗糙，成色不足，颜色不一，黄铜币发白、发亮，白铜币显黄。这是金属假币合金配置比例不当所致。二是金属假币正、背面图案花纹比较模糊，没有真币那样的层次感和立体感，显得呆板，仔细观察有形同而神不似的感觉。在放大镜下，图案花纹笔道有明显的沙粒状结构，光泽和亮度均不及真币，金属假币字体略粗。笔画不规范，棱角、国徽、天安门图案欠分明。三是假币的单枚重量各枚之间差异较大。

（三）真假货币的鉴别方法

1. 纸币的鉴别方法。

检验真假纸币的方法基本分为两种，机器检验和手工检验。就是我们通常所说的采用直观对比和仪器检测相结合的方法。

（1）机器检验。

机器检验是通过验钞机检测钞票真伪，一般要经过几次检测，而且还要进行手工检验，因为有时验钞机也会出现误判。另外，还可以借助一些简单的工具和专业仪器进行钞票真伪识别。如借助放大镜来观察票面线条的清晰度，胶、凹印缩微文字等；用紫外灯光照射钞票，观察有色和无色荧光油墨印刷图案，纸张中不规则分布的黄、蓝两色荧光纤维；用磁性检测仪检测黑色横号码的磁性。

（2）手工检验。

手工检验包括眼睛看（视觉）、手摸（感觉）、耳听（听觉）三个方面。

① 眼看。用眼睛仔细地观察票面颜色、图案、花纹、水印、安全线等外观情况。真人民币的图案颜色协调，图案人像层次分明，富有立体感，人物形象表情传神，色调柔和亮丽；票面中的水印立体感强，层次分明，灰度清晰；安全线和纸张牢固黏合在一起，并有特殊的防伪标记；对印图案完整、准确；各种线条粗细均匀，直线、斜线、波纹线明晰、光洁。

② 手摸。依靠手指触摸钞票的感觉来分辨人民币的真伪。人民币是采用特种原料，由专业钞造设备制造的印钞专用纸张印制，其手感光滑、薄厚均匀，坚挺有韧性，且铺面上的行名、盲文、国徽和主景图案一般采用凹版印刷工艺，用手轻轻触摸，有凹凸感，手感与摸普通纸感觉不一样。

③ 耳听。通过抖动使钞票发出声响，根据声音来判断人民币的真伪。人民币是用专用特制纸张印制而成的，具有挺括、耐折、不易撕裂等特点，手持钞票用力抖动，手指轻弹或两手一张一弛轻轻对称拉动钞票，均能发出清脆响亮的声音。

在这里需要指出的是，在钞票防伪识别过程中，不仅凭一点或几点可以就草率的辨别真伪，还要考虑到钞票流通中受到的诸多因素影响，进行综合分析。

钞票在流通过程中，随着时间的推移，票面会出现磨损，甚至会受到一些化学物质等的污染，从而造成钞票真伪难辨。如流通时间过长，票面磨损严重造成钞票水印不够清晰，钞票凹印的凹凸感会不明显；钞票碰到强热辐射颜色会改变，遇到酸、碱、有机溶剂、油污等污染，会造成正面光变面额数字失去光变效果，票面的有色、无色荧光图案和纸张中的无色荧光纤维的荧光反映减弱；如钞票被洗衣粉浸泡后，钞票纸会没有荧光反应等，同时上述因素还有可能造成清分机或验钞机的误判。

2. 硬币鉴别方法。

(1) 对比法。

对比法是识别金属假币的一种比较有效的方法。如果你收到一枚硬币难以辨别真伪，那么，用3倍~5倍的放大镜，与一枚真的金属硬币仔细比较，一般都能辨别出真伪。真币的外形都很规整，硬币的边部光滑平整，币面图案的中心线基本对正重合，有着柔和的金属光泽。而假币往往外形不怎么规整，特别是假币的边部，很容易有毛刺或者起线不圆滑，厚度不均匀，图纹文字模糊发虚，正、背面图案的中心线错位较大，其金属色泽发白发闷，有的虽然也有金属光泽，但其光泽发散。在硬币的材质方面，真币材料都是高品质的金属材料制成，而金属假币的制造者选用的材料不可能用材精良，这样就使得色泽难以做到与真币一模一样。更重要的是假币的制造者没有压制硬币的专用压印机和印模，由于没有专门的硬币制模设备和专业工艺技术，在其翻制模具过程中一般不可能做到与压印真币的印模完全一样。因此采用与真币的对比法，通常可以识别多种假币。

(2) 测量称重法。

如果我们通过上面的对比法，仍难以把握金属硬币真伪，那么我们还可以采用测量称重法来进行鉴别。当我们拿到一枚金属硬币的时候，可以先用一把千分尺来仔细测量上下金属硬币的直径、厚度，如有条件，可以用工具显微镜检测其清边宽度是否均匀，清边高度和清边是否对称，然后可以用精度不低于0.001克的均衡测量器检测一下硬币的单枚重量，假的直径、厚度、清边宽度、单枚重量等重要的技术参数都难以达到与真币完全一致。因此，通过测量称重法也可以鉴别出金属硬币的真伪。

(3) 图纹重合比照法。

对于有些采用高科技仿制的质量较高的金属硬币，我们采用对接重影比较仪进行图纹重合检查。将真币和待测币放在对接重影比较仪下，仔细地将两枚硬币的图案、花纹、文字进行重合比较，仔细观察两枚硬币的图案、花纹、文字是否完全重合，因为假币制造者制作的印模是难以做到与真币一模一样的。所以，用对接重影比较仪就可以鉴别硬币的真伪了。

（4）合金成分分析法。

这种检验分析方法比较专业，不是到处都可以有检测的。如遇到数量较大难以辨别的真假金属硬币，建议可以送到国家造币厂去检测，通过对硬币金属材料的分析，辨别其真伪。

（四）第五套人民币的防伪特征

目前，市场流通的货币主要是第五套人民币，对第四套及以前的人民币，采取逐步回收的原则。因此，这里介绍第五套人民币的防伪特征。

第五套人民币应用了多项成熟的具有国际先进水平的防伪技术，如固定水印、光变油墨印刷图案、全息磁性开窗安全线、隐形面额数字、横竖双号码、双色横号码、阴阳互补对印图案、胶印微缩文字、红蓝彩色纤维、白水印、硬币边部滚字等多项技术。这些防伪技术的应用，大大提高了人民币的机读能力，便于清分机、验钞机清分、识别。第五套人民币具体防伪特征如下。

1. 固定水印。

固定水印均位于各票面正面左侧空白处，迎光透视，可以看到立体感很强的水印。100元、50元纸币的固定水印为毛泽东头像图案；20元、10元、5元纸币的固定水印分别为荷花、月季花和水仙花图案。

2. 红、蓝彩色纤维。

在各券别票面上均可以看到纸张中有不规则分布的红色和蓝色的纤维。

3. 安全线。

在各券别票面上正面中间偏左，均有一条安全线。100元、50元纸币的安全线，迎光透视，分别可以看到缩微文字"RMB100"、"RMB50"微小文字，仪器检测均有磁性；20元纸币，迎光透视，则是一条明暗相间的安全线；10元、5元纸币安全线均为开窗式，即安全线局部埋入纸张中、局部裸露在纸面上，开窗部分分别可以看到由微缩字符"￥10"、"￥5"组成的全息图案，仪器检测均有磁性。

4. 手工雕刻头像。

各券别正面主景均为毛泽东头像，采用手工雕刻凹版印刷工艺，形象逼真、传神，凹凸感强，易于识别。

5. 隐形面额数字。

各券别正面右上方均有一装饰图案，将票面置于与眼睛接近平行的位置，面对光源做平面旋转45度或者90度角，分别可以看到面额数字"100"、"50"、"20"、"10"、"5"字样。

6. 胶印微缩文字。

各券别正面胶印图案中，多处都印有微缩文字。100元微缩文字为"RMB100"；50元微缩文字为"RMB150"；20元微缩文字为"RMB20"；10元微缩文字为"RMB10"；5元微缩文字为"RMB5"和"5"的字样。

7. 雕刻凹版印刷。

各券别正面主景毛泽东头像、"中华人民银行"行名、面额数字、盲文面额标记和背面主景图案（20元纸币除外）等均采用雕刻凹版印刷，用手触摸有明显凹凸感。

8. 冠子号码。

各券别冠字均采用两位冠子，八位号码。100元、50元纸币票面正面均采用横竖双号码印制，横号码均为黑色，竖号码分别为蓝色和红色。20元、10元、5元票面正面均采用双色横号码印制，左侧部分均为红色，右侧部分均为黑色。

9. 光变油墨面额数字。

100元、50元票面正面左下方分别印有"100"、"50"字样，该字样与票面垂直角度观察分别为绿色和金色，倾斜一定角度分别变为蓝色和绿色。

10. 阴阳互补对印图案。

100元、50元、10元票面正面左下角和背面右下角均有一圆形局部图案，迎光透视，均可以看到正背面图案合并组成一个完整的古钱币图案。

11. 白水印。

10元、5元票面正面在双色横条码下方，迎光透视，分别可以看到透光性很强的水印图案"10"和"5"。

（五）假币的处理

单位和个人发现假币应上缴中国人民银行办理货币存取款和外币兑换业务的金融机构。金融机构是指商业银行、城乡信用社、邮政储蓄的业务机构。

金融机构在办理货币存取款和外币兑换业务时发现假币，由该金融机构两名以上业务人员当面予以收缴，应当面以统一格式的专用袋加封，封口处加盖"假币"字样戳记，并在专用袋上标明币种、券别、面额、张（枚）数、冠字号码、收缴人、复核人的名章等细项。收缴假币的金融机构向持有人出具中国人民银行统一印制的《假币收缴凭证》，并告知持有人，如对被收缴的假币有异议，可向中国人民银行当地分支机构或中国人民银行授权的当地鉴定机构申请鉴定。收缴的假币，不得再交于持有人。

持有人对被收缴人民币的真伪有异议，可以在收缴之日起3个工作日内，持《假币收缴凭证》直接或通过收缴单位向中国人民银行当地分支机构或中国人民银行授权的当地鉴定机构提出书面鉴定申请。中国人民银行当地分支结构或中国人民银行授权的当地鉴定机构应当无偿提供鉴定货币真伪的服务，鉴定后应出具《假币真伪鉴定书》，并加盖货币鉴定专用章和鉴定人的名章。

对盖有"假币"字样戳记的人民币纸币，经鉴定为真币的，由鉴定单位交收缴单位按照面额兑换完整券退还持有人，收回持有人的《假币收缴凭证》，盖有"假币"戳记的人民币按损伤人民币处理；鉴定为假币的，由鉴定单位予以没收，并向收缴单位和持有人出具《货币真伪鉴定书》和《假币没收收据》。对收缴的外币纸币和各种硬币经鉴定为真币的，由鉴定单位交收缴单位退还持有人，并收回持有人的《假币收缴凭证》；经鉴定为假币的，由鉴定单位将假币退还收缴单位依法收缴，并向收缴单位和持有人出具《假币真伪鉴定证书》。

五、相关的法律规定

对伪造、变造和贩运假人民币犯罪活动进行处罚、治罪的有关法律规定如下。

(一)《中华人民共和国刑法》的有关规定

第三章 第四节 破坏金融管理秩序罪

第一百七十条：伪造货币的，处三年以上十年以下有期徒刑，并处五万元以上五十万元以下罚金；有下列情形之一的，处十年以上有期徒刑、无期徒刑或者死刑，并处五万元以上五十万元以下罚金或者没收财产：

1. 伪造货币集团的首要分子；
2. 伪造货币数额特别巨大的；
3. 有其他特别严重情节的。

第一百七十一条：出售、购买伪造的货币或者明知是伪造的货币而运输，数额较大的，处三年以下有期徒刑或者拘役，并处二万元以上二十万元以下罚金；数额巨大的，处三年以上十年以下有期徒刑，并处五万元以上五十万元以下罚金；数额特别巨大的，处十年以上有期徒刑或者无期徒刑，并处五万元以上五十万元以下罚金或者没收财产。

银行或者其他金融机构的工作人员购买伪造的货币或者利用职务上的便利，以伪造的货币换取货币的，处三年以上十年以下有期徒刑，并处二万元以上二十万元以下罚金；数额巨大或者有其他严重情节的，处十年以上有期徒刑或者无期徒刑，并处二万元以上二十万元以下罚金或者没收财产；情节较轻的，处三年以下有期徒刑或者拘役，并处或者单处一万元以上十万元以下罚金。

伪造货币并出售或者运输伪造的货币的，依照本法第一百七十条的规定定罪从重处罚。第一百七十二条：明知是伪造的货币而持有、使用，数额较大的，处三年以下有期徒刑或者拘役，并处或者单处一万元以上十万元以下罚金；数额巨大的，处三年以上十年以下有期徒刑，并处二万元以上二十万元以下罚金；数额特别巨大的，处十年以有期徒刑，并处五万元以上五十万元以下罚金或者没收财产。

第一百七十三条：变造货币，数额较大的，处三年以下有期徒刑或者拘役，并处或者单处一万元以上十万元以下罚金；数额巨大的，处三年以上十年以下有期徒刑，并处二万元以上二十万元以下罚金。

(二)《中华人民共和国中国人民银行法》的有关规定

第十八条：禁止伪造、变造人民币。禁止出售、购买伪造、变造人民币。禁止运输、持有、使用伪造、变造的人民币。禁止故意毁损人民币。

第十九条：任何单位和个人不得印刷、发售代币票券，以代替人民币在市场流通。

第四十一条：伪造人民币、出售伪造的人民币或者明知是伪造的人民币而运输的，依法追究刑事责任；情节轻微的，由公安机关处十五日以下拘留、五千元以下罚款。

第四十二条：购买伪造、变造的人民币或者明知是伪造、变造的人民币而持有、使用，构成犯罪的，依法追究刑事责任；情节轻微的，由公安机关处十五日以下拘留、五千元以下罚款。

第四十三条：在宣传品、出版物或者其他商品上非法使用人民币图样的，中国人民银行应当责令改正，并销毁非法使用的人民币图样，没收违法所得，并处五万元以下罚款。

第四十四条：印刷、发售代币票券，以代替人民币在市场上流通的，中国人民银行应当责令停止违法行为并处二十万元以下罚款。

【实训】
结合人民币的防伪特征，练习验钞方法。

【项目小结】现金收、付款业务是银行一项最经常、最主要、最大量的工作，是一项重要的窗口业务，它是社会现金活动必经的业务环节。

【技能训练】

不定项选择题（答案中有 1 个或 1 个以上正确答案）

1. 第五套人民币各面额纸币上的年号位于票面的（　　）。
   A. 毛泽东头像下方　　　　　　B. 正面大面额数字下方
   C. 背面左下方　　　　　　　　D. 背面偏右下方
2. 第五套人民币 100 元纸币正面哪几个部位是采用雕刻凹版印刷的？（　　）
   A. 头像　　　　B. 行名　　　　C. 国徽　　　　D. 盲文面额标记
   E. 对印图案　　F. 含隐形面额数字的装饰图案
3. 第五套人民币 50 元纸币的光变面额数字的颜色变化是由（　　）。
   A. 绿变金　　　　B. 金变绿　　　　C. 蓝变黄　　　　D. 绿变蓝
4. 第五套人民币 10 元纸币的背面主景图案是（　　）。
   A. 桂林山水　　　B. 泰山　　　　　C. 长江三峡　　　D. 布达拉宫
5. 第五套人民币 10 元纸币安全线包含的防伪措施是（　　）。
   A. 全息　　　　　B. 荧光　　　　　C. 磁性　　　　　D. 开窗
6. 第五套人民币 5 元纸币的背面主景图案是（　　）。
   A. 桂林三水　　　B. 布达拉宫　　　C. 长江三峡　　　D. 泰山
7. 第五套人民币 5 元纸币水印中花卉图案是（　　）。
   A. 菊花　　　　　B. 月季花　　　　C. 水仙花　　　　D. 荷花
8. 第五套人民币 5 元纸币的主色调为（　　）。
   A. 紫色　　　　　B. 蓝黑色　　　　C. 棕色　　　　　D. 红色
9. 第五套人民币 1999 年版哪几种面额纸币采用了白水印？（　　）
   A. 100 元　　　　B. 50 元　　　　　C. 20 元　　　　　D. 10 元
   E. 5 元
10. 哪几种面额欧元纸币背面采用了珠光油墨技术？（　　）
    A. 5 欧元　　　　B. 10 欧元　　　　C. 20 欧元　　　　D. 50 欧元
    E. 100 欧元　　　F. 200 欧元　　　 G. 500 欧元
11. 哪几种面额欧元纸币采用了凹印盲文标记？（　　）
    A. 5 欧元　　　　B. 10 欧元　　　　C. 20 欧元　　　　D. 50 欧元

E. 100 欧元　　　　　F. 200 欧元　　　　　G. 500 欧元

12. 1996 年版 20 美元和 5 美元纸币安全线在紫外灯下分别发（　　）光。
    A. 红和绿　　　B. 黄和绿　　　C. 绿和蓝　　　D. 红和黄

13. 下列纸币的防伪措施中，有哪些是需要迎光透视才能观察到完整的防伪效果？（　　）
    A. 光可变油墨　　　　　　　　B. 水印
    C. 隐形面额数字　　　　　　　D. 阴阳互补对印图案
    E. 安全线　　　　　　　　　　F. 凹印缩微文字

14. 汇丰银行发行的 2000 年版 1 000 港元纸币新增了哪些防伪措施？（　　）
    A. 全埋安全线　　　　　　　　B. 全息开窗文字安全线
    C. 对印图案　　　　　　　　　D. 无色荧光纤维
    E. 白水印

15. 香港 3 家发钞银行的港币采用了下列哪些相同的防伪措施？（　　）
    A. 对印图案　　　　　　　　　B. 无色荧光图案
    C. 异形号码　　　　　　　　　D. 凹印缩微文字
    E. 光变面额数字　　　　　　　F. 彩色纤维

16. 哪一种的面额日元纸币采用了隐形面额数字这项防伪措施。（　　）
    A. 1 000　　　B. 2 000　　　C. 5 000　　　D. 10 000

17. 金融机构在收缴假币过程中发现下列哪种情况，应当立即报告公安机关。（　　）
    A. 一次性发现假人民币 20 张（枚）以上的
    B. 一次性发现假外币 10 张（枚）以上的
    C. 属于利用新的造假手段制造假币的
    D. 有制造、贩卖假币线索的
    E. 持有人不配合金融机构收缴行为的。

18. 假币收缴必须遵循以下哪几项操作程序。（　　）
    A. 两名以上业务人员收缴　　　B. 在持有人视线范围内当面收缴
    C. 加盖"假币"章或用专用袋加封　D. 出具《假币收缴凭证》
    E. 向持有人告知其权利　　　　F. 将盖章后的假币退持有人

19. 假币收缴专用袋上应标明以下哪几项内容。（　　）
    A. 收缴人　　　B. 券别　　　C. 面额　　　D. 收缴单位
    E. 持有人　　　F. 冠字号码

20. 中国人民银行授权的鉴定机构，应当在营业场所公示（　　）。
    A. 假币管理条例　　　　　　　B. 货币真伪鉴定书
    C. 中国人民银行授权书　　　　D. 没有正确的答案

21. 中国人民银行分支机构和中国人民银行授权的鉴定机构应当自受理鉴定之日起（　　）个工作日内，出具货币真伪鉴定书。
    A. 15　　　B. 20　　　C. 14　　　D. 7

22. 中国人民银行分支机构和中国人民银行授权的鉴定机构鉴定货币真伪时，应当至少有（　　）名鉴定人员同时参与。
　　A. 2　　　　　　B. 3　　　　　　C. 4　　　　　　D. 5

23. 持有人对中国人民银行分支机构作出的有关鉴定假币的具体行政行为有异议，可在收到（　　）之日起（　　）内向其上一级机构申请行政复议，或依法提起行政诉讼。
　　A. 假币收缴凭证、60个工作日　　　　B. 货币真伪鉴定书、60个工作日
　　C. 货币真伪鉴定书、60天　　　　　　D. 假币收缴凭证、60天

24. 对盖有"假币"字样戳记的人民币纸币，经鉴定为假币的，由鉴定单位予以没收，并向收缴单位和持有人开具（　　）。
　　A. 假币没收凭证　　　　　　　　　　B. 假币没收收据
　　C. 人民币真伪鉴定书　　　　　　　　D. 货币真伪鉴定书

25. 金融机构柜面人员一次发现20张（枚）以上假外币，应该（　　）。
　　A. 报告主管部门　　　　　　　　　　B. 报告人民银行
　　C. 报告工商行政管理局　　　　　　　D. 报告公安机关

26. 对金融机构柜面人员发现假人民币不予收缴的处罚金额为（　　）。
　　A. 1 000元以上　　　　　　　　　　B. 50 000元以下
　　C. 1 000元以下　　　　　　　　　　D. 500元以上

27. 《中国人民银行假币收缴、鉴定管理办法》由（　　）负责解释。
　　A. 国务院　　　　　　　　　　　　　B. 中国人民银行及其分支机构
　　C. 中国人民银行　　　　　　　　　　D. 以上均是

28. 《中国人民银行假币收缴、鉴定管理办法》所称的外币包括（　　）。
　　A. 新西兰元　　　B. 英镑　　　　　C. 菲律宾比索
　　D. 瑞士法郎　　　E. 挪威克朗　　　F. 瑞典克朗

29. 下列人民币有哪些不得流通？（　　）
　　A. 不能兑换的残缺、污损的人民币　　B. 停止流通的人民币
　　C. 流通纪念币　　　　　　　　　　　D. 贵金属纪念币

30. 下列哪些行为是《中华人民共和国人民币管理条例》所禁止的？（　　）
　　A. 伪造、变造人民币
　　B. 故意毁损人民币
　　C. 持有伪造、变造的人民币
　　D. 制作、仿制、买卖缩小的人民币图样
　　E. 高价出售所谓"错版"的流通人民币

31. 1999年版壹圆硬币的材质为（　　）。
　　A. 铝合金　　　　　　　　　　　　　B. 铁合金镀铬
　　C. 铅合金镀镍　　　　　　　　　　　D. 钢芯镀镍
　　E. 铜芯镀镍

32. 第五套人民币50元券背面右上角四种民族文字为（　　）。
    A. 满、蒙、维、藏　　　　　　　　B. 满、藏、蒙、壮
    C. 鲜、满、藏、彝　　　　　　　　D. 蒙、藏、维、壮
33. 以下哪些防伪措施是印刷过程中实现的？（　　）
    A. 水印　　　　　　　　　　　　　B. 隐形面额数字
    C. 特种安全纤维　　　　　　　　　D. 磁性号码
    E. 安全线　　　　　　　　　　　　F. 荧光图案
34. 以下哪些防伪措施是在造纸过程中实现的？（　　）
    A. 手工雕刻头像　　　　　　　　　B. 水印
    C. 荧光安全线　　　　　　　　　　D. 磁性号码
    E. 特种安全纤维　　　　　　　　　F. 光变面额数字
35. 第五套人民币100元券采用的特种安全纤维有（　　）。
    A. 有色纤维　　　　　　　　　　　B. 有色荧光纤维
    C. 无色荧光纤维　　　　　　　　　D. 磁性纤维
    E. 金属纤维
36. 相对第四套人民币而言，第五套人民币整体上增加了哪些防伪措施？（　　）
    A. 光变油墨面额数字　　　　　　　B. 彩虹印刷
    C. 白水印　　　　　　　　　　　　D. 多色套印
    E. 凹印接线技术　　　　　　　　　F. 缩微文字
37. 《中华人民共和国人民币管理条例》规定，中国人民银行发行新版人民币，应当将新版人民币的（　　）等予以公告。
    A. 发行时间及面额　　　　　　　　B. 图案、式样
    C. 规格　　　　　　　　　　　　　D. 样币
    E. 主色调　　　　　　　　　　　　F. 主要特征
38. 未经中国人民银行批准，任何单位和个人不得（　　）和使用印制人民币所特有的防伪材料、防伪技术、防伪工艺和专用设备。
    A. 研制　　　B. 仿制　　　C. 引进　　　D. 销售
    E. 购买
39. 中华人民共和国的法定货币是人民币。以人民币支付中华人民共和国（　　），任何单位和个人不得拒收。
    A. 境内的一切公共债务　　　　　　B. 境外的一切货款
    C. 境内的一切私人债务　　　　　　D. 港澳地区的一切债务
40. 第三套人民币是（　　）起停止流通的。
    A. 1999年12月1日　　　　　　　　B. 2000年7月1日
    C. 2000年1月1日　　　　　　　　D. 1999年10月1日
41. 日元纸张呈淡黄色，并含特有的（　　）纤维。
    A. 三桠皮　　　B. 剑麻　　　C. 蚕丝　　　D. 棉纤维

218

42. 开窗安全线是指（　　）的一种安全线。

    A. 全部裸露在纸张上

    B. 明暗相间

    C. 局部埋在纸张中、局部裸露在纸张上

43. 下列哪些票币中采用了双水印（　　）?

    A. 5 欧元　　　　　　　　　　　　　　B. 500 欧元

    C. 2000 年发行的 2000 日元　　　　　　D. 2001 年版中国银行 1 000 元港币

    E. 2000 年版汇丰银行 1 000 元港币　　　F. 1993 版渣打银行 1 000 元港币

44. 欧元纸币上采用哪几种不同的文字的欧洲中央银行缩写字母?（　　）

    A. 法语　　　　B. 英语　　　　C. 德语　　　　D. 希腊语

    E. 西班牙语

45. 纸币的防伪措施概括起来包括以下哪几个方面?（　　）

    A. 纸张　　　　B. 油墨　　　　C. 安全线　　　D. 水印

    E. 印刷技术　　F. 磁性

46. 新版 500 日元硬币采用了以下哪些防伪措施?（　　）

    A. 秘密暗记　　B. 圆形中间打孔　C. 连续斜丝齿　D. 激光全息

    E. 反喷砂　　　F. 微粒细点

47. 2003 年 10 月 9 日美国正式发行哪种面额的新版纸币?（　　）

    A. 100 美元　　B. 50 美元　　　C. 20 美元　　　D. 10 美元

    E. 5 美元

48. 第五套人民币 2005 年版于（　　）发行流通。

    A. 1999 年 10 月 1 日　　　　　　　　B. 2005 年 1 月 1 日

    C. 2005 年 8 月 31 日　　　　　　　　D. 2005 年 10 月 1 日

49. 第五套人民币 2005 年版 100 元、50 元券与 1999 年版比较,增加（　　）防伪特征。

    A. 正面主景右侧凹印手感线

    B. 双色异形号码

    C. 白水印

    D. 背面主景图案下方增加汉语拼音"YUAN"

    E. 防复印图案

50. 第五套人民币 2005 年版与 1999 年版比较,取消了纸张中（　　）。

    A. 光变油墨　　　　　　　　　　　　B. 胶印对印图案

    C. 磁性号码　　　　　　　　　　　　D. 红、蓝彩色纤维

项目五　票币计算技能

【知识目标】 掌握票币的整点和票币计算技能。
【技能目标】 15 分钟完成 20 道票币计算题，要求准确率在 100%。

【任务一】　票币整点业务

票币整点是银行出纳的基础工作。票币整点工作包括对票币的分类、分版、点数、挑残、反假、反破坏以及按规定标准进行整理、封装等项工作。每个出纳部门、每个出纳人员都应该熟练掌握整点技术，严格执行整点工作的标准和规定。

一、票币整理、捆扎、封装标准

纸币必须平铺整理，同面额、版别的票券，按流通券、损伤券分别整理，每百张为一把，每把票券要蹾齐，腰条要扎紧，边章要盖清。同面额、版别的票券，按流通券、损伤券每 10 把为一捆，每捆票券捆扎前予敷垫纸，然后用线绳呈双十字形捆扎牢固，结扣处加贴本行该面额票券的专用封签，封签上须有封捆日期及封包员、检查员名章。

硬币同面额、规格的币种，按流通币、损伤币分别整理，每百枚（或 50 枚）为一券，用专用包装纸包封，加盖名章。同面额、规格的币种按流通币、损伤币每 10 卷为一捆，每捆硬币捆扎前予敷垫纸，然后用线绳捆扎两道，成为 3—4—3 卷重叠排列的不等边六角形，加贴本行该面额票币的专用封签，封签上须有封捆日期及封包人，检查员名章。

票币装箱（袋）时，必须由 2 人以上共同办理，逐捆把卡查验封签，填制装箱（袋）票，注明币种、券别、捆数、金额、日期、加盖经手人名章，放置箱（袋）中，再将箱（袋）加封。同面额、版别的票币，要区分流通券（币）、损伤券（币）分别装箱（袋），不得混淆。人民币装箱（袋）的标准数量是：1 元及以上纸币，每袋 40 捆；1 角及以上纸币每袋 80 捆；1 分及以上纸币，每袋 100 捆；1 元硬币每箱 4 捆；5 角硬币每箱 8 捆；1 角硬币每箱 10 捆；5 分硬币每箱 20 捆；2 分硬币每箱 25 捆；1 分硬币每箱 40 捆。

二、票币挑剔标准

挑剔损伤票币（人民币），是银行出纳工作的一项重要任务，同时又是一项十分繁重、具体的工作，挑剔损伤票币是为了保持市场票币的整洁，便于流通使用，维护人民币信誉，同时也要根据国情、国力，贯彻节约的原则。

柜员在收付、整点人民币时，要随时挑出损伤币。

损伤人民币的挑剔参照以下标准办理：

1. 纸币票面缺少面积在 20 平方毫米以上；
2. 纸币票面裂口两处以上、长度每处超过 5 毫米，裂口 1 处、长度超过 10 毫米；
3. 纸币票面存在纸质较绵软，起皱较明显、脱色、变色、变形，不能保持票面防伪功能等情形之一；
4. 纸币票面污渍、涂写字迹面积超过两平方厘米，或者不超过两平方厘米但遮盖了防伪特征；
5. 硬币有穿孔、裂口、变形、磨损、氧化或文字、面额数字、图案模糊不清。

上述挑剔标准只是一般规定，各行应根据人民银行一定时期内的具体要求，结合实际，灵活运用执行。

三、票币整点的标准

票币整点要达到点数准、整理齐、封扎牢、分类净、盖章清等五项质量标准。认真执行上述标准，既可保证票币的外观质量，又可保证票币的内在质量，从而达到确保现金及有价证券的质量和银行信誉的目的。

四、票币复点和监督

为了保证款项质量，防止漏洞，维护银行信誉，各银行出纳部门应对收入和调入的一元及以上面额人民币流通券纸币和准备调出的一角及以上面额的损伤券纸币进行事后复点。事后复点工作应指定专人，执行逐捆复点，由复点员一人自点、自捆、自封的规定，以保证责任制的落实。

实行柜员制的单位，对出纳收款柜员收妥的款项亦应随时进行事后复点监督，监督的范围和办法可参照票币复点的范围和办法执行。

五、整点业务处理程序

整点专柜一般不直接对外办理业务，它的业务主要包括：①从收款专柜交接来的需要当面清点的款项；②从收款专柜交接来的需复点的款项；③从库房出库的未整理款项和复点款项；④从库房出库的他行调入款项。

六、整点业务的重点环节

1. 整点款项的转移必须办理交接手续，逐岗、逐笔进行交接登记，交接双方相互签章，使之秩序井然，责任清楚。

2. 票币整点必须坚持一份一清、一捆一清、一把一清的原则。一份款未点清前不得与他份或其他款项混淆；一捆款未点清前，不得丢弃原封签；一把款未点清前，不得丢弃原纸条。保证整点工作不错不乱。

3. 票币挑剔须严格掌握规定标准。提高警惕，随时防堵伪造变造票券。

【任务二】 票币兑换业务

人民币的流通不仅要在总量上，而且必须在结构和质量上适应商品流通的需要。人民币在流通中如果出现结构比例失当或质量过差，就会影响商品流通的正常进行，给人民生活带来不便。因此，适时调节市场流通人民币的结构比例和及时回收、兑换损伤票币业务是银行出纳的重要工作任务之一。银行经办现金业务的各个营业单位（包括储蓄所），都应积极、认真地办理这项业务。损伤票币兑换业务，又是一项政策性很强的业务。由于人民币在流通中会受到各种难以预料的损伤，所以在办理损伤票币兑换业务时，必须严格按照中国人民银行制定的"残缺人民币兑换办法"及"残缺人民币兑换办法内部掌握说明"所规定的标准来办理。做到兼顾国家和人民群众利益，维护人民币信誉。

一、票币兑换业务种类

票币兑换业务可分为三种，第一种是用大面额人民币调换小面额人民币业务。这项业务是调剂市场主辅币流通比例的主要手段，它直接为商品交易的顺利进行服务。第二种是用小面额人民币调换大面额人民币业务。这项业务是为了方便客户存储、携带的需要。第三种是残缺人民币兑换业务。这项业务是为了保持市场流通人民币的整洁，维护人民币信誉和人民群众的利益。

二、残缺人民币的兑换及标准

人民币在流通过程中，由于日久自然磨损，或由于火烧、水浸、虫蛀、鼠咬、霉烂等特殊原因，造成票币损伤，不能在市场上继续流通的，应及时到各商业银行办理兑换。为保护国家货币和人民利益，便利流通，在兑换过程中，要从实际出发，既要照顾群众利益，又要警惕一些人的欺骗多换，以达到保持流通票币整洁、方便群众，维护人民币信誉的目的。

残损人民币兑换规范：

残缺、污损人民币兑换分"全额"、"半额"两种情况。

1. 能辨别面额，票面剩余3/4（含3/4）以上，其图案、文字能按原样连接的残缺、污损人民币，应向持有人按原面额全额兑换。

2. 能辨别面额，票面剩余1/2（含1/2）至3/4以下，其图案、文字能按原样连接的残缺、污损人民币，金融机构应向持有人按原面额的一半兑换。

纸币呈正十字形缺少 1/4 的，按原面额的一半兑换。

3. 兑付额不足 1 分的，不予兑换；5 分按半额兑换的，兑付 2 分。
4. 不予兑换的残缺人民币。
（1）票面残缺 1/2 以上者。
（2）票面污损、熏焦、水湿、油渍、变色、不能辨别真假者。
（3）故意挖补、涂改、剪贴、拼凑、揭去一面者。
不予兑换的残缺人民币，由中国人民银行打洞作废，不得流通使用。

三、票币兑换业务处理程序

在办理各种票币兑换业务时，均应由客户填写票币兑换清单，经兑换专柜人员审核无误后，序时逐笔登记票币兑换登记簿，按照先收入后付出的操作顺序，准确无误地办理。

【任务三】 票币计算技能

一、票币计算的基础知识

票币计算技能是会计综合技能的重要内容，广泛用于银行柜面、收银、出纳会计现金收付、配款等工作。珠算是银行出纳人员必须掌握的一项基本技术。票币计算技能要求出纳人员先用心算将货币（有价证券）的张、把、捆数换算成金额，然后用珠算或计算器累加。从计算程序来看，它是一种乘加法，是心算加珠算或计算器的一种特殊算法。这项技术的专业术语叫"票币计算"，即票币计算就是对不同的面额、不同张数的票币组合，迅速计算出它们的合计金额。

（一）票币的券别

1. "1"字类：100 元、10 元、1 元、0.1 元、0.01 元。
2. "5"字类：50 元、5 元、0.5 元、0.05 元。
3. "2"字类：20 元、2 元、0.2 元、0.02 元。

（二）票币计算的技术要求

首先要求心算出各种钞票的张、把、捆数的金额，然后置在算盘上。心算和珠算都必须熟练、迅速、准确。

开始接触这项操作技术，心算反应慢，珠算定位不准是正常的，但是经过练习，摸索规律，就可熟能生巧。票币计算技术的关键在于心算的技巧。按人民币的券别结构，它有一定的规律可循，从 100 元券到一分币共有 13 种券别，它们分别由 1、2、5 三种数字组成。如：1 字类有 100 元、10 元、1 元、1 角、1 分五种券别；2 字类有 20 元、2 元、2 角、2 分三种券别；5 字类有 50 元、5 元、5 角、5 分四种券别。其中 1 字类只需按面额张、把、捆数置于珠算上对位累加，无须换算；2 字类则对其张、把、捆数做乘 2 或加倍换算，然后即可在算盘上对位累加；5 字类可用除 2 换算，然后对位累加即可。

223

票币计算这项特殊的出纳技能在银行出纳各项业务工作中，特别是在手工操作的条件下，应用范围是十分广泛的。每一名银行出纳人员都应学会并熟练地掌握这门技术。

票币计算的要求：一是心算要准、快；二是算盘或计算器上定好位；三是累加动作要简洁、准确；四是记数要对照算盘或计算器上的数字记录，准确无误。

其技术要求如下。

1. 看数。

《券别明细表》最好放在算盘或计算器下端，离珠算珠子或计算器越近越好，以利看数，严防将《券别明细表》放在算盘或计算器的左边，看数时头部左右摆动。

2. 拨珠或敲数。

如果使用算盘，拨珠时右手四指、五指弯曲拿笔，一、二、三指呈鼎立状拨珠，不易带子。

如果使用计算器，击键时用手指尖对准键中心敲击。击键时动作要敏捷、果断，击键后手指要迅速弹起，并迅速回到基准键上。不动的手指应尽量不离开规定的各基准键。

3. 算数。

分券别心算金额，在计算器上依次累加。

4. 记数。

分节号、小数点严防漏写、点错，答案数字书写清楚。

（三）票币计算试题的结构和操作步骤

在票币计算试卷中，每道题必含13种券别及各券别的张数。试题结构如下。

第 1 题

券别	张数
壹佰圆	52
伍拾圆	85
贰拾圆	95
拾圆	45
伍圆	21
贰圆	16
壹圆	32
伍角	21
贰角	45
壹角	75
五分	9
二分	11
一分	10
合计	

第 2 题

券别	张数
壹佰圆	59
伍拾圆	85
贰拾圆	76
拾圆	43
伍圆	10
贰圆	13
壹圆	24
伍角	35
贰角	68
壹角	77
五分	46
二分	30
一分	26
合计	

第 3 题

券别	张数
壹佰圆	88
伍拾圆	54
贰拾圆	62
拾圆	32
伍圆	12
贰圆	54
壹圆	54
伍角	85
贰角	65
壹角	32
五分	14
二分	99
一分	90
合计	

操作步骤：将各币别分别乘以其数量，然后进行累加，求出合计数。

如第一题合计 = 100×52+50×85+20×95+10×45+5×21+2×16+1×32+0.5×21+0.2×45+0.1×75+0.05×9+0.02×11+0.01×10 = ?

第一步：心算100×52=5 200，将5 200输入计算器，屏幕显示为"5 200"

第二步：心算50×85=4 250，将4 250输入计算器，屏幕显示为"9 450"

第三步：心算20×95=1 900，将1 900输入计算器，屏幕显示为"11 350"

第四步：心算10×45=450，将450输入计算器，屏幕显示为"11 800"

第五步：心算5×21=105，将105输入计算器，屏幕显示为"11 905"

第六步：心算2×16=32，将32输入计算器，屏幕显示为"11 937"

第七步：心算1×32=32，将32输入计算器，屏幕显示为"11 969"

第八步：心算0.5×21=10.5，将10.5输入计算器，屏幕显示为"11 979.5"

第九步：心算0.2×45=9，将9输入计算器，屏幕显示为"11 988.5"

第十步：心算0.1×75=7.5，将7.5输入计算器，屏幕显示为"11 996"

第十一步：心算0.05×9=0.45，将0.45输入计算器，屏幕显示为"11 996.45"

第十二步：心算0.02×11=0.22，将0.22输入计算器，屏幕显示为"11 996.67"

第十三步：心算0.01×10=0.1，将0.1输入计算器，屏幕显示为"11 996.77"

第十四步：书写合计"11 996.77"

二、用心算进行票币计算的方法

用心算计算出各种币别乘以其数量的乘积，再将这些乘积输入计算器进行累加，求出合计数。

（一）乘5的心算技巧

即50元、5元、5角、5分票面的心算技巧。

1. 定位：

50元的张数超过20张（含20张），得数应定位在千元位；2张（含）至20张（不含）之间的应定位在百元位。

5元的张数超过20张（含20张），得数应定位在百元位；2张（含）至20张（不含）之间的应定位在拾元位。

5角的张数超过20张（含20张），得数应定位在十元位；2张（含）至20张（不含）之间的应定位在元位。

5分的张数超过20张（含20张），得数应定位在元位；2张（含）至20张（不含）之间的应定位在角位。

2. 心算。

券别是伍的应用张数除以2，得数的尾数应该是5或是0。

规律：5乘偶数，偶数逐位，尾数为偶，末位补0；

5乘奇数，奇数减一折半，尾数为奇，末位补5。

【例1】十位、个位均为偶数的定位练习。

$68 \times 5 = ?$

解析：6折半为3；8折半为4；尾数为偶数，末位补0，答案为340。

试一试：　$68 \times 0.5 = ?$　　$68 \times 0.05 = ?$　　$68 \times 50 = ?$

【例2】十位为偶数、个位为奇数的定位练习。

$23 \times 5 = ?$

2折半为1；3为奇数，3减1再折半为1；尾数为奇数，末位补5，答案为115。

【例3】十位、个位均为奇数的定位练习。

$57 \times 5 = ?$

解析：5减1为4，4折半为2；5减去的1与次位7组成17，17减1为16，16再折半为8；尾数为奇数，末位补5，答案为285。

【例4】十位为奇数、个位为偶数的定位练习。

$87 \times 5 = ?$

解析：8折半为4；7减1再折半为3；尾数为奇数，末位补5，答案是435。

（二）乘2的心算技巧

即20元、2元、2角、2分票面的心算技巧。

1. 定位。

20元的张数超过50张（含50张），得数应定位在千元位；5张（含）至50张（不含）之间的应定位在百元位；5张（不含）以下的应定位在拾元位。

2元的张数超过50张（含50张），得数应定位在百元位；5张（含）至50张（不含）之间的应定位在拾元位；5张（不含）以下的应定位在元位。

2角的张数超过50张（含50张），得数应定位在拾元位；5张（含）至50张（不含）之间的应定位在元位。5张（不含）以下的应定位在角位。

2分的张数超过50张（含50张），得数应定位在元位。5张（含）至50张（不含）之间的应定位在角位。5张（不含）以下的应定位在分位。

2. 心算方法。

券别是2的应用张数乘以2，得数的尾数应是双数或是零。

规律：2乘任何数，从高位算起，将该数的每一位数加倍，同时还要看下一位数，下一位数≥5，则提前进位。

【例1】$48 \times 2 = ?$

解析：4加倍为8，看下一位8（≥5），所以前进一，所以得数应该是9；8加倍为16，十位已经提前进位了，所以只剩下个位数6，结果为96。

【例2】$72 \times 20 = ?$

解析：7加倍为8，看下一位2（≤5），无须进位，2加倍为4，合起来为144，由于乘数为两位整数，所以末尾再补0，因此计算结果为1440。

【例3】$26 \times 0.02 = ?$

解析：2加倍为4，看下一位6（≥5），所以前进一，所以得数应该是5；6加倍为12，十位已经提前进位了，所以只剩下个位数2，合起来为52；由于乘数为两位小数，所以应将小数点向前移两位，计算结果为 0.52。

（三）乘以 1 的心算技巧

即 100 元、10 元、1 元、1 角、1 分票面的心算技巧。

1. 定位。

100 元的张数超过 10 张（含 10 张），得数应定位在千元位；10 张（不含）以下的应定位在百元位。

10 元的张数超过 10 张（含 10 张），得数应定位在百元位；10 张（不含）以下的应定位在拾元位。

1 元的张数超过 10 张（含 10 张），得数应定位在拾元位；10 张（不含）应定位在元位。

1 角的张数超过 10 张（含 10 张），得数应定位在元位；10 张（不含）以下的应定位在角位。

1 分的张数超过 10 张（含 10 张），得数应定位在角位；10 张（不含）以下的应定位在分位。

2. 心算。

面额乘以张数。

规律：1 乘任何数等于该数本身，但要注意小数点的定位。例如：0.1 乘一个两位数时，先用 1 乘两位数，然后将计算结果的小数点（从个位末）向前移动一位即可。

例如：$0.1 \times 15 = 1.5$

第一步：计算 $1 \times 15 = 15$

第二步：定位小数点，将计算结果的小数点向前移动一位，答案为 1.5。

三、利用计算器上的 M + MR MC GT 等功能键计算币值

（一）功能键使用说明

1. 单击 MR 可将存储区中的数调出到显示栏中，存储区中数值不变，现在按一下"全部清空"按钮，清楚显示栏中的数据，再单击"MR"钮，刚才储存的数据就又显示出来了。

2. 单击 M + 将当前显示的数与存储区中的数相加，结果存入存储器。单击 M +，再单击 MR，你可以看到正确的答案数值已经显示出来了。

3. 单击 MC 用于清除存储区中的数值。这时我们单击 MC，小灰框中的 M 标记没有了，再单击 MR，显示栏中还是 0，刚才的结果不再出现，原因就是 MC 操作将它清除了。

4. 单击 GT 显示总数之和，按了等号后得到的全部数字被累计，再按一次就清空。

（二）计算方法

1. 用 M + 键的方法。

利用计算器上的功能键计算票币币值，每个单项算完了就 M +，最后按 MR 看总和。

例如：壹佰圆 52 张；伍拾圆 85 张；贰拾圆 95 张；拾圆 45 张；伍圆 21 张；贰圆 16 张；壹圆 32 张；伍角 21 张；贰角 45 张；壹角 75 张；伍分 9 张；贰分 11 张；壹分 10 张。

计算过程：52×100 M+85×50 M+95×20 M+45×10 M+21×5M+16×2 M+32×1 M+21×0.5M+45×0.2 M+75×0.1 M+9×0.05 M+11×0.02M+10×0.01 M+，然后再单击 MR，得出总和。计算时注意事项：单项计算完单击 M+，M+是记忆键，每按一次记忆一次；计算到最后一项时单击 M+键后再按 MR 键，否则最后一项的数值没有被记忆。

2. 用 GT 键的方法。

第一步：计算 $52\times100=85\times50=95\times20=45\times10=21\times5=16\times2=32\times1=21\times0.5=45\times0.2=75\times0.1=9\times0.05=11\times0.02=10\times0.01$。

第二步：按 GT 键，求出合计数。

【项目小结】

票币整点工作包括对票币的分类、分版、点数、挑残、反假、反破坏以及按规定标准进行整理、封装等项工作。纸币必须平铺整理，同面额、版别的票券，按流通券、损伤券分别整理，每百张为一把，每把票券要蹾齐，腰条要扎紧，边章要盖清。

票币计算就是对不同的面额、不同张数的票币组合，迅速计算出它们的合计金额。从计算程序来看，它是一种乘加法，是心算加珠算（或计算器计算）的一种特殊算法。分券别心算金额，在算盘（或计算器）上依次累加。

强化职业技能训练是学校教学环节中的重中之重，是实现以就业为导向，培养满足行业急需的技能型人才的核心内容。希望同学们严格要求，每天坚持训练，使技能水平不断提高。

【技能训练】

第 1 题

券别	张数
壹佰圆	52
伍拾圆	85
贰拾圆	95
拾圆	45
伍圆	21
贰圆	16
壹圆	32
伍角	21
贰角	45
壹角	75
五分	9
二分	11
一分	10
合计	

第 2 题

券别	张数
壹佰圆	59
伍拾圆	85
贰拾圆	76
拾圆	43
伍圆	10
贰圆	13
壹圆	24
伍角	35
贰角	68
壹角	77
五分	46
二分	30
一分	26
合计	

第 3 题

券别	张数
壹佰圆	88
伍拾圆	54
贰拾圆	62
拾圆	32
伍圆	12
贰圆	54
壹圆	54
伍角	85
贰角	65
壹角	32
五分	14
二分	99
一分	90
合计	

第 4 题

券别	张数
壹佰圆	66
伍拾圆	27
贰拾圆	60
拾圆	50
伍圆	20
贰圆	61
壹圆	38
伍角	29
贰角	30
壹角	96
五分	81
二分	65
一分	31
合计	

第 5 题

券别	张数
壹佰圆	73
伍拾圆	66
贰拾圆	48
拾圆	52
伍圆	54
贰圆	57
壹圆	68
伍角	95
贰角	93
壹角	80
五分	71
二分	73
一分	99
合计	

第 6 题

券别	张数
壹佰圆	15
伍拾圆	62
贰拾圆	25
拾圆	85
伍圆	34
贰圆	95
壹圆	75
伍角	65
贰角	48
壹角	21
五分	26
二分	53
一分	85
合计	

第 7 题

券别	张数
壹佰圆	52
伍拾圆	65
贰拾圆	34
拾圆	94
伍圆	85
贰圆	74
壹圆	31
伍角	20
贰角	12
壹角	30
五分	51
二分	53
一分	44
合计	

第 8 题

券别	张数
壹佰圆	89
伍拾圆	56
贰拾圆	23
拾圆	14
伍圆	45
贰圆	46
壹圆	17
伍角	18
贰角	95
壹角	85
五分	86
二分	5
一分	19
合计	

第 9 题

券别	张数
壹佰圆	14
伍拾圆	15
贰拾圆	19
拾圆	84
伍圆	86
贰圆	57
壹圆	29
伍角	38
贰角	58
壹角	68
五分	77
二分	49
一分	52
合计	

第 10 题

券别	张数
壹佰圆	50
伍拾圆	22
贰拾圆	23
拾圆	54
伍圆	65
贰圆	23
壹圆	54
伍角	87
贰角	89
壹角	54
五分	26
二分	21
一分	35
合计	

第 11 题

券别	张数
壹佰圆	67
伍拾圆	95
贰拾圆	34
拾圆	32
伍圆	51
贰圆	57
壹圆	95
伍角	68
贰角	76
壹角	95
五分	34
二分	89
一分	91
合计	

第 12 题

券别	张数
壹佰圆	99
伍拾圆	87
贰拾圆	56
拾圆	74
伍圆	85
贰圆	96
壹圆	81
伍角	82
贰角	83
壹角	95
五分	41
二分	24
一分	35
合计	

第 13 题

券别	张数
壹佰圆	49
伍拾圆	58
贰拾圆	75
拾圆	86
伍圆	81
贰圆	46
壹圆	43
伍角	29
贰角	24
壹角	21
五分	36
二分	41
一分	53
合计	

第 14 题

券别	张数
壹佰圆	35
伍拾圆	46
贰拾圆	79
拾圆	39
伍圆	80
贰圆	37
壹圆	64
伍角	37
贰角	49
壹角	75
五分	100
二分	84
一分	24
合计	

第 15 题

券别	张数
壹佰圆	69
伍拾圆	30
贰拾圆	63
拾圆	23
伍圆	64
贰圆	41
壹圆	48
伍角	18
贰角	32
壹角	33
五分	99
二分	84
一分	68
合计	

第16题

券别	张数
壹佰圆	89
伍拾圆	49
贰拾圆	76
拾圆	52
伍圆	21
贰圆	34
壹圆	61
伍角	95
贰角	75
壹角	68
五分	96
二分	68
一分	54
合计	

第17题

券别	张数
壹佰圆	28
伍拾圆	29
贰拾圆	26
拾圆	24
伍圆	36
贰圆	85
壹圆	58
伍角	96
贰角	65
壹角	34
五分	52
二分	79
一分	26
合计	

第18题

券别	张数
壹佰圆	51
伍拾圆	54
贰拾圆	61
拾圆	63
伍圆	67
贰圆	82
壹圆	95
伍角	26
贰角	18
壹角	5
五分	6
二分	93
一分	80
合计	

第19题

券别	张数
壹佰圆	24
伍拾圆	45
贰拾圆	79
拾圆	58
伍圆	46
贰圆	57
壹圆	78
伍角	89
贰角	98
壹角	57
五分	3
二分	10
一分	45
合计	

第20题

券别	张数
壹佰圆	43
伍拾圆	91
贰拾圆	82
拾圆	57
伍圆	85
贰圆	67
壹圆	48
伍角	91
贰角	57
壹角	71
五分	49
二分	52
一分	23
合计	

第21题

券别	张数
壹佰圆	68
伍拾圆	12
贰拾圆	34
拾圆	38
伍圆	25
贰圆	17
壹圆	92
伍角	56
贰角	16
壹角	34
五分	41
二分	51
一分	66
合计	

第 22 题

券别	张数
壹佰圆	42
伍拾圆	25
贰拾圆	91
拾圆	58
伍圆	93
贰圆	25
壹圆	94
伍角	62
贰角	15
壹角	26
五分	64
二分	81
一分	25
合计	

第 23 题

券别	张数
壹佰圆	51
伍拾圆	72
贰拾圆	29
拾圆	95
伍圆	64
贰圆	38
壹圆	13
伍角	28
贰角	91
壹角	75
五分	54
二分	26
一分	34
合计	

第 24 题

券别	张数
壹佰圆	56
伍拾圆	28
贰拾圆	54
拾圆	78
伍圆	51
贰圆	46
壹圆	89
伍角	37
贰角	41
壹角	15
五分	97
二分	91
一分	26
合计	

第 25 题

券别	张数
壹佰圆	25
伍拾圆	79
贰拾圆	58
拾圆	63
伍圆	94
贰圆	81
壹圆	17
伍角	46
贰角	36
壹角	52
五分	21
二分	84
一分	26
合计	

第 26 题

券别	张数
壹佰圆	64
伍拾圆	74
贰拾圆	18
拾圆	46
伍圆	75
贰圆	36
壹圆	58
伍角	97
贰角	46
壹角	28
五分	92
二分	41
一分	58
合计	

第 27 题

券别	张数
壹佰圆	57
伍拾圆	62
贰拾圆	27
拾圆	61
伍圆	96
贰圆	78
壹圆	52
伍角	83
贰角	96
壹角	84
五分	42
二分	31
一分	27
合计	

第 28 题

券别	张数
壹佰圆	68
伍拾圆	30
贰拾圆	26
拾圆	21
伍圆	61
贰圆	67
壹圆	52
伍角	35
贰角	24
壹角	56
五分	28
二分	94
一分	36
合计	

第 29 题

券别	张数
壹佰圆	43
伍拾圆	35
贰拾圆	71
拾圆	39
伍圆	23
贰圆	95
壹圆	84
伍角	14
贰角	56
壹角	86
五分	47
二分	82
一分	69
合计	

第 30 题

券别	张数
壹佰圆	84
伍拾圆	20
贰拾圆	81
拾圆	47
伍圆	27
贰圆	85
壹圆	74
伍角	52
贰角	35
壹角	91
五分	56
二分	21
一分	39
合计	

第 31 题

券别	张数
壹佰圆	84
伍拾圆	78
贰拾圆	21
拾圆	53
伍圆	14
贰圆	30
壹圆	25
伍角	41
贰角	96
壹角	12
五分	65
二分	81
一分	38
合计	

第 32 题

券别	张数
壹佰圆	62
伍拾圆	74
贰拾圆	93
拾圆	75
伍圆	41
贰圆	69
壹圆	82
伍角	38
贰角	37
壹角	41
五分	26
二分	23
一分	29
合计	

第 33 题

券别	张数
壹佰圆	58
伍拾圆	67
贰拾圆	82
拾圆	90
伍圆	18
贰圆	37
壹圆	42
伍角	57
贰角	21
壹角	39
五分	91
二分	34
一分	75
合计	

第 34 题

券别	张数
壹佰圆	86
伍拾圆	31
贰拾圆	56
拾圆	32
伍圆	19
贰圆	95
壹圆	24
伍角	80
贰角	51
壹角	19
五分	20
二分	31
一分	47
合计	

第 35 题

券别	张数
壹佰圆	71
伍拾圆	63
贰拾圆	76
拾圆	20
伍圆	84
贰圆	68
壹圆	60
伍角	13
贰角	35
壹角	19
五分	37
二分	28
一分	72
合计	

第 36 题

券别	张数
壹佰圆	56
伍拾圆	23
贰拾圆	61
拾圆	95
伍圆	84
贰圆	18
壹圆	41
伍角	76
贰角	97
壹角	78
五分	92
二分	14
一分	85
合计	

项目六　点钞技能

【知识目标】 通过本项目的学习，你应该能够：掌握手工点钞的基本方法，能够准确、快速地进行单指单张和多指多张的点钞。

【技能目标】 单指单张100张抽张点、捆，在准确率100%的基础上计算成绩；多把形式10分钟计时点、捆，在准确率100%的基础上计算成绩，捆紧并美观。

【任务一】点钞的基本知识

一、钞票的基本常识

1. 纸币是在市场上可以流通的纸质货币。

它是由国家发行，强制通用的货币符号，是用纸印制的货币符号的通称。它本身没有价值，但可以代替足值的货币在市场上交易流通。纸币在商品交换中起媒介作用。我国是最早使用纸币的国家，如北宋的交子，已具有纸币的特性；金国的交钞和南宋的会子已经是纯粹的纸币；到元代则出现了不兑现的纸币。而在欧洲，直到17世纪末才开始出现纸币。现代纸币主要有钞票和支票存款两种形式。钞票就是纸币，又称现金；支票存款也称存款货币，是指存在银行可以随时提取的活期存款。所以说，纸币和钞票不是同义语。不知从何时起，我们习惯把纸币之类——不管它是美元、人民币还是英镑，或是法郎——统统用一个词来称呼：钞票。可我们为什么要把它们称为钞票呢？

2. 钞票的由来。

在中华历史中，银两和铜钱一直是主要的货币单位。但人们发现在进行大宗商业活动时，要携带这些货币非常不方便，于是便出现了由当铺、票号和商店等发放的取银凭证（银票）和由官府发放的取钱凭证（宝钞）。银票与宝钞的大范围流通发生在清朝晚期。在当时市场流通中，由于用小额货币需使用宝钞，用银两就使用银票。老百姓出行购物需带两种纸币。为了便于称呼，就把两种纸币合称为"钞票"了。

3. 人民币的常识。

《中国人民银行法》第3章第15条规定："中华人民共和国的法定货币是人民币"。1948年12月1日开始发行第一套人民币。

1955年3月1日开始发行第二套人民币。

1962年4月15日开始发行第三套人民币。

1987年4月27日开始发行第四套人民币。

1999年10月1日起在全国陆续发行第五套人民币。

第五套人民币有100元、50元、20元、10元、5元、1元、5角和1角八种面额。人民币的单位为元（圆）（人民币元 Renminbi Yuan，简写"RMB"，以"￥"为代号）。人民币辅币单位为角、分。人民币没有规定法定含金量，它执行价值尺度、流通手段、支付手段等职能。

二、点钞概念及意义

点钞是指按照一定的方法查清票币的数额，即整理、清点钞票的工作，在银行泛指清点各种票币，又称票币整点。

现在，不仅金融系统，其他部门的现金流量也都很大。对于前台柜员以及出纳人员来说，清点钞票是一项经常的、大量的、技术性很强的工作。点钞速度的快慢、技术水平的高低，直接影响工作的效率和质量。因此，点钞技术是前台柜员和出纳员的必备技能之一，点钞技术的质量和效率是考核前台柜员和出纳员业务素质的重要指标，不断改进、提高整点的操作技术，对于提高工作效率，加速现金周转使用，调剂货币流通，促进国民经济发展都具有重要意义。

三、点钞的基本程序

（一）拆把──→点数──→扎把──→盖章

1. 拆把：把待点的成把钞票的封条拆掉。
2. 点数：手点钞，脑记数，点准一百张。
3. 扎把：把点准的一百张钞票蹾齐，用腰条扎紧。
4. 盖章：在扎好的钞票的腰条上加盖经办人名章，以明确责任。

（二）点钞的基本要求

在人民币的收付和整点中，要把混乱不齐、折损不一的钞票进行整理，使之整齐美观。整理的具体要求是：

1. 平铺整齐，边角无折。同券一起，不能混淆。
2. 券面同向，不能颠倒。验查真伪，去伪存真。
3. 剔除残币，完残分放。百张一把，十把一捆。
4. 扎把捆紧，经办盖章。清点结账，复核入库。

为达到上述具体要求，应做到以下几点：

操作定型，用品定位：

点钞时使用的印泥、图章、腰条等要按使用顺序固定位置放好，以便点钞时使用顺手。

点数准确：

点钞技术关键是一个"准"字，清点和记数的准确是点钞的基本要求。点数准确一要精神集中，二要定型操作，三要手点、脑记，手、眼、脑紧密配合。

钞票蹾齐：

钞票点好后必须蹾齐后（四条边水平，不露头，卷角拉平）才能扎把。

扎把捆紧：

扎小把，以提起把中第一张钞票不被抽出为准。

按"#"字形捆扎的大捆，以用力推不变形，抽不出票把为准。

盖章清晰：

腰条上的名章，是分清责任的标志，每个人整点后都要盖章，图章要清晰可辨。

动作连贯：

动作连贯是保证点钞质量和提高效率的必要条件，点钞过程的各个环节（拆把、清点、蹾齐、扎把、盖章）必须密切配合，环环相扣。清点中双手动作要协调，速度要均匀，要注意减少不必要的小动作。

【任务二】 手工点钞技术

手工点钞技术，即不依靠任何机具，完全用手指拨（捻）动作来清点钞票的技术。手工点钞技术是银行一线柜员必须掌握的基本技能。

手工点钞方法很多，以持币方式划分，大体上可以分为两种，即手持式点钞和手按式点钞。

手持式点钞

手持式点钞，即两只手不需要固定位置，身体姿势可以随意调整、操作灵活，可相对减轻劳动强度；手持式点钞方法应用比较普遍，它适用于各种票面，无论钞票纸幅大小、新旧都能顺利清点；手持式点钞，手指弹动轻松自如，可随时加速、随时停止，看到钞票的面积大，易于在清点中挑残和鉴别真伪。手持式点钞方法常见的有单指单张点钞，单指多张点钞，多指多张（也称四指四张）点钞和扇面点钞等方法。

（一）手持式单指单张点钞

手持式单指单张点钞，是最基本的点钞方法，是应用范围最广，实用性最强的一种点钞技术。由于操作时可以看到钞票的大部分，因而易于识别假钞，便于挑剔损伤券。这种点钞方法如果训练有素，点钞速度也比较快，每小时可达 20 000 张。单指单张点钞法的具体操作如下：

1. 拆把持钞。

拆把持钞的方法有三种。

第一种方法：钞券横执，正面朝着身体，用左手的中指和无名指夹住票面的左上角，拇指按住钞券上边沿处，食指伸直，中指稍用力，把钞券放在桌面上，并使左端翘起成瓦形，然后用左手食指向前伸勾断捆钞条并抬起食指使捆钞条自然落在桌面上，左手大拇指翻起钞票同时用力向外推使钞券成微形扇面，右手拇指、食指、中指蘸水作点钞准备。这种方法的特点是左右手可同时操作，拆把速度快，但捆钞条勾断后不能再使用。这种拆把方法通常用于复点现金。

第二种方法：持把时左手拇指在钞券正面的左端，约在票面的1/4处，食指和中指在钞券背面与拇指一起捏住钞券，无名指和小指自然弯曲；捏起钞券后，无名指和小指伸向票前压住钞券的左下方，中指弯曲稍用力，与无名指和小指夹住钞券；食指伸直，拇指向上移动按住钞券的侧面将钞券压成瓦形，并使左手手心向下，然后用右手脱去钞券上的捆钞条。同时左手将钞券往桌面上轻轻擦，拇指借用桌面的摩擦力将钞券向上翻成微扇形票面。右手的拇指、食指、中指蘸水作点钞准备。从上面可以看出，这种拆把方法不撕断纸条便于保留原纸条查看图章。这种拆把方法通常用于初点现金。

第三种方法：钞券横执，钞券的反面朝着身体。用左手中指和无名指夹住钞券的左端中间，食指和中指在前面，中指弯曲，食指伸直；无名指和小指放在钞券后面并自然弯曲。左手拇指在钞票下边沿后侧约占票面的1/3处用力将钞券向上翻起呈瓦形，使钞券正面朝向身体，并用拇指捏住钞票里侧边缘向外推，食指协助拇指，使钞票打开呈微扇形状。拆把的方法与上面介绍的两种方法相同。

2. 清点。

拆把后，左手持钞稍斜，正面对胸前。右手捻钞。捻钞从右上角开始。用右手拇指尖向下捻动钞票的右上角，每次捻出一张，接着用无名指将捻开的钞票弹拨下来，一捻一弹，连续动作，直至点完。注意：拇指不要抬得太高，捻动钞票的动作幅度不宜太大，只用指头的第一关节做轻微动作；而无名指的弹拨动作要适当配合，将捻下来的钞票往怀里方向弹，每捻下一张弹一次，要注意轻点快弹，所谓"三分捻，七分弹"就说讲的这一要领；食指在钞票背面托住少量钞票配合拇指工作，随着钞票的捻出要向前移动，以及时托住另一部分票子；中指翘起不要触及票面，以免妨碍无名指动作，在清点中拇指上的水用完可向中指蘸一下便可点完100张。同时，左手拇指也要配合动作，当右手将钞券下捻时，左手拇指要随即向后移动，并用指尖向外推动钞券，以利捻钞时下钞均匀。在这一环节中，要注意右手拇指捻钞时，主要负责将钞券捻开，下钞主要靠无名指弹拨（见图6-1~图6-3）。

3. 挑残破券。

在清点过程中，如发现残破券应按剔旧标准将其挑出。为了不影响点钞速度，点钞时不要急于抽出残破券，只要用右手中指、无名指夹住残破券将其折向外边，待点完100张后再抽出残破券补上完整券。

项目六 点钞技能

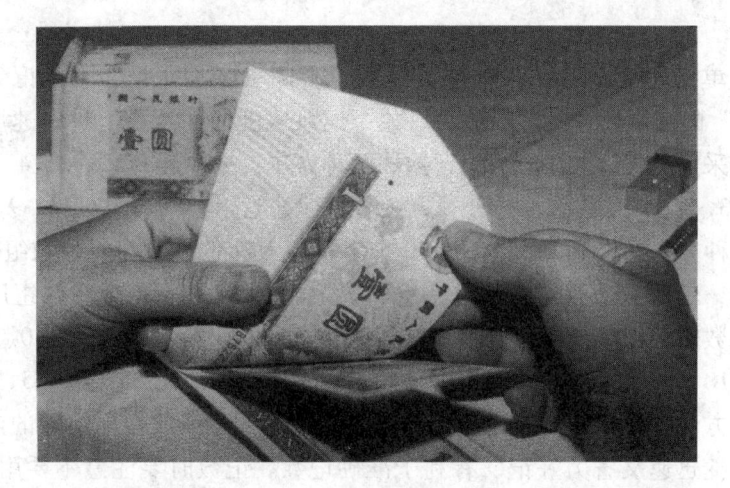

图 6-1

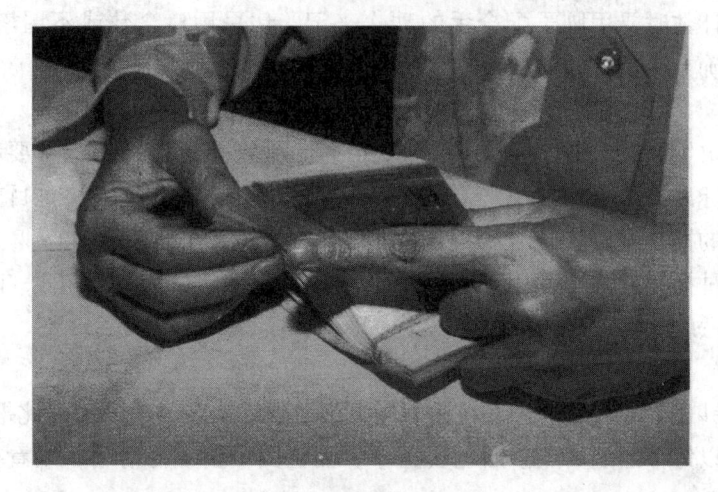

图 6-2

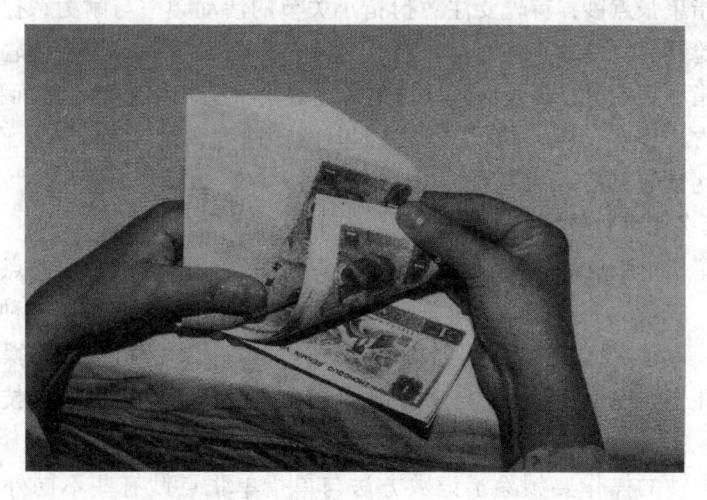

图 6-3

239

4. 记数。

由于单指单张每次只捻一张钞券，记数也必须一张一张记，直至记到100张。从"1"到"100"的数中，绝大多数是两位数，记数速度往往跟不上捻钞速度，所以必须巧记。通常可采用分组计数法。分组记数法两种方法：一种是1、2、3、4、5、6、7、8、9、1；1、2、3、4、5、6、7、8、9、2；……1、2、3、4、5、6、7、8、9、10。这样正好100张。这种方法是将100个数编成10个组，每个组都由10个一位数组成，前面9个数都表示张数，最后一个数既表示这一组的第10张，又表示这个组的组序号码即第几组。这样在点数时记数的频率和捻钞的速度能基本吻合。另一种方法是0、2、3、4、5、6、7、8、9、10；1、2、3、4、5、6、7、8、9、10；……9、2、3、4、5、6、7、8、9、10。这种记数方法的原则与前种相同，不同的是把组的号码放在每组数的前面。这两种记数方法既简捷迅速又省力好记，有利于准确记数。记数时要注意不要用嘴念出声来，要用心记。做到心、眼、手三者密切配合。需要注意的是单指单张点钞计数要求从一开始累计计数。计数时要用脑子配合手的动作来记，切忌用口念数或不用累计计数方法，因为这些不正确方法都会影响点钞速度和点钞准确性。

5. 扎把。

扎把银行出纳制度规定，钞票100张为一把。扎把是点钞的一道重要程序，有一定的技巧和质量标准，既要扎得快，又要扎得紧。这里介绍的几种方法是目前全国南北方比较普遍使用的捆扎方法。

由于这几种捆扎方法，适用于各种手工点钞（包括机器点钞捆扎），因此在介绍后面各种点钞方法时，将省略扎把内容。

6. 盖章。

盖章是点钞过程的最后一环，在捆钞条上加盖点钞员名章，表示对此把钞券的质量、数量负责，所以每个出纳员点钞后均要盖章，而且图章要盖得清晰，以看得清行号、姓名为准。

总之，单指单张点钞，首先要注意拇指小关节的活动频率与耐力，捻钞时肌肉要放松，因为拇指捻钞的快慢，直接影响点钞的速度。其次，捻钞时拇指要轻捻，无名指要快弹，同时拇指不宜抬得过高，而且捻钞的幅度要小（拇指接触钞票的面积）。

此种点钞方法姿势优美，轻松自如，不但点钞速度快，准确率高，而且适用面广，易挑残和识别伪钞与夹版。

（二）单指多张点钞技术

用手持式单指单张点钞的持票方式，每次捻两张或两张以上钞票的点钞方法为单指多张点钞技术。它是从手持式单指单张点钞技术的基础上发展而来的一种技术。它捻动钞票的频率慢，但每次捻下钞票的张数多，记数简单省力，故可以减轻操作人员的脑力劳动。但它不能全面地观察票面，不利于挑剔损伤券和假币。所以这种技术一般适用于做复点工作。

单指多张点钞的操作要领除了记数方法与单指单张点钞有些不同外，其他都基本相同。

1. 清点。

清点时右手拇指肚放在钞券的右上角，拇指尖略超过票面。如点双张，先用拇指肚捻下第1张，拇指尖捻下第2张；如点3张及3张以上时，同样先用拇指肚捻下第1张，然后依次捻下后面一张，用拇指尖捻下最后一张，要注意拇指均衡用力，捻的幅度也不要太大，食指、中指在钞券后面配合拇指捻动，无名指向怀里弹。为增大审视面，并保证左手切数准确，点数时眼睛要从左侧向右看，这样容易看清张数和残破券、假币。

2. 记数。

由于一次捻下多张，应采用分组记数法，以每次点的张数为组记数。如点3张，即以3张为组记数，每捻3张记一个数，33组余1张就是100张；又如点5张，即以5张为组记数，每捻5张记一个数，20组就是100张。以此类推。

（三）四指四张点钞法

四指四张点钞法也称四指拨动点钞或手持式四指扒点法。它适用于收款、付款和整点工作，是一种适用广泛，比较适合柜面收付款业务的点钞方法。它的优点是速度快、效率高。由于每指点一张，票面可视幅度较大，看得较为清楚，有利于识别假币和挑剔损伤券。

1. 持钞。

钞券横立，左手持钞。持钞时，手心朝胸前，手指向下，中指在票前，食指、无名指、小指在后，将钞券夹紧；以中指为轴心五指自然弯曲，中指第二关节顶住钞券，向外用力，小指、无名指、食指、拇指同时向手心方向方向用力，将钞券压成"U"形，"U"口朝里；这里要注意食指和拇指要从右上侧将钞券往里下方轻压，打成微扇状；手腕向里转动90度，使钞券的凹面向左但略朝里，凸面朝外向右；中指和无名指夹住钞券，食指移到钞券外侧面，用指尖管住钞券，以防下滑，大拇指轻轻按住钞券外上侧，既防钞券下滑又要配合右手清点。最后，左手将钞券移至胸前约20公分的位置，右手五指同时蘸水，做好清点准备（见图6-4）。

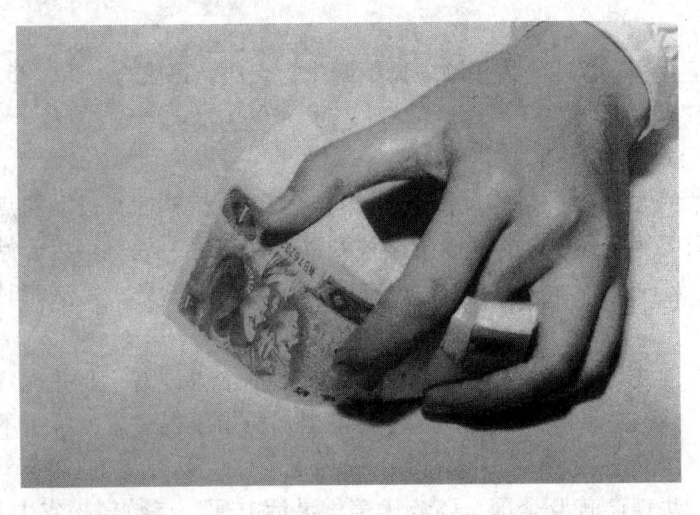

图 6-4

2. 清点。

两只手摆放要自然。一般左手持钞略低，右手手腕抬起高于左手。清点时，右手拇指轻轻托住内上角里侧的少量钞券；其余四指自然并拢，弯曲成弓形；食指在上，中指、无名指、小指依次略低，四个指尖呈一条斜线。然后从小指开始，四个指尖依次顺序各捻下一张，四指共捻四张。接着以同样的方法清点，循环往复，点完25次即点完100张。用这种方法清点要注意这样几个方面：一是捻钞券时动作要连续，下张时一次一次连续不断，当食指捻下本次最后一张时，小指要紧紧跟上，每次之间不要间歇。二是捻钞的幅度要小，手指离票面不要过远，四个指头要一起动作，加快往返速度。三是四个指头与票面接触面要小，应用指尖接触票面进行捻动。四是右手拇指随着钞券的不断下捻向前移动，托住钞券，但不能离开钞券。五是在右手捻钞的同时左手要配合动作，每当右手捻下一次钞券，左手拇指就要推动一次，二指同时松开，使捻出的钞券自然下落，再按住未点的钞，往复动作，使下钞顺畅自如（见图6-5）。

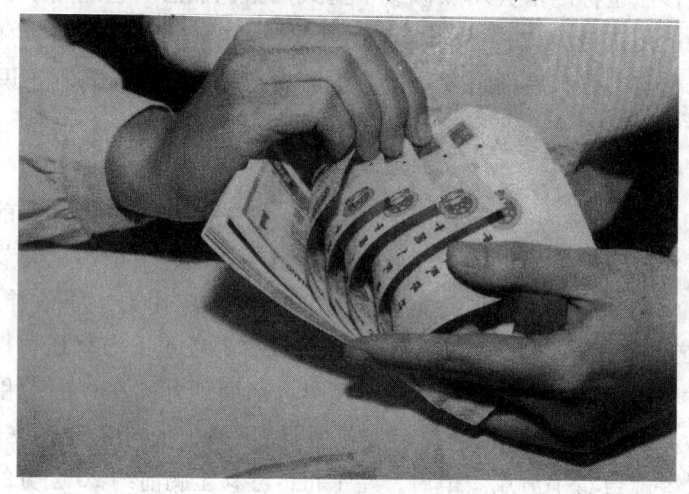

图 6-5

3. 记数。

采用分组记数法。以四个指头顺序捻下四张为一次，每次为一组，25次即25组即为100张。

4. 扎把与盖章。

扎把与盖章的方法与手持式单指单张相同。采用手持式四指拨动法点钞，清点前不必先拆纸条，只要将捆扎钞券的捆钞条挪移到钞券四分之一处就可以开始清点，发现问题可保持原状，便于追查。清点完毕后，初点不用勾断捆钞条，复点完时顺便将捆钞条勾断，重新扎把盖章。

四指拨动点钞技巧与特点：点钞时右手四指不宜抬得过高，要并拢弯曲，着重练习四指关节的灵活性，左手拇指与食指配合要得当，拇指压得过紧，票子不易捻开，过松则容易出现双张。

此种点钞方法现已普及全国、姿势优美、灵活方便、点数轻松省力，能识别伪钞，适用于出纳收、付款，整点的初、复点工作。

（四）五指拨动点钞

五指拨动点钞适用于收款、付款和整点工作。它的优点是效率高、记数省力，可减轻劳动强度。这种方法要求五个手指依次动作，动作幅度较大。

1. 持钞。

钞券横立，用左手持钞。持钞时，左手小指、拇指放在票面前，其余三个手指放在票后，拇指用力把钞券压成瓦形，用右手退下捆钞条。左手将钞券右边向右手拍打一下，并用右手顺势将钞券推起。左手变换各手指位置，即用无名指、小指夹住钞券左下端，中指和食指按在钞券外侧，食指在上，中指在下，拇指轻压在钞券上外侧使钞券成瓦形。

2. 清点。

右手五个指头沾水，从右角将钞券逐张向怀里方向拨动，以拇指开始，依次食指、中指、无名指、直至小指收尾为止。每指拨一张，一次为5张。

3. 记数。

采用分组记数，每5张为一组记一个数，记满20为即为100张。以上介绍的五指拨动法是单向拨动，即右手始终是从拇指开始依次向怀里方向拨动，直至小指收尾止。五指拨动法也可里外双向拨动，即先从拇指开始，食指、中指依次向怀里方向拨动，到无名指收尾为止，再从小指开始，依次无名指、中指向外方向拨动。直至食指收尾为止。这样来回拨动一次8张，点12个来回余4张即为100张。这钟点钞方法虽然准度较大，但速度快、效率高。

（五）扇面点钞技术

把钞票捻成扇面状进行清点的方法叫扇面式点钞法。这种点钞方法速度快，是手工点钞中效率最高的一种。但它只适合清点新票币，不适于清点新、旧、破混合钞票。

1. 持钞。

左手拇指在票前下部中间票面约1/4处，将钞票竖立拿起，拇指在钞票前，食指、中指、无名指和小指在钞票的后面，形成拇指与其他任何一指在钞票的前后两面对称轴心捏住，无名指和小指拳向手心。右手拇指在左手拇指的上端，用虎口从右侧卡住钞票成瓦形，此时的姿势是左、右手的中指、无名指和小指重叠在一起，右手食指、虎口、拇指抱住钞票准备开扇（见图6-6）。

2. 开扇。

开扇是扇面点钞的一个重要环节，扇面要开的均匀，为点数打好基础，做好准备。其方法是：以左手的拇指和中指为轴，右手食指将钞票向胸前左下方压弯，然后再猛向右方闪动，同时右手拇指在票前向左上方推动钞票，食指、中指在票后面用力向右捻动，左手指在钞票原位置向逆时针方向画弧捻动，食指、中指在票后面用力向左上方捻动，右手手指逐步向下移动，至右下角时即可将钞票推成扇面形。如有不均匀地方，可双手持钞抖动，使其均匀。打扇面时，左右两手一定要配合协调，不要将钞票捏得过紧，如果点钞时采取一按10张的方法，扇面要开小些，便于清点（见图6-7）。

图 6-6

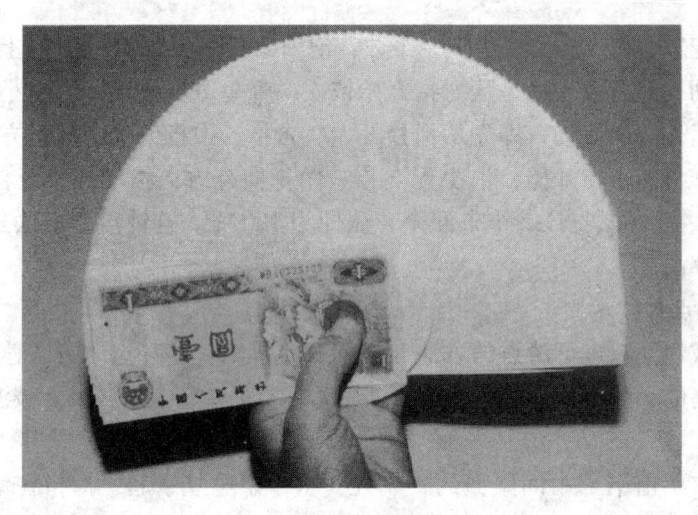

图 6-7

3. 点数。

左手持扇面，右手中指、无名指、小指托住钞票背面，拇指在钞票右上角 1 厘米处，一次按下 5 张或 10 张；按下后用食指压住，拇指继续向前按第二次，以此类推，同时左手应随右手点数速度向内转动扇面，以迎合右手按动，直到点完 100 张为止（见图 6-8）。

4. 记数。

采用分组记数法。一次按 5 张为一组，记满 20 组为 100 张；一次按 10 张为一组，记满 10 组为 100 张。

5. 合扇。

清点完毕合扇时，将左手向右倒，右手托住钞票右侧向左合拢，左右手指向中间一起用力，使钞票竖立在桌面上，两手松拢轻蹾，把钞票蹾齐，准备扎把。

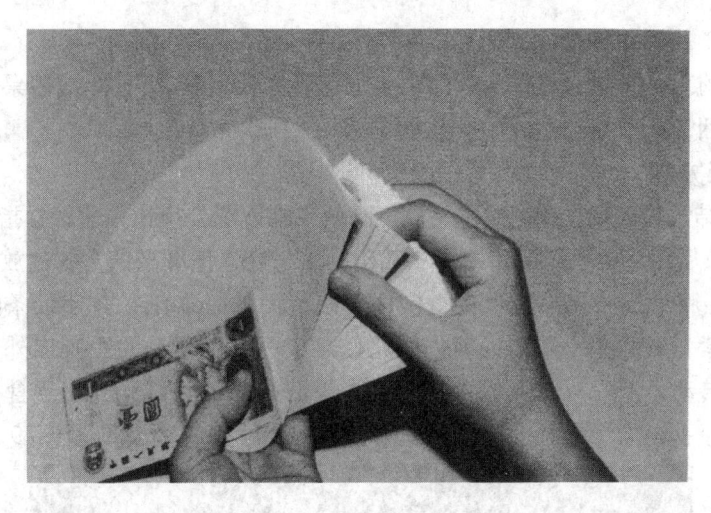

图6-8

扇面点钞技巧与特点：扇面点钞要注重开扇和点数这两个环节。首先扇面要开的均匀，使捻、甩在同一时间内一次完成，达到一次开扇。其次，点数时，眼、手要配合得当。也就是眼睛先看所按下的张数，随后手才能按下，这样才能保证点数的准确与速度。

扇面点钞主要流行于我国的东北地区，特点是点钞速度快、工作效率较高，适用清点钞票和复点款项工作。其缺点是不便于剔残和识别夹版或假钞。

任务三　钞票的平摊整理和扎把

一、平摊整理

整理现金时，应先挑剔处损伤券，然后按券别（100元、50元、20元、10元、5元等）、完整券和损伤券进行分类整点、捆扎。

二、拆把持钞

成把清点时，首先需将捆钞条拆下。拆把时可将捆钞条脱去，保持其原状，也可将捆钞条用手指勾断。通常初点时采用脱去捆钞条的方法，以便复点时发现差错进行查找，复点时一般将捆钞条勾断。持钞姿势是否正确，也会影响点钞速度。要注意每一种点钞方法的持钞方法。

三、捆扎技术

腰条捆扎技术是纸币清点中的一个重要环节，在机器点钞和手工点钞中，腰条捆扎速度对提高点钞整体速度起到不可忽视的作用。

（一）捆扎要求

捆扎现金要每百张为一把，用腰条在钞票中间扎好，不足百张的则将腰条捆扎在钞票的一端的 1/3 处，并将张数、金额写在腰条的正面。

凡经整点的现金必须在钱把侧面腰条上加盖经办人名章。每 10 把钞票用细绳以双十字形捆扎为一捆，在顶端加贴封签，并加盖捆扎人的名章。

（二）捆把方法

1. 半劲拧结法与拆把。扎把时左手横持已蹾齐的钞票，拇指在前，食指压在上侧，其余三指捏在钞票后面。右手拇指和中指拿纸条的 1/3 处，把纸条的 2/3 处放在钞票上侧中间，用左手食指将纸条压住，右手食指钩住钞票背面的一端纸条，使纸条的两端在钞票的背面吻合捏紧，然后左手稍用力握住钞票使之成为斜瓦形，左手腕向外转动，右手捏住纸条向怀里转动，随后双腕还原，同时将右手两端的纸条拧半劲，用食指将纸条顺斜瓦掖下，随即左手小指将钞票的原纸条勾断，拆把也就完成了（见图 6-9 ~ 图 6-12）。

图 6-9

图 6-10

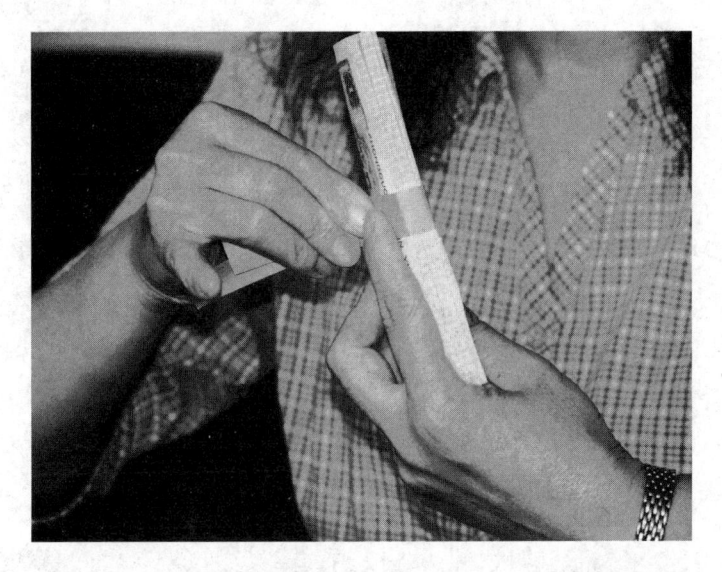

图 6-11

图 6-12

2. 夹条缠绕法。夹条缠绕法扎把，是将纸条一端插入钞票，缠绕两圈或一圈的方法。扎把时先将钞票蹾齐，左手拇指在前，其余四指在后，横握钞票上侧左半部分，用食指将钞票上侧中间分开一条缝，用右手拇指，食指和中指，捏住竖起纸条（留出约 5 厘米长）的一端，插入缝内约 2 厘米左右，这三个手指前后换位绕钞票缠二圈（或一圈）。与此同时，左手将钞票下侧放在点钞台上稍压成小瓦形，右手将缠绕的纸条稍用力拉紧。左手食指压住拉紧的纸条，右手拇指和食指将纸条余端向右手行打折成 45°时，掖入缠绕好的纸条下即可。随即左手将钞票的原纸条撸下，完成拆把动作（见图 6-13～图 6-19）。

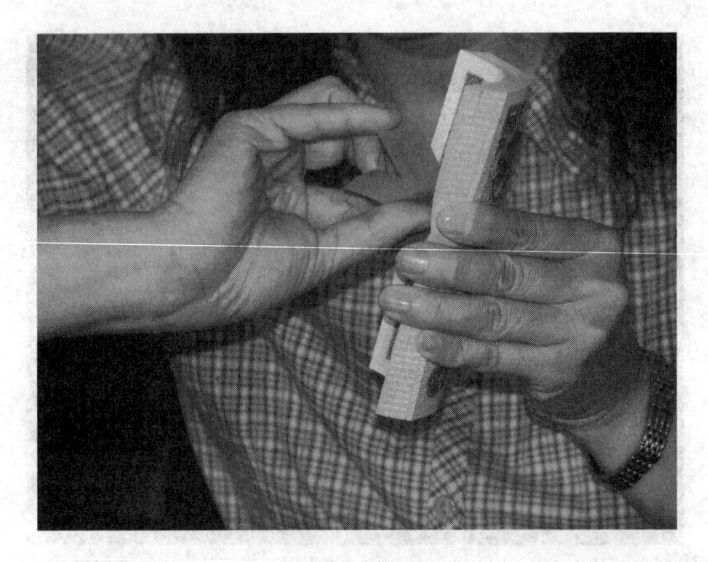

图 6-13

图 6-14

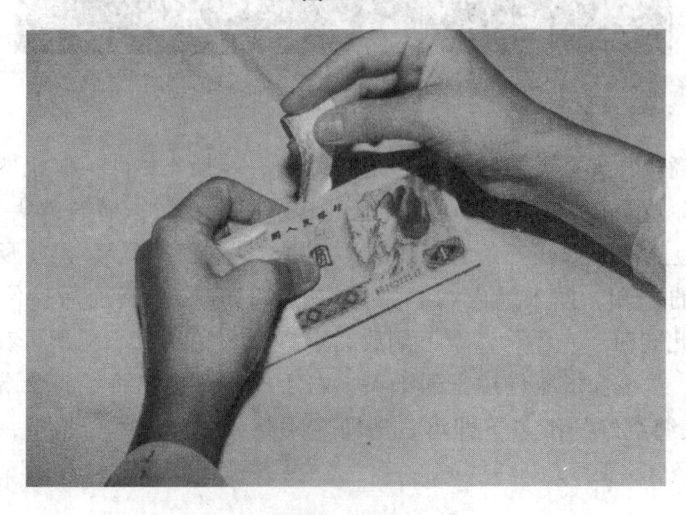

图 6-15

项目六　点钞技能

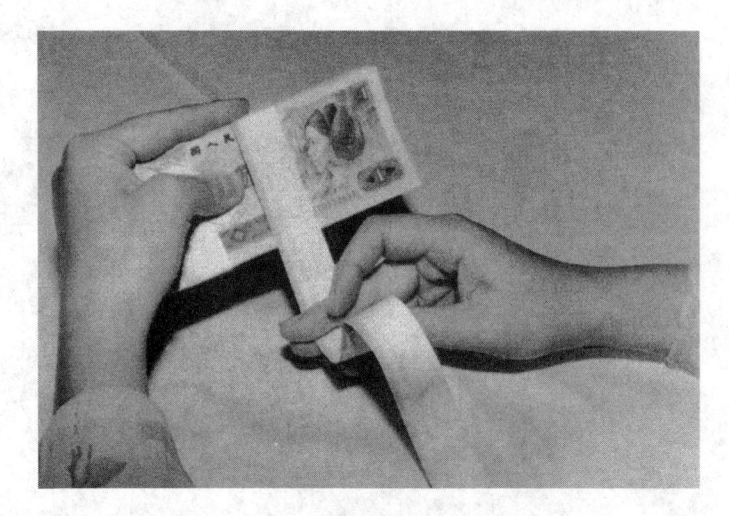

图 6-16

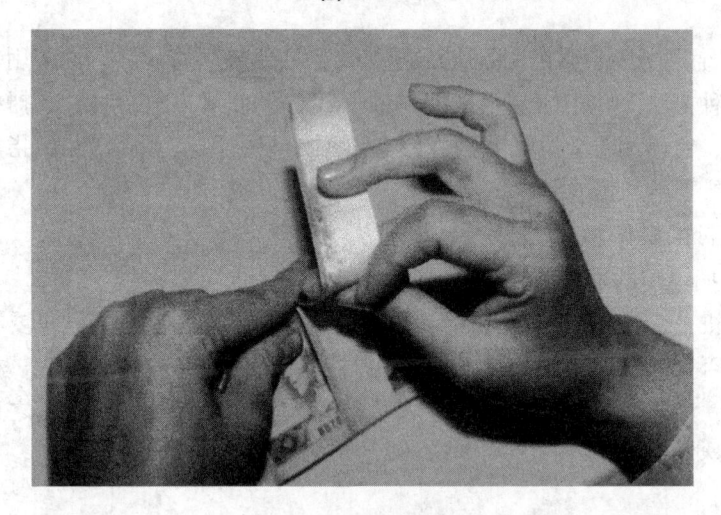

图 6-17

图 6-18

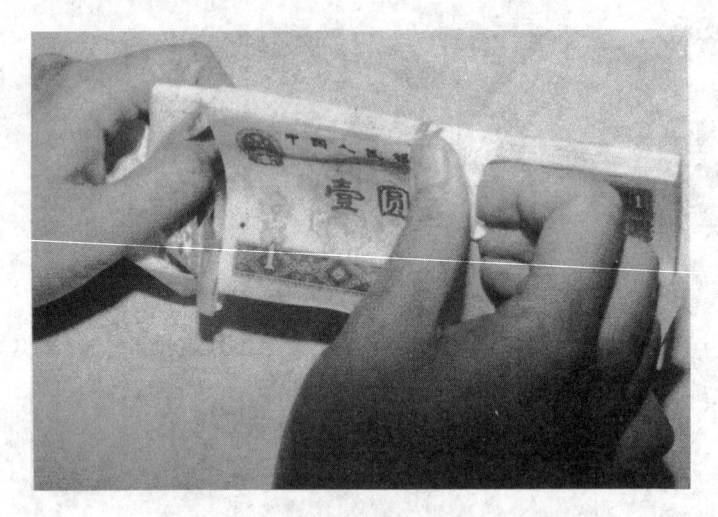

图 6-19

3. 压条缠绕法。压条缠绕法是将纸条一端放在待捆扎的钞票后面，用左手压住纸条进行扎把的一种方法。扎把时左手横捏住钞票，右手食指、中指在外，拇指在里。横向捏住纸条左端，留出约 7 公分长，放在钞票背面中间，用左手食指和中指压住，然后用右手向怀里绕钞票缠二圈。

4. 机器捆钞的操作程序。

（1）做好捆钞前的准备工作。

使用捆钞机，首先要仔细检查捆钞机各部位是否正常。手动捆钞机要检查手柄、齿轮上下运动是否自如，电动和液压捆钞机在捆钞前要打开开关各转一次，检查马达和液压装是否正常，液压管道有无漏油现象。检查完毕，调整机器螺丝到使之适合所捆券别的松紧程度，然后固定螺丝。

（2）放绳。

将线绳拧成麻花扣，双十字放置在捆钞机底面平台的凹槽内。绳的两头留的长度要相等。

（3）放钞。

用两手各取五把钞券并在一起蹾齐。然后将十把钞券叠起，票面向上，放在捆钞机的平台上，再放垫纸。

（4）压钞。

合上活动夹板，右手扳下压力扶手，反复操作，使钞券压到已调整好的松紧度。如为电动捆钞机则按下"紧"开关。

（5）系绳。

两手分别捏住绳子的两头，从上端绳套穿过，然后双手各自拉紧，从两侧把绳子绕到钞券的正面，使绳子的两头合拢拧麻花扣。然后用左手按住叉点，右手捏住绳子的一头从钞券上面竖线穿过结上活扣，贴上封签，加盖名章和日期戳。

1. 捆钞时要坚持操作程序，必须每只手各取五把，以防钞券多把或少把，发生差错。

2. 整捆钞券在捆扎时要垫衬纸，用于粘贴封签。衬纸垫在钞券上与其一并捆扎，封签贴在捆扎绳外，要注意衬纸与封签都须切去一角，以便看清票面。

3. 不论是手工捆扎钞券还是机器捆扎钞券，都要以"捆紧"为标准，要通过拉紧捆钞绳，进行交叉固定，使钞券不易松开。

4. 捆扎绳必须完好，不能有结，以防被人解开。最后的活扣结只能打在衬纸表面，并用封签纸粘住。

5. 钞券捆扎完毕，要在封券上加盖日期戳以及点钞员、捆钞员名章，以明确职责，便于查找差错。

【任务四】 手工工具清点硬币技术

硬币的整点基本有两种：一是纯粹手工整点；二是工具整点。手工整点硬币一般用在收款时、收点硬币尾零款；大批硬币整点需用工具来整点。通常工具点钞使用硬币清点器整点硬币。下面分别介绍这两种方法的操作过程。

一、手工整点硬币

手工整点硬币一般分为拆卷、清点、记数、包装、盖章这五个环节。

（一）拆卷

清点后使用的包装纸平放在桌子上。右手持硬币卷的 1/3 处放在新的包装纸中间；左手撕开硬币包装纸的一头，然后用右手从左端到右端压开包装纸；包装纸压开后用左手食指平压硬币，右手抽出已压开的包装纸。这样即可准备清点。

（二）清点

从左向右分组清点。清点时，以右手拇指和食指将硬币分组清点。每次清点的枚数因个人技术熟练程度而定，可一次清点 5 枚或 10 枚，也可一次清点 12 枚、14 枚、16 枚等。为保证清点准确无误，可用中间分开查点。如一次点 10 枚，即从中间分开，一边为 5 枚。以此类推。

（三）记数

采用分组记数法，一组为一次。如一次清点 10 枚，那么 10 次即为 100 枚。

（四）包装

清点完毕即可包装。硬币每百枚包一卷。包装时，用双手的无名指分别顶住硬币的两头，用拇指、食指、中指捏住硬币的两端，再用双手拇指把里半边的包装纸向外掀起并用食指掖在硬币底部，然后用右手掌心用力向外推卷，随后用双手的拇指、食指和中指分别把两头包装纸向中间方向折压紧贴硬币，再用拇指将后面的包装纸往前压，食指将前面的包装纸往后压使包装纸与硬币贴紧，最后再用拇指、食指向前推币，这样就算包装完毕了。包装的硬币要求紧，不能松，两端不能露出硬币。

(五) 盖章

硬币包装完毕后，整齐地平放在桌面上（硬币卷须竖放），卷缝的方向一致，右手拿名章，贴在右面第一卷硬币上，左手平放在各硬币卷上并向右滚动，名章随硬币卷的滚动依次盖在各卷上，使印章盖得又快又清晰。成卷的硬币也可横放在桌面上。右手拿名章贴在最前面一卷的右端，用左手掌心推动硬币向前滚动，右手将名章逐一盖在硬币卷的右端。

二、工具整点硬币

工具整点硬币主要借助于硬币整点器（亦称硬币计数器）。这种硬币整点器内根据 5 分、2 分、1 分三种硬分币的直径分别设计了三种相应的弧形槽式分币板，又根据流通中硬币的平均厚度，固定了百枚硬币总长度，每次可清点 100 枚硬币。它由两部分组成。一部分是定槽，另一部分是动槽，动槽可以前后移动。动槽和定槽相间均等排列，每一个槽相当于 5 枚硬币的厚度。当清点员按动动槽时，硬分币便以 5 枚一组被分开，便于点数。这种工具使用简便亦携带方便，工效又高，是银行清点硬分币不可缺少的工具。

硬币整点器有推动式硬币整点器和拉锁式硬币整点器，其操作步骤与手工整点硬币相同。

以推动式硬币整点器为例介绍操作程序。

(一) 准备工作

将推动式硬币整点器及硬币包装纸（燕尾式、斜角式）分别摆放在点钞台的正前方（见图 6-20）。

图 6-20

(二) 拆卷

拆卷通常有两种方法：一是摔开法拆卷又称阵振法拆卷，二是刀割法拆卷。

1. 摔开法拆卷。

双手拇指、食指和中指分别捏住硬币卷的两端，右手略抬高些由上向下摔在硬币卡数器的槽道边缘上，使硬币包装纸顺势裂开一条缝，接着双手的拇指将硬币由里向外翻滚把硬币倒入槽道内，双手拇指、食指和中指将包装纸提起。或以双手的拇指与食指、中指捏住硬币的两端向下振动，同时左手稍向里扭动，右手稍向外扭动，使包装纸裂开。再用两手的无名指顶住硬币两端，用中指、食指和拇指捏住硬币的两端（其中拇指在卷里，中指和食指在卷外边），把硬币卷移到硬币整点器上，两手腕同时向里转，使硬币落入整点器槽内，然后取出包装纸准备清点。用此法拆卷要注意用力要适度，不要使硬币振散以致硬币掉落。

2. 刀割拆卷法。

是用装在硬币整点器的右端边缘上的刀片，将硬币卷割开的一种方法。拆卷时双手的拇指、食指、中指捏住硬币的两端，从左端向右端通过刀槽，将硬币包装纸划开，随即将硬币堆放在卡数器的槽道内，然后双手手腕同时向里转，硬币进入整点器槽内，双手拇指、食指和中指将包装纸提起。

3. 清点。

硬币落入整点器内后，两手的食指和中指放在整点器两端，将整点器夹住，再用右手食指将硬币顶向左端。然后两手拇指放在整点器两边的推钮上用力推动推钮。通过动槽的移动，分币等交错。眼睛从左端看到右端，检查每槽是否五枚，重点检查右边最后一个槽。准确无误后，两手松开，硬币自动回到原位。如有氧化变形或伪币应随时剔出并补充足硬币（见图 6-21）。

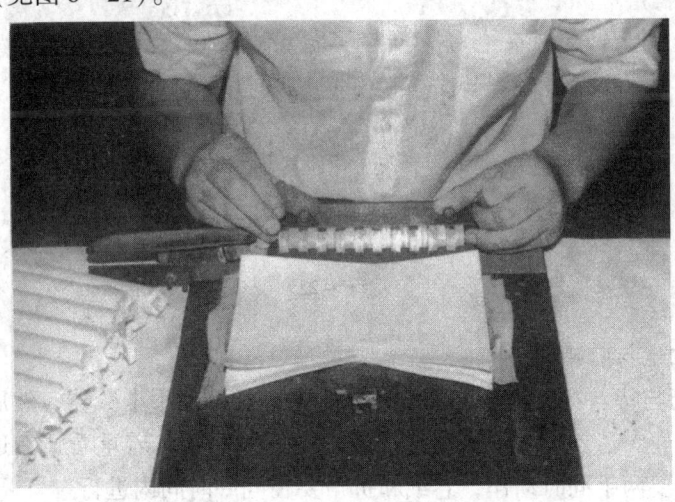

图 6-21

4. 记数。

采用分组记数法，一组为一次。如一次清点 10 枚，那么 10 次即为 100 枚。

5. 包装。

两手的中指顶住硬币的两端，拇指在卷里、食指在卷外边将硬币的两端捏住。两手向中间稍用力，从整点器内将硬币提出放在准备好的包装纸中间，剩余包装方法与手工整点硬币包装方法相同。见图 6-22、图 6-23。

——253

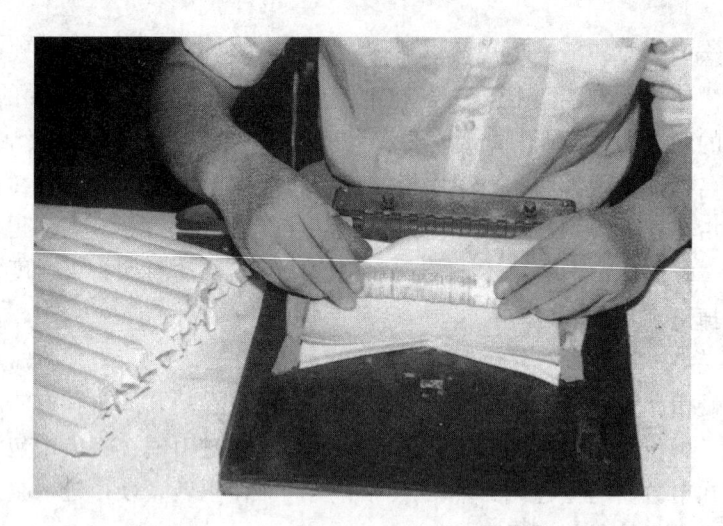

图 6-22

图 6-23

6. 盖章方法也与前相同。

7. 清点技巧与特点：工具清点硬币，首先要选择好硬币卡数器，然后用顺纹的硬币包装纸，便于拆卷。清点时右手指顶住槽道内硬币的右端，着重看清右边第一个币齿内的数量。封卷时要两手同时动作，卷纸和折角要在同一时间内进行。

工具整点硬币是手工清点硬币方法的继续和发展，比手工清点省时省力，简单易学，操作方便。

【任务五】 机器点钞技术

机器点钞就是使用点钞机整点钞以代替手工整点。由机器点钞代替手工点钞，对提高工作效率，减轻银行一线柜员劳动强度，改善临柜服务态度，加速资金周转都有积极的作用。随着金融事业的不断发展，出纳的收付业务量也日益增加，机器点钞已成为银行出纳点钞的主要方法。

一、点钞机的一般常识

点钞面由三大部分组成。第一部分是捻钞；第二部分是计数；第三部分是传送整钞。

捻钞部分由下钞斗和捻钞轮组成。其功能是将钞券均匀地捻下送入传送带。捻钞是否均匀，计数是否准确，其关键在于下钞斗下端一组螺丝的松紧程度。使用机器点钞时，必须调节好螺丝，掌握好下钞斗的松紧程度。

计数部分（以电子计数器为例）由光电管、灯泡、计数器和数码组成。捻钞轮捻出的每张钞券通过光电管和灯泡后，由计数器记忆并将光电信号轮换到数码管上显示出来。数码管显示的数字，即为捻钞张数。

传送整钞部分由传送带，接钞台组成。传送带的功能是传送钞券并拉开钞券之间的距离，加大票币审视面，以便及时发现损伤券和假币。接钞台是将落下的钞券堆放整齐，为扎把做好准备。

二、点钞前的准备工作

（一）放置好点钞机

点钞机一般放在操机员的正前方，离胸前约 30 公分左右。临柜收付款时也可将点钞机放在点钞桌肚内，桌子台面上用玻璃板，以便看清数字和机器运转情况。

（二）调试

根据所要清点的票面券别调试下钞斗和接钞斗。

（三）放置好钞券和工具

机器点钞是连续作业，且速度相当快，因此清点的钞券和操作用具的摆放位置必须固定，这样才能做到忙而不乱。一般未点的钞券放在机器右侧，按大小票面顺序排列，或从大到小，或从小到大，切不可大小夹杂排列；经复点的钞券放在机器左侧；捆钞条应横放在点钞机前面即靠点钞员胸前的那一侧，其他各种用具放置要适当、顺手。

（四）试机

首先检查各机件是否完好，再打开电源，检查捻钞轮、传送带、接钞台运行是否正常；灯泡、数码管显示是否正常，如荧光数码显示不是"00"，那么按"0"键钮，使其复位"00"。然后开始调试下钞斗，松紧螺母，通常以壹元券为准，调到不松、不紧、不夹、不阻塞为宜。调试时，右手持一张壹元券放入下钞斗，捻钞轮将券一捻住，马上用手抽出，以捻得动抽得出为宜。

调整好点钞机后，还应拿一把钞券试试，看看机器转速是否均匀，下钞是否流畅、均匀，点钞是否准确，落钞是否整齐。若传送带上钞券排列不均匀，说明下钞速度不均，要检查原因或调节下钞斗底冲口的螺丝；若出现不整齐、票面歪斜现象，说明下钞斗与两边的捻钞轮相距不均匀，往往造成距离近的一边下钞慢，钞券一端向送钞台倾斜，传送带上钞券呈一斜面排列，反之下钞快。这样应将下钞斗两边的螺丝进行微调，直到调好为止（见图6-24）。

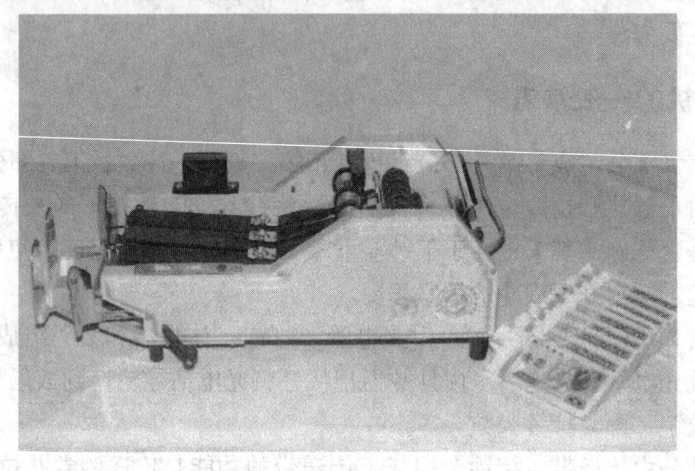

图6-24

三、清点

点钞机的操作程序与手工点钞操作程序基本相同。

（一）持票拆把

用右手从机器右侧拿起钞券，右手横执钞券，拇指与中指、无名指、小指分别捏住钞券两侧，拇指在里侧、其余三指在外侧，将钞券横捏成瓦形，中指在中间自然弯曲。然后用左手将捆钞条抽出，右手将钞券速移到下钞斗上面，同时用右手拇指和食指捏住钞券上侧，中指、无名指、小指松开，使钞券弹回原处并自然形成微扇面，这样即可将钞券放入下钞斗（见图6-25）。

图6-25

(二) 点数

将钞券放入下钞斗，不要用力。钞券经下钞斗通过捻钞轮自然下滑到传送带，落到接钞台。下钞时，点钞员眼睛要注意传送带上的钞券面额，看钞券是否夹有其他票券、损伤券、假钞等，同时要观察数码显示情况。拆下的封条纸先放在桌子一边不要丢掉，以便查错用（见图6-26）。

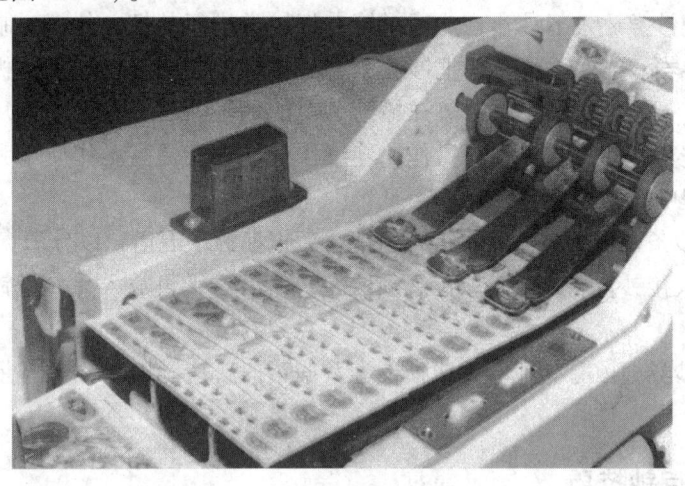

图6-26

(三) 记数

当下钞斗和传送带上的钞券下张完毕时，要查看数码显示是否为"100"。如反映的数字不为"100"，必须重新复点。在复点前应先将数码显示置"00"状态并保管好原把捆钞条。如经复点仍是原数，又无其他不正常因素时，说明该把钞券张数有误，即应将钞券连同原捆钞条一起用新的捆钞条扎好，并在新的捆钞条封写上差错张数，另作处理。一把点完，计数为百张，即可扎把。扎把时，左手拇指在钞券上面，手掌向上，将钞券从按钞台里拿出，把钞券蹾齐后进行扎把（见图6-27）。

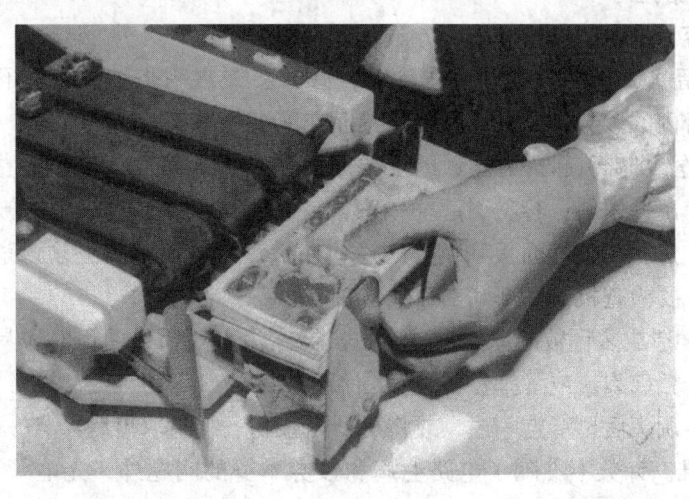

图6-27

（四）盖章

复点完全部钞券后，点钞员要逐把盖好名章。盖章时要做到先轻后重，整齐、清晰。由于机器点钞速度快，要求两手动作要协调，各个环节要紧凑，下钞、拿钞、扎把等动作要连贯，当右手将一把钞券放入下钞斗后，马上拆开第二把，准备下钞，眼睛注意观察传送带上的钞券。当传送带上最后一张钞券落到接钞台后，左右迅速将钞券拿出，同时右手将第二把钞券放入下钞斗，然后对第一把钞券进行扎把。扎把时眼睛仍应注意观察传送带上的钞券。当左手将第一把钞券放在机器左侧的同时，右手从机器右侧拿起的第三把钞券做好下钞准备，左手顺势抹掉第一把的捆钞条后，左手迅速从接钞台上的取出第二把钞券进行扎把。这样顺序操作，连续作业，才能提高工作质量和工作效率。在连续操作的过程中，须注意以下问题：

1. 原把捆钞条要顺序更换，不得将前把与后把捆钞条混淆，以分清责任。

2. 钞券进入接钞台后，左手取钞必须取净，然后右手再放入另一把钞券，以防止串把现象。

3. 如发现钞券把内有其他券种或损伤券及假币时，应随时挑出并补上完整券后才能扎把。

四、机器点钞技巧

（一）操作技巧

机器点钞连续操作，归纳起来要做到"五个二"即：

二看：看清跑道票面，看准计数。

二清：券别、把数分清和，接钞台取清。

二防：防留张，防机器吃钞。

二复：发现钞券有裂缝和夹带纸片要复，计数不准时要复。

二经常：经常检查机器底部，经常保养、维修点钞机。

（二）防差错技巧

机器点钞容易发生的差错和防止方法

1. 接钞台留张。左手到接钞台取钞时，有时会漏拿一张，造成上下把符。防止方法，取尽接钞台内的钞券，或采取不同的票面交叉进行清点。

2. 机器"吃钞"。引起机器吃钞的主要原因是：钞券较旧，很容易卷到输钞轴上或带进机器肚内；出钞歪斜，容易引起输钞紊乱、挤扎或飞张，也有可能被下钞轮带进机器肚内。防止方法：调整好面板和调节螺丝，使下钞流畅、整齐。输钞紊乱、挤扎时要重新清点一遍。要检查机器底部和前后输钞轴是否有钞券夹住。

3. 多计数。造成多计数的原因主要有：机器在清点残币、旧币时容易发生飞张造成多计数；钞券开档破裂，或一把钞券内残留纸条、杂物等，也会造成多计数。防止的方法是：可将钞券调头后再清点一遍，或将机器内杂物、纸条取出后再点一遍。

4. 计数不准。计数不准除了电路毛病和钞券本身的问题外，光电管、小灯泡积灰、或电源、电压大幅度升降都会造成多计数或少计数。防止的方法是：经常打扫光电管和小灯泡灰尘，荧光数码管突然计数不准，要立即停机检查机器的线路或测试电压等。

(三) 机器点钞应注意的问题

1. 送钞是机器点钞的关键。送钞要稳，钞票放板位置、角度角度应合适。

2. 提高机器点钞速度的关键在于提高动作的连续性。拆把、送钞、取钞、捆扎动作、衔接紧密、迅速、准确，快而不乱。

【项目小结】

对于手工点钞，根据持票姿势不同，又可划分为手按式点钞方法和手持式点钞方法。手按式点钞方法，是将钞票放在台面上操作；手持式点钞方法是在手按式点钞方法的基础上发展而来的，其速度远比手按式点钞方法快，因此，手持式点钞方法在全国各地应用比较普遍。

手持式点钞根据指法不同又可分为：单指单张点钞法、单指多张点钞法、多指多张点钞法和扇面点钞法。

单指单张点钞法就是用一个手指一次点一张的方法。这种方法是点钞中最基本也是最常用的一种方法，使用范围较广，频率较高。它适用于收款、付款和整点各种新旧大小钞票。其优点是这种点钞方法由于持票面小，能看到票面的3/4，容易发现假钞票及残破票。其缺点是点一张记一个数，比较费力。

单指多张点钞法就是用手持式单指单张点钞的持票方式，每次捻两张或两张以上钞票的点钞方法。它的优点是捻动钞票的频率慢，但每次捻下钞票的张数多，记数简单省力，故可以减轻操作人员的脑力劳动。缺点是不能全面地观察票面，不利于挑剔损伤券和假币。

四指四张点钞法也称四指拨动点钞或手持式四指扒点法。它适用于收款、付款和整点工作，是一种适用广泛，比较适合柜面收付款业务的点钞方法。它的优点是速度快、效率高。由于每指点一张，票面可视幅度较大，看得较为清楚，有利于识别假币和挑剔损伤券。

五指拨动点钞适用于收款、付款和整点工作。它的优点是效率高、记数省力，可减轻劳动强度。这种方法要求五个手指依次动作，动作幅度较大。

扇面式点钞法是把钞票捻成扇面状进行清点的方法。这种点钞方法速度快，是手工点钞中效率最高的一种。但它只适合清点新票币，不适于清点新、旧、破混合钞票。

无论哪种点钞方式都应该做到点数准确、钞票蹾齐、扎把捆紧、盖章清晰和动作连贯。

【技能训练】

手持式点钞：

优秀：

5分钟 单指单张600张；单指多张800张。

良好：

5分钟 单指单张400张；单指多张500张。

及格：

5分钟 单指单张300张；单指多张400张。

评价标准：

考核方式	考核标准	成绩	备注
单把方式	30秒以内	优	点钞方式单指单张 点钞内容：100张抽张点、捆，在准确率100%的基础上计算成绩，捆紧并美观。
	30~35秒	良	
	36~40秒	中	
	41~45秒	及格	
	超过45秒	不及格	
多把方式	16把	优	点钞方式单指单张 点钞内容：10分钟计时点、捆，在准确率100%的基础上计算成绩，捆紧并美观。
	14把	良	
	12把	中	
	10把	及格	
	低于10把	不及格	

项目七 利息计算技能

【**知识目标**】熟悉存、贷款利息计算的基本常识；掌握各种计息方法，并能够准确、快速、熟练对各种存、贷款利息计算问题加以区别，选择适当的计息方法进行利息计算。

【**技能目标**】针对具体的计息问题，能够熟练区别使用不同计息方法，并能使用算盘或计算器快速计算出各种存、贷款利息。

【任务一】 利息计算的基本常识

一、存、贷款利息计算的基本公式

$$本金 \times 时期 \times 利率 = 利息$$

或：

$$累计计息积数 \times 日利率 = 利息$$

$$计息积数 = 本金 \times 时期$$

无论采取哪种形式、哪种方法计息，都是对上述公式的具体化运用。

本金是贷给他人或存入银行用来孳生利息的原本金额。对于存款来说，就是存款的金额。对于贷款来说，如为逐笔核贷、利随本清的贷款，"本金"就是该次归还的额度；如为定期计息的贷款，"本金"即贷款余额。

时期是指存款的实际时间或贷款的使用时间。采取算头不算尾的基本方法，即存款存入日起息，支取日止息；贷款发放日起息，归还日止息。例如：某笔贷款5号发放，10号即归还，计息时间为5、6、7、8、9号五天，10号归还日不应算入。在具体计算计息时间时，要不要考虑大月31天、小月30天、平月28天等，在不同的计息方法中，有不同的规定和要求。

利率为一定时期内利息额同存入或贷出本金的比率。有年利率、月利率和日利率之分。

对定期存款和各项贷款、贴现，按原定利率并参照有关规定计息；对活期存款，应以结息日银行挂牌公告的利率计息。在计息时，应注意时间单位与利率单位相吻合。如计息时间为"天数"，利率应使用"日利率"；计息时间为"月数"，利率应使用"月利率"；计息时间为"年数"，利率则使用"年利率"。

二、利率的换算

利率的换算。

年利率（％）、月利率（‰）、日利率（‱）三种利率之间的换算为：

$$年利率 = 月利率 \times 12 = 日利率 \times 360$$
$$月利率 = 年利率 \div 12 = 日利率 \times 30$$
$$日利率 = 月利率 \div 30 = 年利率 \div 360$$

三、计息的方法

（一）积数计息法

应按实际天数每日累计账户余额，以累计积数乘以日利率计算利息。计算公式为：

$$利息 = 累计计息积数 \times 日利率$$
$$累计计息积数 = 每日余额合计数$$

（二）逐笔计息法

应按预先确定的计息公式逐笔计算利息。

计息期为整年（月）的，计息公式为：

$$利息 = 本金 \times 年或月数 \times 年或月利率$$

计息期有整年（月）又有零头天数的，计息公式为：

$$利息 = 本金 \times 年或月数 \times 年或月利率 + 本金 \times 零头天数 \times 日利率$$

全部化成天数的计算公式是：

$$利息 = 本金 \times 天数 \times 日利率$$

新会计标准规定逐笔计息法中实际天数为每年365天（闰年366天），每月为当月公历实际天数。

【任务二】 利息计算方法

储蓄存款计息按照各行《储蓄业务管理办法》的规定执行，其他各项存、贷款计息按照《人民币利率管理规定》及人行、总行文件的有关条款执行。

利息支付，除储蓄存款利息可以支付现金外，其他存款利息一律通过转账处理。

一、储蓄存款计息的基本规定

1. 本金以"元"为起点计息，元以下角、分不计息。各种储蓄存款利息应计至厘位，支付时计至分位将厘位四舍五入。分段计息时，各段利息应计算至厘位，加总后厘位四舍五入计至分位。

2. 活期存款的结息日与结息期。

活期存款按季结息,每季末月的 20 日为结息日,每季末月的 21 日为利息的入账日。计息采用积数计息法的,按实际天数结计利息。计息期内如遇利率调整,活期储蓄存款不分段计息。

3. 定期存款到期支取,按存入日挂牌公告的利率计息,利随本清,遇有利率调整不分段计息;定期存款部分提前支取时,若剩余部分不足起存金额,则应对该笔定期存款予以全部支取,按支取日挂牌公告的活期存款利率计付利息;定期存款逾期支取,逾期部分按支取日挂牌公告的活期存款利率计付利息。

4. 各种存款利息(除活期储蓄按季结息、整存整取定期储蓄约定转存外)一律利随本清,不计复息。特殊规定除外。

5. 个人利息所得税计算规定。

(1) 根据 1999 年 11 月 1 日起开始施行的《对储蓄存款利息所得征收个人所得税的实施办法》,不论什么时间存入的储蓄存款,在 1999 年 11 月 1 日以后支取的,1999 年 11 月 1 日起开始滋生的利息要按 20% 征收所得税。2007 年 8 月 15 日税率由 20% 降至 5%,2008 年 10 月 9 日起暂免征收利息税。

(2) 对个人取得的教育储蓄存款利息所得以及国务院、财政部确定的其他专项储蓄存款或储蓄性专项基金存款的利息所得,免征个人所得税。

二、储蓄存款计息案例

【例1】某客户活期储蓄存款账户支取情况如表 7-1 所示,假定适用的活期储蓄存款利率为 0.72%,计息期间利率没有调整,该储户于 2007 年 3 月 18 日清户,银行计算该储户活期存款账户利息时,按实际天数累计计息积数。

表 7-1　　　　　　　　某客户活期储蓄存款账户支取情况表　　　　　　　　单位:元

日期	存入	支取	余额	计息积数
2007.1.2	10 000		10 000	32 × 10 000 = 320 000
2007.2.3		3 000	7 000	18 × 7 000 = 126 000
2007.2.21	5 000		12 000	12 × 12 000 = 144 000
2007.3.5		2 000	10 000	13 × 10 000 = 130 000
2007.3.18		10 000	0	

应付利息 = (320 000 + 126 000 + 144 000 + 130 000) × (0.72% ÷ 360) = 14.40(元)

利息税 = 14.40 × 20% = 2.88(元)

税后利息 = 14.40 - 2.88 = 11.52(元)

【例2】某储户 2007 年 9 月 25 日存入定期半年的整存整取储蓄存款 10 000 元,于

2008年3月25日支取。假设存入日的半年期利率为3.42%。

利息 = 10 000 × 6 × (3.42% ÷ 12) = 171（元）

税后利息 = 171 × (1 - 5%) = 162.45（元）

【例3】某储户2009年5月5日存入整存整取储蓄存款10 000元，定期2年，存入时2年期储蓄存款年利率2.79%，该储户于2010年5月10日要求提前支取5 000元，当日活期储蓄存款年利率0.36%，剩余5 000元于2011年5月5日到期支取。

（1）2010年5月10日计息：

利息 = 5 000 × 365 × 0.36% ÷ 360 = 18.25（元）

（2）2011年5月5日计算利息：

利息 = 5 000 × 2 × 2.79% = 279（元）

【例4】某储户2006年2月28日存入整存整取储蓄存款10 000元，定期半年，该储户于2006年11月1日来行支取本息，存入时半年期存款年利率1.89%，2006年11月1日挂牌活期年利率0.72%。

到期利息 = 10 000 × 6 × (1.89% ÷ 12) = 94.50（元）

过期利息 = 10 000 × 64 × (0.72% ÷ 360) = 12.8（元）

利息合计 = 94.50 + 12.8 = 107.30（元）

税后利息 = 107.30 × (1 - 20%) = 85.84（元）

若原定存期选择公式"利息 = 本金 × 实际天数 × 日利率"；逾期部分按活期储蓄存款计息，利息计算如下：

应付利息 = 10 000 × 181 × (1.89% ÷ 360) + 10 000 × 65 × (0.72% ÷ 360) = 108.03（元）

税后利息 = 108.30 × (1 - 20%) = 86.64（元）

【例5】储户鲁刚于2007年3月26日存入40 000元1年期整存整取定期储蓄存款，与2007年9月26日提前支取10 000元，其余存至到期日，请分别计算10 000元和3 000元本金的实付利息。（2007年9月26日活期年利率0.81%）（2010年3月26日定期1年年利率2.79%）

（假设：存期按实际天数计算）

解：（1）提前支取5 000元本金利息计算为：

税前利息 = 10 000 × 184 × 0.81% ÷ 360 = 41.4（元）

其中，2007年3月26日至本年8月15日期间利息所得税率为20%，应交利息税：

10 000 × 142 × 0.81% ÷ 360 × 20% ≈ 6.39（元）

2007年8月15日至本年9月26日期间利息所得税率为5%，应交利息税：

10 000 × 42 × 0.81% ÷ 360 × 5% ≈ 0.472（元）

扣税后支付给储户的利息 = 41.4 - (6.39 + 0.472) = 34.54（元）

（2）到期支取30 000元本金的利息为：

税前利息 = 30 000 × 366 × 2.79% ÷ 360 = 850.95（元）

其中，2007年3月26日至本年8月15日期间利息所得税率为20%，应交利息税：

30 000×142×2.791%÷360×20%≈66.03（元）

2007 年 8 月 15 日至 2008 年 3 月 26 日期间利息所得税率为 5%，应交利息税：

30 000×224×2.79%÷360×5%=26.04（元）

扣税后支付给储户的利息 = 850.95 –（66.03 + 26.04）= 758.88（元）

三、关于储蓄存款利息计算若干问题的解答

（一）人民币各类储蓄存款适用什么利率

人民币储蓄存款按储种可分为活期存款、整存整取、零存整取、整存零取、存本取息、定活两便、通知存款。随着利率市场化的推进，目前人民银行公布的是各类存款的基准利率，即各类存款利率的上限，开办储蓄业务的金融机构（一般指商业银行和城乡信用社，以下称"商业银行"）可在基准利率基础上实行下浮利率，但在客户存款时须告知具体存款利率水平，储户也可在商业银行营业厅、网站上查询该商业银行的存款利率。

（二）什么是存款计结息规则

存款计结息规则，指商业银行在计算存款利息时采用何种利率、如何计算利息、在什么时间支付所计利息或转入存款账户等一系列原则。

（三）活期储蓄存款的计结息规则是什么

目前，活期储蓄存款每季度结息一次，每季末月的 20 日为结息日，按当日挂牌的活期利率计息，商业银行在这一日将利息转入储户账户。如果储户在结息日前清户，商业银行将按当日挂牌活期利率计算利息并连同本金支付给储户。

（四）定期整存整取存款的计结息规则是什么

目前，定期整存整取存款按存单开户日挂牌公告的相应的定期储蓄存款利率计算利息。如在存期内遇利率调整，不论调高或调低，均按存单开户日所定利率计付利息，不分段计息。如储户提前支取，全部提前支取或部分提前支取的部分，按支取日挂牌公告的活期储蓄利率计息，未提前支取的部分，仍按原存单所定利率计付利息。

（五）其他储种的计结息规则是什么

目前，除活期储蓄存款和整存整取定期存款计结息规则由人民银行确定外，其他储种的计结息规则由商业银行法人（农村信用社以县联社为单位）以不超过人民银行同期限档次存款利率上限为原则，自行确定并提前告知客户。客户可向商业银行查询该行的计结息规则。

（六）人民币储蓄存款业务的年利率、月利率和日利率如何换算

我国一般公布人民币存款年利率。由于存款期限不同，银行计算利息时需将年利率换算成月利率和日利率，换算公式为：

$$月利率(‰) = 年利率(\%) ÷ 12$$

$$日利率(‰_0) = 年利率(\%) ÷ 360$$

年利率除以 360 换算成日利率，而不是除以 365 或闰年实际天数 366。依据惯例，我

国按9的倍数确定年利率数据,年利率换算成日利率除以360,可除尽。中央银行或商业银行在确定利率水平时,已经考虑了年利率、月利率和日利率之间的换算关系。

(七)银行采用什么方法计算利息

银行主要采用积数计息法和逐笔计息法计算利息。积数计息法便于对计息期间账户余额可能会发生变化的储蓄存款计算利息。因此,银行主要对活期性质的储蓄账户采取积数计息法计算利息,包括活期存款、零存整取、通知存款。而对于定期性质的存款,包括整存整取、整存零取、存本取息、定活两便,银行采用逐笔计息法计算利息。

(八)什么是积数计息法

积数计息法就是按实际天数每日累计账户余额,以累计积数乘以日利率计算利息的方法。积数计息法的计息公式为:

$$利息 = 累计计息积数 \times 日利率$$

$$其中累计计息积数 = 账户每日余额合计数$$

例:某储户活期储蓄存款账户变动情况如表7-2所示,银行计算该储户活期存款账户利息时,按实际天数累计计息积数,按适用的活期储蓄存款利率计付利息。

表7-2　　　　　　　　某储户活期储蓄存款账户变动情况　　　　　　　　单位:元

日期	存入	支取	余额	计息期	天数	计息积数
2007.1.2	10 000		10 000	2007.1.2~2007.2.2	32	32×10 000 = 320 000
2007.2.3		3 000	7 000	2007.2.3~2007.3.10	36	36×7 000 = 252 000
2007.3.11	5 000		12 000	2007.3.11~2007.3.20	10	10×12 000 = 120 000
2007.3.20			12 000			

银行每季末月的20日结息,2007年3月20日适用的活期存款利率为0.72%。因此,到2007年3月20日营业终了,银行计算该活期存款的利息为:

利息 = 累计计息积数 × 日利率

　　 = (320 000 + 252 000 + 120 000) × (0.72% ÷ 360)

　　 = 13.84(元)

(九)什么是逐笔计息法

逐笔计息法是按预先确定的计息公式逐笔计算利息的方法。采用逐笔计息法时,银行在不同情况下可选择不同的计息公式。

1. 计息期为整年(月)时,计息公式为:

$$利息 = 本金 \times 年(月)数 \times 年(月)利率$$

2. 计息期有整年(月)又有零头天数时,计息公式为:

$$利息 = 本金 \times 年(月)数 \times 年(月)利率 + 本金 \times 零头天数 \times 日利率$$

3. 银行也可不采用第一种、第二种计息公式,而选择以下计息公式:利息 = 本金 ×

实际天数×日利率，其中实际天数按照"算头不算尾"原则确定，为计息期间经历的天数减去一。逐笔计息法便于对计息期间账户余额不变的储蓄存款计算利息，因此，银行主要对定期储蓄账户采取逐笔计息法计算利息。

例：某客户2007年3月1日存款10 000元，定期六个月，当时六个月定期储蓄存款的年利率为2.43%，客户在到期日（即9月1日）支取，利息是多少？

（1）这笔存款计息为6个月，属于计息期为整年（月）的情况，银行可选择"利息＝本金×年（月）数×年（月）利率"的计息公式。

利息＝10 000×6×（2.43%÷12）＝121.50（元）

（2）银行也可选择"利息＝本金×实际天数×日利率"的计息公式，这笔存款的计息期间为2007年3月1日至9月1日，计息的实际天数为184天。

利息＝10 000×184×（2.43%÷360）＝124.20（元）

由于不同计息公式计算利息存在差异，请储户在存款时向银行咨询计息方法的相关情况。

（十）为什么有时同一储蓄业务，在不同银行的利息存在差异

随着利率市场化的推进，各商业银行在计算存款利息时，可能存在差异。利息差异主要来源于几个方面：一是商业银行在政策允许范围内可对存款利率下浮，各商业银行存款利率可能不同。储户在存款时应了解具体的存款利率水平，选择合适的银行；二是计结息规则不同，因复利因素造成利息差异；三是利息计算方法不同也会导致利息差异，如定期存款是采用整年整月加零头天数还是按存期实际天数计算利息即会导致利息差异。人民银行规定，商业银行应将存款计结息规则和计息方法告知客户，客户亦可向银行咨询相关信息，以便自主选择银行办理储蓄业务。

【任务三】 珠算计息

一、定位方法

由于利率既可以用小数表示，又可以用分数表示，因而，利率的位数也有两种确定的方法。

1. 以小数表示的利率直接根据小数点的位置确定其位数。

【例1】利率0.0024（即2.4‰）为负二位

【例2】利率0.00008（即0.08‰）为负四位

【例3】利率0.0288（即2.88%）为负一位

2. 以百分数、千分数、万分数表示的利率分别采用减2、减3、减4的方法来确定其位数。

【例4】年利率2.88%的位数为2.88的位数减2，即1－2＝－1（位）

【例5】月利率2.4‰的位数为2.4的位数减3，即1－3＝－2（位）

【例6】日利率0.08‰的位数为0.8的位数减4，即0－4＝－4（位）

为了迅速、准确地运用珠算技术计算利息，在计算中必须熟练掌握定位方法，而学习定位法必须了解确定书的位数的方法。以上介绍的两种方法确定数的位数结果是一致的。

二、采用"利随本清"的计算方法

（一）存、贷款的计息公式

计息的基本公式为：利息＝本金×时期×利率。时期有整年、整月、和零头天数三种情况。整年的按年计算，整月的按月计算，有整月又有零头天数的可全部化成天数计算。其计算公式为：

1. 时期为整年的：利息＝本金×年数×年利率
2. 时期为整月的：利息＝本金×月数×（年利率÷12）
3. 时期有零头天数的：利息＝本金×日数×（年利率÷360）

【例1】储户李明于2006年6月20日存入整存整取定期存款15 000元，定期一年，利息2.25%，活期利率为0.99%。要求按下列不同情况分别计算应付利息。

（1）李明于2007年6月20日到期支取。

（2）李明于2007年3月20日提前支取。

（3）李明于2007年9月15日提前支取。

计算应付利息：

（1）到期支取：15 000×1×2.25%＝337.5（元）

（2）提前支取：15 000×9×（0.99%÷12）＝111.38（元）

（3）过期支取：15 000×1×2.25%＋85×（0.99%÷360）＝372.56（元）

（二）珠算计息的定位

1. 固定个位定位法。

（1）采用破头乘运算。

连乘定位用固定个位定位法的置数的规律是：连乘几个因数的位数相加之和，就是拨入被乘数首位的档次。

【例2】某储户存入整存整取定期存款8 000元，存期一年，利率为2.25%，到期支取。计算应付利息。

计算：8 000×1×2.25%＝180（元）

布数位数为：4＋1－1＝4（位），在算盘上按正四位比入被乘数，经两次破头乘法运算后，从算盘上直接读得利息180元。如图7－1所示。

【例3】某企业单位于6月16日向银行借款28 000元，期限6个月，利率为5.85%，该单位于11月22日提前全部归还。计算应收利息。

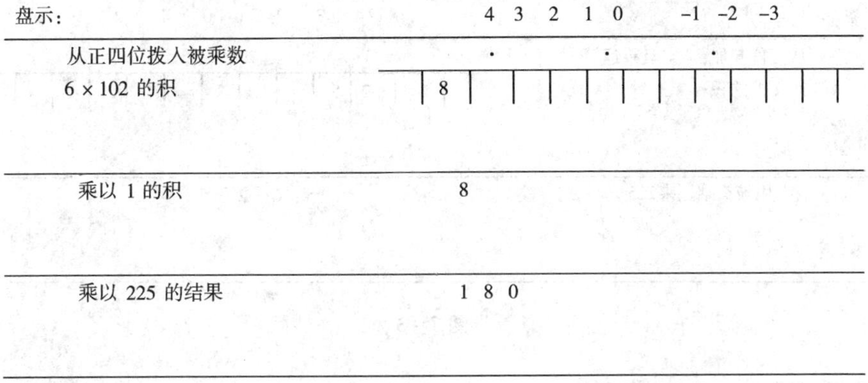

盘示: 4 3 2 1 0 -1 -2 -3

从正四位拨入被乘数
6×102 的积　　　　　　　　　　8

乘以 1 的积　　　　　　　　　　　　8

乘以 225 的结果　　　　　　　　1 8 0

图 7-1

利率换算：日利率 = 5.85% ÷ 360 = 0.0001625
计息算式：28 000 × 156 × 0.0001625 = 709.8（元）
布实位数为：5 + 3 + (-3) = 5（位）
在算盘上按正五位拨入被乘数，经两次连乘运算，从盘上直接读得利息为 709.8 元（见图 7-2）。

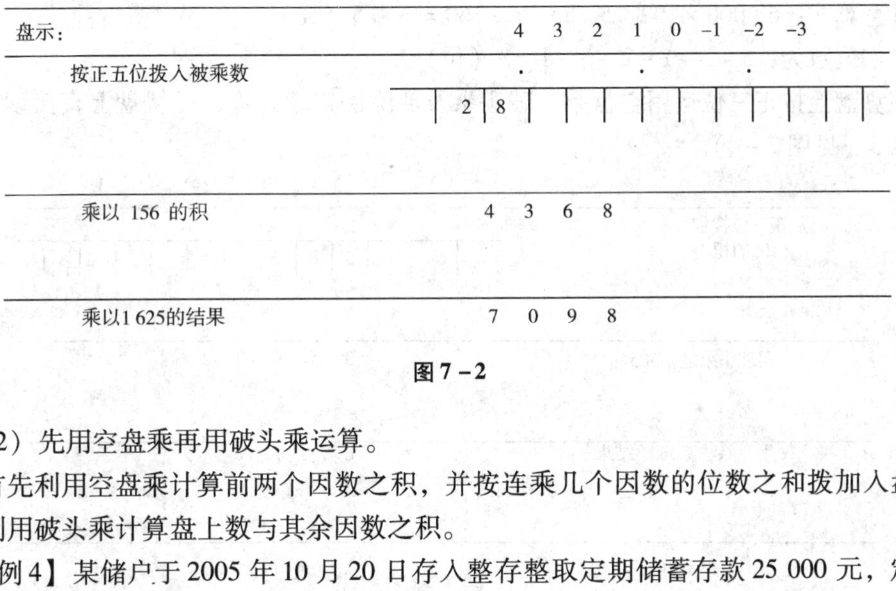

盘示: 4 3 2 1 0 -1 -2 -3

按正五位拨入被乘数　　　　　　2 8

乘以 156 的积　　　　　　　　4 3 6 8

乘以 1 625 的结果　　　　　　7 0 9 8

图 7-2

(2) 先用空盘乘再用破头乘运算。

首先利用空盘乘计算前两个因数之积，并按连乘几个因数的位数之和拨加入盘；然后再利用破头乘计算盘上数与其余因数之积。

【例4】某储户于 2005 年 10 月 20 日存入整存整取定期储蓄存款 25 000 元，定期一年，利率为 2.25%，2006 年 10 月 20 日到期支取。计算应付利息。

计息算式：25 000 × 1 × 2.25% = 562.5（元）

各因数的位数和为：5 + 1 + 1 - 2 = 5（位）

在算盘上用空盘乘按正五位拨加前两个因数的乘积，再用破头乘计算盘上数与另外一个因数的乘积，从盘上直接读得利息为 562.50 元（见图 7-3）。

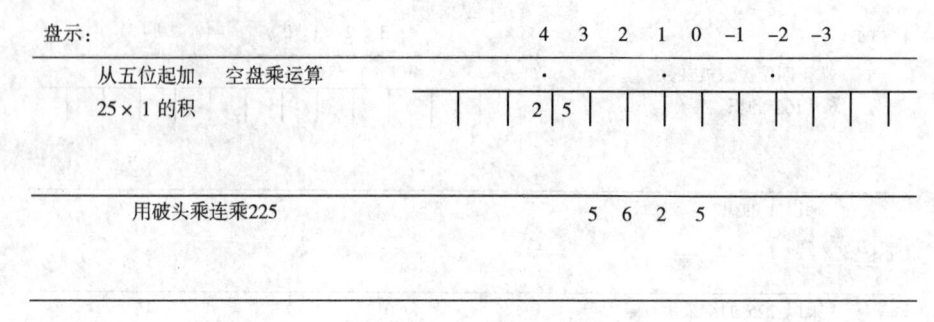

盘式：		4	3	2	1	0	-1	-2	-3
从五位起加，空盘乘运算 25×1 的积			2	5					
用破头乘连乘225			5	6	2	5			

图 7-3

(3) 采用乘除一次定位运算。

这种算法适用于需要换算利率的计息计算题，它将利率的换算并入到利息的算式中。

该方法是：利用固定个位定位法，依下列公式计算布实位数，确定起加档或布数档，用空盘乘、破头乘及商除法来计算利息。

定位公式：布实位数 = 各相乘因数位数和 - 换算时期位数 - 1

【例5】某客户于 2006 年 7 月 16 日向银行借款 60 000 元，期限 4 个月，利率为 5.85%。该客户于 2006 年 10 月 28 日提前归还。计算应收利息。

计息算式：60 000 × 102 × 5.85% ÷ 360 = 994.5（元）

布实位数为：5 + 3 + 1 - 2 - 3 - 1 = 3（位）

在算盘上按正三位运用空盘乘、破头乘及商除法连续计算，可从盘上直接读得利息为 994.5（见图 7-4）。

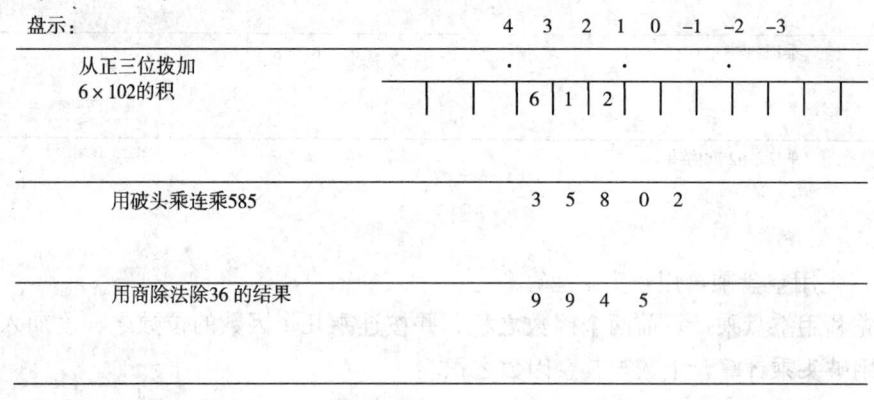

盘式：		4	3	2	1	0	-1	-2	-3
从正三位拨加 6×102的积			6	1	2				
用破头乘连乘585			3	5	8	0	2		
用商除法除36 的结果				9	9	4	5		

图 7-4

2. 盘上公式定位法。

这种方法也是先用空盘乘法，再用破头乘法运算。根据这两种乘法的运算规律，定位的方法是：

(1) 选定带有计位点的档（或算盘最左边一档）作为起加档，利用空盘前乘法计算，再用破头乘法运算。

(2) 计算几个因数的位数和。

（3）根据起加档与第一位有效数字的位置关系，按下列三种情况来确定积的位数：第一种是积的首位值在起加档上时，三个因数的位数之和就是乘积的位数；第二种是起加档为空档，则三个因数的位数和减1，才是乘积的位数；第三种是起加档及其后一档为空档，则三个因数的位数，才是乘积的位数，即前空几档便从位数和中减几位确定积的位数。

【例6】某储户存入整存整取定期储蓄存款8 000元，定期两年，利率为2.43%，到期支取。计算利息。

计息算式：$8\,000 \times 2 \times 2.43\% = 388.8$（元）。

如图7－5所示。

图7－5

定位方法：各因数的位数和为 $4+1+1-2=4$（位）

由于首位之前空一档，故积的位数为 $4-1=3$（位），利息值是388.8。

【例7】某储户存入整存整取定期储蓄存款10 000元，定期三个月，利率为1.98%，到期支取。计算应付利息。

利率换算为：$10\,000 \div 12 = 1.65‰$

计算算式：$10\,000 \times 3 \times 1.65‰ = 49.5$（元）

如图7－6所示。

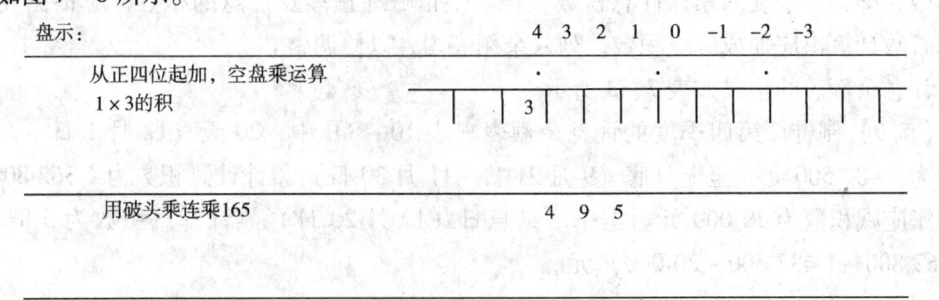

图7－6

定位方法：各因数的位数和为 5 + 1 + 1 - 3 = 4（位）

由于首位值前空二档，故积的位数 4 - 2 = 2（位），利息值为 49.5 元。

【例8】某客户向银行借款 95 000 元，期限 6 个月，利率为 5.85%，到期归还。计算应收利息。

利率换算为：95 000 ÷ 12 = 4.875‰

计算算式：95 000 × 6 × 4.875‰ = 2 778.75（元）

如图 7 - 7 所示。

盘示：

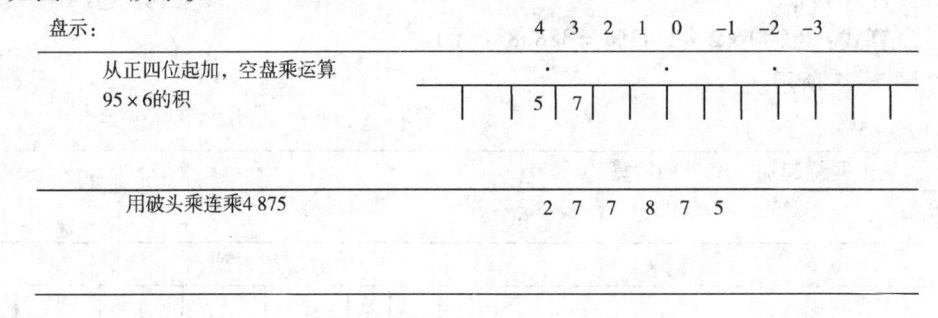

	4	3	2	1	0	-1	-2	-3
从正四位起加，空盘乘运算 95 × 6的积		5	7					
用破头乘连乘4 875	2	7	7	8	7	5		

图 7 - 7

定位方法：各因数的位数和为 5 + 1 + 1 - 3 = 4（位）

由于首位值在起加档上，故正四位就是积的位数，利息值为 2 778.75 元。

三、采用积数计息定位

（一）积数计息的方法

积数计息适用于定期结息的存、贷款，一般是按季结息（每季末月的 20 日），采用余额表计息或在账页上计息的方法。其计息公式为：

累计计息积数 × 年利率 ÷ 360 = 利息

1. 余额表计息法。

计息余额表是每日根据计息科目各分户账当日的最后余额抄列的。因为安季结息，所以将余额表上的各户余额从上季度结息日后的第一日起加总至上季度结息日止，得出累计数，即为本季度的累计计息积数。若发生错账冲正涉及计息的积数，应根据其发生额和日数计算出应加或应减积数，列入余额表内，以便调整。

计息余额表的格式如表 7 - 3 所示。

【例9】制鞋厂第四季度的计息余额表（表 10 - 8）中，20 天（12 月 1 日~20 日）小计为 1 487 500 元，至上月底（9 月 21 日~11 月 30 日）累计计息积数为 4 362 800 元，因冲账应减积数为 20 000 元。本季度结息日（12 月 20 日）累计计息积数为 5 830 300（4 362 800 + 1 487 500 - 20 000）元。

利息 = 5 830 300 × 0.99% ÷ 360 = 160.33（元）

表7-3

科目名称：
科目代号：　　　　　　　　　××××年12月份利率0.99%　　　　　　第　页

摘要	221006 制鞋厂 （位数）	（位数）	（位数）	合计 （位数）
上月累计计息积数	4 362 800.00			
1日 2日 ⋮ 10日	50 000.00 60 000.00 80 000.00			
10天小计	610 000.00			
11日 ⋮ 20日	80 000.00 90 000.00			
20天小计	1 487 500.00			
21日 ⋮ 31日				
本月合计	1 487 500.00			
应加积数 应减积数	20 000.00			
至本月累计计息积数	5 830 300.00			
利息数	160.33			

2. 账页积数计息法。

采用在分户账页上计息的一般使用乙种账页，当发生资金收付后，按上次最后余额乘以该余额的实存（贷）天数计算出积数，记入账页上的"日数"栏和"积数"栏内；更换账页时，将累计积数过入新账页第一行内，待结息日营业终了，再计算出全季的累计天数和累计积数。以累计积数乘以日利率，即得出应付（收）利息。

计息分户账页的格式如表7-4所示。

表7-4　　　　　　　　　　　　活期存款分户账　　　　　　　利率：0.99%

**月	年日	摘要	借方	贷方	借或贷	余额	日数	积数
11	15	承前页			贷	14 000.00	55 5	3 046 000 70 000
11	20	存入		3 000.00	贷	17 000.00	8	136 000
11	28	支取	1 500.00		贷	15 500.00	2	31 000
11	30	支取	4 000.00		贷	11 500.00	3	34 500
12	3	存入		8 000.00	贷	19 500.00	3	58 500
12	6	支取	500.00		贷	19 000.00		
12	6	支取	1 200.00		贷	17 800.00	4	71 200
12	10	存入		3 000.00	贷	20 800.00	2	41 600
12	12	存入		12 000.00	贷	32 800.00	4	131 200
12	16	支取	1 600.00		贷	31 200.00	3	93 600
12	19	存入		2 000.00	贷	33 200.00	1	33 200
12	20	存入		1 000.00	贷	34 200.00	1	34 200
12	21	结息转存		103.98	贷	34 303.98	91	3 781 000

【例10】上表是南昌百货公司第四季度的存款分户账，要求在此分户账上计算利息。根据计息公式计算利息如下：

利息 = 3 781 000 × 0.99% ÷ 360 = 103.98（元）

（二）珠算计息的定位

采用积数计息的方法，结息工作相对集中（每季末月的20日），并且用积数计息的账户是按同一利率计息。因此，积数计息实际上就是求一个多位数（累计积数计息）与一个固定的负位数（日利率）的乘积。下面具体介绍定位法。

1. 固定个位定位法。

采用固定个位定位法首先要计算布数位数，并在算盘上选定一个带有几位点的档作为积的个位档，并运用空盘前乘或破头乘求两因数之积。定位公式为：

布数位数 = 累计积数位数 + 日利率位数

【例11】分别计算下列两个积数的利息,日利率为0.0000275(0.99%÷360)。

①8 674 500 元;② 45 389 600 元。

(1) 计息算式 8 674 500 × 0.0000275 = 238.55(元)

布数位数为:7 + (-4) = 3(位)

如图7-8所示。

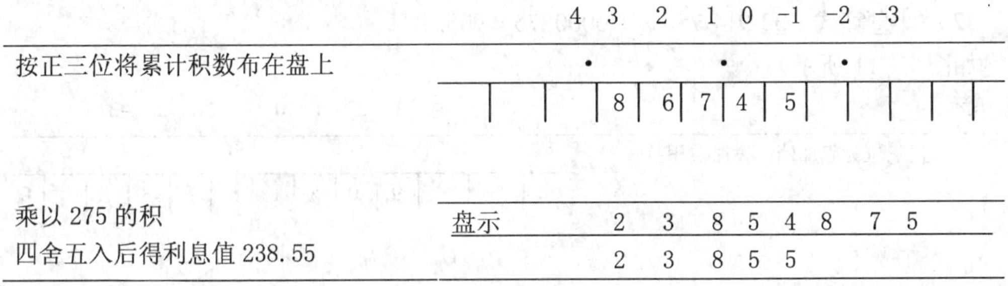

```
                          4  3  2  1  0 -1 -2 -3
按正三位将累计积数布在盘上         ·     ·     ·
                        |__|__|8|6|7|4|5|__|__|__|


乘以275的积              盘示    2  3  8  5  4  8  7  5
四舍五入后得利息值238.55         2  3  8  5  5
```

图7-8

(2) 计息算式 45 389 600 × 0.0000275 = 1 248.21(元)

布数位数为:8 + (-4) = 4(位)

如图7-9所示。

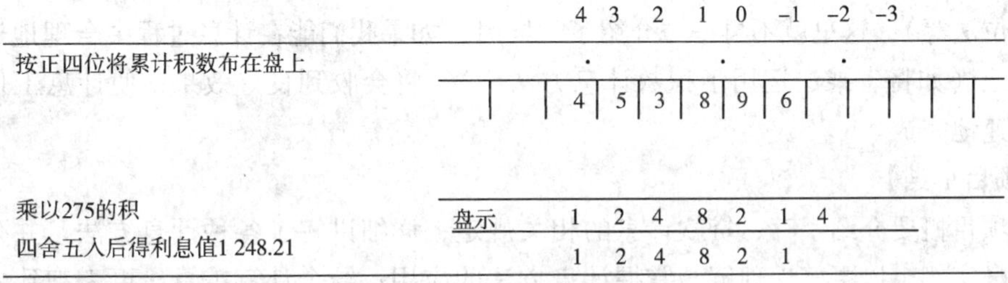

```
                          4  3  2  1  0 -1 -2 -3
按正四位将累计积数布在盘上      ·     ·     ·
                        |__|4|5|3|8|9|6|__|__|__|


乘以275的积              盘示    1  2  4  8  2  1  4
四舍五入后得利息值1 248.21        1  2  4  8  2  1
```

图7-9

2. 盘上公式定位法。

采用盘上公式定位法,首先在算盘上选定一档作为起加档,运用空盘前乘求两因数之积。然后再根据起加档是否为空档来确定利息值。定位方法如下:

当起加档上有值时,积的位数 = 累计积数位数 + 日利率位数。

当起加档上空档时,积的位数 = 累计积数位数 + 日利率位数 -1。

【例12】分别计算下列两个积数的利息,日利率为0.0000275(0.99%÷360)。

①84 756 869 元;②32 914 758 元。

(1) 计息算式:84 756 869 × 0.0000275 = 2 330.81

如图7-10所示。

积的位数 = 8 + (-4) = 4(位)

按正四位从盘上读得利息值为 2 330.91

盘示：
	4	3	2	1	0	-1	-2	-3
正四位为起加档，拨加乘积		2	3	3	0	8	1	3	8	9	7	5

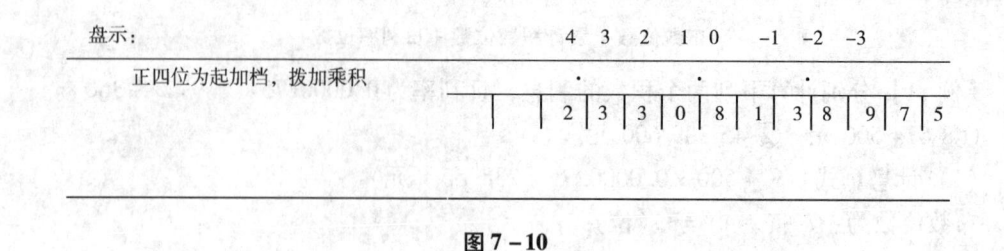

图 7 – 10

（2）计息算式：32 914 758 × 0.0000275 = 905.16

如图 7 – 11 所示。

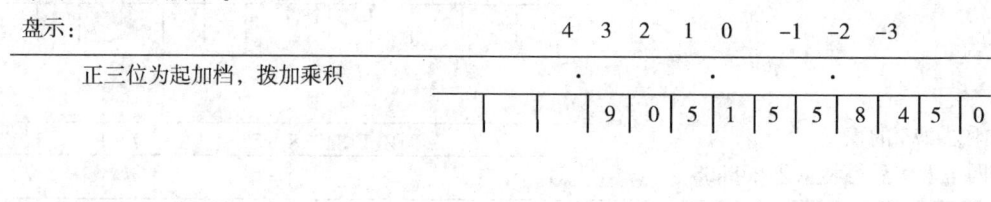

盘示：
	4	3	2	1	0	-1	-2	-3
正三位为起加档，拨加乘积			9	0	5	1	5	5	8	4	5	0

图 7 – 11

积的位数 = 8 + (– 4) – 1 = 3（位）

按正三位从盘上读得利息值为 905.16 元。

计息定位不仅限于上述介绍的方法，也可以采用其他的定位法（如移档定位法、数小数定位法等），这里就不再一一介绍了。同时，如果我们能在计息过程中合理地运用乘法简算法（如将省乘法运用于积数计息方法中），将会收到良好效果，使计息工作更准确、迅速地完成。

【项目小结】

本项目概要介绍了存、贷款计息的相关规定，详细讲解了各种计息方法，并列举了大量计息实例，以更好地理解、掌握计息方法的应用；结合计算工具，更为细致地介绍了计息的定位及计息方法的运用。本项目应重点掌握各种计息方法；其难点是珠算计息。

【技能训练】

练习题：

1. 练习运用珠算技术计算利息。
2. 要求：根据下列资料按规定的利率和计息方法计算利息。
3. 资料：

（1）金融机构人民币存、贷款基准利率表如表 7 – 5 所示。

表 7 – 5　　　　　　　　金融机构人民币存贷款基准利率　　　　　　　单位：年利率%

项　　目	2004 年 10 月 29 日	2007 年 12 月 21 日
一、活期存款	0.72	0.72
二、定期存款		

续表

项　　目	2004年10月29日	2007年12月21日
（一）整存整取		
三个月 半年 一年 二年 三年 五年	1.71 2.07 2.25 2.70 3.24 3.60	3.33 3.78 4.14 4.65 5.40 5.85
（二）零存整取、整存零取、存本取息		
一年 三年 五年	1.71 2.07 2.25	1.71 2.07 2.25
（三）定活两便	按一年以内定期整存整取同档次利率打六折执行	按一年以内定期整存整取同档次利率打六折执行
三、协定存款	1.44	1.44
四、通知存款		
一天 七天	1.08 1.62	1.08 1.62
五、短期贷款		
六个月以内（含六个月）	5.40	6.57
六个月至一年（含一年）	5.85	7.47
六、中长期贷款		
一至三年（含三年） 三至五年（含五年） 五年以上	6.03 6.12 6.39	7.56 7.74 7.83
七、个人住房公积金贷款		
五年以下（含五年） 五年以上	4.14 4.59	4.77 5.22

(2) 定期储蓄存、取款情况如表7-6所示。

表7-6　　　　　　　　　　　定期储蓄存、取款情况

本　金	存入时期	支取时间	利　息
76 200	2007. 6. 17	2007. 11. 10	
54 000	2007. 1. 8	2007. 8. 20	
28 000	2006. 2. 21	2007. 5. 16	
19 500	2006. 5. 14	2007. 5. 14	
16 200	2006. 12	2007. 9. 26	
62 300	2005. 8. 10	2007. 10. 12	
47 650	2006. 9. 18	2007. 7. 10	
35 700	2003. 10. 14	2008. 11. 4	
24 000	2005. 11. 5	2007. 6. 16	
18 500	2006. 3. 30	2007. 3. 30	
61 000	2007. 5. 25	2008. 8. 15	
728 00	2006. 6. 10	2007. 5. 20	
320 00	2006. 7. 18	2006. 10. 18	
46 500	2006. 8. 20	2007. 2. 20	
18 600	2006. 9. 6	2007. 7. 20	
6 500	2006. 10. 18	2007. 10. 18	
1 500	2006. 11. 22	2008. 11. 22	
1 200	2006. 12. 16	2009. 2. 16	
34 300	2007. 3. 5	2009. 5. 15	

(3) 贷款发放与收回情况如下表所示：

本　金	放贷时间	归还时间	利　息
170 000	2007. 3. 28	2007. 9. 28	
120 000	2007. 4. 5	2007. 10. 10	
500 000	2006. 7. 20	2007. 5. 15	
96 780	2005. 9. 2	2006. 8. 20	
242 000	2006. 11. 16	2007. 11. 16	
650 000	2005. 20	2008. 8. 10	
705 600	2006. 6. 16	2007. 8. 26	

续表

本　金	放贷时间	归还时间	利　　息
312 800	2006.4.18	2006.12.25	
20 500	2006.1.25	2009.1.25	
84 000	2004.12.8	2009.12.8	

（4）计算积数和利息（见表7-7）。

表7-7　　　　　　　　中国××银行（　）计息余额表　　　　　共　页第　页

科目名称：活期存款　　　×年12月份
科目代号：201　　　　利率：年0.72%　　　单位：元

日期 \ 余额 \ 户名 \ 账号	201005001 红星机床厂	201005002 第二棉纺厂	201005003 东风服装厂	201科目 合计
1	100 000	200 000	300 000	600 000
2	600 000	200 000	300 000	1 100 000
3	600 000	200 000	300 000	1 100 000
4	500 000	200 000	300 000	1 000 000
5	500 000	200 000	300 000	1 000 000
6	500 000	200 000	300 000	1 000 000
7	400 000	200 000	300 000	900 000
8	400 000	200 000	300 000	900 000
9	400 000	200 000	300 000	900 000
10	400 000	200 000	300 000	900 000
10天小计	4 400 000	2 000 000	3 000 000	9 400 000
11	400 000	200 000	300 000	900 000
12	400 000	100 000	200 000	700 000
13	400 000	100 000	200 000	700 000
14	400 000	100 000	200 000	700 000
15	400 000	100 000	200 000	700 000
16	400 000	100 000	100 000	600 000
17	400 000	100 000	100 000	600 000
18	400 000	100 000	100 000	600 000
19	400 000	300 000	100 000	800 000

续表

日期	账号 户名 余额	201005001 红星机床厂	201005002 第二棉纺厂	201005003 东风服装厂	201 科目 合计
20		400 000	300 000	100 000	800 000
20 天小计		8 400 000	3 500 000	4 600 000	16 500 000
21		400 000	300 000	100 000	800 000
……		……	……	……	……
30		400 000	300 000	100 000	800 000
31		400 000	300 000	100 000	800 000
本月合计		4 400 000	3 300 000	1 100 000	8 800 000
至上月底未计息积数		20 000 000	40 000 000	50 000 000	110 000 000
应加应减积数		100 000	-100 000		-0-
至本月底累计未计息积数		4 400 000	3 300 000	1 100 000	8 800 000
至结息日累计计息积数					
利息					

（5）根据下列积数计算利息（假设活期存款利率为：年0.72%）。

687 268 739
426 587 230
9 543 760
78 496 000
126 300 846
768 462 500
68 275 362
7 294 723
867 500
5 968 389
13 298 400
12 720 600
6 492 856
72 764 325
4 827 289
80 600 390
245 200 000
18 345 000
9 627 450

项目八　会计资料的整理技能

【知识目标】掌握记账凭证、账簿以及会计报表等会计资料的整理。
【技能目标】能熟练进行记账凭证、账簿以及会计报表等会计资料的整理、归档及装订方法。

【任务一】　会计凭证的整理与归档

会计资料产生于单位的经济活动，尤其是会计核算活动之中。主要包括会计凭证、会计账簿和财务报告等会计核算的专业材料，是记录和反映经济业务的重要史料和证据，因而具有非常重要的保留价值。

各单位的会计资料往往是分散的，数量也很多，类别也比较繁杂，为了对会计资料进行妥善保管，以发挥其会计档案的作用，有必要对会计资料进行挑选、收集、整理、形成会计档案，集中妥善保管，有序存放，以方便检查，防止随意销毁、散失和泄密。

会计资料的整理就是将已收集的会计资料分门别类地加以系统化，按序存放。其整理的目的是对会计资料实行有序管理。整理工作包括系统化、编目以及必要的加工等。系统化就是区分卷宗、分类组卷、案卷排列三项工作；编目就是指会计资料的目录编制、备查表的编制等。会计资料整理是会计档案管理的重要内容，是存放、利用会计档案的前提。

一、会计凭证的整理

会计凭证是记录经济业务发生和完成情况的书面证明，是记账的重要证据。会计凭证是会计资料的重要组成部分，也是形成其他会计资料的重要来源。会计凭证包括记账凭证和原始凭证。

原始凭证是在经济业务事项发生时由经办人员直接取得或填制、用以表明某项经济业务事项已经发生或其完成情况、明确有关经济责任的一种原始依据。如发货票、进货单、差旅费报销单等。原始凭证一般作为记账凭证的附件附在记账凭证后面。

记账凭证是对经济业务事项按其性质加以归类、确定会计分录，并据以登记会计账簿的凭证。记账凭证是根据原始凭证编制的。

会计凭证的整理方法是：

1. 把所有应归档的会计凭证收集齐全，并根据记账凭证进行分类。记账凭证一般分为收款凭证、付款凭证、转账凭证三种，根据不同的种类，按顺序号或按时间逐张排放好。

2. 整理记账凭证的附件（原始凭证），补充遗漏的必不可少的核算资料，剔除不属于会计档案范围和没有必要归档的一些资料。

3. 清除订书钉、曲别针、大头钉等金属物。

4. 将每一类记账凭证按适当厚度分成若干本。将会计凭证整理好后，应按照有关规定的要求，认真做好会计凭证的装订工作。

二、会计凭证的装订

在装订会计凭证前，检查会计凭证及其附件是否齐全，编号从小号到大号是否连续；把填制好的记账凭证按顺序号排列好，防止标号颠倒；制单、记账、稽核责任者没签字盖章的，要补齐并加盖戳印；编制记账凭证汇总表，试算平衡后，与总账核对，账表相符后，方可着手进行装订。每月装订会计凭证的本数应该根据单位业务量大小来确定，避免过厚或过薄，订本太厚事后翻阅不便，订本太薄，不好保管，容易散失。不准跨越装订。装订会计凭证要加封面、封底，其格式如图 8-1 所示。

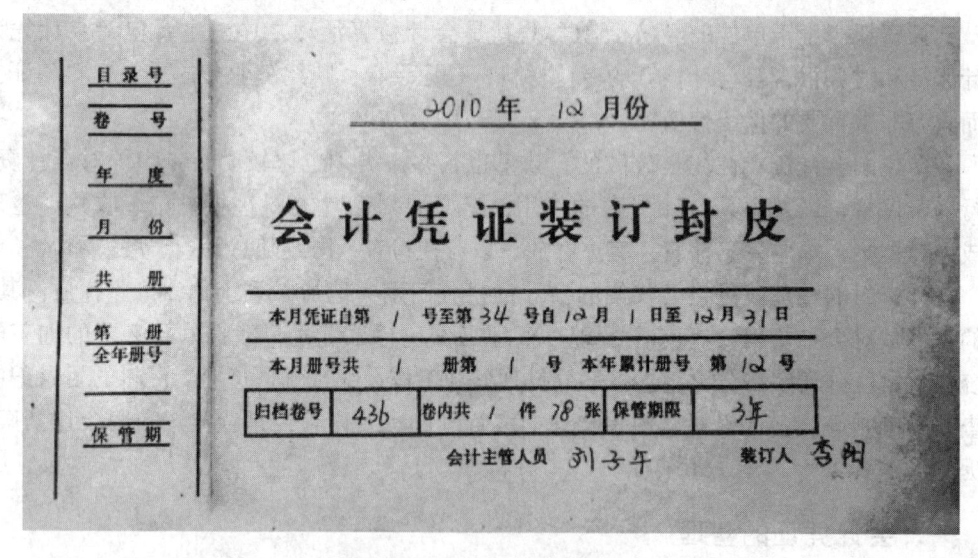

图 8-1 会计凭证装订封面

在装订前，要把会计凭证封面叠好，把科目汇总表放在第一页记账凭证前边，按顺序号把记账凭证后边所附的原始凭证蹾齐，不规格的原始凭证要叠好，使其不超过记账凭证的长和宽。具体来说：对于纸张面积大于记账凭证的原始凭证，可按略小于记账凭证面积的尺寸，先自右向左，再自下向上两次折叠，如果采用"角订法"进行装订，要把折叠起来的左上角反折成一个三角形，如果采用"侧订法"装订，则要把折叠起来的左边，留一些空余，另外再用厚纸折成三角或长条，衬在装订处，这样使装订处与不装订处一样厚薄，既美观又便于装订和查阅；对于纸张面积很小、无法进行装订的原始凭证，可按一定的顺序和类别，粘贴在"原始凭证粘贴单"上。"粘贴单"的大小、形状与记账凭证相仿、略小为宜。粘贴时对小票分别排列，适当重叠，但要露出数字和编号，以便于计算和复核。同类、同金额的单据应粘贴在一起，既方便计算，又不容易搞错，同时还美观。

记账凭证所附原始凭证的顺序应该是：先是单张的面积小于记账凭证的，后是原始凭证粘贴单，最后是折叠过的、纸张较大的原始凭证。

数量过多的原始凭证可以单独装订保管（不包括发票），在封面上注明记账凭证日期、编号、种类。同时，在记账凭证上注明原始凭证名称、编号及"附件另订"字样。

各种经济合同、存出保证金收据、涉外文件和上级批准文件，应当另编目录，单独登记保管，并在记账凭证或原始凭证上注明批准机关名称、日期和文件字号。

会计凭证的装订办法较多，通常的装订办法有"角订法"和"侧订法"等。

1. 角订法

要先准备一些装订工具，如铁锥或打孔机、剪刀、铁夹、线绳、糨糊、三角包纸（牛皮纸）等。然后将记账凭证的左、上、下对齐，接着便是加封面并用铁夹夹牢。包角纸的大小一般为边长为13厘米的正方形铡去三分之一（见图8-2），先将包角纸的角对准左上角，反面向上，然后在虚线处打眼、装订、包角。包角的要求是按虚线折叠后，剪去左上角，再在反面涂糨处抹上糨糊，从上方包向背面，再从左方包向背面，然后盖章（见图8-2）。

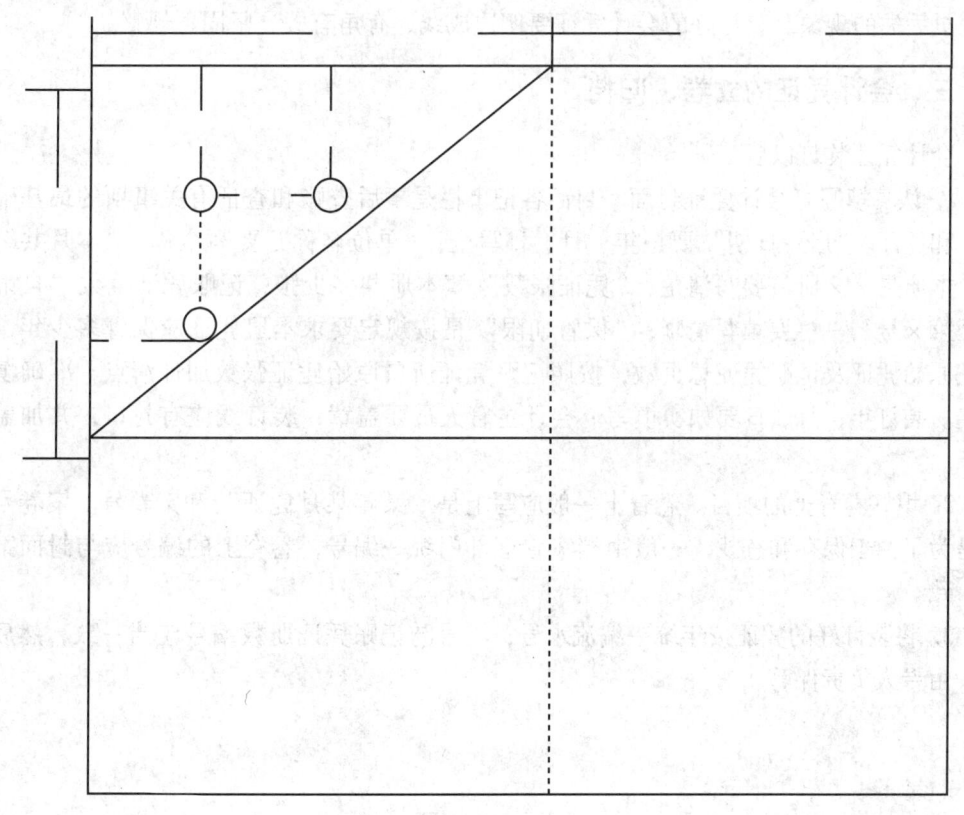

图8-2

2. 侧订法。

侧订法与"角订法"的不同之处是采用左侧面装订。装订时再加一张纸复在封面上（此封面长，反面朝上），以底边和左侧为准，蹾齐、夹紧，在左侧打三个孔，把线绳的中段从孔中引出、留扣，再把线绳从两端孔引过，并套入中间的留扣中，用力拉紧系好，余绳剪掉。复底纸上涂上糨糊。翻转后将左侧和底部黏牢，晒干后，写好封面有关内容即可存查（见图 8-3）。

凭证名称	凭证起讫号码		记账凭证张数	附件张数	备注
	自	至			
附记					

图 8-3

不论采取哪种方法装订，装订线一边的表、单用剪刀把毛边剪齐，这样才能避免订后脱页丢失的现象。装订好的会计凭证要四边成线、有角有棱、坚固、规整。

三、会计凭证的立卷、归档

会计凭证装订以后：

1. 认真填写好会计凭证封面，封面各记事栏是事后查账和查证有关事项的最基础的索引和凭证。"启用日期"要把年、月、日写全；"单位名称"要写全称；"本月共××册，本册是××册"要写清楚；"凭证张数"填本册共多少张；记账凭证号数"自第×号至第×号"一栏要填写清晰；"保管期限"是按规定要求本册凭证应保管多少年。还要把原始凭证及记账凭证总页数，按照记账凭证所属原始凭证张数加计清点，准确填好数字。装订年、月、日要如实填写。会计主管人员要盖章，装订线应有封口，并加盖齐缝章。

2. 填好卷脊上的项目。卷脊上一般应写上是"某年某月凭证"和案卷号。案卷号主要是为了便于保存和查找，一般由档案管理部门统一编号，卷脊上的编号应与封面案卷号一致。

3. 将装订好的凭证按年统一编流水号，卷号与记账凭证册数编号应当一致，然后入盒，由专人负责保管。

【任务二】 会计账簿的整理与归档

一、会计账簿的分类

会计账簿也称为会计账册，是记录会计核算过程和结果的载体。会计账簿的形式和种类很多，按照其外表形式分类主要有"订本式账簿"，如总账、日记账（现金日记账、银行存款日记账）等；"活页式账簿"，如材料、费用、往来等明细账等；"卡片账簿"，如商品保管卡等。按用途分主要有"日记账"、"分类账"、"备查账"（见图8-4）。

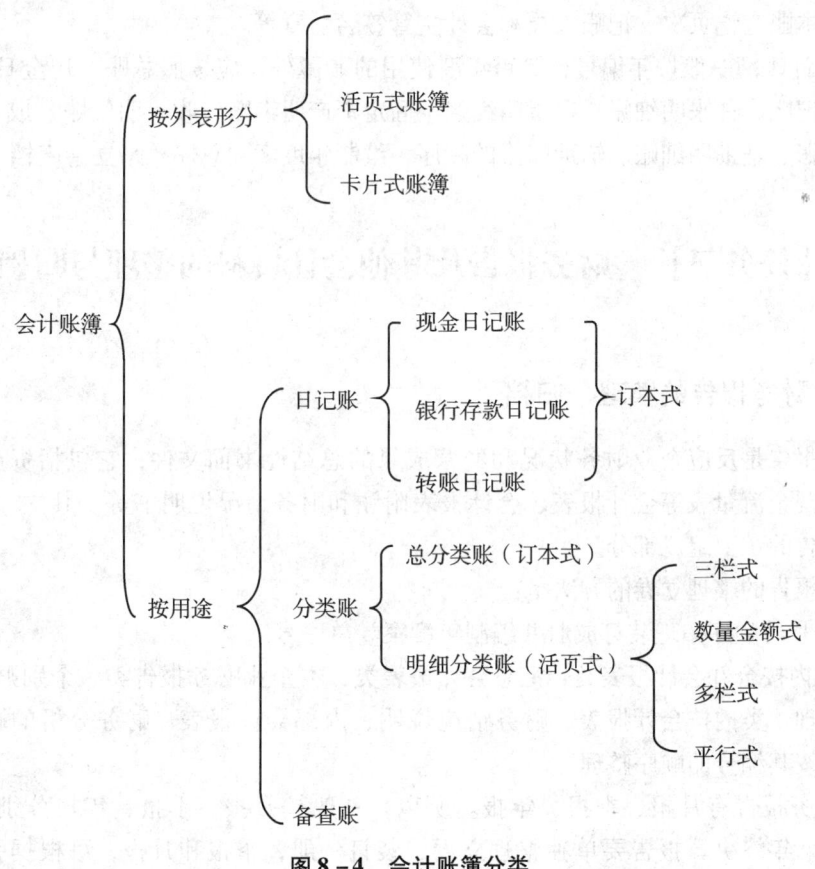

图 8-4 会计账簿分类

二、会计账簿的整理、归档

会计账簿作为全面、系统、连续地记载各种经济业务的工具，是编制各种财务报告所需要经济资料的主要来源，也是检查、分析和监督单位经济活动和财务收支的依据。因此，会计账簿是储存数据资料的重要会计档案，整理时要做到以下几点：

1. 为保证会计账簿记录的合法性和账簿资料的完整性，明确记账责任，便于查阅，账簿在启用时，都要在账簿的扉页填写"经管人员一览表"和"账户目录"。

2. 对活页账簿，如明细分类账等，在会计年度结束后，要及时加工整理。①在装订前，撤去账夹和空白账页，填齐账户目录页号，还要分别会计科目在账页的右上方编上总页数和分页数；②在前后加装会计账簿封面、封底，并在扉页上填写好启用表；③按封面、账簿启用表、账户目录、账页、封底顺序排列，装订成册、封口处加盖装订人名单，账簿脊背注明所属年度。

3. 对订本账簿，如日记账、总账等，在会计年度结束后，也要及时加工整理。为了保证账簿的原来面貌，不撤去空白页，但需要在记录账页的最末一行下划红线，以示结束使用，并在账户目录上，详细记录使用账页的页数和空白账页的页数。

4. 认真填写会计账簿案卷的封面。详细写明：单位名称、会计年度、账簿名称、账簿编号、本账起讫页次、记账人员和会计主管签名盖章等。

5. 会计账簿一般按年编号，除跨年度使用的账簿外，应按照总账、现金日记账、银行存款日记账、往来明细账、存货明细账、固定资产明细账、收入明细账、成本明细账、其他明细账、辅助明细账、辅助账簿的顺序，编制年度案卷总序号来立卷归档。

【任务三】 财务报告及其他会计资料的整理与归档

一、财务报告的整理、归档

财务报告是反应企业财务状况和经营成果的总结性书面文件，它包括资产负债表、利润表、现金流量表等会计报表、会计报表附注和财务情况说明书等。其中，会计报表是财务报告的主要组成部分。

财务报告的整理立卷的方法是：

1. 按月份顺序整理装订成册并编制年度案卷总序号。

2. 月内按合并会计报表类、汇总会计报表类、本企业财务报告类、个别财务报告类的顺序整理，类内按会计报表、财务情况说明、内部会计报表、财务分析的顺序整理，会计报表按其编号的顺序整理。

3. 财务报告有月报、季报、年报。所以，一般按月报、季报、年报分别整理、装订、立卷。年终决算报告要单独整理立卷，装订一册，季报和月报，可根据张数多少，立成一卷或数卷。

4. 平时，月（季）财务报告，由会计主管人员负责保存。年终，将全年财务报告，按月份的时间顺序整理装订成册，登记《会计档案目录》，逐项写明财务报告名称、页数、归档日期等。

5. 经会计机构负责人审核盖章后，由主管财务报告的人员负责装盒归档。

财务报告的装订应以左上角齐。装订顺序是：①封面；②财务报告说明书；③会计报表；④封底。

二、其他会计资料的整理、归档

其他会计资料包括财务收支计划、工资计算表、银行存款余额调节表和银行对账单、经济活动分析报告、审计报告及比较重要的经济合同等。这些资料不需要全部移交档案部门，有的在一个很长的时间内由财务部门保存，这就需要认真筛选，把收集起来的这些资料，逐件进行鉴别，将需移交档案部门保管存放的，另行组卷装订，按要求移交。

一般来说，其他会计资料应按照银行存款余额调节表和银行对账单类，财务收支计划类，重要合同类，会计档案保管清册和会计档案销毁清册类，会计档案移交清册和查阅登记清册类，增设或合并会计科目说明，会计科目名称对比明细表、会计印章启用交接封存或销毁材料类，财产清查类，经济活动分析、审计报告类等其他应保存的会计核算专业资料的顺序整理立卷，类内按照时间顺序，分册或合并装订，并编制年度案卷总序号。

总之，会计资料的收集整理要规范化。卷脊、封面的内容要按统一的项目印制、填写，封面、盒、袋要统一的尺寸、规格制作。做到收集按范围，整理按规范，装订按标准。

【项目小结】会计资料的整理就是将已收集的会计资料分门别类地加以系统化，按序存放。是会计档案管理的重要内容，是存放、利用会计档案的前提。其整理的目的是对会计资料实行有序管理。包括记账凭证、账簿以及会计报表等会计资料的整理与归档。

【技能训练】
1. 记账凭证、账簿以及会计报表整理的训练。
2. 会计凭证装订方法的训练（包括"角订法"和"侧订法"）。

附录1 中国珠算大事记

为了使广大读者了解珠算的发展，弘扬珠算这一中华民族的宝贵文化遗产，发展我国的珠算事业，现将新中国成立以来有关珠算的重大事件和主要著作作为中国珠算大事记简介如下，以供读者学习参考。

年代（公元）	重大事件或著作	编著者	内容简介
1949年	"方筹"		它是直条式的倍数表，由北京李本一设计。同时南京尹漱石也参与设计了"方筹"
1950年	二梁算盘		该算盘由上海邓伯贤设计，后更名为"邓加算盘"
1952年	天珠算盘		该算盘是两梁七珠算盘，计天珠一粒，上珠一粒，下珠五粒，共计七粒。天珠除代表十数外，还可作定位珠使用。其设计者有张匡、葛汝宾、姚文海等
1953年	《大众速成珠算》	华印椿	此书附有"珠筹合算"方法
1953年	《速成珠算法》	余介石	余介石教授为近代珠算研究家。一生研究珠算，1953年，为适应农业合作化的需要编著此书，推广甚多
1957年	建议成立珠算学研究机构		6月26日，北京（文汇报）登载了老珠算家邓伯贤关于《建议成立珠算学研究机构》一文
1959年	提出三算结合		《江西教育》第九期刊登宜春小关于"口算、笔算、珠算"三算结合的文章
1963年	建立"欠一法"和"借商法"理论		余介石完成了"过大商"（又名"高商"）商除法研究的原理，从此在我国珠算界建立了"欠一法"和"借商法"的理论
1964年	建议珠算教改		春季，上海地区珠算界召开第二次教改座谈会。年底，余介石首次上书教育部，建议珠算教改，列名者16人，内有华印椿先生
1965年	《珠算教学研究通讯》	余介石	余介石等30人再次上书教育部，建议珠算教改和成立珠算研究机构及出版期刊。同年编印《珠算教学研究通讯》（油印）。这是我国第一份珠算专刊
1966年	珠算及辅助工具座谈会		11月中旬，中国数学界人士召集珠算及辅助器（工具）座谈会，向有关部门提出今后进行珠算工作的意见

续表

年代（公元）	重大事件或著作	编著者	内容简介
1999 年	始创"三算结合"		上海崇明新河公社"五七"干校始创"三算结合"，后推广到全国
1972 年	周总理关于算盘的重要指示		10 月 14 日，周总理接见李政道博士时说："要告诉下面，不要把算盘丢掉，猴子吃桃子最危险。"
1977 年	第一个业余珠算研究小组		6 月 26 日，四川省宁县食品公司系统成立了我国第一个业余珠算研究小组，由蒋畅行同志发起建立
1977 年	邓小平同志关心我国珠算事业的发展		1977 年，我国珠算界一些有识之士上书党中央请求加强对珠算事业的领导，建议成立组织，9 月得到邓小平同志批示："不要把算盘丢掉，交科学院、财政部研办。"
1979 年	中国珠算协会成立		2 月，中国珠算协会筹备会在北京召开。10 月 31 日～11 月 5 日，中国珠算协会在河北省秦皇岛市召开成立大会，出席代表及来宾 200 余人。姜明远当选为会长。现中国珠算协会会长已先后换届四次，现任会长为朱希安
1979 年	薄一波副总理为《珠算》杂志题词		题词为："算盘是我国的传统计算工具，一千多年以来在金融贸易和人民生活等方面起了重要作用。用算盘和用电子计算机并不矛盾，现在还应充分发挥算盘的功能，为我国经济建设事业服务。"
1980 年	中国珠算协会首次出访日本		8 月 1～16 日，中国珠算协会友好访问团首次出访日本。8 月 10 日，中国、日本、美国、巴西等国家珠算代表团，举行国际珠算教育者会议，并发表宣言
1980 年	首届全国珠算技术比赛		9 月 12 日，首届全国珠算技术比赛大会在山东省济南市举行，会议共有来自全国 29 个省、市、自治区的 286 名代表，进行了加、减、乘、除、账表、传票等项目比赛。现已成功地举行了四届全国大赛
1981 年	首届中国珠算史讨论会		11 月 4～8 日，此次会议在陕西省西安市户县召开，到会代表 33 人，收到论文 18 篇。日本珠算史研究会长铃木久男教授作了学术报告，肯定珠算盘是中国宋代以前创造发明的，修改了自己以前的研究结论。该会议现已举办了多次
1982 年	陈宝定算盘资料展览		2 月 12 日，上海市嘉定县珠算协会在上海古椅园举办珠算（盘）资料及实物展览，到会 180 余人，展出陈宝定收藏算盘 130 种，各种算具 31 件以及其他多种图书资料

续表

年代（公元）	重大事件或著作	编著者	内容简介
1982 年	"算盘迷"电视节目		12 月 8 日，上海电视台五频道播放了"算盘迷"电视节目时计 20 分钟，对普及珠算起到了宣传作用
1983 年	关于珠算的人代会提案		江苏省金逊副省长在五届全国人大五次会议上提出"请把珠算列入小学、初中必修课程"的提案，被列为 2021 号提案，并交国务院研究办理
1983 年	华罗庚曾是珠算能手		4 月 5 日出版的《珠算》杂志第 2 期刊登文章介绍，华罗庚教授青年时代（1925 年）曾求学于上海中华职业学校，在几次珠算考试和比赛中，连连夺魁，成为全校著名的珠算能手
1985 年	财政部批复试行《全国珠算技术等级鉴定标准》		9 月 17 日，财政部批复试行《全国珠算技术等级鉴定标准的通知》（85 财会字第 60 号文件），同意将该标准作为考核会计人员珠算技术水平的试行标准
1986 年	组织世界珠算协会		中、日、美等国有关人士倡议组织世界珠算协会，受到重视珠算的国家和地区的积极响应。次年 3 月，三国珠算组织的友好协议书正式签订
1987 年	《中国珠算史稿》	华印椿	此书是我国第一部珠算史专著，从开始写作到最后著成前后用了 14 年，对我国珠算史做了系统的论述
1987 年	上一下五菱珠算盘		此算盘是在福建省漳浦县陀乡埔村明代卢维祯墓中发现的，它是一架完整的木质算盘。它的发现证明了两件事：一是菱珠算盘是中国首创；二是中国明代确曾存在过梁上一珠的算盘。该发现震惊了中日珠算界
1990 年	《中华珠算大辞典》	华印椿 李培业	该书是我国第一部珠算辞书，全书共收集条目近 2 000 条，插图上千幅。涉及珠算基础知识、算史、算理、算法等 11 个门类
1990 年	《中国珠算大全》	余宁旺	该书是一部涉及内容比较完整的珠算辞书，图文并茂，发行量大。由近代著名珠算家余介石教授之子余宁旺教授主编
1991 年	首届全国珠算科技知识大赛		9 月，首届全国珠算科技知识大赛决赛颁奖大会在北京举行，国务委员、财政部长王丙乾为大会题词，中国科技协会会长朱光亚出席
1991 年	海峡两岸珠算优秀选手比赛		7 月 5 日，在北京举办海峡两岸首届珠算学术交流会暨少年珠算观摩赛，并决定从 1991 年起，每年由海峡两岸选派优秀选手参加，现已举办多次
1991 年	程大位故居——珠算资料馆开馆		11 月 8 日，开馆仪式在安徽屯溪程大位故居小广场举行。中国珠算协会、安徽省珠算协会、安徽省文物局、黄山市领导及全国各界珠算专家出席了开馆仪式

续表

年代（公元）	重大事件或著作	编著者	内容简介
1993 年	珠算式心算经验交流会		5月22~25日，全国珠算式心算教育经验交流会在西安临潼召开。到会代表80余人，19个省、市、自治区提供了交流材料
1993 年	国华珠算博物馆开馆		该馆设在浙江省临海市开发区，由雷国华同志创建，展出展品2 000多件，是我国目前最大的珠算博物馆
1994 年	全国珠心算成绩新纪录		5月11日，中珠协会公布珠算式心算新的全国纪录：个人全能2 827分，加减单项671分，乘算单项486分，除算单项716分，账表单项625分，传票算单项435分。并决定在今后竞赛中设破纪录奖
1994 年	八集电视剧《算圣》		该剧由山东珠算协会、蒙阴县委、山东影视制作中心共同摄制。为研究珠算历史提供了活的素材，并对当前反腐倡廉斗争有启示作用，得到全球珠算界的赞扬
1996 年	首届世界珠算大会		该会在山东潍坊召开，是珠算史上具有划时代意义的壮举。参加会议的有中国、日本等11个国家和地区，交流论文30余篇，专家就珠算地位、发展战略、珠算教育功能的理论与实践、珠心算技术的推广与普及进行了深入的研讨，取得了丰硕成果
1996 年	《世界珠算通典》	李培业 铃木久男	该书是当今世界上最大型的一部珠算工具书。全书近170万字，收录条目2 000余条。该书内容广泛，包括珠算史、珠算基础知识、算理算法、珠算大事记等。荣获亚太地区出版金奖
1997 年	李岚清副总理考察珠心算		4月，李岚清副总理到山东招远市北关小学视察珠算式心算教学，给予了充分肯定，中央、省、市电视台均作了专题报道，在全国引起巨大反响。珠算式心算教学已作为开发儿童智力、改革教学方式、搞好素质教育的一项重要活动
1998 年	朱镕基总理关心珠心算发展		11月，朱总理视察大连市观看庄河小学珠心算表演时高度赞扬说了"了不起，了不起"，充分肯定了珠心算的发展
1999 年	江泽民总书记关心珠心算发展		8月，江总书记在大连星海会展中心观看庄河小学珠心算表演时高度赞扬说"了不起，了不起，我佩服你们"，充分肯定了珠心算的发展

续表

年代（公元）	重大事件或著作	编著者	内容简介
1999年	《古今珠算法的评价和优选》	丛吉滋 郭启庶	该书运用有关科技成果，对各种珠算法进行了深入分析研究，科学地进行了评价比较，并对照论述了珠算法的独特优点，把对珠算、珠心算的优越性和不可替代性的认识提高到了理性的高度
1999年	《当代中国珠算》	朱希安 叶宗羲	该书由中国珠算协会和我国台湾地区有关珠算组织，组织双方珠算专家、学者共同编写。通过回顾当代中国珠算走过的历程，展望今后的发展前景。从理论上和中西数学的结合上，对当代中国珠算作了一个全面系统的论述

附录2 全国珠算技术等级鉴定标准（试行）说明

根据1983年10月第十五次常务理事会太原会议决定，1984年1月鉴定比赛委员会组织专门小组于上海修订了《全国珠算技术等级鉴定标准》（试行），经1984年3月6日在武汉市召开的第十六次常务理事会扩大会议讨论通过，批准从1984年4月开始在全国范围内试行。现将标准中有关问题作如下说明：

一、考虑到目前各省、市、自治区经济工作人员珠算水平的现状，为适应广大群众和珠算选手逐步提高技术水平的要求，满足各类专业人员业务考核的需要，本标准的等级确定为两等十二级，即能手级六级、普通级六级（如需进行低于普通级六级的考核，由各地区自定标准，发地方合格证）。

二、鉴于全国范围广泛开展等级鉴定活动，将会带来大量的拟题、印刷试卷工作，为减轻各级珠协组织的工作量，能手级鉴定实行一套题，按完成正确题数确定六个级别。普通级虽拟定了六个级别六套题的标准，各级珠协在实施中根据具体情况可灵活掌握，亦可以采用两套题确定六个级别的办法。

三、普通级的六个级别，如采用两套题，可按下列办法执行：用一级题鉴定一至三级，按答对题数定级，对9题为一级，对8题为二级，对6题为三级。用四级考题鉴定四至六级，对8题为四级，对7题为五级，对6题为六级合格。这样做既不降低六个级别考核的题量要求，又方便群众定级，有利于调动报考人员的积极性。

采用一、四级题型解决二、三、五、六级考核的对比情况。

加减算

级别 / 题型	对一级题	题量	对二级题	题量	对三级题	题量	对四级题	题量	对五级题	题量	对六级题	题量
按六级六套题型	9	810	9	720	8	560	8	480	8	400	8	320
按两套题一、四级题型	9	810	8	720	6	540	8	480	7	420	6	360

乘 算

级别 题型	对一级题	题量	对二级题	题量	对三级题	题量	对四级题	题量	对五级题	题量	对六级题	题量
按六级六套题型	9	158	9	128	8	91	8	72	8	56	8	42
按两套题一、四级题型	9	158	8	141	6	106	8	72	7	63	6	54

除 算

级别 题型	对一级题	题量	对二级题	题量	对三级题	题量	对四级题	题量	对五级题	题量	对六级题	题量
按六级六套题型	9	119	9	103	8	77	8	58	8	42	8	32
按两套题一、四级题型	9	119	8	106	6	79	8	58	7	50	6	43

四、关于乘算的答题字数要求问题。题型有实、法位数合计11位、10位、9位、8位等，由于答数字数的多少直接关系到计算量，量多则难度大，写答数耗时多。若拟题时省乘法安排过多，计算量少，答题少，耗时间也少。因此，要求拟题时确定积数位字数，占实、法位数总数应有一定比例，答题的总字数应占实、法总字数的83%为宜，允许上下浮动幅度为3%，即80%~86%。

五、关于鉴定考试限定时间问题。加减算为10分钟，乘、除算各5分钟。加减、乘、除算可合并一场鉴定；也可加减算10分钟，乘、除算一张卷10分钟分场考核；也可以乘、除算分场测验，由5分钟加到每场10分钟，题量也相应加倍。

六、合格等级的确定。加、减、乘、除三项考核，依最低一项确定等级，不能以三项的平均对题数确定级别。

七、几个衡量计算量数据的计算方法：

题量：加减算按每题字数；乘算：实位数×法位数之和；除算：实位×商位数之和。按合格题数计算的题量：(总题量÷总题数)×要求合格题数。

每分钟字数：按合格题数计算的题量÷近合格题数计算的题量。

八、计算量中有关"按合格题数计算"的"字数"、"每分钟字数"、"每字占用秒数"是按平均数计算。实际测验时，乘、除算完成题量有可能高于或低于平均数，允许有一定浮动，只要按"标准"要求答对题数，即可认定为合格。

中国珠算协会鉴定比赛委员会
1984年3月8日

附录3 全国珠算技术等级鉴定标准（试行）实施办法

一、鉴定宗旨。为了全面开展珠算技术等级鉴定工作，促进我国珠算技术水平的迅速提高，培养大量精于计算的人才，加强企业管理，提高经济效益，更好地为"四化"建设服务，特制定本实施办法。

二、鉴定范围。凡全国各机关、团体、企业、事业、部队有关人员及在校学生和城乡个人，均可向各地珠算协会缴纳鉴定费，报名参加珠算技术鉴定。考核合格者发给合格证。

三、鉴定权限。珠算技术等级鉴定按照分级管理、共同负责的原则进行。中国珠算协会鉴定比赛委员会（以下简称"委员会"）具体负责能手一、二级的鉴定和签证工作。审批合格的能手一、二级名单则委员会汇总报中国珠协备案。应试者的考核工作委托各省、市、自治区珠协用委员会所印发的试题统一进行。对于已达到能手一、二级水平的应试人员，应由所在地的珠算协会和主检人员负责审核盖章，并将合格名单和试卷一并函寄委员会审核签证。其各分级的鉴定和签证工作由各省、市、自治区珠协根据当地的实际情况，拟定细则负责办理。对于能手级三至六级合格者，要登记、造册函寄委员会备案。

四、级别晋升。珠算技术鉴定，一般采取由低级到高级逐级晋升的方法进行。应试人员第一次报名参加鉴定时，可按本人申请的级别参加鉴定，对复试继续晋升的人员允许适当跨级参加鉴定考试。

五、鉴定人员。为保证鉴定工作严格按照标准规定进行，各省、市、自治区珠协可聘请或指派三至五名对珠算技术鉴定具有专业能力的同志为鉴定员，鉴定人员在各省珠协的领导下，接受委员会委托，代办本省能手一、二级应试人员的鉴定。组织鉴定时须认真负责，严格掌握限制时间、评分标准，并严格执行考场纪律。

六、鉴定试卷。能手级的鉴定试卷，由委员会统一编拟印制，以省、市、自治区珠协为单位统一订购，每年印发两次，自行印制能手级试卷者考核无效。必须严格注意鉴定试卷的保密工作，如有泄露，要追究有关人员的责任。每次鉴定只发一份试卷，鉴定完毕后试卷要全部收回（包括来不及运算、未写答案的空白试卷），妥善保管，定期销毁。普通级鉴定试卷，各省珠协可按照委员会所拟定的统一标准，自行编拟、印制，练习用模拟题由各省自行安排。

七、考场规则。应试人员必须遵守考场纪律，服从鉴定人员的统一指挥。

鉴定人员必须持公正、严肃、认真的态度履行职责，对违反考场规则者，可视其情节轻重，给予警告或批评，情节严重者可取消本次鉴定资格。

八、评分细则。评卷人员要严格掌握评分标准，认真负责，大公无私地做好评分工作。试卷评定后要经过复核审定。

珠算鉴定的具体评分细则，可参照《全国珠算技术比赛办法》第五条第3项"错题与扣分评定"。

九、合格证。能手级合格证由委员会统一印制、颁发。普通级合格证可由各省、市、自治区按委员会所设计的统一样式自行印制。

十、其他。为照顾地区、行业的特点，各级的鉴定也可分项进行，每单项合格可发给"合格卡"，等加减、乘、除各单项全部合格，再换发合格证。

本办法解释权属于中国珠算协会鉴定比赛委员会。

中国珠算协会鉴定比赛委员会
1984年3月7日

附录4　全国珠算技术等级鉴定工作规程

为了加强珠算技术等级鉴定工作，鉴定工作进一步规范化、科学化，特制定《全国珠算技术等级鉴定工作规程》。

一、鉴定标准适用范围

中国珠算协会1984年4月公布试行的《全国珠算技术等级鉴定标准》，是我国考核珠算技术水平的唯一标准。该标准以实际运算能力考取相应等级，其不同级别的鉴定结果，可作为会计等系列专业技术职称评定的技能条件之一（财政部（85）财会字第60号文件规定，会计员达到标准普通五级的，即为珠算技能合格）；可作为某种职业、职务或岗位的技能要求之一；可作为在校学生珠算课学习成绩的考核、毕业、分配的标准之一；可作为评比、奖励集体或个人的条件之一，等等。

凡机关、团体、企业、事业、部队、学校的干部、工人、军人、学生和农民及城乡个人，均可向当地珠算协会报名，参加珠算技术等级鉴定考核，取得相应的珠算技术等级证书。

二、鉴定权限

珠算技术等级鉴定工作，按照分级管理的原则，由各省、自治区、直辖市、计划单列市和有关系统珠算协会负责，并根据各自情况，制定具体办法，划分鉴定范围，积极开展鉴定工作。

除铁道和解放军以系统为主进行鉴定工作外，其他系统珠算协会开展鉴定工作，应征得省、自治区、直辖市和计划单列市珠算协会同意，按照块块为主、条块结合的原则，共同完成鉴定任务。

三、鉴定员管理

根据珠算技术等级鉴定工作需要，实行鉴定员制度。鉴定员设一、二两级。对鉴定员的基本要求是：必须坚持四项基本原则，努力学习珠算知识，积极钻研和熟练掌握珠算技术等级鉴定工作业务，认真执行《全国珠算技术等级鉴定标准》（试行）和《全国珠算技术等级鉴定工作规程》。在鉴定工作中，要坚持原则、公正无私、认真负责、一丝不苟，积极完成任务。

鉴定员的职责：一级鉴定员，负责对鉴定标准的所有级别进行评定工作，并要求能够独立编拟鉴定试题。二级鉴定员，负责对鉴定标准规定的普通级进行评定工作。

鉴定员证书，由中国珠算协会统一制定，鉴定员专用印章按中国珠算协会统一规格，均由省、自治区、直辖市、计划单列市和有关系统珠算协会负责颁发、刻制。

印章统一规格为：13cm×13cm，四框内中间横线，上刻"×级鉴定员"，下刻姓名。

四、鉴定工作财务管理

鉴定工作实行有偿服务、合理收费。其收费标准，须报请财政、物价主管部门批准。收费项目一般包括：报名费、鉴定费、证书工本费、升级签证费等项。

支出项目一般可包括：各种证件、表格、试卷印刷（购置）费，场租费，专兼职工作人员劳务费，监考、评卷人员酬金，差旅费，上缴管理费以及其他必要的费用等。

各级珠算协会必须遵守财经纪律，制定财务管理办法，实行民主管理。

五、鉴定试卷及珠算技术等级证书管理

鉴定试卷必须符合《全国珠算技术等级鉴定标准》的要求，由中珠算技术协会和省、自治区、直辖市、计划单列市和有关系统珠算协会，按统一格式编拟印刷。

试卷题库，应保持多品种，不断更新。试卷要严格保密，专人负责，手续完备，严防泄密。

《中华人民共和国珠算技术等级证书》的管理，应严格执行中珠字（1990）第1号《关于珠算等级证书的管理办法》。经中国珠算协会批准自行印制证书外皮的，应按规定上缴管理费，证书内页一律由中国珠算协会统一印制。

六、鉴定程序

珠算技术等级鉴定工作，可参照下列程序进行：

1. 报名：报考人员须持照片填写报名单，缴纳费用，领取准考证，并由工作人员编好考核日期、时间、场次、场地、座号等。

2. 鉴定考试：

（1）每场鉴定至少要有两名鉴定员现场主考。

（2）鉴定考试一般只考一卷，不同场次要更换试卷。

（3）考生入场后，鉴定员应宣布考场纪律，将沿虚线折好的试卷正面向下发给学生，统一发令填写姓名等项，并由鉴定员检验有关证件，与试卷填写核对无误后，方可发令"开始"翻卷答题。

（4）鉴定考试时间，综合卷每场20分钟。由主考人兼任记时员、发令员。主考人发令"停止"后，考生应立即停止计算，工作人员即刻收卷，清点数量无误后，送交评分员评卷。

3. 评卷，分初评、复评，最后由鉴定员核定等级。试卷只判对或错，不打分。下列情况作错题论：

（1）字迹过于潦草，确实无法辨认的；

(2) 一题有两个答数的;
(3) 未用划线更正, 任意涂改数字的;
(4) 小数点漏点或点错位置的;
(5) 按规定保留小数该入不入, 该舍不舍的。

4. 填发珠算技术等级证书: 对考试合格的考生, 应及时填发证书。证书填写要清晰, 印章要齐全, 手续要完备, 底册要存档。

七、考场纪律及违纪处理

珠算技术等级鉴定的考场纪律, 各地可参照"全国珠算技术比赛规程"有关内容, 结合本地具体情况和惯例自行制定。

在考试进行中遇有违纪行为, 应立即制止与纠正。对严重违纪行为, 各地应制定相应的处罚办法。

八、鉴定工作人员纪律及违纪处理

鉴定工作人员要坚决维护鉴定工作的统一性、严肃性和权威性, 严格执行鉴定标准和鉴定工作规程, 认真把好质量关。不徇情舞弊、不泄露鉴定试题、不弄虚作假、不发"人情证"。

对工作人员发生的违纪问题, 必须严肃处理, 直至取消其参与鉴定工作资格。是鉴定员的, 要吊销其鉴定员证书。

九、报表制度

各级珠算协会, 都要认真填报"鉴定人数统计表"(附后)。各省、自治区、直辖市、计划单列市和有关系统珠算协会应在年终汇总, 于下年一月底前报送中国珠算协会。

本规程已经在1992年5月9日中国珠算协会三届十三次常务理事会通过公布执行。凡过去有关鉴定工作的规定与本规程有抵触的, 以本规程为准。解释权、修改权属于中国珠算协会。

各省、自治区、直辖市、计划单列市和有关系统珠算协会, 应根据本规程规定, 制定各自实施细则, 并向中国珠算协会备案。

中国珠算协会

1992年5月9日

附录5 珠算技术等级鉴定标准

加减算

项目	能手级 一级	能手级 二级	能手级 三级	能手级 四级	能手级 五级	能手级 六级	普通级 一级	普通级 二级	普通级 三级	普通级 四级	普通级 五级	普通级 六级
题数	20题						10题						
每题字数	120字						90			60		
总字数	2 400字						900			600		
要求合格题数	18	16	14	12	10	8	9	8	6	8	7	6
每题行数	1–5, 11–15题每题15行；6–10, 16–20题每题20行						15			15		
其中 纯加法题数	20题						6			6		
其中 加减混合题数	8题						4			4		
其中 每题减号行数	15行5笔（行），20行7笔（行）						5			5		
其中 倒减法题数	2题（第10, 20题）											
其中 带小数两位题数	10题（15行）						5					
其中 整数题数	10题（20行）						5			10		
每题各种位数所占行数 10位数	15行3笔（行）											
9位数	3笔（行）											
8位数	3笔（行）20行4笔（行）						3					
7位数	3笔（行）4笔（行）						3					
6位数	3笔（行）4笔（行）						3			2		
5位数	4笔（行）									2		
4位数	4笔（行）						3			5		
3位数							6					

说明

1. 能手级20题中，10题为15行，10题为20行。15行的加减混合题有五笔减数，20行的加减混合题有七笔减数。减数的字数占1/3，即每题40字。
2. 字码搭配要求0~9均衡出现。每题有一个数字与另一题交换。
3. 普通级中的加减混合题均包括五笔减数，减数字码约占题字数的1/3。
4. 能手级倒减法题分设在第10题和20题。其中第10题为中间出现一次倒减，答数为正数，第20题为中间出现一次倒减，答数为负数。

乘　算

项目			能手级					普通级					
			一级	二级	三级	四级	五级	六级	一级	二级	三级	四级	五级	六级
题数			20题						10题					
实、法位数合计			190字						84				62	
总题量			450字						176				90	
要求合格题数			18	16	14	12	10	8	9	8	6	8	7	6
题型	其中	整数题数	12							5			8	
		带小数题数	8							5			2	
		四舍题数	4							2			1	
		五入题数	4							3				
	实法位数合计四至十一位各占题数	6位×5位	2											
		5位×6位	2											
		6位×4位	2											
		4位×6位	2											
		5位×5位	2											
		5位×4位	3							2				
		4位×5位	3							2				
		4位×4位	4							6				
		5位×3位												
		3位×5位											1	
		4位×3位											1	
		3位×3位											2	
		4位×2位											3	
		2位×4位											3	
说明	1. 能手级题保留小数四位，普通级 1~5 级保留小数二位，以下四舍五入。 2. 字码搭配要求 0~9 均衡出现。 3. 积的位数要求占实、法位数和的 83%，上下浮动 3%，即 80%~86% 之间。													

除 算

项目			能手级						普通级					
			一级	二级	三级	四级	五级	六级	一级	二级	三级	四级	五级	六级
题数			\multicolumn{6}{c	}{20题}	\multicolumn{6}{c	}{10题}
法、商位数合计			\multicolumn{6}{c	}{184字}	\multicolumn{3}{c	}{74}	\multicolumn{3}{c	}{54}
总题量			\multicolumn{6}{c	}{418字}	\multicolumn{3}{c	}{132}	\multicolumn{3}{c	}{72}
要求合格题数			18	16	14	12	10	8	9	8	6	8	7	6
题型	其中	除尽题数	\multicolumn{6}{c	}{12}	\multicolumn{3}{c	}{6}	\multicolumn{3}{c	}{8}
		除不尽题数	\multicolumn{6}{c	}{8}	\multicolumn{3}{c	}{4}	\multicolumn{3}{c	}{2}
		四舍题数	\multicolumn{6}{c	}{4}	\multicolumn{3}{c	}{2}	\multicolumn{3}{c	}{1}
		五入题数	\multicolumn{6}{c	}{4}	\multicolumn{3}{c	}{2}	\multicolumn{3}{c	}{1}
	实法位数合计四至十一位各占题数	÷6位=4位	\multicolumn{6}{c	}{3}						
		÷4位=6位	\multicolumn{6}{c	}{3}						
		÷5位=5位	\multicolumn{6}{c	}{2}						
		÷5位=4位	\multicolumn{6}{c	}{4}						
		÷4位=5位	\multicolumn{6}{c	}{4}						
		÷4位=4位	\multicolumn{6}{c	}{4}						
		÷3位=5位							\multicolumn{3}{c	}{2}			
		÷5位=3位							\multicolumn{3}{c	}{2}			
		÷3位=4位							\multicolumn{3}{c	}{3}			
		÷4位=3位							\multicolumn{3}{c	}{3}			
		÷3位=3位										\multicolumn{3}{c	}{4}
		÷2位=3位										\multicolumn{3}{c	}{3}
		÷3位=2位										\multicolumn{3}{c	}{3}
		÷2位=2位												
说明	\multicolumn{14}{l	}{1. 能手级题保留小数四位，普通级 1-5 级保留小数二位，以下四舍五入。 2. 字码搭配要求 0~9 均衡出现。}

参考文献

[1] 计算技术编写组：《计算技术》，中国财经经济出版社1991年版。
[2] 姚克贤：《珠算教程》，东北财经大学出版社1994年版。
[3] 姚珑珑：《计算技术》，东北财经大学出版社2000年版。
[4] 张筱仲：《计算技术》，中国财政经济出版社1998年版。
[5] 王炜：《基础会计模拟实训》，高等教育出版社2007年版。
[6] 崔栋：《珠算与点钞》，高等教育出版社2005年版。
[7] 全国珠算科技知识竞赛组织委员会：《珠算科技知识》，立信会计图书用品社1990年版。
[8] 王家申、刘芹英、任必军：《新计算技术珠算与珠心算》，西南财经大学出版社2003年版。
[9] 张宝来：《珠算技术教程》，吉林科学技术出版社2004年版。
[10] 戚素文：《会计基本技能》，科学出版社2005年版。
[11] 刘彩珍：《计算与点钞技能》，西南财经大学出版社2006年版。
[12] 赵杰、赵丽梅：《财经工作基本技能》，辽宁大学出版社2007年版。
[13] 迟荣：《珠算与点钞技术》，冶金工业出版社2008年版。